GUNTHER BAUMANN

HINTER DEN SCHLAGZEILEN

GUNTHER BAUMANN

HINTER DEN SCHLAGZEILEN

ZEIT
ZEITUNG
ZEITGESCHEHEN

50 JAHRE
KURIER

HERAUSGEBER:
PETER RABL

axel jentzsch

INHALT

Tradition und Neugier

von Peter Rabl

50 Jahre KURIER, das ist weit mehr als das Jubiläum einer Zeitung. Weil auch der KURIER in diesen seinen ersten fünf Jahrzehnten immer mehr war als irgendeine Zeitung.

Hinter den Schlagzeilen stand und steht immer ein Stück Österreichs und seiner jüngeren Geschichte. Der KURIER hat mit diesem Land gelebt, getrauert, gefeiert. Und er hat einiges für dieses Land und seine Bürger geleistet.

Da waren große Momente, wie das historische Rundfunk-Volksbegehren, geboren in dieser Redaktion. Oder die großen Hilfsaktionen für Erdbeben- und Flutopfer, über Jahrzehnte für viele Tausende arme Leute durch die Weihnachtsaktion, die Vorläuferin von „Licht ins Dunkel".

Da waren große Persönlichkeiten wie Hugo Portisch oder Heribert Meisel, Vorbilder für eine selbstbewusste junge KURIER-Redaktion von heute.

Und da waren hinter den Schlagzeilen vor allem die Zeitungen an rund 18.000 Erscheinungstagen, mit Hunderttausenden Seiten und Millionen einzelnen Artikeln und Meldungen. Spiegel der Ereignisse des wahrscheinlich spannendsten halben Jahrhunderts der Menschheitsgeschichte mit seinem atemberaubenden Fortschritt in allen Bereichen – beileibe nicht immer zum Besten – und seinen überwältigenden Wendungen und Veränderungen.

Wer als Mittfünfziger diese ganze Zeit bewusst miterleben durfte, weiß um die Dramatik dieser Jahrzehnte. Den Jüngeren ist häufig gar nicht bewusst, wie sehr sich das Land und die Welt seit der ersten Ausgabe des „Neuen KURIER" am 18. Oktober 1954 verändert haben.

Der KURIER hat seine Leserinnen und Leser durch diese Jahrzehnte begleitet. Immer orientiert am Interesse Österreichs, aber gleichzeitig im Bewusstsein, dass die Öffnung zur Welt diesem Interesse mehr als vieles anderes dient. Eine Zeitung mit Tradition, aber gleichzeitig mit riesiger Neugier, mit Freude am Fortschritt.

Der KURIER war freilich auch Objekt dieser Geschichte seit 1954. Ökonomische und technische Fortschritte haben die Zeitung mehrfach und gründlich verändert. Der Stil der öffentlichen Debatten und der journalistischen Schreibe war einem ständigen und grundlegenden Wandel unterworfen. Die Interessen der Leser haben sich stark verändert und erweitert, sind differenzierter und spezieller geworden.

Die Zeitung und ihre Macher haben diese Entwicklungen mitgemacht – teils im Sinne von erlitten – und vorangetrieben. Nichts ist älter als die Zeitung von gestern? Doch: eine Zeitung, die grundlegende Entwicklungen verschlafen hat.

Dieses Buch versucht erfolgreich, die Breite der großen Themen und der historischen Ereignisse der letzten 50 Jahre in größere Zusammenhänge zu stellen. Was in der Aktualität die Schlagzeile lieferte, ist im Buch Ansatz für den analytischen Querschnitt, den Blick in die Tiefe „hinter den Schlagzeilen".

Es ist ein Lesebuch, ein Nachschlagewerk, eine Quelle der Erinnerung und eine Hilfe bei der richtigen Einordnung und Einschätzung der Ereignisse und Entwicklungen dieser Zeit.

Stillstand und Bewegung

von Gunther Baumann

16 Uhr. Das ist der Zeitpunkt, Tag für Tag, an dem im Druckzentrum Wien-Inzersdorf die riesigen Rollenoffset-Rotationsmaschinen anlaufen. Sekunden später hält man die ersten Exemplare der ersten Ausgabe des neuen KURIER in der Hand.

Die Stunden zuvor vergingen in der Redaktion damit, die Fakten und Entwicklungen zu sortieren, zu melden, zu analysieren und zu kommentieren, die den Stoff fürs aktuelle Blatt ausmachen. Doch wenn die Druckmaschinen rotieren, dann liefern sie ein Bild der Welt, auf dem die Zeit kurz stillzustehen scheint. Die Zeitung ist eine Momentaufnahme, während sich draußen der Film der laufenden Ereignisse ganz von allein weiter dreht.

Manche Bilder und Texte haben Bestand auf Dauer. Viele sind schon nach Stunden wieder überholt. Der Reiz der Zeitung ist nah verwandt mit jenem des Zeitungmachens: Jeder Tag bringt eine neue Situation. Und selbst das, was gerade noch brandaktuell erscheint, kann schon in der nächsten Sekunde abgelöst sein von neuen Ereignissen, Erkenntnissen und Entdeckungen, die alle anderen Themen überlagern. So ist die Zeitung in der Tat ein atemloses Medium; darauf vorbereitet, auf alle Entwicklungen sofort zu reagieren.

Ein Projekt wie dieses Buch bedeutet das krasse Gegenteil. Plötzlich steht die Zeit wirklich still. Das Blättern in den alten Bänden hat etwas von einem Museumsbesuch. In einem Museum freilich, dessen Schaustücke unvermittelt wieder quicklebendig werden können.

In der Rückschau gewinnen viele Schlagzeilen von einst eine neue und besondere Bedeutung. Sie sind nicht mehr die Nachrichten von gestern, sondern Bausteine zu einem bunten Puzzle, dessen komplettes Bild von den Zeitläuften angelegt wurde.

Der KURIER hat in seinen ersten 50 Jahren viele Tausend Momentaufnahmen festgehalten; Abbilder und Analysen der wichtigen Vorgänge in Österreich und der Welt.

Das Abenteuer, dieses Buch zu gestalten, lag darin, die besten, aufregendsten Motive dieses Schatzes aus Geschichten und Nachrichten an den Realitäten der Gegenwart zu spiegeln. Vom Staatsvertrag bis zum EU-Beitritt, oder vom Sturz des Schah bis zum Einsturz des World Trade Center: Überall gibt es Entwicklungen und Querverbindungen, die aus der Tagesaktualität kaum zu erkennen waren. Doch sucht man den Blick hinter die Schlagzeilen, so formen sich die Nachrichten der Vergangenheit oft genug zum Fundament der Gegenwart.

Dieses Buch unternimmt den Versuch, das Wechselspiel des Einst und Heute in einer Folge von Bildcollagen und Textreportagen einzufangen. Themen, die Österreich bewegten, stehen neben Ereignissen, die für die ganze Welt relevant waren und sind. Kultur, Sport und Unterhaltung gehören ebenso zur Mischung wie Wirtschaft und Politik.

Im Kino ergeben viele Tausend Einzelbilder am Ende einen kompletten Film. Das gilt in gewissem Sinn auch für dieses Buch. Die Momentaufnahmen aus 50 Jahren KURIER-Geschichte wurden so neu arrangiert, dass sie in Summe ein bewegtes – und hoffentlich auch bewegendes – Bild einer spannenden Epoche entstehen lassen.

Ein tragendes Element der Texte dieses Buches sind Stellungnahmen, Meinungen und Texte wesentlicher Autoren aus allen Epochen der KURIER-Geschichte. Hier, in alphabetischer Reihenfolge, eine Liste von Namen, Funktionen und Ressorts:

Gerd Bacher (Ex-Chefredakteur) · Hubert Feichtlbauer (Ex-Chefredakteur) · Herbert Gartner (stv. Chefredakteur)· Helga Goggenberger (Medizin) · Reinhard Göweil (Ressortleiter Wirtschaft) · Karl Hohenlohe (Gesellschaft) · Herbert Hufnagl (Kolumnist „Kopfstücke“) · Livia Klingl (Ressortleiterin Außenpolitik) · Günther Köchl (Ex-Ressortleiter Chronik) · Margaretha Kopeinig (Innenpolitik) · Gert Korentschnig (Ressortleiter Kultur & Medien) · Christoph Kotanko (geschäftsführender Chefredakteur) · Gerhard Krause (Wien) · Peter Lattinger (stv. Chefredakteur) · Karl Löbl (Ex-Chefredakteur) · Georg Markus (Sonntag) · Heinz Nußbaumer (Ex-Ressortleiter Außenpolitik) · Hugo Portisch (Ex-Chefredakteur) · Jürgen Preusser (Ressortleiter Sport) · Peter Rabl (Herausgeber und Chefredakteur) · Ro Raftl (Gesellschaft) · Hans Rauscher (Ex-Chefredakteur) · Guido Tartarotti (Kultur & Medien) · Christiane Tauzher (Gesellschaft)· Paul Uccusic (Ex-Ressortleiter Chronik) · Günther Wessig (Ex-Chefredakteur) · Wolfgang Winheim (Sport) · Franz Ferdinand Wolf (Kolumnist und Ex-Chefredakteur)

Heute Roman-Premiere: „Ein Herz und eine Krone"

Neuer KURIER

PREIS 1 SCHILLING

Montag, 18. Oktober 1954

Regierungsparteien behaupten ihre Positionen

Der VdU blieb auf der Walstatt

Wien, 18. Oktober (Eigenbericht). **Das Ergebnis der „Barometerwahlen" in Wien, Niederösterreich, Salzburg und Vorarlberg läßt sich in etwa folgenden Sätzen zusammenfassen: Der VdU hat überall tiefgehende, schwere Verluste hinnehmen müssen. Im Wiener Rathaus werden nur noch drei Parteien vertreten sein. Die beiden Regierungsparteien haben ihre beherrschenden Positionen behalten; Neuwahlen in absehbarer Zeit werden nicht mehr in Erwägung gezogen. Die KPÖ blieb eine Splitterpartei. Die Wahlbeteiligung war bemerkenswert schwach und liegt, inoffiziellen Schätzungen zufolge, zwischen 80 und 90 Prozent.**

Nach den Berichten der Sicherheitsbehörden kam es am Wahltag in keinem der vier beteiligten Bundesländer zu Zwischenfällen. Es war ein Wahlgang „ohne Leidenschaft". Sicherheitsorgane griffen lediglich in vereinzelten Fällen wegen Übertretung des Alkoholverbotes ein.

In Wien gab es im Zusammenhang mit der Wahl bedauerlicherweise ein Todesopfer. Der 54jährige Albert Baier, 11. Bezirk, Hasenleitengasse 10, war der nervlichen Belastung, die ihm sein Amt als Beisitzer auferlegte, nicht gewachsen und brach, knapp nachdem er es angetreten hatte, infolge eines Herzschlages tot zusammen.

In Vorarlberg stellte sich bei der Auszählung der Stimmen heraus, daß mehrere hundert Wähler irrtümlich jene Stimmzettel verwendet hatten, die für die Arbeiterkammerwahlen ausgegeben worden waren. Das Votum dieser Wähler mußte ungültig erklärt werden. Von sozialistischer Seite wurde dazu erklärt, daß die SPÖ durch diesen Irrtum ein Mandat eingebüßt habe.

Bundeskanzler Ing. Raab zeigte sich besonders darüber erfreut, daß die Mehrheit der ÖVP im Landtag von Niederösterreich durch den Wahlgang gesichert erscheint. Die VdU-Verluste führt der Kanzler auf die unklare Haltung des VdU in den entscheidenden Fragen des politischen Lebens zurück. Er stellte fest, daß die geringere Wahlbeteiligung gegenüber den Nationalratswahlen von 1953 in Niederösterreich fast 40.000 Wähler betrage.

Innenminister Helmer gab seine Genugtuung darüber Ausdruck, daß die SPÖ in Vorarlberg und Niederösterreich Mandate gewonnen habe. In Wien und Salzburg sehe er keine wesentlichen Veränderungen. Die Ursache der allgemein geringen Wahlbeteiligung führt der Innenminister darauf zu-

(Fortsetzung auf Seite 16)

Wirbel um einen Elfer im Stadion

Photos: Votava

4 : 3 führte die Austria im Stadion gegen den Sportklub, da verhängte der Grazer Schiedsrichter Gabler einen Elfmeter gegen die Violetten. Mießler verwandelte und das Spiel endete 4 : 4. Keiner der 28.000 Zuschauer hatte ein Vergehen im Strafraum bemerkt, nur der aus dem Tor gelaufene Keeper Ondreiska hatte einen scharfen Schuß mit den Händen weggeschlagen. Ein Riesenpfeifkonzert war die Folge. Die Austria-Spieler Ocwirk, Malik und Kominek stürmten auf den Schiedsrichter ein und konnten von ihren Mitspielern, besonders von Sabetzer und Stotz, nur mit Mühe vor Unbesonnenheiten bewahrt werden. Nach dem Match mußte man den Referee unter Polizeibedeckung in die Kabine bringen. Auch der wütende Ocwirk wurde von einigen Polizeibeamten umringt. In der Kabine erklärte Referee Gabler wörtlich: „Der von Ondreiska abgewehrte Ball sprang Stotz an die Hand und von dort wieder zu Ondreiska zurück." Gabler dürfte einem Irrtum zum Opfer gefallen sein, denn der Ball kam überhaupt nicht zu Ondreiska zurück. Unsere Bilder zeigen: Links: Kapitän Ocwirk im heftigen Wortgefecht mit Schiedsrichter Gabler. Oben: der unhaltbar geschossene Elferball saust rechts an Ondreiska vorbei ins Netz. Links: der Schiedsrichter

H. Meisel

Büro Hofrat Wagner greift in Linz ein:

Direktor der Orient-Bar festgenommen

Wien, 18. Oktober (Eigenbericht). Der Kriminalbeamtenstab des Büros Hofrat Wagner, der seit dem Auffliegen der Exportschiebungen nicht mehr zur Ruhe gekommen ist, hat am vergangenen Wochenende eine neue Aktion gestartet, in deren Verlauf der 29jährige Geschäftsführer der Orient-Bar in Linz, Walter Pichler, in Haft genommen wurde. Pichler steht unter dem Verdacht, sich von einer Firma Rechnungen verschafft zu haben. Diese Geschäftspapiere brauchte er, um Exporte vorzutäuschen, die zwar niemals durchgeführt, aber durch Steuerbegünstigungen vergütet werden sollten.

Während Pichler in Linz einer ersten Einvernahme unterzogen wurde, stellte das Büro Hofrat Wagner in Wien eine vorläufige Zwischenbilanz über den gesamten Exportskandal zusammen. Danach wurden den österreichischen Finanzbehörden von dem Schieberring Exporte in der Höhe von nicht weniger als 60 Millionen Schilling vorgetäuscht. Die Behörden haben dafür bereits 3,4 Millionen Schilling an Steuerbeträgen rückvergütet und nur das rasche Einschreiten der Polizei hat verhindert, daß weitere zwei Millionen aus den Staatskassen in die Hände der Exportschieber fielen.

Die Gerichtsverhandlung, die nach Abschluß der polizeilichen Erhebungen gegen jene Zollbeamten, die den Exportschiebern Vorschub geleistet haben, vorbereitet wird, soll, wie jetzt bekannt wird, nicht in Innsbruck stattfinden. Die insgesamt zwölf Angeklagten — neun Zollbeamte, ein Eisenbahner und zwei Spediteure — werden in die Bundeshauptstadt gebracht werden und sich hier wegen Mißbrauchs der Amtsgewalt zu verantworten haben.

Photo: Kern

Bundespräsident Dr. h. c. Körner (links) und Bundeskanzler Ing. Raab (rechts) bei beziehungsweise nach der Stimmabgabe

Ostdeutsche Wahl: 99%

Berlin, 18. Oktober (UP-AP-DPA). Unter Bruch seines eigenen Wahlgesetzes, ließ das ostdeutsche SED-Regime gestern in der deutschen Sowjetzone, bei sichtbar müder Wahlstimmung der Bevölkerung, die zweiten Einheitswahlen zur Volkskammer (Parlament) und zu den 14 Bezirkstagen der Zone über die Propagandabühne gehen. 12 Millionen Ostdeutsche mußten zum größten Teil offen außerhalb von Wahlkabinen ihre Stimmzettel mit den Namen der Kandidaten der kommunistisch kontrollierten „Nationalen Front" zusammenfalten, in die Urne werfen und damit automatisch die 400, hauptsächlich von der SED bestimmten Abgeordneten, der neuen Volkskammer bestätigen. Eine Möglichkeit, mit Ja oder Nein zu stimmen, gab es nicht,

Das Wetter

Im Osten stark veränderliche Bewölkung, vielfach Niederschläge. Im übrigen Bundesgebiet meist heiter. Mild.

Von der Walstatt zum Word-Rap

Legt man KURIER-Ausgaben von einst und jetzt nebeneinander, so hat sich nicht nur die Optik verändert. Auch die Sprache ist anders

Viele Worte haben kein ewiges Leben. Was ist, zum Beispiel, eine Walstatt? Wer diesen Wort-Veteranen nicht kennt, dem hilft Meyers Lexikon: „In der germanischen Heldensage Bezeichnung für Schlachtfeld, Kampfplatz." Auf der Walstatt blieb der VdU – so stand es in der ersten Titelschlagzeile der ersten Ausgabe des Neuen KURIER am 18. Oktober 1954.

Worum ging's? Der Verband der Unabhängigen (VdU), Vorläufer-Verein der FPÖ, hatte tags zuvor bei Landtagswahlen in Wien, Niederösterreich, Salzburg und Vorarlberg schwere Schlappen eingefahren. Der KURIER staunte über eine „bemerkenswert schwache" Wahlbeteiligung – sie lag „zwischen 80 und 90 Prozent".

Aus heutiger Sicht ist etwas anderes bemerkenswert. Die Sprache. Peter Rabl: „Man schmunzelt nicht nur bei der Schlagzeile ‚Der VdU blieb auf der Walstatt', sondern überhaupt, wenn man liest, wie damals geschrieben wurde."

Blättern wir in den 16 Seiten der ersten KURIER-Ausgabe. Die Lokalredaktion ließ die Leser schaudern: „Zwischen Mannersdorf und Au: Das Grauen regiert". Das Grauen trug einen Namen. „Oswald Kruckenfellner, der bei seiner Festnahme schwer bewaffnet und maskiert war, führte die Wildererbande vom Leithagebirge."

Das Kulturressort beobachtete „Gulda vor leeren Bänken" und erkannte bei der Berliner Dramaturgentagung: „Die Kunst des Übersetzens ist eine der schwierigsten Künste." Der Sport fragte, „Hat Stotz ‚Hands' gemacht oder nicht?" und gab der Entrüstung des Austria-Präsidenten Dr. Schwarz Raum, „der über die mangelhafte Beaufsichtigung der Jugendfußballer auf der Jugoslawienreise Klage führte".

Das Nachwuchs-Nationalteam hatte „in Agram" 1:1 gespielt. Doch die Entrüstung des Dr. Schwarz hatte mit dem Match nichts zu tun: „Es steht fest, dass ein Teil der Mannschaft nach dem Spiel ein Haus, in dem gewisse Freuden geboten wurden, aufgesucht hat."

Na so was. Wenn schon gewisse Freuden, dann bitte keusch und moralisch wertvoll. Wie zum Beispiel im Fortsetzungsroman „Ein Herz und eine Krone", dessen Abdruck der KURIER an seinem ersten Tag begann. „Die zarte Prinzessin, die in der wunderbaren Weltstadt Rom nur einen Tag so leben wollte wie ein einfaches, kleines Mädchen und dabei die große Liebe fand. Der elegante Journalist, der eine Sensation suchte und erkennen musste, dass die Liebe wichtiger ist ..."

Von Beginn an ein spezielles Verhältnis: Romy Schneider (rechts) und Mutter Magda hatten sichtlich viel Freude beim Lesen einer frühen KURIER-Ausgabe aus dem Jahr 1954. Die Erinnerung an Österreichs großen Filmstar Romy Schneider wird vom KURIER mit der alljährlichen Verleihung der renommierten Romy-Film- und Fernsehpreise aufrecht gehalten

KURIER-Redaktionskonferenz in den Siebziger Jahren (oben) und 2003: „Die Zeitung hat die Zeit ja schon im Namen. Da sollte sie auch sprachlich in der Zeit stehen"

Was war dem Publikum wichtig? Es hatte sein Forum unter dem Titel „Hier sprechen unsere Leser". Ing. L. L. aus Wien, XII. befürchtete einen „Angriff auf den Haushaltsetat des Staatsbürgers" durch die Wiener Verkehrsbetriebe (der Fahrschein kostete 1,30 Schilling). Und H. S. aus Wien, II. machte sich Gedanken über den blauen Dunst. „So lange man dem minderbemittelten Mann keine halbwegs rauchbare Zigarette zu billigem Preis gibt, ist die Versuchung groß, sich eine Packung ‚schwarze' Zigaretten zu beschaffen."

Mehrbemittelte Männer kannten solche Sorgen nicht. Sie hatten andere – das lernte man in „Psst! Wien privat", der Rubrik aus der Welt der Oberen Zehntausend. Kostprobe: „Heinz Conrads, der bisher einen Fiat 1100 fuhr, kaufte im Autohaus Opel-Kandl einen sandgrauen Rekord. Nach der ersten Probefahrt kam er aufgeregt ins Lokal, da er den vierten Gang nicht fand. Als man ihm erklärte, der Wagen habe nur drei, unterschrieb er den Kaufvertrag."

Herzig in ihrer luftigen Leichtigkeit war auch diese Nachricht: „Magda Schneider besuchte mit Tochter Romy und Dackel den Salon Farnhammer und kaufte für Romy ein Teenagermodell in Rot." Was der Dackel bekam, ist nicht überliefert.

Politik und Kultur; Lokales, Sport und Unterhaltung – schon der erste KURIER bot einen großen Bogen an Information. Das Blatt hatte auch bereits Ansätze dessen, was man im modernen KURIER von heute Tagesmagazin nennt. Die fast ganzseitige Reportage „Wenn an der Nordsee aus-g'steckt ist ..." brodelte zwar nicht vor heißen Neuigkeiten. Doch wer wollte, konnte lernen, dass man in Holland Wein im Gewächshaus wachsen ließ: „Wenn die Zeit der Reife naht, bieten sich all die Riesentreibhäuser als wahre Weinwälder dar."

„KURIER bleibt KURIER" betitelte Hans Dichand, der erste Chefredakteur, seinen Leitartikel zur inhaltlichen Ausrichtung des Blatts (sollte heißen, dass die neue Zeitung auf der Tradition des alten, von den Amerikanern gegründeten „Wiener Kurier" aufbauen wollte). Für die Sprache galt das allerdings nur bedingt. Nicht nur der VdU blieb auf der Walstatt – bald auch die Walstatt selbst. Die Worte wurden moderner.

„Die journalistische Sprache soll darauf schauen, dass die Sprachkultur nicht untergeht", postuliert Hugo Portisch. „Aber natürlich muss sie sich dem Wandel anpassen. Auch der Duden hat jedes Jahr 300 oder 500 Wörter mehr."

Sich selbst bezeichnet Portisch in der Rückschau als „eine Speerspitze des Wandels". Der KURIER-Pionier: „Ich habe im Blatt damals Worte eingeführt, die die Leute nicht haben wollten. Zum Beispiel das Wort Teenager. Alle Frauen in der Redaktion waren dagegen und sagten, ‚das heißt Backfisch. Ein junges Mädchen heißt in der deutschen Sprache Backfisch. Wir können doch nicht Teenager sagen!'"

Doch man konnte. Und Portisch, geprägt vom „Impact, um es gleich so zu sagen, der Besatzungsmächte", tat weiter. „In einer der zahlreichen Reformen nannte ich unsere Beilage Weekend-KURIER. Was es da für Einwände gab! ‚Weekend... wer kennt des... was soll des sein, a Weekend...'"

Außer den Anglizismen hat in den letzten Dekaden eine weitere Entwicklung die hier zu Lande gepflegte Sprache geprägt. Peter Rabl: „Der Einfluss des deutschen Privatfernsehens. Wer hätte je gedacht, dass man in Österreich einmal Tschüss sagt?"

Wie umgehen mit all diesen Veränderungen? Christoph Kotanko: „Wir haben als Zeitung einen Bildungsauftrag, man soll das aber nicht zu eng sehen. Eine Zeitung vom Zuschnitt des KURIER muss natürlich mit der gesprochenen Sprache gehen. Es sollte Pep in der Sprache sein, ohne der Schluderei Tür und Tor zu öffnen."

Herbert Gartner: „Die Zeitung hat die Zeit ja schon im Namen. Da sollte sie auch sprachlich in der Zeit stehen."

KURIER-Redakteure aller Generationen

Backfische beim Tanztee in den Fünfzigern; Graffitti-Artists von heute: Andere Zeiten, andere Moden, neues Vokabular

hielten sich an solche Vorgaben. Anders als bei Magazinen, die stilistisch oft allzu glatt gebürstet sind, wird bei Tageszeitungen durchaus die individuelle Note gepflegt. Peter Rabl: „Es ist eine Abwechslung, wenn jeder Autor eine eigene Tonlage hat. Dass wir eine lebendige und, wo es passt, auch ironische Sprache pflegen können, ist gut."

Da gibt's dann Liebhaber des Stabreims („Mit Rokoko-Rock auf Rosen betten") oder jene der gewagten Zitate. Über einer schwärmerischen Musikkritik darf auch einmal ein nichtssagend-vielsagender Titel stehen: „A Wop-Bop-A-Loo-Bop-A-Lop-Bam-Boom".

Weil der Mensch fehlbar und die Tageszeitung so ein schnelles Geschäft ist, kommen aber auch – manchmal recht putzige – Fehler vor, was Herbert Hufnagl in seiner „Kopfstücke"-Kolumne zu einem Dankeschön anregt: „Bei jenen aus dem Kreis der Journalisten, die dank leichter Störungen im Sprachzentrum etliche Schönheiten zum Druck beförderten."

Da erschienen dann Klassiker wie die entsetzte Nachricht „Einbrecher schnitten Perser in Streifen" (gemeint war ein Teppich) oder die für eine Zeitung namens KURIER wahrlich originelle Titelzeile: „Schon wieder – Kurier mit Kokain verhaftet" (natürlich ging's nicht um einen Kurier aus Papier, sondern um einen auf zwei Beinen).

Herbert Hufnagl: „Sprache ist etwas unglaublich Lebendiges. Journalistische Sprache darf nicht nur – sie soll kreativ erfinderisch sein. Der negative Aspekt ist es, dass es Übertreibungskünstler gibt, die mehr verhunzen, als sie originell sind."

In Hufnagls „Kopfstücke"-Jahresnachlese finden sich die unfreiwilligen Sprachmalträtierer wieder: „Sie machten *ÖBB-Lockführer* aus, fanden im AKH einen Arzt, der *Herbstschrittmacher* einsetzt, erwähnten Bezieher von *Wegbauschalen*, ließen Teile von Geiseln befreien, stellten mit *gelehrten* Mistkübeln intelligente Produkte vor, öffneten die *Kiste der Pandora*, lobten einen Goalie wegen dessen *reaktionären* Paraden usw."

Zum Glück bleibt die schreiberische Kiste der Pandora meist fest verschlossen. Die Sprache ist das Werkzeug der Journalisten; da wird schon in der Grundausbildung gelehrt, welches Stilmittel wann einzusetzen ist. Nachrichten werden sachlich formuliert, Kommentare analytisch; im Feuilleton darf man auch einmal schwärmerisch werden. Die von Peter Rabl erwähnte Pflege der (distanziert) ironischen Sprache hat vor allem in Glossen, Kolumnen und großen Reportagen ihren Platz.

Gelegentlich kommt's vor, dass sich jemand darüber beklagt, er hätte einen in der Zeitung zitierten Satz „so nie gesagt". Manchmal ist das eine Schutzbehauptung. Doch häufig stimmt es auch. Warum? Weil viele Zeitgenossen weit von druckreifen Formulierungen entfernt sind, wenn sie sich verbal äußern.

Ein erfolgreicher Bundesliga-Fußballtrainer zum Beispiel, Muttersprache Deutsch, gab im Frühjahr 2004 im Fernsehen folgenden wörtlichen Kommentar zu einem Match ab: „Wir haben, ääh, trotz der ääh 0:2 ääh Pausenrückstand ääh, glaub' ich, trotzdem waren wir die bessere Mannschaft erste Halbzeit. Durch zwei individuelle Fehler, was wir vorher besprochen haben, ääh, mit Baur auf kurze Eck, ääh, und wo sich Pötscher und Tokic ääh bei Mayrleb auf einen Kopfball gehen, gehen zwei Spieler, und das sind zwei Tore gekommen."

Jeder Zeitungsjournalist, der einen Funken Sympathie für seinen Gesprächspartner hat, wird so ein Debakel aus Worten in lesbares Deutsch übersetzen.

Zum Balanceakt des Zeitungsmachens gehört es, die unterschiedlichen Sprachgewohnheiten verschiedener Leserkreise zu berücksichtigen. „Wir müssen auf der Höhe der Zeit bleiben", sagt Christoph Kotanko. „Das heißt, keine Scheu vor Anglizismen oder vor einer Sprache, die unsere potenziellen Leser zwischen 20 und 35 sprechen. Auch, wenn es einen Teil der Leserschaft gibt, der damit wenig anfangen kann." Zum Brückenschlag dient zum Beispiel die sonntägliche Jugendbeilage Kult, in der Worte über Rap-Sounds (und andere Themen) die Form von Word-Raps annehmen dürfen. Kotanko: „Da lernt ein Teil unseres Publikums eine andere Sprache als die gewohnte kennen. Und ein anderer Teil der Leserschaft findet sich in dieser Sprache wieder."

Eine besondere Herausforderung sind die Schlagzeilen der Seite 1. Herbert Gartner: „Da geht es um Appetithappen und darum, die Leser neugierig zu machen, damit sie im Innenteil des Blattes weiterlesen." Beispiel: Den Trend zu schlecht bezahlten Minijobs könnte man ganz trocken vermelden. Oder, wie im Frühjahr 2004 geschehen, auch so: „In Österreich verdienen immer mehr immer weniger."

„Ich weiß nicht, ob Wortspiele vom Leser wirklich honoriert werden", sagt Herbert Gartner. „Trotzdem probieren wir's. Denn wir wollen keine steife, amtliche Ausdrucksweise."

Sonderausgabe! Sonderausgabe!

Neuer KURIER

Donnerstag, 14. April 1955

50 Groschen für den Kolporteur

Botschaft aus Moskau:

Österreich wird frei

Wir bekommen unseren Heimatboden in seiner Gänze zurück

Neuer KURIER

Donnerstag, 1. September 1955

50 Groschen

Ruf: B 38-5-25, B 38-5-27

Mit erstem Bildbericht

Das Grand-Hotel brennt

…ben. Nach und nach trafen mit heu-…enen die Einsatzwagen von vier …

…elf Uhr wütet der Brand. Aber bis …nde hat man keine Spur von dem …erateur gefunden. Der Mann, der …itpunkt der Explosion in der Vor-…hine des Kinosaales arbeitete, ist …mehr lebend aus dem Flammen-…gekommen.

…vierten Stock des Hauses kam es …ische Frauen und …ochenen Anwei-… ver-… kopf-… ehrere … vor-… on-

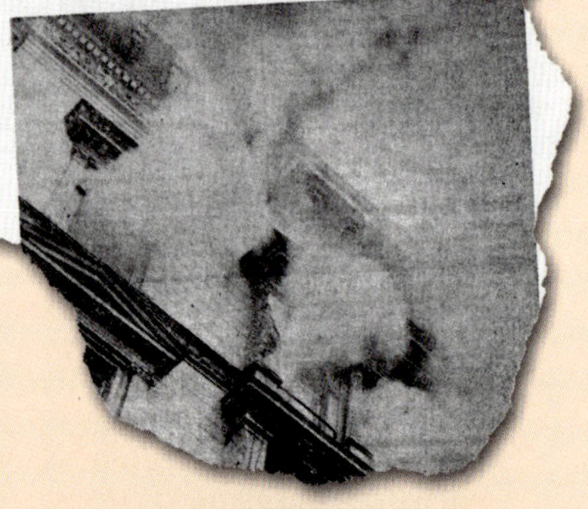

Österreichs erstes Fernsehprogramm: „Egmont"-Ouvertüre, Diskussion, Film

Montag, 17 Uhr, Premiere / Pausezeichen hängt noch in der Luft

Wien, 30. Juli (Eigenbericht). Ab Montag, 17 Uhr, werden die stehenden Bilder und geometrischen Figuren auf den Bildschirmen der ersten österreichischen Fernsehapparate verschwinden und einem regelmäßigen „Versuchsprogramm" Platz machen. „Versuchsprogramm" wird es so lange heißen, bis die Fernsehhörergebühren eingehoben … Ab 1. Jänner 1956 …

Erich Neuberg … vier Filme ü… In den … trag … im … zei…

Botschaftertagung: Nur noch drei Artikel des Staatsvertrages offen

Neuer KURIER *Spätausgabe*

Freitag, 6. Mai 1955

Preis 1 Schilling

Redaktion: B 38-5- Sonntags: B 38-5-

Was sagt die junge Generation dazu?

Die allgemeine Wehrpflicht erfordert mindestens zwölf Monate Wehrdienst

Wien, 6. Mai (Eigenbericht). Der „Unabhängige Pressedienst" des VdU will wissen, daß „maßgebliche Exponenten der Regierungsparteien" an die Einführung einer kurzen Wehrdienstzeit von sechs Monaten denken. Wie der „Neue Kurier" von den mit den Fragen der allgemeinen Wehrpflicht befaßten Kreisen erfährt, denkt man an eine Wehrdienstzeit von mindestens zwölf Monaten.

…nten Kreise begründen die …

Bundesheer wird „Generaldirektion für Verteidigung" unterstellt

Neuer KURIER **4. Ausgabe**

Preis 1 Schilling

Redaktion: B 38-5-25 Sonntags: B 38-5-27

…lage MIT DEM RADIO-WOCHENPROGRAMM

In Kürze werden Kranke und Verwundete erwartet

Der große Heimkehrertransport in Wien Notspital für nächsten Transport bereit

Wien, 4. Juni (Eigenbericht). Schon kurz nach zehn Uhr waren heute die ersten Tribünensitze vor dem Wiener Rathaus besetzt. Aber dieses Publikum galt nicht den Wiener Festwochen, das waren Menschen, … Angehörigen aus der Sowjetunion …warteten, die heute um 6.30 Uhr …chisch-ungarische Grenze bei … dem großen Heimkehrer-…tten und in den Mit-… waren. Um … Raab, …

Überraschende Feststellungen im Ölgebiet

Riesige Erdölfelder vor Wien entdeckt

Wien, 5. August (Eigenbericht). Unter strengster Geheimhaltung haben die Sowjets in den letzten zehn Jahren im österreichischen Ölgebiet gewirtschaftet. Die unmittelbar bevorstehende Übergabe der Ölfelder an Österreich zwingt die sowjetische Mineralölverwaltung nun dazu, die österreichischen Behörden in den tatsächlichen Stand der Dinge im Ölgebiet einzuweihen. Die Zahlen, die nunmehr genannt werden, sind überraschend: In geheimen Schurf… die Sowjets auf österreichischem Boden bisher unbekannte … entdeckt und deren Ausbeutung bereits vorbereitet.

Hier die Ziffern und Zahlen: Im Erdölgebiet von Matzen liegen etwa 80 Millionen Tonnen Erdöl, doch rechnet man damit, daß die tatsächliche Fündigkeit dieses Gebiet… noch um ein Drit… haben in diese… quelle…

Die Neutralität war der Preis für die Freiheit

Die Österreicher lieben die Neutralität. Heute. 1955 nahm das Land die Bündnisfreiheit als Preis für die Unabhängigkeit widerwillig in Kauf

„Österreich erklärt aus freien Stücken seine immerwährende Neutralität." So steht's – nein, nicht im Staatsvertrag, sondern im Artikel 1 des Neutralitätsgesetzes, das am 26. Oktober 1955 im Nationalrat beschlossen wurde.

Gar so frei waren die freien Stücke freilich nicht. „Die Neutralität war der Streitpunkt Nummer eins bei den Verhandlungen über das Ende der Besatzungszeit", erinnert sich Hugo Portisch. „Die Sozialdemokraten waren dagegen. Vor den Moskauer Verhandlungen 1955 hieß es in der *Arbeiter-Zeitung*: ‚Wehe, ihr kommt mit der Neutralität zurück!' Als die Neutralität zum Verhandlungsergebnis gehörte, waren viele bestürzt. Österreich wollte nicht neutral werden. Es war die Krot, die man für den Abzug der Sowjetarmee zu schlucken hatte."

Die verehrte, bewährte Neutralität als ungenießbare Kröte, den Österreichern verabreicht auf Wunsch der Sowjetunion? Die damalige Stimmung wird aus der Atmosphäre des Kalten Krieges verständlich. Portisch: „Die Befürchtung lautete, irgendwann würden die Amerikaner wieder jenseits des Atlantiks sein, doch die Sowjets in Ungarn. Als Neutrale würden wir keine Freunde haben. Niemand würde uns helfen, wenn die Russen einmarschieren."

Die Russen sind nicht einmarschiert. Und auch die Amerikaner konnten an Österreichs Neutralität nichts Schlimmes finden – was sich auch aus dem Redaktionsstatut des KURIER ablesen ließ. Christoph Kotanko: „In den alten Leitlinien für die redaktionelle Arbeit stand, ‚der KURIER vertritt die Staatsidee der immerwährenden Neutralität'. Das ist aus der Geschichte des KURIER zu erklären, der ja ursprünglich eine Gründung der Amerikaner war, im Sinne der politischen Re-Education."

Natürlich war die Debatte um die Neutralität kein Thema, als am 15. Mai 1955 in Wien der Staatsvertrag unterschrieben wurde und Außenminister Leopold Figl im Belvedere die legendären Worte sprach: „Österreich ist frei!"

Das ganze Land schwebte auf Wolken. Endlich hatte man die Erfüllung des größten Traumes schriftlich: „Die Alliierten und Assoziierten Mächte anerkennen, dass Österreich als ein souveräner, unabhängiger und demokratischer Staat wiederhergestellt ist" (Artikel 1 des Staatsvertrags).

Außenminister Leopold Figl (oben Mitte) am 15. Mai 1955 mit dem Staatsvertrag: „Österreich ist frei!" – und das hatte Folgen auch für den Stalinplatz

Die Besatzungsmächte verließen das Land. Zum ersten Mal zogen sich die Sowjettruppen von Positionen zurück, die sie 1945, bei der Befreiung Europas von der Hitler-Diktatur, erobert hatten.

Österreichs Politiker – voran Kanzler Julius Raab und Außenminister Leopold Figl (ÖVP) sowie Vizekanzler Adolf Schärf und der junge Außenamts-Staatssekretär Bruno Kreisky (SPÖ) – hatten klug verhandelt. Zugleich hatte Österreich das Glück, dass ein historisches Zeitfenster offen stand. Ein Jahr später, nach dem Ungarn-Aufstand, wäre es vermutlich wieder fest verschlossen gewesen.

Natürlich war die Rückkehr zur Souveränität schon seit Kriegsende das Hauptziel der österreichischen Politik. 1949 schien der Abschied der Besatzer erstmals ganz nahe zu sein. Doch dann stockten die Verhandlungen, weil in der Weltpolitik der

Eiserne Vorhang einzementiert wurde. Im Westen wurden die Bundesrepublik Deutschland und die Nato gegründet; im Osten die DDR und der Wirtschaftspakt Comecon.

„Österreich blieb Nebenkriegsschauplatz, auf dem die Großmächte ihre Truppen ganz nach der Frontlage im Kalten Krieg hin und her schoben", analysierte Hellmut Andics 1980 in einer KURIER-Serie. „Manchmal war das sogar ein Glück für uns. 1949 war Österreich ohne Staatsvertrag sicher besser dran."

Denn der Staatsvertrag 1949 hätte von Österreich nicht mit einem immateriellen Gut wie der immerwährenden Neutralität bezahlt werden müssen. Sondern mit dem Abtreten der profitablen heimischen Öl-Industrie an die Sowjetunion.

Wie entstand die Neutralität? Schon nach dem Ersten Weltkrieg gab es erste Vorschläge, in Europa einen „neutralen Riegel" zu errichten. Zwischen Nord und Süd, bestehend aus der Schweiz und Österreich. Nach 1945 näherte sich Bundespräsident Karl Renner dem Neutralitätsgedanken; 1948 erklärte Kanzler Figl, „dass wir uns keinem Block und keinem Militärbündnis anschließen wollen". Zur Staatsidee wurden die Überlegungen aber erst, so Bruno Kreisky 1980 in einem KURIER-Interview, durch einen Mann aus Moskau: „Ich glaube, dass Chruscht-schow die Neutralität entdeckt hat."

1953 war Stalin gestorben; Nikita Chruschtschow übernahm als Erster ZK-Sekretär die Macht in der Sowjetunion. Politisches Tauwetter kündigte sich an; das neue Schlagwort hieß Koexistenzpolitik.

Österreich machte es Chruschtschow leicht, die Neutralität zu entdecken: Figl und Kreisky gaben 1954 in Berlin offiziell die Erklärung ab, dass Österreich keinem militärischen Pakt beitreten und die Errichtung fremder militärischer Stützpunkte auf seinem Boden nicht gestatten würde.

Bald darauf kamen Signale aus Moskau. Am 8. Februar 1955 erklärte Außenminister Molotow: „Die Sowjetunion misst der Wiederherstellung der Unabhängigkeit eines demokratischen Österreich große Bedeutung zu."

Und dann ging alles ganz schnell. Am 12. April 1955 flogen Raab, Figl, Schärf und Kreisky nach Moskau. „Trinksprüche brechen das Eis", kabelte der KURIER in die Heimat. „Das Klima ist für uns günstiger als das Wetter." Draußen fiel Schnee. Drinnen kam man gut voran. Am 15. April jubelte der KURIER ganzseitig über „Die Einigung in Moskau". Wichtigster Passus: Die Festlegung der Distanz zwischen Österreich und Deutschland.

Im Artikel 4/1 des Staatsvertrags ist das, damit aber auch gar keine Zweifel aufkommen können, quasi mit Doppelknoten formuliert: „Die Alliierten und Assoziierten Mächte erklären, dass eine politische und wirtschaftliche Vereinigung zwischen Österreich und Deutschland verboten ist. Österreich anerkennt seine Verantwortlichkeiten und wird keine wie immer geartete politische oder wirtschaftliche Vereinigung mit Deutschland eingehen."

Hans Rauscher zitierte in einer KURIER-Serie später historische Quellen über die

Uniformierte Folklore der Besatzungszeit. Die Vier im Jeep (oben) aus den USA, Großbritannien, Frankreich und der UdSSR schauten auf schöne Flaggen am Auto sowie auf Recht und Ordnung in Wien. Später mutierte Österreich vom besetzten Land zum Gnadenort: Papst Paul VI. (unten, mit Bruno Kreisky) ernannte das Land zur „Insel der Seligen" – die Bürger wollten sich von dem Kompliment gar nicht mehr trennen

Kanzler Julius Raab bekam von Nikita Chruschtschow 1955 in Moskau die Verpflichtung zur damals ungeliebten Neutralität mit auf den Weg in die Freiheit (links) – Heinz Fischer (oben) gewann 2004 als Neutralitäts-Verfechter die Bundespräsidentenwahl

Hintergründe der neuen Freiheit Österreichs: „Raab fragte Chruschtschow bei einem Besuch in Moskau rundheraus, warum die Sowjetunion dem Staatsvertrag zugestimmt habe. Der Erste Sekretär antwortete, man habe sich entschlossen, den Staatsvertrag als Beispiel für die Entstalinisierung auch in der Außenpolitik zu machen. ‚Um den neuen Kurs im Westen glaubhaft zu machen, haben wir Positionen aufgegeben, die die Rote Armee im Krieg erobert hat, aber der Westen musste ja ebenfalls Österreich räumen.'"

Rauscher weiter: „‚Der Westen' hatte zwar auch keine Absicht, ewig in Österreich zu bleiben, aber besonders die Amerikaner wollten das Land keineswegs in die sowjetische Einfluss-Sphäre abgleiten lassen und waren deshalb dem Gedanken der Neutralität gegenüber sehr lange ablehnend. Die Wende kam im Jänner 1954. US-Präsident Eisenhower sagte seinem Außenminister John Foster Dulles, die Neutralisierung Österreichs könne akzeptiert werden, sobald dies nicht Entmilitarisierung bedeute. 1954 sagte Dulles zu Molotow: ‚Wenn Österreich die Schweiz werden will, dann werden die USA nicht im Weg stehen.'"

Das Land begann sich an die Neutralität zu gewöhnen. Peter Rabl ortet einen Stimmungswandel schon in der Zeit des Kalten Krieges: „Das war so ein Illusions-Faulbett: Uns kann nix passieren und wir brauchen uns nirgendwo einzumischen. Inzwischen wissen wir längst durch Dokumente, dass sich die Sowjets im Kriegsfall nicht eine Sekunde um unsere Neutralität geschert hätten und dass sich die Nato nicht davon hätte abhalten lassen, den Weg nach Italien über Tirol zu verkürzen."

Christoph Kotanko sieht historische Hintergründe für die „Liebe zur Neutralität. Nach den Erfahrungen der Ersten Republik, des Bürgerkrieges 1934 und der Nazi-Zeit entwickelten die Österreicher ein großes Harmoniebedürfnis. Da war die Neutralität ein Fluchtort, mit der man sich natürlich eine Art Scheinwelt schuf."

Wurde Österreich die Schweiz? Nein – Österreich wurde eine Insel. Kotanko: „Kulminationspunkt war die Äußerung von Papst Paul VI. über Österreich als Insel der Seligen. Ein Begriff, den Bruno Kreisky dann immer weiter getragen hat."

Doch Kreisky füllte, so Hugo Portisch, die Neutralität der Insel der Seligen auch mit Inhalt: „Auf einmal stand die Neutralität de facto für Nation. Für etwas, das die Österreicher sonst nicht so schnell angenommen hätten. Kreisky zeigte den Leuten: Wenn du neutral bist, dann schätzen dich beide Seiten. Der Westen füttert dich, denn du sollst nicht pro-russisch werden. Die Russen füttern dich, denn sie wollen ihre Geschäfte über das neutrale Land machen – du bist ein Liebkind. Kreisky wusste die Plattform der Neutralität international gut zu nützen."

1990 erklärte Österreich einige Bestimmungen des Staatsvertrags als „überholt", was von den Signatarmächten ohne Einspruch akzeptiert wurde. Dazu zählte etwa, in Artikel 13, das „Verbot von Spezialwaffen", zu denen Torpedos, aber auch Unterseeboote zählten. Oder, in Artikel 16, das „Verbot betreffend Zivilflugzeuge deutscher und japanischer Bauart". Wäre Letzteres noch in Kraft, könnte Austrian Airlines keine Airbus-Jets fliegen, die ja (auch) in Deutschland hergestellt werden.

Und was ist mit der Neutralität heute? „Sie hat sich schlicht und einfach überlebt", meint Peter Rabl. „Wenn wir jetzt rundum von EU-Partnern umgeben sind, außer von der Schweiz, die auch nicht zu den wirklich bedrohlichen Nationen zählt, dann hat die Neutralität ihren klassischen Sinn vollkommen verloren."

Für Christoph Kotanko ist die Neutralität „seit dem EU-Beitritt 1995 eine ziemlich absurde Sache. Ich verstehe dieses Bekenntnis zur Neutralität als Ausdruck eines gewissen Autismus, einer bestimmten Weltangst der Österreicher."

Portisch bedauert, dass es „keine überparteiliche Übereinkunft gibt", die Neutralität zu diskutieren, denn „heute hat der Begriff keinen Inhalt mehr. Wir können nicht mehr neutral sein, das ist lächerlich, wir haben europäische Solidarität zu üben." Doch als „innenpolitisches Kampfinstrument" (Rabl) steht das N-Wort nach wie vor hoch im Kurs, und „wer Wahlen gewinnen will, darf sich da nicht hervorwagen".

Stimmt. Bundespräsident Heinz Fischer hat es im Wahlkampf gewiss nicht geschadet, seine immerwährende Treue zur Neutralität zu bekunden.

1000 russische Panzer in Budapest eingedrungen / Ungarischer Generalstab bei Besprechungen mit den Sowjets gefangengesetzt Ungeheuerliches Verbrechen: der gemeinste Verrat aller Zeiten!

„Sowjetische Verbrecher haben uns betrogen!"

Sie greifen an!

Budapest, 4. November (NK). Seit heute früh ist die gesamte Weltöffentlichkeit in ...setzen erstarrt. Eines der ungeheuerlichsten Verbrechen der Weltgeschichte hat ...: Im Morgengrauen sind 1000 so...

gefangengenommen. Gleichzeitig hat der kommunistische Parteisekretär Ungarns, Janos Kadar, Verrat geübt und ist zu den Sowjets übergelaufen. Den letzten Mel-

80 Millionen Schaden / Zwei Seiten Bildbericht

Um Mitternacht: Die Börse brennt!

Eine Glanzleistung vollbrachte die Wiener Feuerwehr. 200 Mann standen im Einsatz

Ein furchtbares Schausp

Ab heute: Milch aus dem Stanitzl

„Einmal-Packung" auch in Wien / Vor dem Ende der Milchflaschen?

Wien, 11. Dezember (Eigenbericht). Als Weihnachtsüberraschung will eine Wiener Molkereifirma ab heute „paketierte Milch" auf den Markt bringen. Statt in Flaschen soll die Milch in kleinen Papierpyramiden verkauft werden.

bereits verwendet. Für ihre Her... Spezialpa...

Orkan verwüstet Texasküste

400.000 Menschen fliehen vor einem 250-km/h-Sturm

Schwerster Hurrikan seit Jahrzehnten / Milliardenschaden

Galveston (Texas). — Mit der unvorstellbaren Geschwindigkeit von 250 Kilometer ...der schwerste Orkan seit Menschengedenken im Golf von Mexiko an der Süd... An die 400.000 Menschen fliehen seit Sonntag vor den Natur... wie ihn Amerika in der neueren Geschichte noch nicht ... über Ernteland und durch Industriestädte. Die ...bindungen sind bis zu 30 km landeinwärts ... Ratten und Schlangen aus ihren ... die in den verlassenen Gei-

... wird auf 100 Mil...rden Schilling) ge-

...phenstangen, ...üme durch

...verhin-...hlüsse

...ren

...„Carla", der mit 250 Kilometer in ... 400.000 Mens...

Seit der „Titanic" die größte Katastrophe
Wie einst: Es geschah in einer Ballnacht

KURIER

Preis: 1 Schilling
Der „NEUE KURIER" in Sonderaufmachung
Freitag, 27. Juli

Bis zur Stunde acht Tote / 15 Österreicher an Bord / Keiner unter den Opfern / Mutter eines Passagiers erlitt einen Herzanfall, als sie die Katastrophennachricht im Rundfunk hörte

Der Ungarn-Aufstand und die Flüchtlingswellen

Österreich hat ein großes Herz für Flüchtlinge. Aber nicht immer. Gelegentlich gerät es aus dem Takt

„Die Gewehre in den Fäusten, mit denen sie sowjetische Panzer angesprungen hatten, fahren die Freiheitskämpfer von Budapest durch die von ihnen eroberten Straßen der Stadt. Zehntausende Menschen bilden ihnen jubelndes Spalier, werfen ihnen die letzten Zigaretten zu" (Original-Bildtext aus dem KURIER 1956)

Als die Sowjetpanzer 1956 den Ungarn-Aufstand niederschlugen, kamen 180.000 Flüchtlinge nach Österreich. Sie wurden mit offenen Armen empfangen. Auch später nahm das Land immer wieder große Flüchtlingsströme auf. Mit viel Hilfsbereitschaft – und mit Ressentiments.

Der 26. Oktober 1956 hätte ein Fest in Österreich werden können. Erstmals sollte der „Tag der Fahne" gefeiert werden, als Erinnerung an die Neutralitätserklärung und den Abzug der Besatzungsmächte ein Jahr zuvor (erst 1966 wurde aus dem Tag der Fahne der Nationalfeiertag). Doch die Feststimmung wich der Sorge. Aus dem Osten kam Sturm auf. Am Tag der Fahne wurde das erst wenige Wochen zuvor gegründete Bundesheer in Alarmbereitschaft versetzt.

Fünf Tage zuvor, am 21. Oktober, hatten in Ungarn Demonstrationen gegen die sowjetischen Besatzer begonnen. Rasch wurde ein offener Aufstand daraus. KURIER-Schlagzeile vom 25. Oktober: „Budapest brennt, aber die Revolution geht weiter."

Die Ungarn forderten freie Wahlen, Reise- und Pressefreiheit. In Budapest rissen sie die Stalin-Statue vom Sockel. Es gab blutige Kämpfe, doch zunächst zogen sich die Sowjettruppen in ihre Kasernen zurück. Der Reformer Imre Nagy wurde Ministerpräsident; am 1. November machte er Revolution. Nagy verkündete die Neutralität Ungarns und den Austritt des Landes aus dem Warschauer Pakt.

Moskau verstand die Proklamation als Provokation. Die Sowjetarmee bezog mit 150.000 Soldaten und 2000 Panzern strategische Stellungen. In den frühen Morgenstunden des 4. November marschierten sie in Budapest ein. Stunden später ratterte ein Hilferuf der ungarischen Nachrichtenagentur MIT über die Fernschreiber: „Bitte informieren Sie Europa: Die russischen Truppen haben Budapest und das ganze Land angegriffen. Haben Sie irgendeine Nachricht von der österreichischen Regierung? Dringend, dringend, dringend!" Dann wurde es still. Gegen Mittag am 4. November meldete Radio Moskau: „Die ungarische Gegenrevolution wurde niedergeschlagen."

Dem Ministerpräsidenten Imre Nagy gelang die Flucht in die jugoslawische Botschaft in Budapest. Er wurde Wochen später verhaftet und am 16. Juni 1958 hingerichtet.

Viele Ungarn sahen in der Heimat keine Zukunft mehr – sie flohen nach Westen. Nach Österreich. Allein am 4. November überquerten 10.000 Menschen die Grenze. Ihre Zahl sollte in den folgenden Wochen auf 180.000 steigen. Die meisten von ihnen zogen bald weiter, vor allem nach Amerika. 20.000 fanden in Österreich eine neue Heimat. Unter ihnen so bekannte Namen wie der Journalist Paul Lendvai, der Schriftsteller György Sebestyen oder der Psychiater Stephan Rudas.

Die Aufnahme der Ungarn stellte das damals noch sehr arme Österreich vor riesige Probleme. Diese waren aber vor

Flüchtlingsleid. Viele Ungarn, die 1956 nach Österreich kamen, konnten nichts retten außer den Kleidern am Leib (links). Manche Polen, die 1981 vor dem Kriegsrecht in ihrem Land flüchteten, hatten wenigstens einen Polski Fiat als Lastesel dabei (rechts)

allem logistischer Natur – die Bürger hießen die Flüchtlinge willkommen.

Hugo Portisch blickt zurück. „Am Anfang war die Hilfsbereitschaft unendlich groß. Die ÖBB fuhren mit allen Zügen an die Grenzen und haben die Flüchtlinge von dort weggebracht. Einen normalen Bahnverkehr hat es damals in Österreich über Tage nicht gegeben." Alle Aufnahmelager waren rasch überfüllt, doch das ließ sich lösen. Portisch: „Ein Aufruf genügte, der öffnete die Wohnungen in Wien. Zwei oder drei Flüchtlinge konnten in einer Wohnung unterkommen." Bürokratische Regeln wurden außer Kraft gesetzt. Nach Arbeitsgenehmigungen fragte niemand. Am 24. November 1956 startete der KURIER eine Hilfsaktion. Schlagzeile auf Seite 1: „Alle Flüchtlinge, die Arbeit suchen, können ab sofort kostenlos den Inseratenteil des KURIER in Anspruch nehmen."

Woher die Anteilnahme? Peter Rabl: „1956 war die Erinnerung an die Zeit nach 1945 noch lebendig, als es große Flüchtlingsströme gab. Viele Österreicher des Jahres 1956 waren zuvor selbst geflüchtet. Außerdem herrschte eine hoch emotionale Stimmung pro Ungarn und gegen die Sowjets. In der öffentlichen Meinung war das der Heldenkampf der kleinen Ungarn gegen die bösen Russen."

Hugo Portisch stimmt zu. „Wir hatten während der Besatzungszeit ja selbst bis zuletzt vor den Russen Angst gehabt und wir wussten, was eine kommunistische Diktatur bedeutet. Jetzt versuchte ein Nachbarvolk, sich zu befreien. Da haben wir mitvollzogen, was in den Leuten vorgehen musste."

Die positive Stimmung hielt aber nicht auf Dauer an. Portisch: „Als nicht mehr nur die armen Flüchtlinge auf der Straße waren, sondern auch jene, die ein bissl Vermögen mitgebracht hatten und Pelzmäntel – da hat die Volksseele gleich wieder gekocht. ‚Schaut die Ungarn an, die fressen uns alles weg!'"

Gleichwohl: „Wir haben uns auch bei späteren Flüchtlingswellen anständig benommen", meint Portisch.

Zwölf Jahre nach dem Ungarn-Aufstand schien sich, in Ursache und Wirkung, die Geschichte zu wiederholen. Die Sowjetmacht planierte den bunten Garten des Prager Frühlings. Nachdem die Panzer im August 1968 nach Prag gerollt waren, flüchteten 160.000 Tschechen und Slowaken in Richtung Österreich. Von ihnen blieben nur 3000 auf Dauer im Lande – und sie hatten es schon schwerer als die Ungarn, ihren Status zu legalisieren.

Die meisten waren quasi als Touristen eingereist. Sie mussten jetzt um Asyl ansuchen, um Aufenthalts- und Arbeitsgenehmigungen. Da konnten die österreichischen Behörden störrisch werden: Wie wollte ein tschechischer Asylbewerber Repressalien in der Heimat glaubhaft machen, wenn er doch mit gültigen Papieren aus der CSSR ausgereist war?

Abermals härter wurde es um 1981 für die etwa 33.000 Polen, die nach Österreich kamen: Sie hatten die liberaleren Ausreisebestimmungen der Solidarnosc-Ära genutzt und viele wollten nicht mehr zurück, weil Staatschef Jaruzelski über Polen das Kriegsrecht verhängt hatte. Doch die Besucher aus Polen waren auf Dauer nicht willkommen. Ein KURIER-Kommentar: „Da lancierten die Regierungspolitiker Bruno Kreisky und Erwin Lanc sogar den diskriminierenden Begriff der Wirtschaftsflüchtlinge. Obwohl es Freiheit nirgends zu kaufen gibt."

Die letzte große Flüchtlingswelle setzte dann in den Neunziger Jahren ein. Zehntausende Menschen, vor allem Bosnier, suchten Schutz vor den Folgen des Jugoslawien-Krieges. Doch damals, 1993, startete die FPÖ ihr Volksbegehren zur Ausländerpolitik, das einen Zuwanderungs-Stopp zum Ziel hatte. Österreichs Zivilgesellschaft antwortete: Mit dem Wiener Lichtermeer für Toleranz und gegen Fremdenfeindlichkeit, zu dem 250.000 Menschen kamen. Inklusive Kanzler Franz Vranitzky und Bundespräsident Thomas Klestil.

„Österreich hat nach 1956 neue Flüchtlingswellen immer unwilliger aufgenommen, das stimmt", analysiert Christoph Kotanko. „Daraus kann man aber nicht ableiten, dass die Hilfsbereitschaft im gleichen Ausmaß sank, denn mit dem materiellen Wohlstand stieg auch der Wille zu spenden. Allerdings: Die direkte Störung in den höchstpersönlichen Lebensumständen ist immer weniger erwünscht. Die Leute erkaufen sich Bequemlichkeit, indem sie Geld geben, um die Probleme zu lösen."

Kotanko glaubt, „dass diese Entwicklung kein österreichisches Phänomen ist, sondern eines von Wohlstandsgesellschaften. Wenn ich mir die Asyl- und Flüchtlingsdiskussion in Dänemark oder Großbritannien anschaue, dann ist es dort genauso. Oder die Niederlande: In diesem liberalen Vorzeigestaat früherer Jahre hat man zu höchst rigiden Maßnahmen gegriffen."

Vielleicht pendelt ja (fast) jedes Land zwischen Offenheit und Xenophobie. Peter Rabl: „Simon Wiesenthal sagte mir einmal in einer Diskussion, wenn der Anteil von Fremden in einer Gesellschaft 30 Prozent übersteigt, dann wird es kritisch. Dann gibt es einen kollektiven Abwehrreflex, aus Angst, dass die eigene Identität verloren geht." Nachsatz: „Die multikulturelle Gesellschaft ist etwas, das man legitimerweise anstreben und mögen kann. Aber ebenso legitimerweise kann man sie ablehnen."

Ein Blick in die jüngste Bevölkerungsstatistik: Laut Volkszählung 2001 leben 730.000 Ausländer in Österreich; um 212.500 mehr als zehn Jahre zuvor. Der Ausländer-Anteil an der Bevölkerung stieg in dieser Dekade von 6,6 auf 9,1 Prozent. Besonders hoch ist er mit 16,4 Prozent in Wien. 158.800 Zuwanderer kommen aus Jugoslawien, 130.100 aus der Türkei, 74.400 aus Deutschland. Letztere stellen den Löwenanteil der 110.000 Bürger anderer EU-Staaten, die in Österreich wohnen. Zugleich steigt die Zahl der Österreicher, die nicht im Lande geboren sind: Die Einbürgerungen klettern kräftig an.

Fazit: Ganz egal, ob man die multikulturelle Gesellschaft nun mag oder nicht – sie ist längst da. „Es gibt kaum einen anerkannten Staat, der keinen Bürger in Österreich leben hat", sagt Johann Ladstätter von der Statistik Austria.

Was sind die Konsequenzen dieser Entwicklung? „Man muss wesentlich mehr Fantasie und Infrastruktur in die Integration der Ausländer stecken, die hier leben und auch bleiben wollen", sagt Peter Rabl. „Es sind dies ja auch Menschen, die wir brauchen. Spätestens in der zweiten Generation der Immigranten muss aber die Beherrschung der deutschen Sprache Voraussetzung sein. Deshalb muss man es kritisieren, wenn aus Einsparungsgründen der zweite Lehrer in gemischten Klassen abgezogen wird. Das muss sich ein Land wie Österreich leisten."

Ist Österreich also ein Einwanderungsland? Ja, glaubt Christoph Kotanko: „Man braucht nur die Geburtenstatistik anzuschauen, um zu erkennen, dass es ohne eine gewisse Zuwanderung nicht geht. Österreich ist ein klassisches Einwanderungsland – in dem aber die zweite oder dritte Generation der früheren Immigranten streng mit künftigen potenziellen Zuwanderern umgeht."

Hugo Portisch hat noch ein schönes historisches Beispiel für den Schmelztiegel Österreich parat: „Ab 1850 konnte man in Österreich-Ungarn erstmals, ohne Pass und Polizeibewilligung, unbeschränkt reisen und Arbeit finden. Daraufhin kamen ungefähr 120.000 Leute nach Österreich und sie haben in zehn Jahren vier große Eisenbahnstrecken gebaut; von Wien nach Czernowitz, München, Triest und Budapest. Diese 120.000 sind geblieben. Sie sind dann die Pokornys und Pospischils und Vranitzkys von heute geworden. Und das Rothschild-Kapital aus Frankfurt hat die Eisenbahnen finanziert."

Eine machtvolle Demonstration gegen die Fremdenfeindlichkeit und die Forderungen nach einem Zuwanderungs-Stopp. 250.000 Menschen machten im Jänner 1993 den Wiener Heldenplatz zum Lichtermeer (oben). Auch Bundeskanzler Franz Vranitzky und Bundespräsident Thomas Klestil waren dabei. Für viele Schulkinder in Österreich ist das Leben in einer Multi-Kulti-Gesellschaft längst zur Selbstverständlichkeit geworden (unten). Die Zahlen der Statistik Austria sind eindeutig: „Es gibt kaum einen anerkannten Staat auf der Welt, der keinen Bürger in Österreich leben hat"

„Baby des Jahrhunderts" geboren Monako feiert Prinzessin Caroline

...te Carlo, 24. Jänner (NK). Die Ste... drei Kilometer vom Palast Quartier

Verkehrsprüfung für Mopedfahrer wird nötig: In Österreich gibt es schon 180.000 Mopeds

Fußgänger passen zuwenig auf / Verunglückte schauten auf die falsche Seite

Wien, 3. Mai (NK). „Es wird vielleicht not- ... das Mindestalter für die ... 80 Prozent die Ursache der ... war. Meh...

Die Stewardeß will jetzt selbst 20 Kinder

Der Storch kam in 5000 Meter Höhe

Wienerin gebar ihr Baby im Flugzeug / Brigitte war kein Bub / In 13 Minuten war alles vorbei

... 13. Februar (Eigenbericht). „Wovor ... empfinden sollen? Meine ein- ... zwei Beinen ... — und ... dann

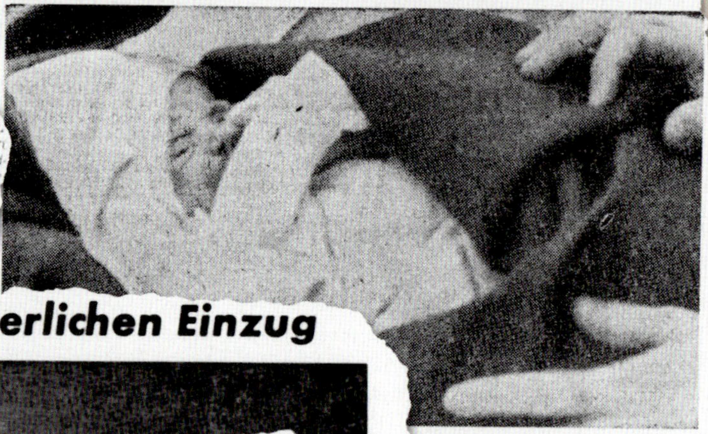

...uniformierten Geburtshelfern

Ohne Atomkraft kommt Europa nicht aus

Montanunion-Staaten arbeiten gemeinsam / Erstes Atom-E.Werk erst 1962

Paris, 25. Jänner (Eigenbericht). Ein Drittel des europäischen Energiebedarfes wird im Jahre 1975 selbst bei maximaler Ausnützung aller klassischen Energiequellen nicht mehr aus eigenen Mitteln gedeckt werden können. Eine intensive Förderung von Atomkraftwerken ist daher, nach Untersuchungen der „Drei Weisen" der Montan-Union, bereits jetzt unumgänglich.

Die drei Vizepräsidenten der Hohen Behörde, Etzel (Deutschland), Armand ...

Nach der Meinung der „Drei Weisen" komme es daher darauf an, ein umfangreiches europäisches Programm auszuarbeiten, das einen Überblick für die Zukunft ermögliche und Europa in die Lage versetze, Atomenergie zu den billigsten Preisen zu produzieren. Kein Land für sich selbst würde dazu in der Lage sein. Angesichts der ... vestitionskosten für Atom... gemeinsam vorg...

St. Stephan: Die Pummerin hielt feierlichen Einzug

Zu eine... bracht. ...

ÖSTERREICHS GRÖSSTE UNABHÄNGIGE TA...

stehe.

Nicht einmal 1700 Schilling monatlich

Wien, 15. November (NK). Drei Viertel aller österreichischen Arbeitnehmer verdienen nicht einmal 1700 Schilling monatlich, heißt es in einem Bericht der neuen gesellschaftskritischen Monatszeitschrift des Instituts für Sozialpolitik und Sozialreform „Aufruf". Der nach außen hin sehr hoch scheinende Lebensstandard gehe auf Kosten der Bevölkerungssubstanz. Die Tatsache, daß in Österreich die Ein-Kinder- und Keine-Kinder-Ehe grassiere, täusche nur einen allgemeinen Wohlstand vor.

Heute nacht: Der russische Erdsatellit abgeschossen Inzwischen schon dreimal über den USA erschienen

Sowjets in den Weltraum vorgedrungen

Vom goldenen Käfig und seinen Bewohnern

Caroline von Monaco wurde als „Baby des Jahrhunderts“ geboren. Vielleicht würde sie den goldenen Käfig gern verlassen – viele andere drängen hinein

In den Zirkeln der Berühmten, Reichen und Schönen ist es durchaus üblich, dass bald nach einer Geburt die Fotografen ans Wochenbett gebeten werden, um der Welt das Glück von Mutter und Kind bildhaft zu vermitteln. Manchmal beginnt der Wettlauf ums erste und beste (um nicht zu sagen: erstbeste) Foto aber schon, bevor das Bild überhaupt aufgenommen werden kann. Weil das Baby noch gar nicht da ist.

Monaco, Winter 1957. „Sieben Monate lang“, informierte der KURIER, „kämpfte die gesamte Weltpresse um das erste Bild. Zeitungsverlage aus Amerika, aus Deutschland, Frankreich und Großbritannien boten ungeheure Summen für das Recht, Gracia Patricia und die neugeborene Prinzessin Caroline als Erste fotografieren zu dürfen. Fürst Rainier zögerte, aber als man ihm vorrechnete, wie viel dabei herausschauen würde, war auch er einverstanden. ‚Wir werden so viel daran verdienen, dass wir ein neues Krankenhaus in Monaco einrichten können‘.“

So hatte Caroline Louise Marguerite Prinzessin von Monaco, als sie am 23. Jänner 1957 zur Welt kam, schon mehr Geld verdient als viele Menschen während ihres ganzen Lebens.

Da nimmt's nicht wunder, dass in Berichten über die Geburt erst einmal der fiskalische Aspekt im Vordergrund stand. Der KURIER vom Tag danach: „Die Steuerzahler des Kasinostaates an der Riviera atmen auf. Fürstin Gracia Patricia hat ein gesundes Mädchen geboren. Damit fällt das Fürstentum Monaco nach dem Tode Rainiers nicht an Frankreich und die Steuerfreiheit seiner Einwohner bleibt gesichert.“ Nach den kühlen Feststellungen war Emotion angesagt. „300 Reporter aus aller Welt telegrafierten an ihre Zeitungen: Die Sonne ist über Monaco aufgegangen – Baby des Jahrhunderts geboren!“

Wie geht jemand damit um, vom ersten Lebenstag an unter Aufsicht der Klatschgazetten zu stehen? Caroline von Monaco bot der Regenbogenpresse stets unwillig, aber reichlich Nahrung. Frühes Jetset-High-Life. Hochgespielte Romanzen. Eine erste Ehe

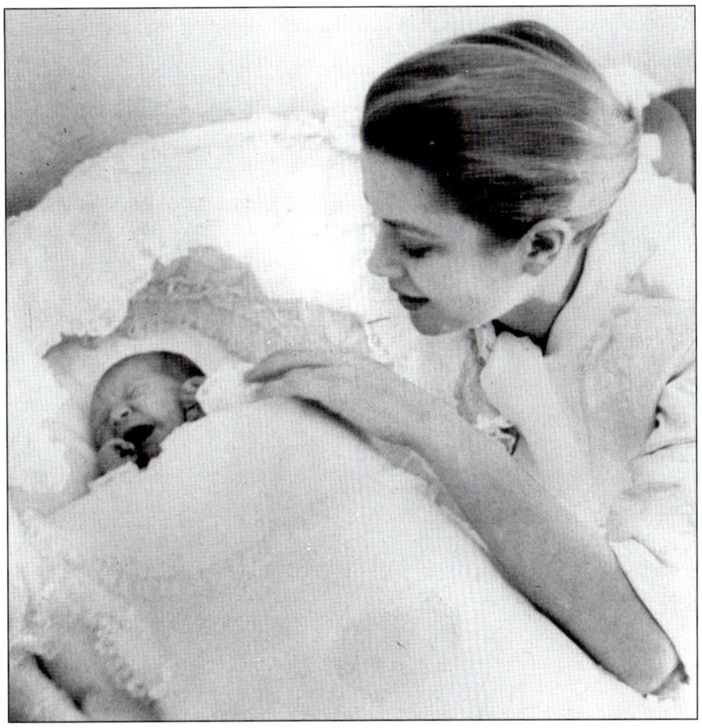

Ein Leben unter Beobachtung der Kameras. Kaum war Caroline von Monaco geboren, ging das erste Foto der kleinen Prinzessin und ihrer Mutter Gracia Patricia um die Welt (links). Wo immer Caroline öffentlich auftritt (unten: mit Ehemann Ernst-August von Hannover beim Filmfestival von Cannes), sind die Fotografen nicht weit. 2004 erreichte sie jedoch ein EU-Gerichtsurteil, das die Veröffentlichung von Fotos aus ihrer Privatsphäre untersagt

High Life in den sechziger Jahren. Brigitte Bardot, in St. Tropez auf Händen getragen von ihrem dritten Ehemann Gunther Sachs (rechts) – „Sachs ist viel interessanter, als er immer hingestellt wurde. Er hat das Playboy-Dasein mit einer gewissen Inbrunst gelebt, nicht nur als reicher Mann mit wechselnden Freundinnen." Wechselnde Damenbegleitung ist auch das Kennzeichen von Hugh Hefner (unten): Der Erfinder und Verleger des „Playboy"-Magazins mag altern – die Bunnys um ihn herum sind stets knackig und vorzugsweise äußerst textilsparend gekleidet

mit 21, die später vom Vatikan annulliert wurde. Eine zweite Ehe mit 26. Drei Kinder, doch der Gemahl, Signor Casiraghi, starb 1990 bei einem Motorboot-Rennen. Schließlich die Verehelichung mit dem schlagkräftigen deutschen Prinzen Ernst-August von Hannover, den Caroline schon seit ihrer Kindheit kannte.

Spätestens in den Neunzigern begann die Monegassin, sich gegen die Presse zu wehren. Der deutsche Burda-Verlag wurde ihr Lieblingsgegner. 1994 erstritt sie ein Schmerzensgeld von 180.000 DM (zirka 90.000 Euro), weil die *Bunte* ein Interview mit ihr veröffentlicht hatte, das einen kleinen Fehler aufwies: Es war frei erfunden. 1997 unterlag sie dem bunten Blatt, das so gern Fotos von ihr druckt. Sie müsse es „als Person der Zeitgeschichte hinnehmen, dass ein berechtigtes Interesse der Allgemeinheit daran besteht, wo sie sich aufhält und wie sie sich in der Öffentlichkeit gibt", urteilte das Landgericht Hamburg.

Die streitbare Person der Zeitgeschichte ließ sich aber nicht entmutigen. 2004 entschied der Europäische Gerichtshof für Menschenrechte in ihrem Sinn: „Bilder, die Prinzessin Caroline beim Radfahren, Reiten oder am Strand zeigen und die ohne ihr Wissen aufgenommen wurden, sind ausschließlich privat. Es ist offenkundig, dass die Öffentlichkeit daran kein legitimes Interesse haben kann."

Jetzt heulten deutsche Verleger auf, die – voran Hubert Burda – die „kampflose Aufgabe eines Kernbereichs der Pressefreiheit" herannahen sahen. Die deutsche Regierung weigerte sich aber, gegen das Urteil beim Menschenrechts-Gerichtshof Einspruch zu erheben.

„Money talks", meint Karl Hohenlohe. Es gehe ums Geld. „Die Leute wollen halt Caroline oben ohne sehen. Ich finde es richtig, dass sie das Urteil bekam. Denn ein Leben wie ihres muss wie eine Art von Dauerhaft sein, ganz entsetzlich."

Christiane Tauzher sieht es ähnlich. „Könnte man die eigene Abstammung einklagen, gäbe es sicherlich viele in einen goldenen Käfig Hineingeborene, die sich ihres schönen Titels und ihres berühmten Gesichts im Gegenzug für ein normales Leben entledigen würden."

Natürlich wird nur der geringste Teil der Prominenten schon als Society-Wesen geboren. Die meisten Sternchen, Stars und Adabeis nahmen in frühen Phasen ihres Lebens keine geringen Mühen auf sich, um in den goldenen Käfig Einlass zu finden.

„Viele Promis drängen aus purer Eitelkeit in die Schlagzeilen", sagt Karl Hohenlohe, „doch das ist eine lässliche Sünde. Denn der Großteil dieser Leute ist völlig harmlos. Sie sehen sich halt gern in der Zeitung."

Auch der KURIER räumt der Gesellschaft und ihren Geschichten täglich Raum ein, seit seiner Gründung schon, denn „das Bedürfnis nach Klatsch und Tratsch ist geradezu etwas Archaisches", meint Herbert Hufnagl. „Die Leser werden mit dem Zeitungs-Lift in eine Etage hinaufgehoben, zu der sie sonst keinen Zutritt haben."

Ist es dort so viel schöner als im eigenen Leben? Nur zum Teil, findet Ro Raftl: „Die Leute fasziniert an der Gesellschaft, dass sie durch den Blick auf die Reichen und Tollen von ihrem unspektakulären Alltag abgelenkt werden. Aber viele Promis haben natürlich auch einen unspektakulären Alltag – nur mit mehr Geld."

Welche Themen sind gefragt? „Je menschlicher die Geschichte, desto besser", sagt Christiane Tauzher. „Am liebsten werden Trennungs-, Liebes-, Baby- und andere Herz-Schmerz-Geschichten gelesen. Da bekommt der Leser das schöne Gefühl, dass der Promi auch nur ein Mensch ist. Dass er sich auch verliebt, Fehler macht und Alimente zahlen muss."

Der britische Evolutionspsychologe Robin Dunbar warnt davor, den Wert von Klatsch und Tratsch zu missachten. Seine These: „Erst Tratsch macht die menschliche Gesellschaft, wie wir sie kennen, möglich. Denn Tratsch lehrt Dinge, die der Mensch sonst über schmerzliche Erfahrungen lernen müsste."

Eine Studie der US-Psychologen Francis McAndrew und Megan Milenkovic ergab, dass junge Amerikaner Klatsch über Promis des eigenen Geschlechts und der eigenen Altersgruppe bevorzugen. Woraus folgt: „Menschen benutzen Tratsch, um Informationen zu sammeln, die ihnen möglicherweise im Wettbewerb ums andere Geschlecht von Nutzen sein können."

Etliche Promis leben freilich so abgehoben, dass die Informations-Sammlerei wenig Erkenntnisse verspricht. Ein Lebemann wie der *Playboy*-Gründer Hugh Hefner etwa wäre höchstens für jemand wie Heidi Klum als Studiengegenstand geeignet gewesen, als sie sich dessen Wiedergänger Flavio Briatore romantisch näherte.

Oder was war von einem Frauenfreund wie Gunther Sachs zu halten, um den in früheren Jahren keine Gesellschaftskolumne herumkam? „Einer wie Gunther Sachs war für viele ein Role Model in den Zeiten der sexuellen Revolution", glaubt Ro Raftl. Karl Hohenlohe: „Der ist viel interessanter, als er immer hingestellt wurde. Er hat das Playboy-Dasein mit einer gewissen Inbrunst gelebt, nicht nur als reicher Mann mit vielen wechselnden Freundinnen." Ähnliches ließe sich heute vielleicht von Robbie Williams sagen.

Mr. Williams zählt zur Kategorie jener Superstars, für die Anonymität genauso ein Fremdwort ist wie für eine Caroline von Monaco. Und die manchmal über die Beschneidung ihres Privatlebens klagen. Freilich: „Das Jammern gehört auch irgendwie zum Star-Sein dazu", sagt Christiane Tauzher. „Je größer das Medieninteresse, je größer die Fangemeinde, umso höher ist auch der Wert eines Stars. Würde kein Hahn mehr nach ihm krähen, wäre er weg vom Fenster."

Das passt zum Seufzer eines weisen Promis, dass es schlimm sei, dauernd von allen erkannt zu werden – doch noch schlimmer, wenn einen niemand mehr erkennt.

Wie steht's denn um die Ranglisten der österreichischen Prominenz? Christiane Tauzher: „An die oberen Hundert, dazu zählen die Flicks, Heidi Horten oder Dietrich Mateschitz, kommt man nicht heran. Diese Menschen nehmen am gesellschaftlichen Leben kaum teil. Die anderen lassen sich grob in drei Gruppen einteilen."

Gruppe eins: „Menschen, die früher große Leistungen erbrachten und dafür nach wie vor bewundert werden – Franz Klammer zum Beispiel, Maximilian Schell, Christa Ludwig oder Helmut Zilk."

Gruppe zwei: „Menschen, die voll im öffentlichen Berufsleben stehen, Erfolg haben und als Vorbilder gelten. Dazu zählen etwa Tobias Moretti, Christiane Hörbiger und Christl Stürmer. Aber auch Unternehmer, Direktoren von Banken, Theatern und Museen oder aktive Sportler."

Und wer kommt dann? Tauzher: „Mausi Lugner, Jeannine Schiller, Eva Fuchs, Oliver Stamm oder Adriana Zartl zählen zur dritten Kategorie. Sie sind praktisch überall, wo es ein Gratisbuffet gibt und wo Fernsehleute und Fotografen sind. Ihre Berufsbezeichnung ist meist schwammig, sie haben zu allem und jedem eine Meinung und sie wollen gesehen werden. Ich glaube, das ist so eine Art Hobby, Balsam fürs kleine Ego."

Den Beobachtern der Szene bleibt auf Dauer kaum etwas verborgen. Karl Hohenlohe: „Mich interessieren die skurrilen, vermeintlich peinlichen Dinge. Man sieht viel Lächerlichkeit in öffentlichen Auftritten. Wichtig ist, das alles nicht ernst zu nehmen. Denn in Wahrheit ist die Gesellschafts-Berichterstattung völlig unbedeutsam. Sie ist amüsant wie ein witziger Film."

Hauptdarsteller unter all diesen Selbstdarstellern in Wien ist gewiss der Baumeister Richard Lugner. „Der ist prominent", sagt Ro Raftl, „weil er eine wirklich schrille Person ist. Er ist ein Selfmademan und in mancherlei Hinsicht wirklich geschmacklos, aber dann fallen ihm und seiner Mausi immer wieder etwas Neues ein. Ob die Stars, die er zum Opernball einlädt, wissen, wie ihnen geschieht? Das weiß ich nicht."

Ganz ohne Bezahlung funktioniert ein Mechanismus, der Herbert Hufnagl fasziniert. „Auch die berühmtesten Österreicher antworten auf die Reporterfrage, was sie ihrem Partner zu Weihnachten schenken, zu 99 Prozent nicht mit dem Satz ‚Das geht Sie einen Dreck an!'. Sie sagen irgendwas, damit sie wieder vertreten sind. Ein Psychotherapeut erklärte mir, dass dieses Ständig-Genannt-Werden wie eine Droge ist. Die Leute haben förmlich Todesangst, in der Öffentlichkeit nicht mehr vorzukommen. Der Endpunkt, in der Fachsprache, wäre der soziale Tod. Daher sind diese Leute überall dabei. Und wenn sie etwas sagen können, dann tun sie es."

Er ist der Hauptdarsteller unter den Selbstdarstellern von Wien. Richard Lugner, Arm in Arm mit Gemahlin Mausi (rechts) sowie Opernball-Gast und Hollywood-Star Andie MacDowell

Johannes XXIII.: Feierliche Krönung am 9. November in Rom

Erste Versuchsfahrt mit neuen Autobussen

„Doppeldecker" statt Dreizehner

Kommission fuhr durch Wien / Ergebnis: zufriedenstellend / Aber noch kein Geld

Wien (Eigenbericht). An O...

... dazu angetan ist, d...

Dr. Otto Habsburg ersucht um seine Rückkehr nach Österreich

Wien (NK). Wie das Wiener Büro der angesehenen amerikanischen Nachrichtenagentur Associated Press meldet, habe sich Dr. Otto Habsburg mit einem Schreiben an Bundeskanzler Ing. Raab gewandt und seinem Wunsch Ausdruck gegeben, in seine Heimat Österreich zurückkehren zu können. Gleichzeitig habe sich Dr. Otto Habsburg unter Berufung auf die sogenannte „Habsburg-Klausel" in diesem Schreiben bereit erklärt, auf seine Thronrechte zu verzichten. Nach der österreichischen Verfassung würde es Dr. Otto Habsburg gestattet sein, nach einem solchen Verzicht wieder nach Österreich zurückzukehren. Die Associated Press, die diese Meldung gestern spät abends in die ganze Welt verbreitete, beruft sich dabei auf eine „über alle Zweifel erhabene österreichische Regie... die für d... ständig ist." Wir geben diese Meldung der Associated Press mit allen Vorbehalten wieder. Der Redaktion des „Neuen Kurier" war es in der Nacht nicht möglich, eine offizielle Bestätig...

Chruschtschew wird neuer Stalin: Alle Macht in seiner Hand vereint

Moskau (NK). Der Oberste Sowjet hat ...

Größter Kriminalfall Österreichs
Ungeheuerliches Mordregister Guflers
Mindestens 11 Frauen auf dem Gewissen

St. Pölten (NK). Schon die bisherigen Untersuchungen im Fall Max Gufler haben ergeben, daß die Polizei hier vor dem größten Kriminalfall in der Geschichte der Kriminalistik Österreichs, wenn nicht vielleicht sogar der ganzen Welt steht. Gufler ist verdächtig, mindestens elf Frauen, wahrscheinlich aber sogar noch viele mehr, im Laufe mehrerer Jahre ermordet zu haben. Bisher wurde das Eigentum von mindestens elf Frauen sichergestellt, das Gufler verkauft hat. Diese Beute, die die Polizei und Gendarmerie in ganz Österreich zusammenträgt, füllte gestern abend bereits einen Turnsaal.

Gufler ist damit verdächtig, so ziemlich alle ungeklärten Frauenmorde der vergangenen Jahre begangen zu haben. Und zwar nicht nur i... sondern auch in den benac... Deutschland.

... Opfer des Massenmörders: Emilie Meystrzik, Juliane Naß und Josefine Kammleitner

Entscheidung über Wiens Hochwasserschutz gefallen:

Ein zweites Flußbett für die Donau

250 Meter breiter „Kanal" im Überschwemmungsgebiet / Große Baulandflächen werden gewonnen

„Freudig und furchtlos“: Der Papst des Konzils

Als Angelo Giuseppe Roncalli zum Papst gewählt wurde, galt er als Kompromisskandidat. Aber er prägte die Kirche wie kaum ein anderer

Drei Tage, vom 25. bis zum 28. Oktober 1958, saßen die Kardinäle beim Konklave in der Sixtinischen Kapelle von Rom. Die frommen hohen Herren taten sich schwer, einen Nachfolger für den verstorbenen Papst Pius XII. zu finden. Im 51-köpfigen Kardinals-Kollegium gab es eine konservative und eine fortschrittliche Gruppe. Und es gab eine kleine Fraktion der Mitte, welcher auch Angelo Giuseppe Roncalli angehörte, der Patriarch von Venedig.

Elf Wahlgänge waren notwendig, bis über dem Petersdom weißer Rauch aufstieg. Die Katholische Kirche hatte einen neuen Papst. Die Wahl fiel auf Kardinal Roncalli. In Erinnerung an seinen Vater Giovanni und an den Patron seiner Taufkirche nahm er den Namen Johannes XXIII. an.

„Um 17.07 Uhr: Habemus Papam“, meldete der KURIER am Tag der Entscheidung aus Rom. 500.000 Menschen strömten auf den Petersplatz. „Alle Glocken läuteten, der Jubel nahm kein Ende.“

Die ersten Kommentare aus kirchlichen Kreisen sollten sich freilich rasch als gewaltige Fehleinschätzung herausstellen: „Das Echo zur Entscheidung in Rom – Johannes XXIII. ein Übergangspapst.“

Die „diplomatischen Kreise“ aus Rom weiter: „Da Kardinal Roncalli nicht gerade als einer der Favorits gegolten hatte und die Kardinäle eine relativ hohe Anzahl von Wahlgängen gebraucht hatten, nimmt man an, dass sich das Kardinalskollegium auf keinen dieser Favorits einigen habe können. Deshalb sei eine Kompromisslösung getroffen und ein Mann gewählt worden, dessen Aufgabe es vor allem sei, das Kardinalskollegium wieder auf seine volle Stärke von 70 Mitgliedern zu bringen und Reformen in der Kurie zu verwirklichen.“

Es dauerte nur ein paar Wochen, bis klar wurde, dass der neue Papst bedeutend mehr vorhatte, als im Vatikan die Möbel zu verrücken und Kardinäle zu ernennen.

Am 25. November 1958 feierte Johannes XXIII. seinen 77. Geburtstag. Wenige Tage später verkündete er – zur nicht geringen Verblüffung des Klerus und der Welt – jenen Plan, der ihn zur großen historischen Figur machen sollte: die Einberufung des 2. Vatikanischen Konzils. Der Papst wollte die katholische Kirche öffnen. Intern, durch die Modernisierung („Aggiornamento“) vieler verknöcherter Strukturen, und extern. Durch den Dialog mit Menschen anderer Religionen und/oder Weltanschauungen.

Der Papst, der die Kirche öffnen und auf die Menschen zugehen wollte: Johannes XXIII. bei einem seiner Sonntagsbesuche in einer römischen Pfarrkirche. Viele seiner Vorgänger hatten den Vatikan nur ungern verlassen. Mit dem neuen Papst kam neues Denken in den Kirchenstaat

Ein historisches Datum: Am 11. Oktober 1962 versammelten sich 2500 Geistliche aus aller Welt im Petersdom von Rom zur Eröffnung des 2. Vatikanischen Konzils. Die Konzilsväter tagten bis Ende 1965, weit über den Tod von Johannes XXIII. hinaus. Der Papst des Konzils starb am 3. Juni 1963

Eine Privataudienz beim Papst war damals an ein strenges Ritual gebunden; mit drei Verbeugungen etwa und einem Fußkuss. Johannes XXIII. schaffte die Regel ab. Der neue Bischof von Rom ging auf die Menschen zu: in den Gemeinden, in Spitälern oder auch einmal bei einem Besuch im römischen Staatsgefängnis. Eine Wallfahrt führte ihn nach Assisi – damals eine Sensation.

Johannes XXIII. setzte auch politisch bedeutsame Gesten. 1959 ließ der Papst das schlimme Wort von den „perfiden Juden" aus der Karfreitags-Liturgie streichen. Er machte Schluss mit dem Brauch, Mitglieder der Kommunistischen Partei zu exkommunizieren. Und er wandte sich in seiner Enzyklika „Pacem in Terris" ausdrücklich nicht nur an die Christen, sondern „an alle Menschen, die guten Willens sind". In der Friedensenzyklika fand er harte Worte gegen das Wettrüsten; gegen Rassismus und Kolonialismus.

„Das Konzil wurde nur aus diesem Mann heraus möglich", kommentiert Heinz Nußbaumer. „Man könnte als Christ sagen, es war der Heilige Geist, der das beseelt hat, aber wir müssen das Ursprungszeugnis nicht klären. Da sieht man, wie nicht Umstände, sondern Menschen die Geschichte prägen."

Angelo Giuseppe Roncalli hatte seine Prägungen in einem Leben zwischen Armut und Glanz, zwischen staatlicher (sowie kirchlicher) Machtentfaltung und privaten Schicksalen erhalten.

Der „Mann aus Bergamo" entstammte einer Bauernfamilie; die Chance zur Bildung (er promovierte als Theologe) verdankte er der Kirche. 1881 geboren, wurde er 1904 zum Priester geweiht. „Ein Leben in schwieriger Mission", schrieb der KURIER 1958: „Es kam der Erste Weltkrieg und Angelo Roncalli sah seinen Platz beim Militär, wo er zunächst als Unteroffizier im Sanitätskorps diente, später aber als Feldgeistlicher in den Kampfgebieten weilte."

Seine Erkenntnis: „Es ist mit die wichtigste Pflicht einer seelsorgerlichen Tätigkeit", notierte er später, „dass man stets auf den Weltfrieden achtet."

Ab 1921 leitete Roncalli das Päpstliche Missionswerk in Rom. 1925 trat er, als Apostolischer Visitator für Bulgarien, quasi ins diplomatische Korps des Vatikans ein. Während des Zweiten Weltkriegs hatte er heikle Positionen inne. Er war zunächst Apostolischer Delegat in Istanbul (von wo aus er vielen Juden bei der Flucht vor den Nazis half) und dann, ab Dezember 1944, Apostolischer Nuntius in Frankreich. 1953 wurde er zum Kardinal und Patriarchen von Venedig ernannt.

Die Vorbereitungen für Roncallis größtes Projekt, das Konzil, kamen im Herbst 1960 voll in Schwung – die Konzils-Kommissionen nahmen ihre Arbeit auf. Die Erwartungen waren riesig. An der Gerüchtebörse wurden hochfliegende Pläne genannt, die zum Teil allerdings bis heute Lichtjahre von einer Realisierung entfernt blieben.

„Prominente Theologen sind der Meinung, dass Johannes XXIII. bei diesem Konzil eine Vereinigung der russisch-orthodoxen, der griechisch-orthodoxen und anderer Ostkirchen mit der römisch-katholischen Kirche herbeiführen wolle", stand im KURIER. „Es wäre nicht ausgeschlossen, dass das Konzil außerdem auch eine Vereinigung der katholischen Kirche mit den evangelischen Kirchen vorbereiten wird. Darüber hinaus glaubt man, dass im Zuge der Änderungen des Kirchenrechts unter Umständen auch das Zölibat für katholische Priester aufgehoben werden könnte."

Am 11. Oktober 1962 wurde das Zweite Vaticanum eröffnet. Unter den Teilnehmern: Österreichs Franz König.

„Ich werde diesen 11. Oktober nie vergessen", erzählte der Kardinal 40 Jahre später in einem Kathpress-Gespräch. „Als relativ junger Erzbischof von Wien stieg ich inmitten von 2500 Konzilsvätern über die Scala Regia hinunter zum Eingang der Peterskirche. Der Papst sagte in seiner Eröffnungsansprache, man dürfe sich nicht nur für das interessieren, was alt und vergangen ist, sondern wir Bischöfe sollten freudig und furchtlos verwirklichen, was die Gegenwart erfordert. Man dürfe nicht auf die Unglückspropheten hören, die in der modernen Zeit nichts sehen als Unrecht und Untergang."

Heinz Nußbaumer: „Johannes XXIII. hat das Konzil in einem tiefen Glauben, dass alles gut geht, begonnen. Er hatte natürlich keine Ahnung, was daraus wird und welche gruppendynamischen Prozesse entstehen. Für mich ist das 2. Vatikanische Konzil,

„Die längste Privataudienz, die der Papst seit seinem Regierungsantritt gewährt hat, dauerte eine Stunde und galt dem Wiener Erzbischof.“ (Von links) Kardinal Franz König, Johannes XXIII. und Salzburgs Erzbischof Andreas Rohracher

neben dem Fall des Eisernen Vorhangs 1989, das zweite große schicksalhafte Ereignis der Zeit seit 1945. Es war auch schicksalhaft, dass dieser Papst das Konzil nicht beenden konnte, weil dann wieder die Normierer zugeschlagen haben. Natürlich weiß man nicht, zu welchen unsicheren Ufern das Konzil sonst aufgebrochen wäre.“

Als das Konzil begann, hatte Johannes XXIII. nur noch knapp acht Monate Lebenszeit vor sich. Während im Petersdom die Konzilsväter tagten, während debattiert, formuliert und polemisiert wurde, ging es mit dem Gesundheitszustand des Papstes bergab. Johannes XXIII. litt an Krebs.

„Man sagt, ich habe einen Tumor, und obwohl der Wille Gottes geschehen möge, hoffe ich, das Konzil zu beenden und Frieden in der Welt zu sehen“, sagte er Ende Mai 1963. Doch da hatte ihn die Krankheit bereits besiegt.

Der KURIER vom 4. Juni 1963: „Gestern um 19.49 Uhr ist Papst Johannes XXIII. gestorben. Sein Tod beendete einen ebenso furchtbaren wie dramatischen Todeskampf, der fast volle vier Tage angedauert hatte. Die Nachricht von seinem Tod wurde durch die modernsten Nachrichtenmittel in Sekundenschnelle in alle Welt getragen. Knapp nach 20 Uhr begann in Wien die Pummerin von St. Stephan den Tod des Papstes mit ihrem Geläute zu verkünden, in das bald die Glocken zahlreicher weiterer Kirchen einfielen.“

Die ganze Welt trug Trauer. In Rom versammelten sich Hunderttausende auf dem Petersplatz. „Dieser Papst ist ein Heiliger“, sagte ein Politiker, aus dessen Mund das Lob mehr als überraschend klang: Nikita Chruschtschow. Der Theologe Hans Küng: „Mit Johannes XXIII. hat das Mittelalter in der Kirche aufgehört.“

Doch hatte die Moderne bereits richtig begonnen? Nein. Das 2. Vatikanische Konzil ging noch bis Ende 1965 weiter, aber nach dem Tod von Johannes XXIII. gewannen wieder die konservativen Kräfte an Einfluss, zu denen auch der neue Papst Paul VI. gehörte.

Von den ganz kühnen Ideen wie dem Ende des Zölibats war keine Rede mehr. Das Konzil fand auch keine zeitgemäßen Worte zu den Fragen der Geburtenregelung oder der Mischehen zwischen Katholiken und Nichtkatholiken.

Trotzdem zog ein frischer Wind durch das Kirchenleben. „Das Bewusstsein, Weltkirche zu sein“, nannte Kardinal König als eines der wesentlichen Resultate. „Es kam zur Einführung der Muttersprache in der Liturgie und zur Erneuerung der gottesdienstlichen Formen.“

Im KURIER zog Hermann Stöger nach dem Ende des Konzils ein nachdenklich-positives Resümee: „Viele Dokumente haben die Türen zur Welt und zu den anderen christlichen Religionen aufgerissen: Zum Teil weiter, als man es sich noch zu Lebzeiten Johannes XXIII. in den kühnsten Träumen vorstellen konnte. So durch die Erklärungen zur Religionsfreiheit, gegen den Antisemitismus. Aber durch einmal geöffnete Türen muss man hindurchschreiten – sonst bleiben sie letztlich wertlos.“

Was wäre gewesen, wenn Johannes XXIII. mehr Zeit gehabt hätte? „Ich möchte das feuilletonistisch beantworten“, sagt Franz Ferdinand Wolf. „Wahrscheinlich ist es das Geheimnis von Visionären, dass sie von der Realität nicht widerlegt werden. Anders ausgedrückt: In einer Amtszeit von 30 Jahren wäre Johannes XXIII. gesamter Impuls möglicherweise geringer gewesen.“

Doch der Impuls ist bis heute spürbar. Heinz Nußbaumer: „Vom Konzil blieb eine Sehnsucht in Millionen Herzen, die unauslöschbar ist. Da können Pendelschläge in andere Richtungen kommen – letzten Endes wird der Geist des Konzils die Kirche überleben lassen. Auch, was in Afrika, Südamerika und Asien an fröhlicher Kirche existiert und dort ungeheure sozialrevolutionäre Maßstäbe angenommen hat, entspricht dem 2. Vaticanum. Es lebt.“

Eine Band mit dem schönen Namen The Beathovens beim Spielen einer Jazzmesse: „Durch das Konzil kam es zur Erneuerung der gottesdienstlichen Formen, mit der Betonung der Würde und der Verantwortung der Laien in der Kirche“

Jonas trug Olympia-Bewerbung vor
Heute Entscheidung: Tokio – Wien

Österreich braucht 1965 Atomkraftwerk / V

Wien (Eigenbericht). Schon im Jahre 1965, spätestens aber 1968, wird auch Österreich ein Atomkraftwerk zur Stromversorgung des Landes benötigen. Nach der Voraussage von Fachleuten soll zu dieser Zeit eine Energielücke auftreten, die mit Wasserkraftwerken kaum geschlossen werden kann. Da man für das Atomkraftwerk mit einer Bauzeit von fünf bis acht Jahren rechnen muß, wird jetzt bereits ganz Österreich systematisch nach dem geeignetsten Platz für ein Atomkraftwerk abgesucht. Das Kraftwerk benötigt einen … Wasservorrat und …

versenchten Gemeinden durch Trinkwasser-Tankwagen versorgt werden. In der … der heurigen Marillenernte zugrunde geht. … zu faulen begonnen. (Ausführl. Bericht S. 3.)

So sieht der Koalitionspakt aus: Triumph des totalen Proporzes

Wien (Eigenbericht). Die Hoffnung, daß die beiden Koalitionsparteien wenigstens nach … schluß der Regierungsbildung den bisher sorgfältig geheimge… auf den Tisch legen würden …

Die So…

Großer Funkbild-Bericht aus der persischen Hauptstadt
Hochzeit wie in 1001 Nacht
Der Schah von Persien führte seine dritte Frau heim

Von unserem nach Teheran entsandten Sonderberichterstatter Peter Eisler

4 Seiten Bildbericht von der Katastrophe
Sie versinken in den Fluten
Eingestürzte Autobahnbrücke verschwand heute früh in der Salzach

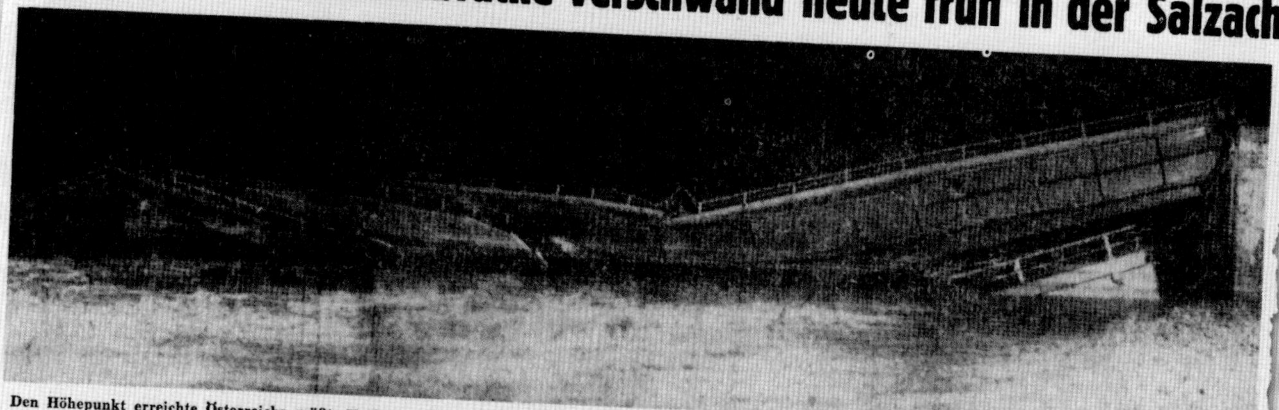

Den Höhepunkt erreichte Österreichs größte Hochwasserkatastrophe gestern in den Abendstunden, als gegen 19 Uhr Salzburgs große Autobahnbrücke mit einer Spannweite von 280 Meter zu zwei Dritteln einstürzte. Die ins Wasser hängenden Fahrbahnteile (unser Bild) wurden heute f…

„Die Wiener sind eher dagegen"

Von der Olympia-Bewerbung zum Museumsquartier: Warum es in Österreich so schwer ist, Großprojekte zu realisieren

Der Mittag-KURIER zählte die Stunden. „17.00 Uhr: Wird Wien Olympia-Stadt?" Schlagzeile vom 26. Mai 1959.

Tags darauf wurde abgewunken. Die Sommerspiele 1964 fielen an Tokio. Das Internationale Olympische Komitee fand die Argumente des Wiener Bürgermeisters Franz Jonas – „Gastfreundschaft" plus Spiele „im Herzen Europas" – nicht gerade rasend originell.

Doch die Österreicher ließen sich's nicht verdrießen, denn Innsbruck wurde bei der IOC-Sitzung zur Winter-Olympiastadt 1964 ernannt. Dort fuhren die Heimischen dann vier Gold-, fünf Silber- und drei Bronzemedaillen ein. Der junge Karl Schranz gewann Silber im Riesenslalom; Egon Zimmermann, Startnummer 7, gewann Gold: „Bei der Abfahrt vom Patscherkofel wählte er eine eigenwillige Linie und holte sich dabei die wertvollen Zehntel für den Sieg."

Und die Sommerspiele für Wien? Da regierte 1959 trotz der Niederlage gegen Tokio Optimismus. Erstens dämmerte den heimischen Delegierten die Ahnung, dass es nicht sehr schlau gewesen war, für ein Jahr gleich zwei Bewerbungen abzugeben. Und zweitens, so berichtete Heribert Meisel von der IOC-Sitzung im KURIER: „Mit großer Sicherheit ist anzunehmen, dass Wien für 1968 als Favorit an der Spitze liegt."

Meisels Annahme erwies sich als falsch. Die Sommerspiele 1968 fanden in Mexico City statt.

Wiens nächste Bewerbung, für 1972, scheiterte schon vor dem Start. Die rote Stadt war dafür, der schwarze Teil der Bundesregierung dagegen. Bei einer Enquete 1966 im Finanzministerium warnte „die Industrie" vor einer „möglichen Konjunkturüberhitzung" durch Olympia – daran wollten die ÖVP-Minister nicht schuld sein.

Anfang der achtziger Jahre begann das olympische Feuer in der Hauptstadt noch einmal kurz zu flackern. Sollte man sich 1988 oder 1992 bewerben? Erste Umfragen („Die Wiener sind eher dagegen") und Kostenschätzungen (Stadtrat Peter Schieder: „Ich fürcht', die Sache wäre sehr teuer") entzogen dem Feuer rasch die Nahrung.

Flughafen Innsbruck, 1964: Eiskunstlauf-Legende Karl Schäfer brachte die olympische Flamme mit einer AUA-Maschine nach Tirol. In Wien landete die Flamme nie.
Bei der Bewerbung für die Sommerspiele 1964 setzte sich Tokio durch, spätere Versuche scheiterten schon vor dem Start

Seither ist der olympische Gedanke in Wien mausetot. Nur der Satz, „Die Wiener sind eher dagegen", der lebt.

Denn Wien wurde ja nicht nur keine Olympia-Stadt. Es wurde auch keine Weltausstellungs-Stadt und es wäre fast eine Stadt ohne Donauinsel geblieben. Das Konferenzzentrum wurde nur gegen größten Widerstand realisiert; das Museumsquartier schrumpfte unter den Attacken seiner Gegner und ging seines geplanten Wahrzeichens, des Leseturms, verlustig.

Die, sagen wir, reservierte Haltung gegen Großprojekte ist keine Wiener Spezialität. In Linz dreht sich die Debatte um ein Musiktheater seit Jahren im Kreis. In Graz wäre das Kunsthaus mit seinem Ufo-Dach wohl nie entstanden, hätte die Stadt nicht den Titel der Kulturhauptstadt Europas 2003 errungen.

Was ist das Problem? „Wenn Großprojekte in Österreich immer wieder scheitern, liegt das meiner festen Meinung nach daran, was man lack of leadership nennt", sagt Peter Rabl. „Ich vergleiche das mit Frankreich in der Ära Mitterand, in welcher der Präsident einfach entschied: ‚Das wird gebaut. Die Pyramide im Louvre wird gebaut.' Punktum. In Österreich gibt es seit langer Zeit keinen Politiker, der diese Durchschlagskraft hat. Der letzte war Kreisky, der das – leider scheußliche – Konferenzzentrum durchsetzte."

Kreisky, damals Außenminister, regte schon 1965 im Ministerrat an, „die Möglichkeiten zu prüfen, internationalen Behörden Tagungen in Wien zu ermöglichen." Sein Vorschlag wurde einstimmig angenommen. Ebenfalls einstimmig votierte der Nationalrat dann 1972 für das IAKW-Gesetz (Internationales Amtssitz- und Konferenzzentrum Wien), das die Grundlage für den Bau der UNO-City bildete. Die politische Überlegung dabei: Dem neutralen Österreich, nahe an den Frontlinien des Kalten Krieges gelegen, könnte eine gewichtige UNO-Präsenz sicherheitsmäßig keinesfalls schaden.

Die UNO-City wurde 1979 eröffnet. Ein Jahr später, kurz vor Baubeginn, entstand die Bewegung gegen das dazugehörige Konferenzzentrum. Erst plädierte eine starke Gruppe der Wiener SPÖ gegen das Projekt („zu teuer"), dann setzte sich die ÖVP an die Spitze des Widerstands. Sie initiierte eine Volksbefragung in Wien und ein Volksbegehren. ÖVP-Chef Alois Mock im Jänner 1982: Die Volkspartei wolle mit dem Volksbegehren vermeiden, dass „nach Zwentendorf und dem AKH noch eine dritte Großruine in Österreich stehe". Der „Konferenzpalast" diene „unproduktiven Zwecken" und: „Dem Kanzler (Kreisky) glaubt kein Mensch, dass wegen eines Bürogebäudes die Sicherheit in Österreich steigt."

25,71 Prozent der Wahlberechtigten glaubten Mock. Das Volksbegehren im Mai 1982 brachte exakt 1,360.070 Unterschriften; ein Wert, der bis heute nie wieder erreicht wurde.

Bruno Kreiskys Reaktion: Man werde das Volksbegehren „sehr ernst" im Parlament behandeln – und man werde bauen. „Denn wir beugen uns doch nicht einer Minderheit." Sein Argument: Ohne den Bau könne Wien den Status als drittes UNO-Zentrum neben New York und Genf nicht halten.

„In Österreich gibt es seit Bruno Kreisky keinen Politiker, der die Durchschlagskraft hat, Großprojekte durchzusetzen": Der Kanzler 1981 mit Architekt Johann Staber (rechts) vor dem Modell von UNO-City und Kongresszentrum

Also wurde gebaut. Als das Austria Center im Herbst 1986 fertig war, kamen 80.000 Wiener zum Wochenende der offenen Tür. Wenn es heute noch Kritik am Konferenzzentrum gibt, dann richtet sie sich höchstens gegen die reizlose, langweilige Architektur von Johann Staber (von dem auch der – besser gelungene – Entwurf der UNO-City stammt).

Doch dient das Austria Center „unproduktiven Zwecken"? Außenamts-Staatssekretärin Benita Ferrero-Waldner korrigierte 1999 ihren Parteifreund Mock. „Die Gesamtausgaben der in Wien tätigen internationalen Organisationen betrugen 1997 bereits über fünf Milliarden Schilling. Diplomatie ist zu einem wichtigen Wirtschaftsfaktor geworden."

Fazit aus heutiger Sicht: „Kreisky, der auch in dieser Geschichte besonders weitsichtig war, hatte erkannt, welche Chancen das Konferenzzentrum bietet, und er hat es um jeden Preis durchgezogen", sagt Christoph Kotanko und er schlägt eine Brücke zu einem anderen, seinerzeit umstrittenen Großprojekt. Zur Donauinsel. „Die Wiener SPÖ hatte ganz richtig erkannt – ganz anders als die in dieser Beziehung damals besonders dumme Wiener ÖVP –, dass die Insel eine riesige Chance ist. Nicht nur, was den Hochwasserschutz betrifft, sondern auch für die Freizeit."

Der Wiener Ingenieur August Zottl hatte das Projekt nach dem Hochwasser des Jahres 1954 in die Wege geleitet. Seine Idee: Man sollte das Überschwemmungsgebiet an der Donau zu einem zweiten Gerinne ausbaggern, mit dem Aushub die Dämme verstärken und die Donauinsel bauen.

1969 wurde im Wiener Gemeinderat der Beschluss zum Bau der Donauinsel gefasst – gegen die Stimmen der ÖVP. Je näher der Baubeginn rückte, um so erbitterter sträubten sich die Mandatare der Volkspartei gegen das Werk. 1973 verließen sie wegen der Insel sogar die Rathauskoalition.

Am 13. Oktober 1987 wurde die Donauinsel nach 15 Jahren Bauzeit fertig. Während der Jahrhundertflut des Sommers 2002 schützte sie Wien vor Überschwemmungen „wie in Prag oder Dresden" (so Hermann Zottl, der Sohn des Erbauers). Und sonst? „Die Donauinsel ist ein absoluter Hit", sagt Herbert Hufnagl. „Es gibt keine europäische Metropole, die so etwas vorweisen kann. Von dem Disput redet niemand mehr."

Stimmt. Die Diskussion um visionäre Projekte verläuft in Österreich meist so: Am Anfang steht eine Art prinzipieller Ablehnung. „Es ist natürlich so, dass die Bereitschaft zum Neuen beim Österreicher nicht wirklich ausgeprägt ist", sagt Peter Rabl. „Es wird nicht ununterbrochen an der Tür zum

Glanz und Leid. Die Wiener Donauinsel (oben) ist ein Freizeitparadies, die Murinsel (ganz oben) wurde zum neuen Wahrzeichen von Graz. Der Wiener Leseturm (links, mit Architekt Laurids Ortner) und das Linzer Musiktheater (oben) hätten Wahrzeichen werden können

Kanzleramt gepocht, wann endlich ein neues, tolles Hochhaus kommt."

Dann folgt der Einsatz der Politik. Christoph Kotanko: „Wo man nach dem Motto, ‚Wer ma sehen und es wird schon irgendwie gehen und wenn's nix wird, is a Wurscht', vorgeht, dort führt das dazu, dass nichts geschieht." Auch Lobby-Gruppen schalten sich ein. Herbert Hufnagl: „Die Chancen von Projekten hängen stark von den Seilschaften ab, die sich rund um sie bilden. Ich höre immer wieder das Gerücht, der Turm im Wiener Museumsquartier sei verhindert worden, weil er einigen Anwohnern, die großen Einfluss haben, die Sicht verstellt hätte."

Wird ein Großprojekt aber trotz aller Widerstände realisiert, dann entsteht, so Christoph Kotanko, auch bei vormaligen Gegnern ein „provinzieller Stolz auf das Gelungene. Dann blendet man den Widerstand, den es vorher gab, völlig aus."

Das Museumsquartier, das nach einer unendlichen Geschichte von mehr als drei Jahrzehnten Diskussions-, Planungs-, Schrumpfungs-, Umplanungs- und Bauzeit im Juni 2001 eröffnet wurde, ist ein Schulbeispiel für diesen Lauf der Dinge. Es ist längst ein Wahrzeichen der Stadt. Und wäre der Leseturm der MQ-Architekten Ortner & Ortner gebaut worden, dann würden Einheimische und Touristen vermutlich vor dem Lift Schlange stehen, um die Aussicht auf die Stadt zu genießen.

Wien ist heute stolz auf das Museumsquartier, so wie Linz stolz ist auf das neue Kunstmuseum Lentos nahe der Donau, bei dem vor Baubeginn noch vor offenbar grässlichen „Spiegelungen der Donau in den Glaswänden" gewarnt wurde. Graz ist stolz auf sein futuristisches Kunsthaus und auf die geheimnisvoll schimmernde Insel in der Mur. Bei deren Realisierung erhob schlussendlich nur noch einer Protest – Vito Acconci, der Designer. Der New Yorker murrte über die Mur. Er wollte die Zugänge zur Insel unter Wasser verlegen. Doch dafür ist der Fluss einfach nicht tief genug.

Wird es in Zukunft leichter gelingen, Großprojekte zu realisieren? Vielleicht. Christoph Kotanko: „Bei uns haben die Politiker, anders als etwa in Frankreich, eine Scheu vor der Repräsentation, die mit solchen Bauten verbunden ist. Das wurde uns ausgetrieben, weil noch so viel über die Nazi-Zeit definiert wird. Danach sagte man, wir haben von pompösen Selbstdarstellungen für die nächsten Jahrzehnte genug. Das hängt uns noch nach."

Das größte Unglück seit Bestehen der Tramway

Straßenbahn-Katastrophe

14 Tote, über 80 verletzt

In Döbling: 39er prallt mit voller Wucht auf Gegenzug

Es ist John F. Kennedy!

Dramatische Wahlnacht: Bis zuletzt Kopf an Kop

Hier die Ziffern, die über den Verlauf der vergangenen Nacht mehr aussagen, als es Berichte aus den einzelnen Parteihaupt-

Wilde Szenen in der UNO

Zweiter Wutanfall Chruschtschews in 24 Stunden
Er schlug Schuh auf den Tisch / Debatte abgebrochen

Kongo: UNO-Armee greift ein

Farbige Soldaten aus Afrika mit weißen Offizieren

New York/Brüssel/Léopoldville. — Binnen 48 Stunden sollen Streitkräfte der Vereinten Nationen im Kongo einmarschieren, um die Ruhe wiederherzustellen. Der Sicherheitsrat hat dem Generalsekretär der Vereinten Nationen, Dag Hammarskjöld, die Vollmacht erteilt, UNO-Truppen nach dem Ko... Die Streitmacht soll Kontingente farbiger Soldaten a... Gebieten Guinea, Mali und Tunesien sowie Ghana umfassen ...

Chruschtschew heute in Wien

Kriminalpolizei bewacht bereits Straßen und Gebäude

Folgenschwerer Entschluß um Mitternacht

Regierung zurückgetreten!

Die Koalition an Rentenfrage und Budget gescheitert
Raab heute bei Schärf / Neuwahlen bis Februar 1961?

AUA-Flugzeug verunglückt

- Vor Moskau: Motor brennt, Notlandung mißlungen
- Zahl der Toten noch unbekannt / 12 Verletzte

„War Schnaps im Bier des Unglücksfahrers?"

Wien erlebte 1960 den schwersten Straßenbahnunfall seiner Geschichte. Bis in die Gegenwart gilt: Große Desaster machen große Schlagzeilen

Die Straßenbahn, ein museumsreifer Veteran des Baujahrs 1914, ratterte die Wiener Billrothstraße hinunter. Passanten schauten erschreckt auf. Die Tramway fuhr schnell. Viel zu schnell.

Was in den Sekunden danach passierte, las sich im KURIER vom 3. August 1960 so: An der Ecke zur Döblinger Hauptstraße „raste gestern ein Zug der Linie 39 bei versagenden Bremsen in die Kurve, sprang aus den Schienen und prallte mit voller Wucht auf einen Gegenzug der gleichen Linie. Der Aufprall war so heftig, dass der Triebwagen des Unglückszuges und ein Wagen des Gegenzuges praktisch der Länge nach gespalten wurden. Das Unglück forderte bis heute früh 17 Todesopfer. Rund 30 Insassen der beiden Züge wurden schwer verletzt." Fazit: „Das furchtbarste Tramwayunglück in der Geschichte Wiens."

Günther Köchl zählte zu jenen, die vom Schauplatz berichteten. „Ich wurde als ganz junger Reporter hingeschickt. Man sah Tote am Boden liegen, man sah Menschen am Gehsteig sterben und andere, die keine Hände mehr hatten. Das war ein schockartiges Erlebnis für mich; ein wirklich schauriger Einstieg in den Beruf."

Tagelang war die Katastrophe das beherrschende Thema in der Stadt. Zunächst ging es um die Frage, warum der Blutzoll so entsetzlich hoch ausfiel. Paul Uccusic: „Die meisten Menschen wurden durch Holzsplitter verletzt, weil die Wagons damals noch aus Holz waren."

Dann versuchte man, die letzten Stunden des Unglücksfahrers zu rekonstruieren, der bei dem Zusammenprall selbst ums Leben gekommen war. Warum hatte er derart aufs Tempo gedrückt? Die Recherchen führten nach Sievering, zur Endstation des 39ers, und bekamen rasch einen grausig-grotesken Zug. Schlagzeile: „War Schnaps im Bier des Unglücksfahrers?" Offenbar gab es Straßenbahner, die während ihrer Pausen in den Hinterzimmern von Sieveringer Greißlerläden verschwanden, um dort ein Glaserl zu trinken.

Oder auch mehrere Glaserln. Der KURIER vom 5. August 1960 brachte in entsetztem Konjunktiv eine „unfassbare Nachricht: Der Straßenbahnfahrer des Katastrophenzugs von Döbling soll total betrunken gewesen sein. Die nachträglich an der Leiche vorgenommene Blutprobe hätte ergeben, dass der Alkoholgehalt im Blute 2,6 Promille betragen habe. Dieser Alkoholgehalt würde darauf schließen lassen, dass der Fahrer nicht weniger als sechs Viertel Wein konsumiert hätte!"

Die Leser erschraken angesichts der Vorstellung von Schluckspechten im Führer-

Wiener Straßenbahn-Unfall im August 1960. Bei der Katastrophe kamen 17 Menschen ums Leben, 30 wurden schwer verletzt (die ersten Schlagzeilen sprachen noch von 14 Toten). „Man sah Tote am Boden liegen, man sah Menschen am Gehsteig sterben und andere, die keine Hände mehr hatten. Die meisten Menschen wurden durch Holzsplitter verletzt, weil die Wagons damals noch aus Holz waren." Der Unglücksfahrer war unter den Todesopfern. Eine Blutprobe ergab, dass er 2,6 Promille Alkohol im Blut hatte

Die Folgen des Grubenunglücks in Lassing 1998 (oben), Lawinenkastrophe in Galtür 1999 (rechts). „Man muss als Journalist einen Schutzpanzer anlegen. Man lebt bei den Ereignissen mit, aber man kann nicht bei jedem Schicksal Tränen vergießen. Sonst würde man depressiv“

stand. Sie trauerten mit den Angehörigen der Toten („In endlos scheinender Reihe wurden die 17 Särge vom Katafalk zur Halle I des Zentralfriedhofs gerollt.“). Und sie nickten zustimmend zum KURIER-Kommentar: „Jeder von uns hätte in einem der beiden Straßenbahnzüge sitzen können. Jeden von uns hätte das Schicksal an dem Unglücksort ereilen können. Und nicht nur das: Jeden von uns kann es morgen oder in den nächsten Monaten und selbst in den nächsten Jahren noch ereilen. Auf die gleiche Weise, aus den gleichen Ursachen.“

Jeden kann das Schicksal treffen. Das ist ein Kernsatz der Chronik-Berichterstattung. Rundherum mag die Politik Volten schlagen – wenn im Einzugsgebiet der Zeitung ein Palast abbrennt, ein Grubenunglück passiert, ein Fluss aus den Ufern tritt oder ein besonders bizarrer Mord geschieht, dann zieht der lokale Mikrokosmos alle Aufmerksamkeit auf sich und die große Welt wird nur mehr am Rande wahrgenommen. Zumindest für ein paar Tage.

„Die Faszination der Chronik-Themen beruht auf einer sehr menschlichen Mischung aus Mitleiden und Mitfühlen“, sagt Christoph Kotanko. „Es muss eine gewisse Identifizierbarkeit mit den Einzelschicksalen vorhanden sein, sonst greift das nicht. Deswegen ist ein Verkehrsunfall auf der Westautobahn für den Leser hier zu Lande interessanter als ein großes Fährunglück in Bangladesh. Der Vorrat an Anteilnahme beim Publikum ist aber relativ bald erschöpft. Mein Eindruck: Durch die intensive Berichterstattung, vor allem im Fernsehen, ist er rascher erschöpft als früher.“

Peter Lattinger: „Es geht um den persönlichen Bezug. Da ich jeden Tag Tramway oder Auto fahre, ist die Wahrscheinlichkeit eines Unfalls bedeutend größer als die Chance, Osama Bin Laden zu begegnen.“

Auf den Punkt gebracht: „Terror ist ein Thema, das heute alles überstrahlt. Doch subjektiv ist man in größerer Gefahr, wenn man über die Straße gehe.“ Und wenn jemandem bei diesem Über-die-Straße-Gehen etwas Schreckliches passiert, muss es am nächsten Tag in der Zeitung stehen.

Ein Chronik-Ressort arbeitet unter anderen Voraussetzungen als die übrigen Abteilungen einer Redaktion. In der Politik, im Sport oder in der Kultur ist ein großer Teil der Themen planbar – da geht's um Berichte über Parlamentssitzungen, Fußballspiele oder Theaterpremieren. Auch in der Chronik gibt es Termine und geplante Recherchen. Doch zugleich ist man stets in Alarmbereitschaft, falls etwas Unvorhergesehenes geschieht. Während in der Zeitung von heute die Unglücke von gestern abgehandelt werden, sitzen die Betroffenen von morgen schon da und ahnen nichts von dem Unglück, das sie übermorgen in die Zeitung bringen wird.

„Es ist das Makabere, dass wir praktisch mit den Opfern von morgen kalkulieren, das tun alle Medien“, sagt Peter Lattinger. „Man rechnet damit, dass wieder etwas passiert, und man ist darauf vorbereitet. Wir müssen jederzeit von einer Minute auf die andere eine größere Mannschaft mobilisieren können.“

Paul Uccusic dazu: „Oft sind bei der Tageszeitung sehr schnelle Entscheidungen nötig: Ist eine Geschichte gut? Stimmen die Informationen? Da muss man sich auf Gespür und Erfahrung verlassen.“

Peter Lattinger gibt einen Einblick in die Logistik, wie die Teams zusammengestellt werden. „Am Beispiel des Grubenunglücks von Lassing – da hatten wir am ersten Abend gleich einen Fotografen und eine Reporterin dort. Im Fall des Gletscherbahn-Brandes von Kaprun dauerte es eine halbe Stunde, dann saßen unsere ersten Leute im Auto. Manchmal arbeiten wir auch nach dem Zangen-Prinzip: Beim Feuer im Tauerntunnel schickten wir Reporter von Kärnten, von Tirol und von Wien zum Schauplatz.“

Gelegentlich ereignen sich aber auch Unglücksfälle, bei denen es zunächst fast unmöglich ist, die Öffentlichkeit authentisch zu informieren. Zum Beispiel bei der Lawinenkatastrophe von Galtür im Februar 1999. Lattinger: „Das Problem war, dass niemand in das Tal hineinkonnte; nicht einmal das Bundesheer. Die Lage war, journalistisch gesehen, furchtbar. Wir hatten keine Bilder und wir hatten niemand vor Ort. Die Lawine kam gegen 18 Uhr runter. Uns blieb bis zum nächsten Redaktions-

Großbrand in der Wiener Hofburg 1992. „Wenn um 20.15 etwas vorfällt, sollten wir in der Chronik spätestens um 20.30 wissen, ob daraus eine größere Geschichte wird. Wir müssen jederzeit von einer Minute auf die andere eine Mannschaft mobilisieren können“

schluss nur eine Stunde Zeit und es gab in dem Chaos völlig verwirrende Angaben über die Schäden und die Opferzahlen. In solchen Momenten verzweifelt man als Journalist, denn ohne Bilder kann man keine großen Aufmachergeschichten gestalten. Dann öffnet sich natürlich die Text-Bild-Schere, wenn man ein Foto aus einem Fremdenverkehrsprospekt abdruckt und darüber die Schlagzeile ‚Dutzende Tote unter einer Lawine‘.“

Wer in Anbetracht solch kühler Betrachtungen glaubt, Chronik-Redakteure seien eine Truppe gefühlloser Reporter des Satans, der irrt. „Man muss sich einen Schutzpanzer anlegen“, sagt Günther Köchl. „Man lebt bei den Ereignissen mit, aber man kann nicht bei jedem Schicksal Tränen vergießen.” Paul Uccusic zieht Parallelen zu anderen Berufsgruppen: „Natürlich braucht man Mitgefühl, aber es ist bei uns ähnlich wie bei Ärzten oder Krankenschwestern. Die können sich auch nicht bei jedem Patienten voll einbringen.“

Peter Lattinger glaubt, „die Leser lassen sich vermutlich viel tiefer in eine Geschichte ein. Weil sie sich ausmalen, was geschah. Uns geht's nicht viel anders als dem Arzt, der sich bei einer Operation keine Gedanken darüber machen kann, ob die Krebserkrankung einer Frau besonders traurig ist, weil sie drei Kinder hat. Der Chirurg sieht einen Körper vor sich und schneidet einen Tumor heraus. Ende. Erst danach kann er vielleicht in Tränen ausbrechen.“

Das Coolness-Prinzip lässt sich jedoch nicht immer anwenden. Lattinger: „Viele Fälle gehen einem nahe. Zum Beispiel, wenn Kinder betroffen sind. Da braucht man den Schutzschild. Man versucht, sich mit dunklem Humor, Zynismus oder makaberen Witzen über die belastenden Situationen drüberzuspielen.“

Besonders heikel wird der Beruf, wenn es um die Beschaffung von Opfer-Fotos geht. „Solche Bilder zu beschaffen, ist immer unangenehm“, sagt Peter Lattinger. „Wir kommen uns manchmal schlecht vor, eine Krisensituation auszunutzen. Doch für Angehörige kann es sogar ein Teil ihrer Trauerarbeit sein, Fotos zur Verfügung zu stellen. Wir machen so etwas im KURIER aber sehr zurückhaltend.“

Zurückhaltung ist generell eine Linie in der KURIER-Chronik. Als das Blatt in den Achtzigern noch mehr zum Boulevard neigte, stand die „Blutberichterstattung“ im Vordergrund: Storys über Totschlag, Un- und Überfälle. „Es galt die Regel: Ein Mord hat Vorrang“, sagt Paul Uccusic.

Jetzt gelten andere Regeln. Heutzutage liefern oft kommunale und regionale Themen aus Politik, Verkehrsplanung oder Architektur die großen Aufmacherstorys. „Dadurch erhält die Zeitung auch einen positiveren Charakter“, benennt Peter Lattinger einen Nebeneffekt des Qualitätszeitungs-Konzepts.

Doch wenn wieder einmal eine große Katastrophe oder ein großes Verbrechen ausbricht, dann werden die Chronik-Seiten freigeräumt. Wo liegt der Unterschied zum Boulevard? Christoph Kotanko: „Erstens in der Bildauswahl. Wir wollen nicht Schicksale ausbeuten. Das gelingt uns. Zweitens im sprachlichen Umgang mit dem Thema. Das gelingt uns nicht immer. Da balancieren wir auf einem schmalen Grat, auf dem die Gefahr eines Ausrutschers sehr groß ist. Der dritte Punkt: Die Einschätzung eines Themas. Wir wollen nicht den Einzelfall aufblasen, sondern das gesellschaftliche Phänomen darstellen.“

Hochwasserkatastrophe in Österreich 2002. „Die Faszination der Chronik-Themen beruht auf einer Mischung aus Mitleiden und Mitfühlen. Es muss eine gewisse Identifizierbarkeit mit den Einzelschicksalen vorhanden sein, sonst greift das nicht“

West-Berlin abgeriegelt

Super-Bombe explodiert

Montag, 9.33 Uhr: Chruschtschew drückte auf den Knopf
Atomblitz über der Arktis / Die Welt zutiefst empört

Uppsala/New York. — Die von Chruschtschew angekündigte sowjetische Superbombe ist am Montag um 9.33 Uhr über Nowaja Semlja in der Arktis zur Explosion gebracht worden. Ihre Explosionskraft lag mindestens bei 50 Millionen Tonnen TNT (dem stärksten normalen Sprengstoff). Die meisten Wissenschaftler sind jedoch der Ansicht, daß die Bombe noch größer war und wahrscheinlich 60 bis 90 Millionen Tonnen TNT-Sprengkraft besaß.

Die Druckwelle, die durch die Explosion ausgelöst wurde, war zweieinhalbmal so stark wie die Druckwelle der letzten, bis dahin größten sowjetischen Bombenexplosion am Montag der Vorwoche. Die damalige Bombe aber hatte eine Sprengwirkung von 30 Megatonnen.

Auch in Wien wurde die Druckwelle der sowjetischen Superexplosion von der Meteorologisch…

So flog der erste Mensch ins All

Russischer Pilot umkreiste die Erde in einem Sputnik
Über 1½ Stunden im Weltraum: Er sah die Kontinente

Moskau. — Den Sowjets ist — wie wir bereits in unserer gestrigen Mittags-Ausgabe melden konnten — der erste Flug eines Menschen in den Weltraum geglückt. Der 27jährige Luftwaffenmajor Juri Gagarin ist gestern früh um 7.07 Uhr MEZ an einem unbekannten … der Sowjetunion … einem Sputnik in den Welt… in rund 89 Minuten die …

… Ansprachen auch weltpolitisch aus.

… Meldungen, denen zufolge … völlig unbeteiligt in der Raumkapsel saß, hieß es … Moskauer Rundfunk, Gaga… gesamten Fluges die … und beste Sicht … Kontinente genau aus-

… Seite 3

Abgeschossen oder einem Unfall zum Opfer gefallen?

Dag Hammarskjöld tot

Mit einem UNO-Flugzeug an der Kongogrenze abgestürzt
Die Welt zutiefst erschüttert / Zukunft der UNO in Frage

Ndola. — Der Generalsekretär der UNO, Dag Hammarskjöld, ist tödlich verunglückt. Das Flugzeug, mit dem Dag Hammarskjöld zu den Waffenstillstandsverhandlungen mit dem Ministerpräsidenten von Katanga, Tschombe, fliegen wollte, ist Montag knapp nach Mitternacht, wenige Kilometer hinter der Grenze Rhodesiens, abgestürzt und verbrannt. Der UNO-Generalsekretär wurde bei dem Absturz getötet. Mit ihm fanden neun Angehörige der UNO und die sechs Mitglieder der Besatzung des Flugzeugs den Tod.

Ein einziger Insasse des Flugzeugs hat den Absturz überlebt, erlitt jedoch schwere Verletzungen. Es handelt sich um den Sicherheitsbeamten der UNO, Harry …n, einen Amerikaner, der sofort ins Krankenhaus von Ndola gebracht …

Sein Auftrag, der Welt den … immer öfter auch von seinen … präsidierte …

Orkan verwüstet Texasküste

400.000 Menschen fliehen vor einem 250-km/h-Sturm
Schwerster Hurrikan seit Jahrzehnten / Milliardenschaden

Galveston (Texas). — Mit der unvorstellbaren Geschwindigkeit von 250 Kilometer tobt der schwerste Orkan seit Menschengedenken im Golf von Mexiko an der Südküste von Texas entlang. An die 400.000 Menschen fliehen seit Sonntag vor den Naturgewalten eines Hurrikans, wie ihn Amerika in der neueren Geschichte noch nicht erlebt hat. Sturmfluten wälzen sich über Ernteland und … Industriestädte. Die Energieversorgung und Fernmeldeverbindungen … landeinwärts unterbrochen. Die Wassermassen … en aus ihren Schlupf… … assenen Gei-

… auf 100 Mil… Schilling) ge…

… phenstangen, … äume durch …

… verhin… … chlüsse …

… ren

„Carla", der mit 250 Kilometer in … 400.000 Menschen …

Heute vormittag um 9,20 Uhr
Farah Diba: Ein Thronfolger!

Teheran. — Heute um 9.20 Uhr mitteleuropäischer Zeit hat Farah Dibah, die Gattin des Schah von Persien, einen gesunden Buben zur Welt gebracht. Damit hat Persien den seit fast zwanzig Jahren sehnlich erwarteten Thronfolger erhalten. Der persischen Hauptstadt hat sich ein ungeheurer Freudentaumel bemächtigt.

Nachdem 41 Salutschüsse das freudige Ereignis verkündet hatten, ließen sämtliche Autofahrer ihre Hupen und S… ertönen. Alle Rundfunk- und Fernsehstationen des Landes gaben … von den Minaretts …

Ein Grenzwall aus Beton und Eisen

Die Berliner Mauer, entstanden 1961, war unüberwindbar und schien für die Ewigkeit gebaut. Doch dann hielt sie nur 28 Jahre

Berlin, August 1961, Bernauer Straße. Bewacht von einem bewaffneten Polizisten, mauert ein ostdeutscher Werktätiger am Aufbau des „antifaschistischen Schutzwalls". Heute ist diese Straße im Stadtteil Wedding einer der wenigen Orte, an dem noch Reste der Berliner Mauer erhalten sind

Am Tag, als der Bau der Berliner Mauer begann, war von einer Mauer noch keine Rede. „West-Berlin abgeriegelt", meldete der KURIER am 14. August 1961. Womit? Mit „Stacheldraht und Truppensperren um die Westsektoren."

Einen Tag zuvor, am 13. August 1961, waren die Grenzen geschlossen worden. Die Taxler erfuhren als Erste davon. Um zwei Uhr früh gab die Funkzentrale (West) den Fahrern den Rat, keine Fahrten nach Ost-Berlin mehr zu übernehmen: „Die Sektorengrenze wird gesperrt." An den Übergängen fuhren Panzer der DDR-Volksarmee auf – sie hielten ihre Geschützrohre nicht nach Westen, sondern nach Osten gerichtet. Soldaten begannen damit, Stacheldraht auszurollen. Die Mauer der ersten Tage war keine Mauer, sondern, im Sinne des Wortes, ein eiserner Vorhang.

„Niemand hat die Absicht, eine Mauer zu errichten", hatte der DDR-Staatsratsvorsitzende Walter Ulbricht noch am 15. Juni gesagt. „Die Bauarbeiter unserer Hauptstadt beschäftigen sich hauptsächlich mit Wohnungsbau und ihre Arbeitskräfte werden voll eingesetzt."

Eine glatte Lüge? Nicht ganz. Ulbricht verzichtete in der Tat darauf, den Mauerbau den Maurern zu überlassen. Die Männer vom Bau waren dem Politiker suspekt: 1953 standen sie an vorderster Front des Volksaufstands vom 17. Juni.

Also zog der DDR-Diktator lieber das Militär und die Volkspolizei zur Errichtung jener Barrieren heran, die später den farcenhaften Titel „antifaschistischer Schutzwall" verpasst bekamen. Beobachtern war innerhalb von Stunden klar, dass die Aktion lange vorbereitet gewesen sein musste. Denn zur Befestigung der 43 Kilometer langen Grenze zwischen Ost- und West-Berlin brauchte die DDR ja nicht nur Unmengen von Stacheldraht. Tausende Betonpfähle wurden herangekarrt, um den Stacheldraht zu befestigen. Und ein paar Tage später nahm die Grenze langsam jene Form an, die ihr den Namen gab. Der KURIER vom 17. August 1961: „Die ostdeutschen Machthaber gehen daran, zwischen den östlichen und westlichen Sektoren Berlins eine Art ‚Chinesischer Mauer' errichten zu lassen."

So schockierend der 13. August für die Welt war – gänzlich unerwartet kam der Mauerbau nicht. Heinz Nußbaumer in der Rückschau: „Den Russen ging es darum, die Massenflucht aus der DDR zu stoppen. Aus dem strategischen Eigeninteresse der DDR ist heute zu sagen, da musste etwas geschehen. Sonst hätte es die DDR nicht mehr lange gegeben." Von der Gründung 1949 bis zum Mauerbau hatte die DDR 2,6 Millionen Bürger verloren, die lieber in den Westen flüchteten, als mitzuhelfen, das Arbeiter- und Bauernparadies aufzubauen.

Schon von 1949 an waren die Grenzen zur Bundesrepublik systematisch verstärkt und befestigt worden. Fünf Kilometer vor der Grenze begann eine Sperrzone, die nur mit Genehmigung betreten werden durfte. Die letzten 500 Meter waren als „Schutz-

Nach dem Mauerbau. Berlins Bürgermeister Willy Brandt am 16. August 1961 bei seinem „Ruf nach den Führern der freien Welt" (oben) – DDR-Grenzer trugen 1962 die Leiche des 17-jährigen Peter Fechter fort, der beim Fluchtversuch erschossen wurde (rechts)

streifen" komplett abgeriegelt. Tausende Bewohner dieses Areals mussten Zwangs-Umsiedelungen erdulden."

1957 führte die DDR dann das Delikt der Republikflucht ein, das mit drei Jahren Haft geahndet werden konnte. Doch den Ostdeutschen, die ihr Land verlassen wollten, blieb noch immer eine relativ einfache Möglichkeit – der Transit von Ost- nach West-Berlin. Zwar gab es Grenzstationen, aber dort wurde nicht sehr streng kontrolliert. Bis 1961 schwoll der Flüchtlingsstrom immer weiter an. Im Juli 1961, dem letzten Monat vor dem Mauerbau, verließen 30.415 Menschen die DDR auf Nimmerwiedersehen – so viele wie seit 1953 nicht mehr. Ein ironischer DDR-Spruch lautete: „Der Letzte macht das Licht aus."

Die Flüchtlingszahlen alarmierten die DDR-Führung – und ihre Gegenmaßnahmen alarmierten die Welt. Als in Berlin der erste Stacheldraht gespannt wurde, stiegen binnen Minuten die Spannungen zwischen Ost und West.

Heinz Nußbaumer über jene Ära das Kalten Krieges: „Die Jahre 1961 bis 1963 waren, so wie 1989/90, eine schicksalhafte, große Epoche der Umgestaltung. Da ist der Kongo-Konflikt passiert, die Kuba-Krise und natürlich der Mauerbau. Doch von all diesen Ereignissen hat vermutlich der Mauerbau, so spektakulär und furchtbar er auf uns wirkte, am wenigsten Kriegsgefahr ausgelöst. Weil die DDR und die Sowjetunion ganz genau wussten, wo es an den Lebensnerv des Westens geht. Sie haben die rote Linie nicht überschritten. In der Kuba-Krise war das dann anders."

Zwei Monate vor dem Mauerbau, am 3. und 4. Juni 1961, hatten US-Präsident John F. Kennedy und Sowjet-Führer Nikita Chruschtschow in Wien ein Gipfeltreffen abgehalten. Für die Wiener war's ein Spektakel, doch hinter verschlossenen Türen wurde hart (und ergebnislos) verhandelt; über Atomwaffen, Abrüstung und die Berlin-Krise. „Ich glaube, dass es bei diesem Gipfel zu einer Fehleinschätzung der Russen über die Person Kennedy gekommen ist", sagt Heinz Nußbaumer. „Seine Höflichkeit, seine Freundlichkeit wurden falsch bewertet. Man hat ihn in Moskau für einen jungen Filou gehalten."

Nußbaumer hält es für möglich, dass diese Fehleinschätzung die Entscheidung zum Mauerbau förderte. „Die Sowjets haben einen Teil Deutschlands, für den Amerika nicht die Schutzfunktion übernommen hatte, isoliert. Den West-Berlinern blieb ihre Freiheit. Wenn sich die Russen an West-Berlin vergriffen hätten, dann hätte es vermutlich Krieg gegeben."

Die Berichte aus jenen Tagen bestätigen diese Sicht. Natürlich stand Berlin unter Schock. Die Bürger im Westen sahen in ohnmächtiger Wut zu, wie die Mauer langsam wuchs, und scharten sich um ihren Bürgermeister Willy Brandt. Am 16. Juli demonstrierten 250.000 Menschen gegen die Sperrung der Grenzen.

Der KURIER zitierte die Rede von Willy Brandt: „Ich rufe die Führer der freien Welt auf, um zu sehen, was hier vorgeht. Hier können sie mit eigenen Augen die Brutalität eines Regimes erkennen, das das Paradies auf Erden versprochen hat." Brandt, fordernd: „Ich habe dem Präsidenten der Vereinigten Staaten heute in aller Offenheit meine Meinung gesagt: Berlin erwartet mehr als Proteste, Berlin erwartet politische Aktionen." Brand, beruhigend: „Die Ereignisse des 13. August stellen aber keine unmittelbare Bedrohung West-Berlins dar. Die Sowjets sind klug genug, um zu wissen, dass ein Anschlag auf West-Berlin ein Anschlag auf den Frieden der Welt wäre."

Die Westmächte aber hielten nicht viel von großen Worten und Muskelspielen. Noch ein KURIER-Zitat vom August 1961: „Aus amerikanischen Regierungskreisen verlautet, die amerikanische Politik strebe eine Beruhigung der Berlin-Situation an. Wirtschaftliche Maßnahmen, etwa eine Blockade des Ostens, würden nur für den Fall in Betracht gezogen, dass der freie Zutritt der Westmächte nach West-Berlin bedroht wäre. Man sei besorgt, dass die harten Äußerungen Adenauers und anderer deutscher Politiker noch mehr Öl ins Feuer gießen könnten."

Das Feuer verlosch bald. Der Kalte Krieg erreichte am Schauplatz Berlin arktische Temperaturen.

Der Flüchtlingsstrom versiegte. Vom 13. August 1961 bis Ende 1962 überwanden nur noch 14.268 Ost-Bürger die innerdeut-

Nach dem Mauerfall. Das Bauwerk war am 11. November 1989 physisch noch vorhanden, doch von Bürgern aus Ost und West zwecks Freudenfest besetzt (oben). Erst abgeklopft, dann Gewinn bringend verklopft: Mauerreste wurden zum Hit auf Ostsouvenir-Märkten (rechts)

sche Grenze. Am 22. August erhielten die Grenzsoldaten die Order, bei Fluchtversuchen die Waffe anzuwenden. Zwei Tage später wurde ein 24-jähriger Mann namens Günter Litfin an der Mauer erschossen. Er war der erste von 238 Menschen, die bis 1989 an der Berliner Grenze gewaltsam starben.

Die DDR hatte aber nicht nur die Verbindungen von Ost nach West gekappt, sondern auch jene in die Gegenrichtung. 28 Monate lang, bis Ende 1963, konnten die Bürger West-Berlins ihre Freunde und Verwandten im Osten nicht mehr treffen. Dann wurde die Grenze mit dem ersten Passierscheinabkommen für Tagesbesuche kurzfristig geöffnet. Am 19. Dezember 1963 ging's los; am 5. Jänner 1964 waren die Grenzen wieder dicht. Erst mit dem Viermächte-Berlin-Abkommen des Jahres 1971 erhielten die Berliner Wessis das Recht, regelmäßig zu den Ossis zu fahren (umgekehrt war das nur Pensionisten erlaubt).

Wichtigster Transitpunkt war der Bahnhof Friedrichstraße; vor einem Zubau für die Grenzkontrollen fanden herzzerreißende Begrüßungs- und Abschiedsszenen statt. Dieser Zubau ist heute ein Konzert- und Kabarettlokal, das in Erinnerung an die Vergangenheit jenen Namen trägt, der ihm in der Zeit der Trennung inoffiziell verliehen wurde: „Tränenpalast."

Die Berliner Mauer hielt 28 Jahre lang, bis zum 9. November 1989. War ihr Fall in den Jahren zuvor absehbar? Heinz Nußbaumer: „Nein. Wir haben alle geglaubt, die Mauer und der Eiserne Vorhang seien für ewig gebaut. Weil diese Grenze so etwas Endgültiges hatte, war Bratislava für mich weiter weg als Albuquerque, New Mexico." Nachsatz: „Es gehört zu den großen Versagensmomenten meines politischen Weitblicks, dass ich es viel zu lange für nahezu unvorstellbar hielt, dass sich an der Blockbildung zwischen Ost und West, dieser eisigen Grundkonstante der Weltpolitik, noch einmal etwas ändern könnte."

Die Ära der Mauer endete letztlich atemraubend schnell. Und als die Mauerspechte in Berlin den (auf der Westseite) bunt verzierten Beton abgeklopft hatten; als auf das Fest der Maueröffnung der Kater des Wiedervereinigungs-Alltags folgte, da stellten die Wessis und Ossis erst so richtig fest, wie sehr sie sich einander in den Jahrzehnten der Trennung entfremdet hatten.

In den Jahren ab 1990 wurden zwar Hunderte Milliarden Euro in den Aufbau Ost gesteckt, doch an der Befindlichkeit der Bürger aus den neuen Ländern änderte das vorerst einmal nichts.

„Viele Menschen sind in eine Art Ostalgie verfallen", schrieb der KURIER im Dezember 1994, „sie denken wehmütig an ihre geschützten Arbeitsplätze, gestützten Mieten und subventionierten Lebensmittel zurück. Und wehren sich dagegen, dass in der früheren Heimat wirklich alles schlechter gewesen sein soll."

Mittlerweile wurde die Ostalgie zum Massenphänomen, das auch Wessis lockt. DDR-Shows, in denen der Arbeiter-, Bauern- und Stasi-Staat als schrullig-heimeliges Ländchen dargestellt wird, waren ein schriller TV-Quotenhit des Jahres 2003.

„Unter einem ästhetischen Gesichtspunkt verstehe ich die Ostalgie, weil es so ungemein chic-trashig ist, was damals an Mode und Unterhaltung angeboten wurde", kommentiert Franz Ferdinand Wolf. „Ich verstehe auch, dass es die Leute aus dem Osten als schmerzhaft empfinden, wenn sie vom Turbokapitalismus durcheinander gewirbelt werden. Doch man muss sich in Erinnerung rufen, dass das System des Ostblocks auf Unterdrückung und Verletzung der Menschenrechte beruhte. Hunderte Millionen Menschen waren ihrer persönlichen Lebens-Chancen weitgehend beraubt."

In den letzten Jahren hat sich auch das Kino den Themen DDR und Ostalgie genähert. Mit wunderbar schrillen oder wehmütigen Komödien wie „Sonnenallee" oder „Goodbye, Lenin!". Der „Lenin"-Film wurde zum internationalen Hit und sein Regisseur Wolfgang Becker, ein West-Berliner, hat eine ganz eigene Sicht auf das Ende der DDR.

„Was ist denn geblieben vom Osten?", fragte er in einem KURIER-Interview und gab gleich selbst die Antwort: „Das Sandmännchen im Fernsehen und das Recht, an Straßenkreuzungen mit grünem Pfeil auch bei roter Ampel rechts abbiegen zu dürfen."

Der Gerichtshof verhängte die schärfste Strafe

Eichmann: Tod durch den Strang Servatius will Berufung einlegen

Jerusalem. — „Wegen Verbrechen gegen das jüdische Volk, wegen Verbrechen gegen die Menschlichkeit und wegen Kriegsverbrechen verurteilt das Gericht Sie zum Tode", mit diesem Satz sprach Richter Mosche Landau gestern vormittag in Jerusalem das Urteil über den früheren SS-Obersturmbannführer Adolf Eichmann. Die Todesart wurde nicht ausdrücklich angegeben, da das israelische Gesetz für Verbrechen gegen das jüdische Volk im Falle einer Todesstrafe nur den Tod durch den Strang vorsieht.

Eichmann, der das Urteil in sei- … Im Gegensatz zu allen bisherigen …

… einlegen. Dr. Servatius will geltend machen, daß Eichmann vor einem deutschen und nicht vor einem israelischen Gericht abgeurteilt hätte werden sollen. Weiters will Doktor Servatius Gründe dafür anführen, daß die Todesstrafe nicht gerechtfertigt gewesen sei.

Die Berufung wird vom Obersten Gerichtshof Israels behandelt werden. Das Justizministerium kündigte …r diesen außerordentlichen …erste Gerichtshof von drei …chter erweitert und daß … der ebenfalls Oberster

(…zung auf Seite 2)

…t EWG

Umfassender Wort- und Bildbericht

Erster Tag des Konzils Konflikt innerhalb der Ostkirche

Rom. – Mit einem grandiosen Fackelzug vor dem Petersdom endete gestern der erste Tag des 21. Ökumenischen Konzils der Christenheit. Über 200.000 Gläubige füllten den Platz vor der Kathedrale und die angrenzenden Straßen. Vom Fenster seines Zimmers im obersten Stock des Vatikanpalastes erteilte der Papst schließlich der Menge den Segen. Während dieser erste Tag zu einem gewaltigen Manifest der katholischen Christenheit geworden war, ist innerhalb der Ostkirche ein schwerer Konflikt ausgebrochen.

Der Primas der griechisch-orthodoxen …

Aber als um Punkt 8.30 … Gedröhn …

Großer Bildbericht von der Erdumkreisung

US-Raumflug geglückt Glenn 3mal um die Erde

Erdbeben: Über 3000 Tote

76 Dörfer und Städte in Persien wurden völlig zerstört Über 4000 Verletzte / Stärkstes Beben seit 50 Jahren

… in einer ihrer letzten Rollen

Marilyn Monroe beging Selbstmord

Hollywood. – Die weltberühmte amerikanische Filmschauspielerin Marilyn Monroe verübte in der Nacht auf Sonntag Selbstmord. Todesursache war die Einnahme einer Überdosis Schlaftabletten. Marilyn war 36 Jahre alt. Die Leiche wurde von zwei Ärzten gefunden, die durch ein Fenster in das Schlafzimmer der Schauspielerin eindrangen.

Das Motiv des Selbstmordes ist unklar, da die Schauspielerin keinen Abschiedsbrief hinterlassen hat. Man nimmt jedoch an, daß die finanziellen und beruflichen Schwierigkeiten in den letzten Monaten zu einer Hysterie geführt haben, die schließlich den Filmstar zu diesem Schritt getrieben hat.

Die Haushälterin Marilyns, Eunice Murray, bemerkte Samstag gegen Mitternacht Licht im Schlafzimmer der Schauspielerin. Als sie um drei Uhr früh noch immer den Lichtschein durch einen Spalt unter der Tür sah, ohne daß Marilyn Monroe auf die Rufe der Frau antwortete, rief sie den Hausarzt Dr. … Greenson an. Der Arzt kam ungefä…

(Fortsetzung auf Seite 2)

Kreml gibt nach

Die Sowjetraketen werden bedingungslos abgebaut Amerikaner waren zur Invasion Kubas entschlossen

Moskau/Washington. — Gestern um 15.00 Uhr MEZ hat Moskau in der Kuba-Krise nachgegeben. Der sowjetische Ministerpräsident Chruschtschew teilte dem US-Präsidenten Kennedy mit, er habe den Befehl erteilt, die Sowjet-Raketen auf Kuba abzubauen, zu verpacken und in die Sowjetunion zurückzuholen, und zwar unter Kontrolle der UNO. Chruschtschew hat an diesen totalen Raketen-Rückzug aus Kuba nicht die geringste Bedingung geknüpft.

Trotzdem hat man …

US-Blockade gegen Kuba

Kennedy: „Alle Waffentransporte werden gestoppt!" „Jede Rakete von Kuba ist Sowjet-Angriff auf die USA!"

Washington. – US-Präsident Kennedy gab heute um Mitternacht bekannt, daß die USA die militärische Blockade über Kuba ver- … einen Angriff der Sowjetunion auf die Vereinigten Staaten ansehen …

„Wir müssen mit unserer Verantwortung leben“

Vom Eichmann-Prozess bis zur Waldheim-Affäre: Österreich und die Diskussion um seine Verstrickung in die Verbrechen des Dritten Reiches

Es kam nicht oft vor, dass die Nachricht von der Vollstreckung eines Todesurteils im KURIER Schlagzeilen machte. Am 2. Juni 1962 war es der Fall. „Eichmann hingerichtet“, stand auf Seite 1. Im Text wurden die letzten Worte des Nazi-Verbrechers zitiert: „Lang lebe Deutschland, lang lebe Argentinien, lang lebe Österreich.“

Kein Kompliment für die genannten Länder. In Deutschland hatte Adolf Eichmann, der Schreibtischtäter, während des Dritten Reiches den Holocaust organisiert. Er wurde, so das Deutsche Historische Museum, „zur zentralen Figur der Deportation von mehr als vier Millionen Juden in die Ghettos und Konzentrationslager“.

In Argentinien gelang es ihm, nach der Flucht aus Europa, ab 1950 ein Doppelleben zu führen. Als Ricardo Klement arbeitete er in Buenos Aires für Daimler-Benz.

In Österreich schließlich war der gebürtige Deutsche aufgewachsen. 1914 kam er, acht Jahre alt, mit seiner Familie von Solingen nach Linz. Ein unauffälliger Junge mit auffällig rechten Ansichten: 1927 trat er dem deutsch-österreichischen Frontkämpferbund bei, 1932 der (noch verbotenen) NSDAP und der SS.

Aus Österreich kamen nach dem Krieg freilich auch entscheidende Anstöße, dass dem untergetauchten Verbrecher noch der Prozess gemacht werden konnte. Simon Wiesenthal legte die Spur nach Buenos Aires frei. Am 11. Mai 1960 wurde Eichmann dort von Mossad-Agenten festgenommen und wenige Tage später nach Israel entführt. Am 11. April 1961 begann in Jerusalem der Eichmann-Prozess.

Hugo Portisch: „Adolf Eichmann war für uns natürlich ein Monster. In dem Moment, als man ihm auftrug, die Juden wegzubringen, tat er es. Als er sah, dass er das durch Auswanderung nicht erreichen konnte, engagierte er sich für die Mordmaschine. Erbarmungslos. Wo Juden waren im besetzten Europa, ließ er sie deportieren.“

Für den KURIER berichtete Eberhard Strohal vom Prozess-Auftakt: „Für jeden vierten Bewohner Israels ist Adolf Eichmann der Mörder von Eltern, Geschwistern, von Ehegatten oder Kindern.“ Die Anklageschrift gegen den Massenmörder umfasste 15 Punkte, die von Eichmanns Rechtsanwalt, dem deutschen Advokaten Robert Servatius, abgelehnt wurden: „Servatius bestritt, dass Eichmann jemals ein kriminelles Verbrechen begangen habe. Es handle sich um politische Tatbestände.“

„Für jeden vierten Bewohner Israels ist Adolf Eichmann der Mörder von Eltern, Geschwistern, von Ehegatten oder Kindern.“ Eichmann, der Schreibtischtäter und Organisator des Holocaust, in seiner Glaszelle während des Gerichtsverfahrens in Jerusalem. Im Vordergrund: Sein Anwalt Robert Servatius

„Ein unglaublicher Tiefpunkt in der Behandlung der Vergangenheit." Als Simon Wiesenthal (unten) aufdeckte, dass FPÖ-Chef Friedrich Peter (links) im Krieg bei einer SS-Einheit diente, stand Bruno Kreisky dem Ex-SS-Mann mit Attacken gegen Wiesenthal zur Seite

Generalstaatsanwalt Gideon Hausner sicherte dem Angeklagten einen fairen Prozess zu. Strohal im KURIER: „Hausner erklärte, er werde dafür sorgen, dass es bei der Verhandlung gegen Eichmann nicht zu einer ‚Lynchjustiz', sondern zu einer sorgfältigen und rechtlich einwandfreien Führung des Verfahrens kommen werde."

Acht Monate lang wurde in Jerusalem verhandelt. Am 16. Dezember 1961 sprach Richter Mosche Landau das Urteil aus. „Wegen Verbrechen gegen das jüdische Volk, wegen Verbrechen gegen die Menschlichkeit und wegen Kriegsverbrechen verurteilt das Gericht Sie zum Tode." In der Begründung hieß es unter anderem: „Jeder Zug mit 1000 Menschen, den der Angeklagte an eine Stätte der Vernichtung geschickt hat, bedeutete, dass Eichmann unmittelbar an 1000 Morden teilgenommen hat."

Hugo Portisch zog im KURIER Bilanz. „Sinn und Ziel des Gerichtsverfahrens war es, der Menschheit anhand der Aussagen eines Schuldigen die historische Wahrheit über den größten Massenmord in der Geschichte vor Augen zu führen." Die Bedeutung des Verfahrens für Deutschland und Österreich: „Rassenhass und religiösen Hass gibt es überall. Der Unterschied jedoch muss darin bestehen, dass wir erlebt haben, wohin ein solcher Hass führen kann, wie schnell ein Schimpfwort für die Betätigung von Gaskammern auszuwerten ist. Der Eichmann-Prozess geht uns daher noch viel mehr an als andere Völker."

Es ist anzunehmen, dass Portisch damit manchen Lesern nicht aus der Seele sprach. Österreich gefiel sich in seiner Rolle als erstes Opfer der Hitler-Diktatur; die Aufarbeitung der eigenen Beteiligung an den Nazi-Gräueln war kein großes Thema.

Doch der KURIER war, so Peter Rabl, „in dieser Sache immer äußerst sensibel und kritisch, von seiner ersten Ausgabe an. Wir haben Friedrich Peter bekämpft, wir haben Jörg Haider bei seinen Ausflügen in diesen Bereich bekämpft, wir waren immer auf der richtigen Seite." Für Christoph Kotanko ist dies „ein Grund, auf den KURIER stolz zu sein. Der KURIER hat den tatsächlichen oder vermeintlichen Nachahmern des Faschismus nie eine Plattform geboten."

Hugo Portisch berichtet über die frühen Jahre nach 1945, als das Fundament zu Österreichs schlampigem Umgang mit der Hitler-Zeit gelegt wurde: „Wenn man heute sagt, in Österreich wurde bald viel vertuscht, so stimmt das nicht. In den ersten zwei bis drei Jahren nach 1945 wurde überhaupt nichts vertuscht. Die Regierung veröffentlichte Kriegsverbrecherlisten mit den Hunderten Namen. Es gab vom ersten Tag der neuen österreichischen Regierung die Todesstrafe für Nazi-Verbrecher. Es gab 100.000 Anzeigen, 23.000 Menschen kamen vor Gericht, 13,000 wurden verurteilt, und 30 Männer wurden gehenkt."

In dieser Rigorosität sieht Portisch – angesichts von 600.000 NSDAP-Mitgliedern aus Österreich – aber zugleich einen großen Fehler. „In Wirklichkeit hätten die österreichischen Politiker sagen müssen, wir haben euch alle verführt. Ich, Karl Renner, weil ich für den Anschluss war. Du, Kardinal Innitzer, bist auch sofort zum Führer gelaufen und hast die Bischofskonferenz zum Ja-Sagen gebracht. Und die Christsozialen waren Antisemiten und bis 1934 auch für den Anschluss. Die Aufarbeitung hätte vor der eigenen Tür der führenden Persönlichkeiten beginnen müssen."

So aber wurden die Ex-Nazis bald als wichtige Wählerschicht wiederentdeckt und ab 1949 erneut zu Wahlen zugelassen.

Peter Rabl: „Was Österreichs Image als Land mit Rechtsdrall betrifft, finde ich, dass das geradezu grotesk übertrieben wurde. Zum Beispiel, Haider als internationale Gefahr hinzustellen, wo er doch in Wirklichkeit ein Provinzwurschtl ist. Aber dass das Ausland so auf uns hinschaut, hat auch damit zu tun, dass man das Schlawinertum durchschaute, mit dem wir bis in die achtziger Jahre lebten. Als die Nazis wieder wählen durften, begann das Wettrennen des Zudeckens. Bruno Kreisky sagte mir einmal, beim Kärntner BSA (Bund Sozialistischer Akademiker) hätten sie nach dem Krieg nur das B vor das SA setzen müssen."

Ausgerechnet Kreisky, der große liberale Reformator des Landes, war es dann, der im „schlampigen und bewusst unordentlichen Umgang mit der Nazi-Vergangenheit" besondere Akzente setzte.

Wegen seiner jüdischen Herkunft hatte Kreisky lange Zweifel gehabt, ob er in einem Land wie Österreich Kanzler werden könnte. Doch als er nach dem SPÖ-Wahlsieg 1970 sein erstes Kabinett vorstellte, fanden sich in der Ministerliste vier Namen, die den Nazi-Jäger Simon Wiesenthal zu einer Gratulation der besonderen Art veranlassten: Er wies nach, dass Innenminister Otto Rösch, Bautenminister Josef Moser und Verkehrsminister Erwin Frühbauer NSDAP-Mitglieder gewesen waren. „Landwirtschaftsminister Hans Öllinger hatte es sogar zum Untersturmführer der SS gebracht", schreibt Wiesenthal in seiner Autobiografie „Recht, nicht Rache".

Öllinger wurde bald „krankheitshalber" als Minister abgelöst. Für ihn kam Oskar Weihs; ebenfalls ein Ex-Nazi. Doch das Verhältnis zwischen Kreisky und Wiesenthal war nicht mehr zu kitten. 1975 folgte jenes Ereignis, das Christoph Kotanko zu „den größten Schattenseiten der Kreisky-Ära" zählt. Die Peter-Affäre.

Kurz nach der Nationalratswahl jenes Jahres (Kreiskys SPÖ hatte eine knappe absolute Mehrheit eingefahren) veröffentlichte Wiesenthal ein Dossier über die Kriegs-Vergangenheit des FPÖ-Chefs Friedrich Peter: Er sei Mitglied der 1. SS-Infanteriebrigade gewesen. Diese gelte als „eine der berüchtigsten Mordeinheiten des Krieges. Sie agierte hinter der Front und hatte den Auftrag, das Gebiet zu kontrollieren und zu ‚reinigen'. Das hieß, alle Juden oder Kommunisten, deren man habhaft werden konnte, wurden in die Wälder getrieben und erschossen."

Peter reagierte mit einem Dementi: „Ich habe an Aktionen dieser Art nicht teilgenommen, sondern als Soldat meine Pflicht erfüllt." Doch Kreisky tobte – nicht gegen Peter, sondern gegen Wiesenthal. Er warf dem Nazi-Jäger „Mafiamethoden" vor und unterstellte, Wiesenthal (der nur mit sehr viel Glück im KZ überlebt hatte) könnte ein Nazi-Kollaborateur gewesen sein. Diese Behauptung musste der Kanzler, von Wiesenthal verklagt, vor Gericht wieder zurücknehmen. „Die Affäre war ein unglaublicher Tiefpunkt in der Behandlung der Vergangenheit", sagt Christoph Kotanko. „Eine ganz üble Sache, bei der Kreisky auch aus der SPÖ viel zu wenig Widerstand entgegengesetzt wurde. Simon Wiesenthal ist jemand, auf den Österreich stolz sein kann, weil er stets ohne Hass darauf drang, dass Recht gesprochen wird."

Erst 1986 war es so weit, dass Österreich begann, sich intensiv mit seiner Rolle im Dritten Reich auseinander zu setzen. Christoph Kotanko: „Ich glaube, dass Kurt Waldheim ein Aufklärer wider Willen war. Der Präsidentschafts-Wahlkampf 1986 bedeutete eine riesiege Zäsur. Mit Ausnahme von Deutschland, wo das schon früher stattfand, hat sich nach 1986 kaum ein anderss Land so sehr mit seiner Vergangenheit beschäftigt wie Österreich."

Das Nachrichtenmagazin *Profil* begann mit einer Serie, die ein schlechtes Licht auf den ÖVP-Kandidaten bei der Bundespräsidentenwahl warf. Kurt Waldheim, der Ex-UN-Generalsekretär, habe in seiner Biografie stets seine Nazi-Vergangenheit unterschlagen. Er sei bei der Reiter-SA gewesen und habe auf dem Balkan bei der Bekämpfung von Partisanen mitgewirkt.

„Die Wahl Waldheims sicherte Österreich eine seit Jahrzehnten nicht mehr gekannte internationale Aufmerksamkeit", schrieb der Politologe Anton Pelinka nicht ohne Ironie. In Österreich entstand eine „Jetzt erst recht"-Stimmung, die Waldheims Wahlkampf beflügelte. Aber seine Präsidentschaft war durch Isolation gekennzeichnet – 1987 wurde er von den USA auf die „Watch List" gesetzt.

Doch die Diskussion über Österreichs Vergangenheit war jetzt in vollem Gange. Die Regierung setzte eine internationale Historikerkommission ein, die 1988 zu diesem Schluss kam: Man könne Waldheim keine persönlichen Verwicklungen in Kriegsverbrechen vorwerfen, er sei aber ein gut informierter Mann gewesen.

Und Österreichs Verwicklung? Bundeskanzler Franz Vranitzky fand klare Worte, als er im Juni 1993 auf Staatsbesuch nach Jerusalem kam. „Verarmt und ohne Hoffnung für eine Zukunft ihres Landes, wurden viele Österreicher zu Nazis und unterstützten den Anschluss, der Österreich von der Landkarte löschte. Hunderttausende Österreicher, viele von ihnen Juden, wurden Opfer einer degenerierten Ideologie. Es gab jene, die mutig genug waren, dem Wahnsinn aktiv Widerstand zu leisten. Aber viel mehr gliederten sich in die Nazi-Maschinerie ein und einige gehörten zu den brutalsten Übeltätern. Wir müssen mit dieser Seite unserer Geschichte leben, mit unserem Anteil an der Verantwortung."

Der Bundeskanzler wies aber darauf hin, wie sehr sich das neue Österreich veränderte. „Ich bin hier, um ein modernes Land zu repräsentieren, das als Antithese zum Nazismus gegründet worden ist. Viele Gründungsväter der Zweiten Republik waren Überlebende der KZs und Gefängnisse des Dritten Reiches."

„Jetzt erst recht!" Kurt Waldheim (links) wurde 1986 trotz der Debatte über seine verheimlichte Nazi-Vergangenheit zum Bundespräsidenten gewählt, blieb dann aber international isoliert. Kanzler Franz Vranitzky (oben) fand klare Worte zu Österreichs Mitverantwortung für die Verbrechen des Dritten Reiches

Kennedy tot!

Er fiel einem Attentat zum Opfer
Ein Kopfschuß auf offener Straße
Ein Verdächtiger festgenommen
Lyndon Johnson neuer Präsident

Dallas. — Der Präsident der USA, John Kennedy, ist tot! Der Präsident ist einem Attentat zum Opfer gefallen!

… in Texas wurde Kennedy

Erste Bilder vom Attentat

Mörder Kennedys gefaßt

Heute früh die Anklage erhoben
Der genaue Ablauf des Attentats

Kennedys Mörder ist tot!
Vor Gefängnis erschossen

Der Täter wollte Kennedy rächen

Johannes XXIII. ist tot

Leben des Papstes erlosch um 19.49 Uhr nach einem fast viertägigen Todeskampf

ÖVP-Krach: Klaus zurückgetreten
Neue Minister: Olah, Probst, Korinek

Wien (Eigenbericht). Noch im … Augenblick hat die Regierung … abend zu einer … halb der Öster…

Drei Seiten Bildbericht

Der neue Papst:
Paul VI.

Von unserem nach Rom entsandten Redakteur Arnold Klima

Rom. — Die katholische Kirche hat wieder einen Papst: Gestern …

Größter Postraub aller Zeiten

Englischer Postzug überfallen: 200 Mill. Schilling geraubt

London. — Der größte Postraub aller Zeiten …

Die Polizei im Großeinsatz

Mord in der Oper

12jährige von Wüstling erstochen

… einer dunkelblauen Schoß, dazu eine blaue Nylonbluse, eine blaue Strickmütze … Das Kind dürfte … eingetroffen …

Erhard löst Adenauer ab

Nach hartem Tauziehen: Entscheidung der CDU gefallen

Bonn. — Nach stundenlangen Beratungen ist gestern spät abends praktisch die Entscheidung über den Nachfolger des Bonner Bundeskanzlers … gefallen: Vizekanzler und Wirtschaftsminister …

„Die Welt sieht seit heute anders aus"

Am 22. November 1963 fiel US-Präsident John F. Kennedy einem Attentat zum Opfer. Die Welt verlor eine Hoffnung. Der Mythos Kennedy lebt weiter

Die Welt sieht seit heute anders aus", schrieb Hugo Portisch am 23. November 1963 im KURIER. „Der Lauf der Geschichte hat sich geändert. Fassungslos steht die Welt vor der Tatsache, dass John F. Kennedy, Präsident der Vereinigten Staaten, nicht mehr lebt."

Wie beurteilt er das Kennedy-Attentat heute? „Im Fall von John F. Kennedy war nicht so sehr der Mord ein Wendepunkt der Weltgeschichte", sagt er, „es war die Persönlichkeit des Mannes. Auf dem Höhepunkt des Kalten Krieges war ein strahlender, charismatischer Politiker ins Weiße Haus gekommen, der die Welt begeisterte und mitriss." Nachsatz: „Weil er so früh starb, musste er die Konsequenzen einiger Entscheidungen nicht mehr tragen."

Der letzte Tag im Leben Kennedys gehört zur kollektiven Erinnerung der Welt. In den Worten des seinerzeitigen KURIER-Berichts: „Der Präsident fuhr gemeinsam mit dem Gouverneur von Texas, John Connally, in einer offenen Wagenkolonne durch die Stadt Dallas, als plötzlich drei Schüsse fielen und Kennedy mit blutendem Kopf zusammenbrach. Jacqueline Kennedy, die neben dem Präsidenten im Wagen saß, beugte sich über ihren Gatten und rief: ‚Oh no!' Sofort nach dem Attentat gab die Geheimpolizei Befehl, mit Höchstgeschwindigkeit zum Parkland-Hospital zu fahren, das nicht weit entfernt war. Minuten später hatten sich vor dem Spital mehrere tausend Menschen eingefunden. Als die Todesnachricht die wartende Menge erreichte, herrschte für Sekunden schreckliche Stille. Dann brachen viele in Weinen und hysterisches Schreien aus."

John F. Kennedy starb am 22. November um 13 Uhr. Zwei Stunden später wurde, wie es die US-Verfassung vorsieht, Vizepräsident Lyndon B. Johnson als sein Nachfolger vereidigt. Zu diesem Zeitpunkt hatte die Polizei bereits einen Verdächtigen, den 24-jährigen Lee Harvey Oswald, als Attentäter festgenommen. Der Mann bestritt die Tat, wurde aber noch vor der Eröffnung des Verfahrens selbst erschossen. Der Barbesitzer Jack Ruby feuerte vor laufender Kamera

Ein dramatischer Moment der Weltgeschichte: US-Präsident John F. Kennedy und seine Frau Jacqueline fuhren am 22. November 1963 in einem offenen Wagen durch die texanische Metropole Dallas (oben). Wenige Sekunden, nachdem das Bild aufgenommen worden war, fielen die Todesschüsse gegen den Präsidenten. Der Konvoi raste zum nächsten Krankenhaus, doch die Ärzte konnten nicht mehr helfen. Der charismatische JFK und seine Frau Jacqueline (rechts) waren in den Augen der Welt das glamouröse Traumpaar schlechthin

Ein sowjetisches Frachtschiff, beladen mit Raketen, auf dem Weg nach Kuba (oben): Die Lösung der Kuba-Krise 1962 war John F. Kennedys größte Leistung – die Welt stand kurz vor dem Atomkrieg. Im Juni 1963 fuhr Kennedy mit Bürgermeister Willy Brandt und dem deutschen Bundeskanzler Konrad Adenauer durch Berlin (rechts). In der geteilten Stadt sprach er seinen berühmten Satz „Ich bin ein Berliner"

Schüsse auf Oswald ab, als der gerade ins Staatsgefängnis gebracht werden sollte.

Lyndon B. Johnson setzte wenige Tage nach dem Attentat eine Kommission ein, welche die Hintergründe des Kennedy-Mords aufklären sollte. Der 900-seitige Abschlussbericht, 1964 veröffentlicht, kam zum Ergebnis, Lee Harvey Oswald sei der alleinige Attentäter gewesen und habe keine Komplizen gehabt. Von Präsident Johnson abwärts („Ich habe nie geglaubt, dass Oswald alleine gehandelt hat") mochte allerdings kaum jemand den Argumenten der Kommission vertrauen. Wer die Hintermänner des Attentats waren, ist bis heute nicht geklärt. Es gibt eine Vielzahl von Theorien, in denen beispielsweise die CIA, die Mafia oder die Exil-Kubaner als Urheber genannt werden. Militante Exil-Kubaner hätten immerhin ein Motiv für eine Aktion gegen den Präsidenten gehabt.

Am 20. Jänner 1961 war John F. Kennedy als 35. Präsident der Vereinigten Staaten vereidigt worden; der erste Katholik und, mit 43 Jahren, der jüngste Mann aller Zeiten im mächtigsten Amt der Welt.

Trotz seiner Jugend hatte Kennedy bereits eine lange Karriere hinter sich. 1943, mit 26, machte er als Kriegsheld Schlagzeilen; mit 29 zog er ins Repräsentantenhaus und mit 35 in den US-Senat ein. 1953 heiratete der Sonny Boy die glamouröse Jacqueline Bouvier, die er freilich nicht mit großer Treue verwöhnen sollte. Kennedy war, wie später ans Licht kam, ein großer Verführer, der nicht nur mit Marilyn Monroe liiert gewesen sein soll – es gibt zahllose Geschichten über seine Eskapaden.

Doch zurück zur Politik: Kaum im Amt, erlebte John F. Kennedy ein erstes großes Fiasko, das allerdings noch von seinem Vorgänger Eisenhower und der CIA eingeleitet worden war. Am 17. April 1961 landete eine Truppe von 1500 Exil-Kubanern an zwei Stränden ihrer Heimat. Ihr Ziel: Sie wollten den Revolutionsführer Fidel Castro stürzen, der 1959 die Macht auf der Insel übernommen hatte.

Die Invasion in der Schweinebucht ging allerdings gründlich schief. Schon die Vorhut wurde von einer kubanischen Militärpatrouille überrascht, dann blieben Landungsboote in Korallenriffen stecken. Die Castro-Armee kam mit Panzern und hatte die Invasions-Armada rasch überwältigt. 1200 Exil-Kubaner wurden interniert und erst 1962 gegen die Zahlung von etlichen Millionen Dollar wieder zurück in die USA geschickt. Kennedy hatte sich geweigert, den Invasoren mit offiziellen US-Truppen zu Hilfe zu kommen. Das trug ihm den ewigen Hass der Exil-Kubaner ein.

Das Schweinebucht-Debakel war allerdings eine Kleinigkeit im Vergleich zu den echten Krisen, die JFK zu meistern hatte. 1961 wurde in Berlin die Mauer errichtet – Hugo Portisch: „Man muss Kennedy zugute halten, dass daraus kein Krieg geworden ist." 1962 kamen die USA und die UdSSR dann aber einem nuklearen Konflikt bedrohlich nahe.

Die Kuba-Krise brach mit voller Heftigkeit los. Am 3. September verkündete der sowjetische Staats- und Parteichef Nikita Chruschtschow die volle Unterstützung Kubas durch sein Land. Wie das zu verstehen war, wurde den Amerikanern spätestens am 15. Oktober klar. Aus Luftaufnahmen ging eindeutig hervor, dass die Sowjets Mittelstreckenraketen nach Kuba gebracht hatten.

Wie knapp die Menschheit damals am Dritten Weltkrieg war, wurde vor ein paar Jahren in dem Hollywood-Dokudrama „13 Tage" neu erzählt. Am 22. Oktober forderte Kennedy den Abzug aller sowjetischen Raketen und Abschussanlagen aus Kuba. Zwei Tage später verhängten die USA eine Seeblockade über alle sowjetischen Frachter, die Kuba ansteuerten. Fidel Castro verkündete die Generalmobilmachung. Die US-Militärs plädierten für eine Invasion auf der Insel, doch John F. Kennedy und sein Bruder Robert, der oberste Präsidentenberater im Rang des Justizministers, zögerten. Mit Erfolg: Am 28. Oktober gab Chruschtschow dem amerikanischen Druck nach und befahl den Abzug der sowjetischen Angriffswaffen.

Österreich, direkt am Eisernen Vorhang gelegen, hätte es vermutlich sofort zu spüren bekommen, wenn der Kalte Krieg heiß geworden wäre. „Die Welt zitterte", sagt Hugo Portisch. „Während der Kuba-Krise hatten wir im KURIER einmal die Schlagzeile ‚Atomkrieg abgewendet' oder so ähnlich, während der ‚Express' unter Gerd Bacher titelte: ‚Atomkrieg am Wochenende'. Ohne Fragezeichen."

Portisch: „Es wurde kein Atomkrieg, aber wahrscheinlich war die Bachersche Schlagzeile näher an der Wahrheit als unsere. Robert McNamara, damals US-Verteidigungsminister, sagte später: ‚Wir waren 20 Minuten vor dem Krieg. Da kam das Fernschreiben der Russen, dass sie einlenkten. 20 Minuten später wären wir in Kuba einmarschiert und auf Atom-Minen gelandet. Was wäre dann gewesen?'"

Unter all den Ereignissen des Jahres 1962 blieb es eine Randerscheinung, dass Kennedy damals den Auftrag zur Entsendung von Militärberatern nach Südvietnam gab. Die Zündschnur zum Vietnam-Krieg, der 1964 ausbrechen sollte, war gelegt.

Kennedys weltpolitisches Hauptthema blieb der Ost-West-Konflikt. Im Juni 1963 reiste er nach Europa, wo er im geteilten Berlin jene Rede hielt, die ihn endgültig zum Idol der Deutschen machte. „Vor 2000 Jahren", erklärte er vor dem Schöneberger Rathaus der geteilten Stadt, „war der stolzeste Satz, den ein Mensch sagen konnte, der: Ich bin ein Bürger Roms. Heute ist der stolzeste Satz, den jemand in der freien Welt sagen kann: Ich bin ein Berliner!"

An diesem Tag hatte John F. Kennedy keine fünf Monate mehr zu leben – geschweige denn die vier Jahre, die er sich für eine weitere Amtsperiode wünschte. Als der Präsident begraben war, sagte sein Berater und Redenschreiber Theodore Sorensen: „Die Leute werden sich nicht nur daran erinnern, was er tat, sondern daran, wofür er eintrat." Und der Wirtschaftswissenschaftler Kenneth Galbraith meinte: „Ich sehe zu der Kennedy-Periode zurück als einem hellen leuchtenden Licht in meinem Leben."

Hätte die Weltgeschichte ohne das Attentat auf Kennedy einen anderen Verlauf genommen? „Das ist eine Frage, die mich seither immer wieder beschäftigt hat", sagt Heinz Nußbaumer. „Die Antwort, mit aller Vorsicht: In Demokratien kann man kaum etwas ändern. Dazu waren, das zeigte sich in den USA, das System und die Struktur zu stark. Damals hat man auf den Mord, bei aller Schockwirkung, vermutlich gelassener reagiert, als man es heute machen würde. Wenn heute ein US-Politiker, sagen wir, von einem islamischen Fundamentalisten getötet würde, wäre die Wirkung unvergleichlich größer als bei Kennedy."

Warum? „Die Zeit war noch nicht eingestellt auf Attentate. Man sah das als Einzelereignis. Doch natürlich war es ein schockierendes Auftreten einer neuen Form von politischen Gewalt."

Die USA wurden 1968 zum Schauplatz von neuen Attentaten, die weltweite Trauer auslösten. Am 3. April dieses Jahres erschoss der rechtsradikale Weiße James Earl Ray in Memphis den schwarzen Bürgerrechtskämpfer Martin Luther King. 1963 hatte King in Washington vor 250.000 Menschen seine berühmte Rede („I have a dream") über ein Miteinander von Schwarz und Weiß gehalten. 1964 erließ Lyndon B. Johnson ein Gesetz, das die Rassentrennung im öffentlichen Leben der USA formell aufhob – und Martin Luther King wurde mit dem Friedens-Nobelpreis gewürdigt.

Zwei Monate nach dem Tod des Bürgerrechtlers starb Robert Kennedy an den Folgen eines Mordanschlags. Der Senator aus New York war auf Wahlkampfreise in Kalifornien; er hatte dort gerade die Vorwahlen gewonnen und besaß gute Aussichten, Präsidentschaftskandidat der Demokratischen Partei zu werden. Doch am späten Abend des 5. Juni 1968 wurde er in Los Angeles durch drei Schüsse aus der Waffe des aus Jordanien stammenden Attentäters Sirhan B. Sirhan so schwer verletzt, dass er einen Tag später im Krankenhaus starb.

Sirhan schien nach der Tat verwirrt; er behauptete später immer, sich an nichts erinnern zu können. So gibt es eine eigentümliche Parallele bei den Todesschüssen auf John und Robert Kennedy sowie auf Martin Luther King: In allen Fällen gaben sich die Behörden mit der These von Einzeltätern zufrieden. Hintermänner wurden offiziell nicht gesucht und nicht gefunden.

Was bleibt? Die Erinnerung an charismatische, visionäre Männer, die kaum dadurch getrübt wird, dass (im Fall von JFK) „diese Lichtgestalt auch eine Gestalt mit großen Schatten war", wie Heinz Nußbaumer meint. Denn: „Kennedy und seine Brüder waren für mich geradezu ein Modell für etwas, das wissenschaftlich erst sehr viel später in Worte gefasst wurde: Demokratie funktioniert in Wahrheit nur dann, wenn sich Eliten dazu bereit finden, so zu tun, als wären sie Durchschnittsbürger. Es muss eine Elite geben, die vergisst, dass sie eine Elite ist, wenn sie ein Staatsamt übernimmt, und die dann auf gleicher Ebene mit dem Bürger agiert."

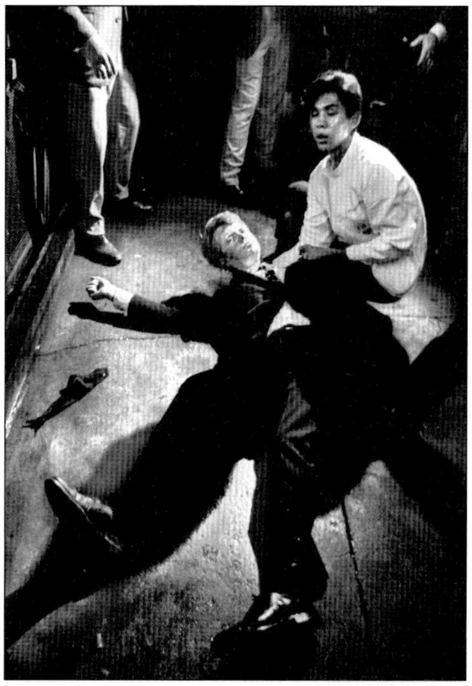

„Attentate waren das schockierende Auftreten einer neuen Form von politischer Gewalt." Die USA verloren 1968 zwei ihrer politischen Hoffnungsträger. Im Juni wurde Robert Kennedy in Los Angeles erschossen (oben). Zwei Monate zuvor erwiesen Trauernde dem ermordeten Bürgerrechtler und Friedens-Nobelpreisträger Martin Luther King die letzte Ehre (unten)

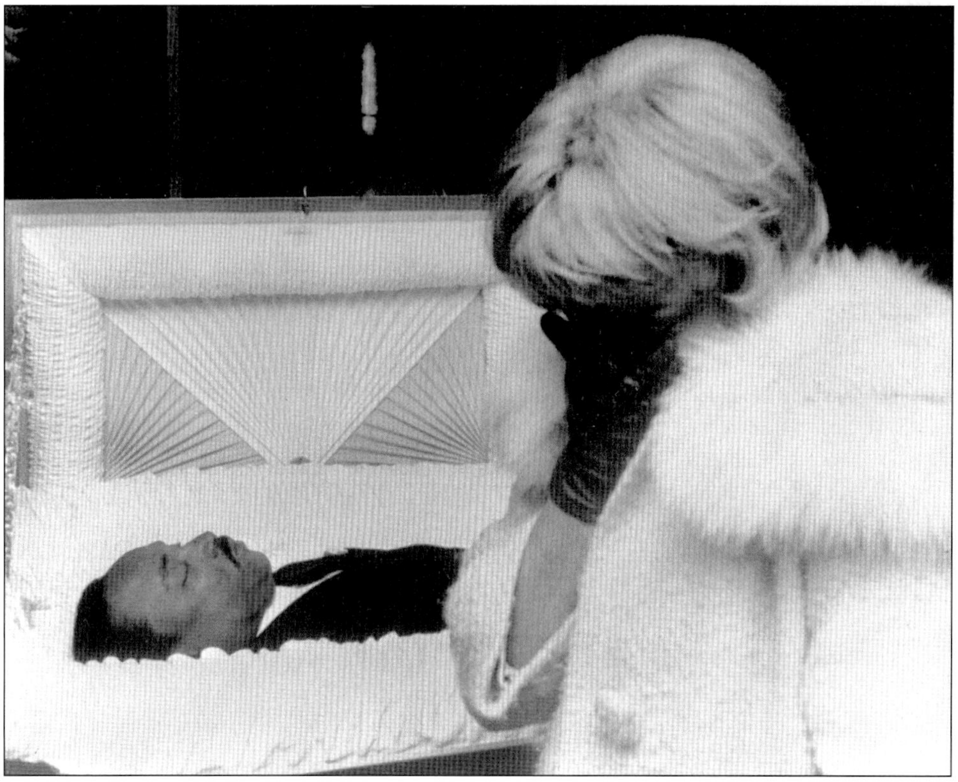

Das Volksbegehren angelaufen
Kampf um die Rundfunkreform

Heute beginnt das Volksbegehren

Heute, Montag, beginnt in ganz Österreich das Volksbegehren für eine Generalreform von Rundfunk und Fernsehen. Alle wahlberechtigten Österreicher können das Volksbegehren unterschreiben. Die Eintragung der Unterschriften wird in Wien bei den Magistratischen Bezirksämtern, in den übrigen größeren Städten bei gesondert gekennzeichneten Eintragungsstellen, in den kleineren Orten bei den Gemeindeämtern täglich bis in die Abendstunden entgegengenommen. Es ist das erste Volksbegehren in Österreichs Geschichte. Am Erfolg dieses Volksbegehrens wird sich die demokratische Reife der österreichischen Bevölkerung ermessen lassen. Unterschreiben auch Sie! Entscheiden auch Sie! (Siehe Seite 2.)

Oesterreicher und Oesterreicherinnen

Es ist soweit.

Zum erstenmal in der 46jährigen Geschichte der Republik Österreich findet — vom 5. bis 12. Oktober — ein Volksbegehren statt. Alle Staatsbürger, gleich welcher politischen Richtung, sind dazu aufgerufen.

Ziel des Volksbegehrens ist die Beendigung der Rundfunkmisere, die …

Wird Franz Olah jetzt aus der SPOe ausgeschlossen?

Amtlich: Volksbegehren erfolgreich!

Innenministerium stellt fest: 832.353 gültige Unterschriften geleistet

Historischer Tag für die USA: Neger und Weiße gleichgestellt

Washington. – Seit gestern sind in den USA Farbige und Weiße vor dem Gesetz vollkommen gleichgestellt. Mit der Unterschrift, die Präsident Johnson in der Nacht auf gestern unter die amerikanische Bürgerrechtsvorlage setzte, hat eine neue Ära in der Geschichte der USA begonnen. Dennoch befürchtet man, daß es in den nächsten Monaten zu einer neuen Welle schwerer Rassenkämpfe kommen wird.

Chruschtschew zurückgetreten!

Kossygin wird Ministerpräsident
Breschnjew ist neuer Parteichef

Moskau. — Nikita S. Chruschtschew ist nicht mehr Ministerpräsident der Sowjetunion. Nikita S. Chruschtschew hat seinen Posten als sowjetischer Regierungschef und als Erster Sekretär der KPdSU zurückgelegt. Die offizielle Begründung lautet: Vorgerücktes Alter und schlechter Gesundheitszustand. Zum neuen Ministerpräsidenten der Sowjetunion wurde der bisherige stellvertretende Ministerpräsident Alexej Kossygin ernannt. Zum neuen Ersten Sekretär der KPdSU hat das Zentralkomitee Leonid Breschnjew gewählt, der bis zum Juli dieses Jahres Staatspräsident der Sowjetunion war.

Die Ablöse Chruschtschews er- … den | Mittwoch tagte eine Plenarsitzung des Zentralkomitees der Kommuni… | seine Enthebung als Erster der KPdSU, als … präsident … komitee habe … Chruschtschews …

Die vermißte Maschine ist abgestürzt

Flugkatastrophe in Tirol: 83 tot

In der Nähe Innsbrucks gegen Bergspitze gerast

Alle Insassen sofort tot

Erste Funkbilder von der Absturz-Stelle

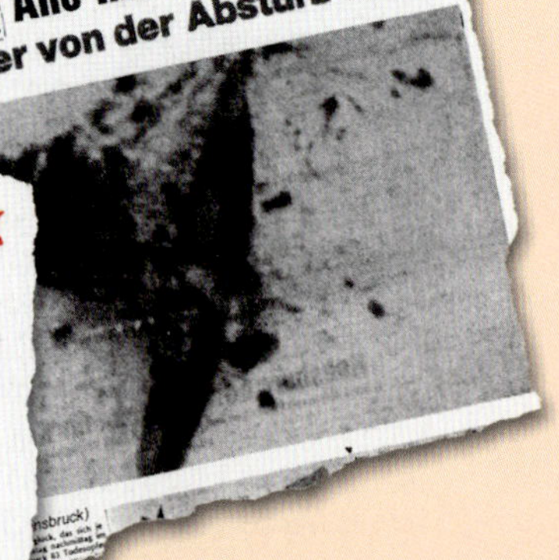

Drei Seiten Bilder vom Flugzeugunglück

So stürzten sie auf Wien

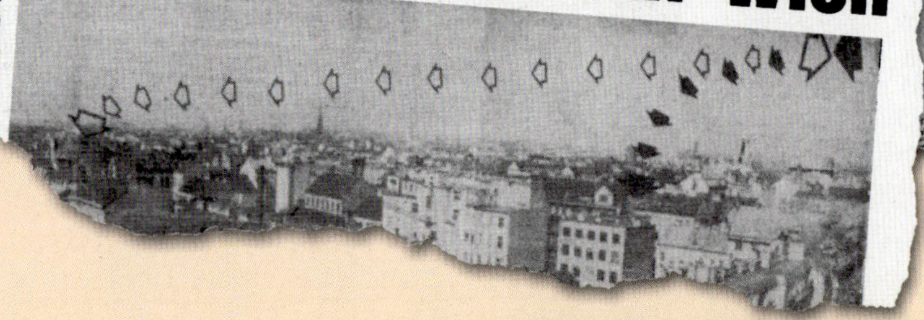

Als das Volk einen freien Rundfunk begehrte

Das Rundfunk-Volksbegehren 1964 bescherte Österreich einen sensationell guten ORF. Bald legte die Politik wieder Fallstricke aus

Es ist so weit: Volksbegehren!" Am 2. Oktober 1964 präsentierte sich der KURIER staatstragend wie selten zuvor. Die Hälfte der Seite eins war, rot-weiß-rot gerahmt, einem Aufruf an die „Österreicher und Österreicherinnen" gewidmet: „Zum ersten Mal in der Geschichte der Republik Österreich findet ein Volksbegehren statt. Ziel ist die Beendigung der Rundfunkmisere, die Generalreform von Hörfunk und Fernsehen. Die Regierungsparteien hatten sich verpflichtet, dieses Problem zu lösen. Sie haben ihr Versprechen nicht gehalten."

Hugo Portisch befand in seinem Kommentar zum Tag: „Wir alle sind aufgerufen" (nämlich: das Volksbegehren zu unterschreiben). Als Protest „gegen die Willkürherrschaft von Parteikontrolloren im Hörfunk und beim Fernsehen. Gegen die Auswüchse und die Herrschaftsansprüche des Proporzsystems."

Das Volksbegehren erreichte 832.353 Stimmen und war letztlich der Auslöser der ORF-Reform, die 1967 wirksam wurde. Peter Rabl über die Initiatoren: „Es war eine historische Tat der österreichischen Printmedien unter wesentlicher Beteiligung, wenn nicht Führung des KURIER. Aus einem der schlimmsten Proporzbetriebe des Landes wurde dann dank Gerd Bacher und seiner Mannschaft ein vorbildlicher Medienbetrieb mit einem geradezu revolutionären Angebot an Information."

Was blieb davon? Die Atmosphäre im ORF des Jahres 2004 ist, so artikuliert es Rabl, „düster. Die Regierung hat eine solche Mehrheit in den Gremien, dass sie machen kann, was sie will. Die Information ist in einem Ausmaß regierungsfreundlich, wie es das seit Jahrzehnten nicht mehr gegeben hat." Im ORF vor dem Volksbegehren muss es freilich, was Unabhängigkeit und freie Berichterstattung betrifft, vollkommen finster gewesen sein. Hugo Portisch: „Es war ein Monopolrundfunk, der komplett unter der Kontrolle der Parteien stand: Roter Fernsehdirektor, schwarzer Hörfunkdirektor."

Die Entwicklung, die zum Rundfunk-Volksbegehren führen sollte, begann nach

„Protest gegen die Willkürherrschaft von Parteikontrolloren beim Hörfunk und beim Fernsehen." KURIER-Chefredakteur Hugo Portisch nahm selbst Flugzettel in die Hand, um bei der Wiener Opernpassage Aufrufe zur Teilnahme am Volksbegehren zu verteilen (links). Was die freie Berichterstattung betraf, herrschte im Österreichischen Rundfunk bis dahin oft Mattscheibe

Sein Ziel lautete „Informations-Offensive". Als Gerd Bacher (links) 1967 den ORF als Generalintendant übernahm, wurde aus der verschlafenen Anstalt einer der führenden Sender Europas. Zuvor hatte Helmut Zilk (rechts) mit den „Stadtgesprächen" erste Versuche in Sachen Fernseh-Demokratie unternommen

den Nationalratswahlen 1963. „Bei den Koalitionsverhandlungen zwischen ÖVP und SPÖ entstand ein geheimes Papier, was mit dem Rundfunk zu geschehen habe. Jeder Chef einer ORF-Abteilung trug eine politische Farbe und musste einen Stellvertreter bekommen, der die andere Farbe hatte. Es gab also immer zwei für alles – und meistens noch einen Dritten, der's kann."

Am 20. März 1963 schrieb der KURIER über diesen Deal: „Anschlag auf Hörer und Seher. Die Regierungsparteien haben vereinbart, an den Schlüsselstellen der Programmleitung politische Kommissare einzusetzen. Diese haben den Auftrag, die genaue Einhaltung des Proporzes im Programm zu überwachen, ihre Parteizentrale bei Übergriffen des Gegners zu alarmieren und Rachesendungen gegen die andere Regierungspartei zu organisieren. Insgesamt sollen fünf solcher Proporzkommissare eingesetzt werden."

Wie unter diesen Bedingungen im ORF journalistisch gearbeitet wurde, erinnert stark an eine Realsatire. Portisch: „Wenn ein schwarzer Minister interviewt werden sollte, musste man bei den Sozis anfragen, ob die das zulassen. Die sagten, ‚ja, das könnt ihr machen – aber morgen kommt ein Roter dran'. Und beide teilten vor dem Interview mit: ‚Schreiben S' das auf, Herr Redakteur, ich möchte das und das gefragt werden.' Dann, vor der Kamera, hat der Reporter seine Fragen halbwegs frei gestellt – und der Minister hat seine Antworten vom Blatt abgelesen. Es war eine Farce."

Schlimmer als die Farce wog für Portisch freilich der demokratiepolitische Aspekt. „Als ich dieses Geheimpapier auf den Schreibtisch bekam, traute ich meinen Augen nicht. Das war der Ausverkauf der Demokratie. Ich schrieb einen Leitartikel auf Mord und Brand. Doch mein Kollege Hermann Stöger, der den Kommentar las, meinte, es sei alles so hoffnungslos. Da hatten wir die Idee, einen Coupon in die Zeitung zu rücken, mit dem die Leser ihren Protest ausdrücken und die Forderung nach einem unabhängigen Rundfunk erheben konnten. Wir hatten einen ungeheuren Erfolg damit."

„Wir, die unterzeichneten Staatsbürger und Wähler, sprechen uns entschieden dagegen aus, dass Rundfunk und Fernsehen der geplanten parteipolitischen Kontrolle unterzogen werden": Mit diesen Worten begann dann der Unterschriften-Coupon der „KURIER-Aktion gegen das Rundfunk-Diktat".

Innerhalb weniger Tage kamen mehr als 200.000 Unterschriften herein. Die *Wochenpresse* und die *Kleine Zeitung* schlossen sich der KURIER-Aktion an. Portisch: „Daraufhin wollten mich Bundeskanzler Gorbach (VP) und Vizekanzler Pittermann (SP) sprechen, aber separat. Die Forderung von uns Medien: Damit wir mit den Coupons aufhören, muss das Geheimpapier weg. Und die Regierung muss sich verpflichten, innerhalb eines Jahres eine echte Rundfunkreform durchzuführen. Andernfalls würden wir das Volksbegehren initiieren."

Die österreichische Regierung stimmte auf eine sehr österreichische Art zu. Es wurde eine Kommission gegründet und es fand die Sitzung eines Ministerkomitees statt. Ansonsten geschah lange Zeit nichts.

Immerhin gab es schon einmal einen ersten, winzigen „Fernseh-Versuch in Demokratie": 1963 moderierte Helmut Zilk erstmals die „Stadtgespräche", bei denen Bürger mit Politikern diskutierten. Den Parteien war so viel Bürgernähe unheimlich. Der KURIER schrieb: „Dr. Zilk telefonierte stundenlang mit den Parteisekretariaten, um offizielle Diskussionsredner zu bekommen. Die Scheu vor der allzu direkten Demokratie schlug ihm hörbar durch die Drähte entgegen."

Die Idee vom Volksbegehren blieb 1963 zunächst noch Theorie. Portisch: „Dieses Instrument war zwar gesetzlich verankert, doch es gab seit 1920 keine Durchführungsbestimmungen. Wir hatten aber einen Verbündeten in der Regierung, Innenminister Franz Olah (SP), der immer schon ein bissl für die direkte Demokratie gewesen war. Der sorgte dafür, dass die Durchführungsbestimmungen für Volksbegehren endlich erlassen wurden."

Die Medienfront für einen unabhängigen Rundfunk war inzwischen auf 52 Zeitungen und Zeitschriften angewachsen – und die hatten vom Zögern der Regierung genug. „Wir 52 sagten 1964, wir machen das Volksbegehren", erzählt Hugo Portisch. „Von da an war es keine KURIER-Geschichte mehr – aber natürlich konnte es nur der KURIER organisieren. Wir hatten den tollen Organisationsleiter Franz Traintinger und Hermann Stöger als Träger des Begehrens. Mit den beiden haben wir das ganze entkurierisiert."

Vom 5. bis 12. Oktober 1964 lief die Eintragungsfrist für Österreichs erstes Volksbegehren. Informationen darüber gab es aber nur in den parteiunabhängigen Medien. Portisch: „Der ORF hat das Volksbegehren nicht angekündigt – so etwas muss man sich heute einmal vorstellen. Von den meisten Bürgermeistern wurde es sabotiert. In Wien konnte man nur in den Magistratischen Bezirksämtern seine Stimme abge-

Bruno Kreisky, umringt von Journalisten: „Der neue Stil des ORF trug sicher dazu bei, dass Kreisky an die Regierung kam. Er war der erste Politiker, der das Medium komplett ausnutzte“

ben; also nur in 23 Stellen. Die Leute mussten sich stundenlang anstellen und sie haben das durchgehalten. Daran sah man, wie das Volk den Proporz satt hatte. 832.353 Bürger unterschrieben. Das war das Ende der Proporzwirtschaft im Rundfunk.“

Es war freilich noch nicht das Ende des Proporz-Rundfunks. Denn die Parteien dachten gar nicht daran, die Forderungen des Volksbegehrens umzusetzen. Die SPÖ sprach von den Unterzeichnern als einer Minderheit.

Erst 1966 wurde die Rundfunkreform durchgeführt. Portisch: „Die ÖVP-Alleinregierung unter Josef Klaus und Hermann Withalm griff die Sache in einem harten Wahlkampf auf. Die beiden dachten, sie bekommen die Unterstützung der 52 unabhängigen Medien, wenn sie das Volksbegehren umsetzen. Und die Sozialdemokraten haben weiter dagegen gewettert.“

Doch der Zug war jetzt abgefahren. Am 10. März 1967 wurde Gerd Bacher zum Generalintendanten des ORF gewählt; einen Monat später trat er sein Amt an. Die „Informations-Offensive“ in Funk und Fernsehen begann.

Anfangs waren es noch Reformen auf Samtpfoten. „Es entstand das so genannte harte Interview – mit Fragen, die nicht vorher ausgemacht waren“, sagt Peter Rabl. „Ich habe mir solche Interviews aus dem ORF-Archiv ausheben lassen: Sie waren ein Ausbund an Zartheit und Höflichkeit. Aber damals war es eine Sensation, dass man die Antwort des Bundeskanzlers hinterfragte und noch eine Anschlussfrage stellte. Josef Klaus konnte damit überhaupt nicht umgehen. Bruno Kreisky hingegen war souverän. Der neue Stil des ORF trug sicher dazu bei, dass Kreisky an die Regierung kam, weil er der erste Politiker war, der das Medium komplett ausnutzte.“

Ganz generell glaubt Rabl, dass „dieser ORF dann wesentlich zur Identität der Österreicher beigetragen hat. Er spielte eine riesige Rolle während des Prager Frühlings und hat als Kulturinstitution in den Bundesländern viel bewirkt. Die Landesstudios sind ein aberwitziger Luxus, aber für das kulturelle Leben in den Ländern teilweise unersetzbar.“

Bruno Kreisky war es dann allerdings, so die heute allgemeine Meinung, der den unabhängigen ORF wieder an die Leine nehmen wollte. Rabl: „Das Rundfunkgesetz 1974 war der Anfang vom Ende der großen Zeit des ORF. Da hatten sich unglücklich zwei Temperamente getroffen: Ein zu selbstbewusster Generalintendant Bacher, der sich als eigentlicher Widerpart des Kanzlers Kreisky empfand, und ein Kanzler, der es nicht ertragen konnte, dass ihm alle in der Republik folgten – nur der Generalintendant nicht.“

Der aktuelle Newsroom für die „Zeit im Bild“-Sendungen. „Nach dem Verständnis der Parteien hat der ORF den Auftrag, in ihrem Sinne zu berichten“

In den vielen Jahren seither wurde der politische Einfluss der Politik auf den ORF wieder stärker, was Christoph Kotanko ironisch so kommentiert: „Nach dem Verständnis der Parteien hat der ORF den Auftrag, in ihrem Sinne zu berichten.“ Außerhalb der ORF-Zentrale sei dies noch viel krasser als am Küniglberg. „Die Landesstudios wurden von den Parteien faktisch in Besitz genommen. Kein Bundeskanzler wird in der Art abgefeiert, wie das jeder Landeshauptmann als selbstverständlich erachtet.“

Ist die Zeit somit reif für ein neues Rundfunk-Volksbegehren? Kotanko sagt Nein: „Es ist eine romantische Vorstellung, dass sich das wiederholen ließe. Ich glaube ein bisschen daran, dass die Konkurrenz durch die Privatsender den ORF dazu bringt, sich zu besinnen.“ Ähnlich Peter Rabl: „Der Leidensdruck bei den Sehern ist heute nicht annähernd so groß, dass ein neues Volksbegehren ein wirklich relevantes Ergebnis bekäme – zumal man ja nicht mehr auf den ORF angewiesen ist. Ich persönlich sehe kaum ORF. Ich suche mir die besten Filme und die besten deutschen Magazine aus.“

Ing. Leopold Figl gestorben

KURIER 1

ÖSTERREICHS GRÖSSTE TAGESZEITUNG

KURIER 1

ÖSTERREICHS GRÖSSTE TAGESZEITUNG

Seit Sonntag, 18.15: Oesterreich trauert um sein Oberhaupt

Dr. Schärf gestorben

Kreislaufschwäche nach einer Grippe

Wien. – Bundespräsident Dr. Adolf Schärf ist gestern um 18.15 Uhr nach kurzem, schwerem Leiden an Kreislaufschwäche gestorben. Der Tod trat nach Versagen der Leberfunktion ein. Das Staatsoberhaupt lag zuletzt in tiefer Bewußtlosigkeit.

Am Totenbett des 75jährigen Staatsoberhauptes in der Wiener Privatklinik befanden sich dessen Tochter, Dr. Martha Kyrle, mit ihrem Gatten, sowie die engsten Mitarbeiter des Bundespräsidenten, Kabinettsdirektor Dr. Trescher, Kabinettsvizedirektor Dr. Korab und Hofrat Professor Dr. Ostry.

Großer Funkbildbericht vom Sowjetflug

Im Weltraum ausgestiegen!

Sensationelles Zwei-Mann-Experiment

Automaten statt Schaffner bei Wiener Straßenbahn?

‚Early Bird' zwitschert für Oesterreichs TV

Heilquelle mitten in Wien

Wird Oberlaa ein Rheuma-Kurzentrum?

Weltall-Treffen geglückt!

Raumschiffe in nur 1,8 Meter Abstand

Cape Kennedy. — Das erste Zusammentreffen von zwei Raumschiffen im Weltall ist gestern abend um 20.35 Uhr geglückt. Die beiden US-Raumkapseln Gemini-6 und Gemini-7 kamen einander bis auf 1,8 Meter nahe.

Damit haben die USA einen gewaltigen Weltraumerfolg errungen,

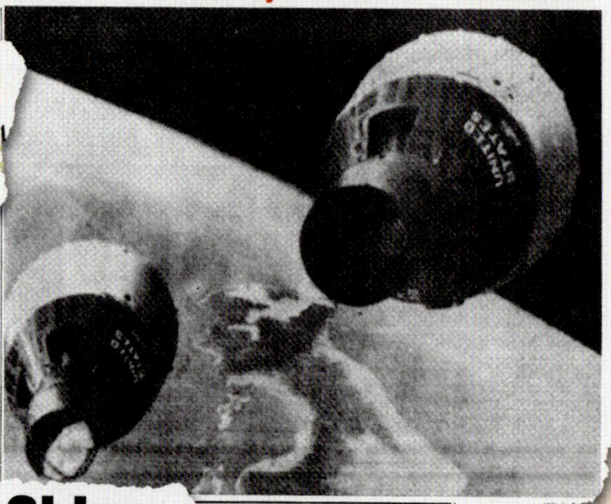

Konzil weicht Geburtenregelung aus

Papst Paul VI. muß selbst entscheiden

Chaos in New York

- Stromausfall an US-Ostküste durch Kabelbruch
- Stundenlang Szenen wie nach einem Luftangriff
- Flugplätze tot, Verkehr stockt, Aufzüge stehen

Erstmalig: Beatles auf Skiern

Nach den Dreharbeiten Urlaub in Obertauern / Pauls neue Begleiterin / Noch vier neue Beatles

Drei Männer der ersten Stunde

Österreich trauerte. Kurz nacheinander starben drei prägende Politiker der Zweiten Republik: Julius Raab, Leopold Figl und Adolf Schärf

Die Haltbarkeit politischen Ruhmes ist begrenzt. „In der Generation unter 30 beginnt bereits bei Kurt Waldheim die Erinnerung abzubröckeln", heißt es in einer aktuellen Umfrage des Linzer IMAS-Instituts über „Spitzenpolitiker aus historischer Sicht"; durchgeführt 2004.

„Nur ein gutes Drittel der Bevölkerung" weiß noch, dass Österreich einen Bundespräsidenten namens Adolf Schärf hatte (von 1957 bis 1965). Damit nicht genug: „Zur generell blass gewordenen Erinnerung gesellen sich zum Teil recht erhebliche Fehlvorstellungen von Persönlichkeiten, die vor einigen Jahrzehnten noch im Blickpunkt des Geschehens standen", schreiben die Demoskopen. „Immerhin elf Prozent der heutigen Österreicher glauben, auch der trinkfeste Staatsvertragsverhandler Leopold Figl sei Bundespräsident gewesen, zehn Prozent nehmen das von Julius Raab an" (falsch: Beide waren Bundeskanzler. Figl von 1945 bis 1953, Raab von 1953 bis 1961).

Eine Frage noch: „Welcher Politiker wird gefühlsmäßig als besonders bedeutende Persönlichkeit betrachtet?" Die Antwort der 1071 Umfrage-Teilnehmer: Hinter den Spitzenreitern Bruno Kreisky (42 Prozent) und Rudolf Kirchschläger (37 Prozent) hält Leopold Figl mit 36 Prozent auf Rang drei. Der IMAS-Text: „Auf den weiteren Plätzen folgen – von jeweils rund einem Fünftel der Bevölkerung genannt – Julius Raab, Karl Renner und Kurt Waldheim. Noch eine Spur geringer ist das historische Gewicht von Adolf Schärf."

Die „Schwarzen" Figl und Raab sowie der „Rote" Schärf: In den frühen Jahren der Zweiten Republik konnte man ihr historisches Gewicht gar nicht hoch genug bewerten. Die drei waren Männer der ersten Stunde, als 1945 das demokratische Österreich neu geboren wurde. Sie konnten sofort mit der Arbeit beginnen, weil sie die Jahre zuvor in Distanz zur Hitler-Diktatur verbracht hatten. Adolf Schärf wurde 1938 und 1944 aus politischen Gründen verhaftet; Leopold Figl musste sogar etliche Jahre im KZ überstehen.

Die drei Politiker führten 1955 jene Delegation an, die in Moskau den Staatsvertrag fixierte. Sie standen als Großkoalitionäre für die Sozialpartnerschaft, aber auch für das System des Proporzes. Doch obwohl sie Nazi-Gegner waren, zeigten sie in ihren Parteien wenig Scheu, um die Stimmen der ehemaligen Nationalsozialisten zu buhlen.

So haben sie ganz wesentlich an jenem Fundament mitgebaut, auf dem die Zweite Republik entstand. Die Eckpfeiler: Neutralität und Staatsvertrag, Konsenspolitik und sozialer Ausgleich und dazu eine bewusste Schlampigkeit im Umgang mit den dunklen Jahren der Nazi-Zeit.

Adolf Schärf, Jahrgang 1890, starb am

Abflug zu den Staatsvertrags-Verhandlungen nach Moskau 1955. Österreichs Delegation mit (von links) Bundeskanzler Julius Raab, Vizekanzler Adolf Schärf und Außenminister Leopold Figl

Auf dem Wiener Ballhausplatz: Bürger stehen, staunen und applaudieren, während Bundeskanzler Julius Raab vorbeigeht. „Spätestens ab 1955 wollten die Leute fast immer, was Raab wollte – der Bonus des Staatsvertrags-Kanzlers wirkte“

28. Februar 1965 während seiner zweiten Amtszeit als Bundespräsident. Leopold Figl, Jahrgang 1902, erlag am 9. Mai 1965 einer Krebserkrankung. Im Jahr zuvor hatte er noch die Grabrede bei der Beerdigung seines Freundes Julius Raab gehalten. Raab, Jahrgang 1891, war seit einem Schlaganfall im Jahre 1957 gesundheitlich angeschlagen und starb am 8. Jänner 1964.

Aus heutiger Sicht liegt es nahe, den Tod der drei Männer als das Ende einer Ära zu betrachten. Damals sah man das anders. Hugo Portisch: „Der Tod dieser Politiker wurde nicht als Wende empfunden, denn der Übergang war schon vorher geschaffen worden.“ Schließlich hatten Raab, Figl und Schärf den Höhepunkt ihrer Macht längst hinter sich. Ex-Kanzler Raab war zur Zeit seines Ablebens Präsident der Bundeswirtschaftskammer. Figl hatte sich schon 1962 auf den Posten des niederösterreichischen Landeshauptmanns zurückgezogen und der ehemalige SPÖ-Vorsitzende Schärf bekleidete als Bundespräsident das nur formell höchste Amt im Staat.

Auch Franz Ferdinand Wolf verbindet mit dem Tod der drei Männer keine Zäsur. „Ich glaube, dass wir Journalisten manchmal dazu neigen, Zufälligkeiten der Zeit als Willen der Zeit zu interpretieren. Veränderungen in der Politik sind prozesshafte Vorgänge. Ich glaube nicht, dass mit den dreien das alte Österreich starb und das neue begann.“

Zurück in die Gründungstage der Zweiten Republik. Ein Text des Historikers Alois Brusatti gibt Einblick in die dramatischen Lebensumstände: „Nach dem Einmarsch der alliierten Truppen herrschte wochenlang Anarchie. Kaufläden wurden ausgeräumt, Verkehrsmittel und Fabriken lagen still, die Bevölkerung in den Städten zehrte von den letzten Vorräten. Im Juli 1945 gingen von je 1000 lebend geborenen Kindern 421 elend zugrunde. Da die Versorgung zusammenbrach – häufig konnten nicht einmal die amtlichen Hungerrationen zugeteilt werden –, blühte der Schleichhandel. Im Dezember 1945 waren die Schwarzmarktpreise für Mehl 188 Mal, für Zucker 390 Mal und für Schmalz 463 Mal höher als die amtlichen Preise. Wirkliche Währungseinheit bildeten anstelle der Reichsmark-Noten amerikanische Zigaretten.“

Die kleinen Genüsse. Eine Virginia-Zigarre gehörte für Julius Raab zu einem gelungenen Tag dazu. Er war ein volksnaher Politiker – mit ausgeprägtem Machtbewusstsein: „Raab war in der eigenen Partei als Diktator verschrien“

Leopold Figl hatte den Krieg nur knapp überlebt. Der Agraringenieur aus dem Tullnerfeld war ein überzeugter Gegner des Anschlusses und zählte im März 1938 zu jenen, die sofort nach dem Einmarsch der Hitler-Truppen verhaftet wurden. Die Nazis hielten ihn bis 1943 im Konzentrationslager Dachau fest. Im Sommer 1944, nach dem Stauffenberg-Attentat gegen Hitler, wurde der Regimegegner Figl neuerlich verhaftet und ins KZ Mauthausen gebracht. Kurz vor Kriegsende drohte ihm in Wien die Hinrichtung. Er wurde durch den Einmarsch der Roten Armee gerettet.

Gleich nach seiner (und Österreichs) Befreiung zählte Figl zu den Gründern der Volkspartei. Bei den ersten freien Nationalratswahlen seit 1930 holte er im November 1945 als Spitzenkandidat die absolute Mehrheit für das konservative Lager. Die Mandatszahlen: ÖVP 85, SPÖ 76, KPÖ 4.

Kanzler Figl hätte also allein regieren können, doch er zog angesichts der Probleme des Landes eine breite Basis vor und bildete eine Koalitionsregierung mit der SPÖ (Vizekanzler: Adolf Schärf). Zu Weihnachten 1945 richtete Figl seinen berühmten Appell an das Land: „Ich kann euch zu Weihnachten nichts geben. Ich kann euch für den Christbaum, wenn ihr überhaupt einen habt, keine Kerzen geben. Kein Stück Brot, keine Kohlen zum Heizen, kein Glas zum Einschneiden. Wir haben nichts. Ich kann euch nur bitten: Glaubt an dieses Österreich!“

Figl, der „volkstümliche, leutselige, trinkfeste, bäuerlich-bodenständige Konservative“ (Franz Ferdinand Wolf) blieb mehr als sieben Jahre lang Bundeskanzler. „Er hatte eine gute Gesprächsebene zu den Besatzungsmächten und verstand etwas von der Versorgung des Landes mit Lebensmitteln“, schrieb Hans Magenschab im KURIER. „Als es aber nicht mehr nur um das tägliche Stück Brot ging und sich der Aufbau der Industrie in den Vordergrund schob, wurde der Obmann des ÖVP-Wirtschaftsbundes zur zentralen Gestalt. Dieser hieß Julius Raab, war ein Baumeister aus St. Pölten und wie Figl, mit dem ihn auch persönliche Freundschaft verband, ein Traditionskatholik aus dem CV.“

Im Herbst 1952 zerbrach die große Koalition an Wirtschaftsproblemen. 300.000 Menschen waren arbeitslos; die Inflation schwankte seit 1948 zwischen 17 und 52 Prozent. Bei den Neuwahlen 1953 verlor die ÖVP die Stimmenmehrheit an die SPÖ, behielt aber aufgrund der Wahlarithmetik ein Mandat mehr. Julius Raab wurde Kanzler, Adolf Schärf blieb sein Vize.

Franz Ferdinand Wolf: „Raab und Finanzminister Reinhard Kamitz begannen rasch, ein neues wirtschaftspolitisches Konzept umzusetzen. Strenge Sparsamkeit im Staatshaushalt, Stabilisierung des Preisniveaus, Orientierung der Lohnpolitik am Wirtschaftswachstum. Der Raab-Kamitz-Kurs war geboren, Österreich auf dem Weg zur sozialen Marktwirtschaft.“

Gleichzeitig war Österreich auf dem Weg zum Staatsvertrag. Julius Raab führte die Verhandlungen, und neben ihm kam wieder Leopold Figl, nunmehr Außenminister, ins Spiel. „Figls glücklichste Stunde“, schrieb Hugo Portisch, „schlug am 15. Mai 1955 im Schloss Belvedere, als er als Außenminister unseres Landes seine Unterschrift unter den Staatsvertrag setzen konnte. Ohne sich um dieses Protokoll zu kümmern, griff Figl nach dem besiegelten Staatsvertrag und eilte auf den Balkon. Von hier aus zeigte er der jubelnden Menge das Ergebnis des langen Ringens um die Freiheit unseres Landes.“

Der joviale Stil der Österreicher bei den Staatsvertragsverhandlungen („jetzt noch d' Reblaus, dann sans waach!“) wurde legendär. Auch Julius Raab, für Peter Rabl „neben Bruno Kreisky der bedeutendste Kanzler der Zweiten Republik“, war ein populärer, volksnaher Politiker; von unerschütterlicher Ruhe und mit einem Hang zum Genuss. Doch hinter der gemütlichen Fassade steckte ein machtbewusster Macher, der „in der eigenen Partei als Diktator verschrien war“ (Portisch). Hans Magenschab nannte diese autoritäre Ader „einen Mangel an Verständnis für das, was später als Pluralismus bezeichnet werden sollte“.

Raab selbst meinte: „Ich bin ein alter Politiker, ich hab' immer geglaubt, ein großer Politiker ist nicht einer, der tut, was die Leut wollen, sondern einer, der die Leut' dazu bringt, das zu tun, was er will.“

Spätestens ab 1955 wollten die „Leut“ fast immer, was Raab wollte – der Bonus des Staatsvertrags-Kanzlers wirkte. Aber nach seinem Schlaganfall am 31. August 1957 musste er zurückschalten. 1961 wurde er durch Alfons Gorbach als Bundeskanzler abgelöst.

Adolf Schärf, der ewige Kontrahent und Partner von Figl und Raab, verkörperte einen völlig anderen Typ als die beiden Niederösterreicher: Schärf war, so Franz Ferdinand Wolf, „spröde und etwas förmlich, ein brillanter Jurist“.

Noch als Gymnasiast, im Jahr 1908, zählte er zu den Gründern einer (verbotenen) sozialistischen Mittelschüler-Organisation; ab 1918 war er Sekretär der SP-Nationalratspräsidenten. 1934, nach dem Verbot der Sozialdemokratie durch den Ständestaat, wurde Schärf für neun Monate im Lager Wöllersdorf interniert. Danach arbeitete er als Rechtsanwalt; während der Nazi-Diktatur wurde er mehrfach von der Gestapo festgenommen. Im April 1945 konnte die SPÖ neu gegründet werden. Schärf wurde ihr erster Vorsitzender; eine Position, die er bis 1957 behielt.

Dann trat er bei der Bundespräsidentenwahl an und in einer irregeleiteten Stunde ließ er einen Flüsterpropaganda-Slogan zu, der an grotesker Geschmacklosigkeit nicht zu überbieten ist: „Wer einmal schon für Adolf war, wählt Adolf auch in diesem Jahr.“

Schärf gewann die Wahl; hoffentlich trotz und nicht wegen des Adolf-Slogans. Sein Gegner Wolfgang Denk war als Kandidat von ÖVP und FPÖ angetreten.

„Spröde und etwas förmlich, ein brillanter Jurist“: Bundespräsident Adolf Schärf mit dem Schah von Persien (links). – Der joviale Verhandlungs-Stil der Österreicher wurde legendär. Leopold Figl mit Nikita Chruschtschow (oben)

4 Seiten Wahl-Sonderdienst

KURIER 1

Montag 7. März 1966

ÖSTERREICHS GRÖSSTE TAGESZEITUNG / UNABHÄNGIG, ÜBERPARTEILICH

Redaktion Tel. 93 66 34, 93 35 16, 93 46 11 — Anzeigen Tel. — Vertrieb Tel. — Erscheinungsort Wien — Verlagspostamt: 1070 Wien 7, Lindengasse 52

FREIEX.

4. Ausgabe

Die endgültigen Ergebnisse mit Wahltabellen

OeVP erringt die Mehrheit

VP 85 (81), SP 74 (76), FP 6 (8)

FPÖ verliert, für Olah kein Grundmandat

Wien (Eigenbericht). Die österreichische Nationalratswahl 1966 hat der Österreichischen Volkspartei einen erheblichen Stimmengewinn und die absolute Mehrheit im Nationalrat gebracht. Die SPÖ hat jedoch Stimmen verloren und nur in einzelnen Wahlkreisen jene Ziffer erreicht und überschritten, die die früheren Stimmen der SPÖ und der KPÖ zusammen ergaben.

„Ihr Ziel ist dabei", sagte der ÖVP-Obmann, „eine konstruktive Zusammenarbeit und eine Verlebendigung der Demokratie." Die SPÖ aber werde, wie Klaus meinte, zu der Einsicht kommen müssen, daß eine Behinderung der Regierungsarbeit …

Entscheidung ist gefallen: OeVP wird allein regieren SPOe geht in Opposition

Wird ein Oesterreicher UNO-Generalsekretär?

New York. – Nach Außenminister a. D. Dr. Kreisky habe auch Österreichs UNO-Botschafter Dr. Kurt Waldheim sehr gute Aussichten, als Nachfolger U Thants auf den Posten des UNO-Generalsekretärs gewählt zu werden, wird aus New York gemeldet. Dr. Waldheim erklärte auf die Frage, wie er seine Chancen für die Wahl zu diesem hohen internationalen Amt einschätze, daß es zur Erörterung dieser Frage „noch zu früh" sei. „Diese Frage ist erst dann spruchreif, wenn eindeutig fest steht, daß U Thant sich von seinem Posten tatsächlich zurückzieht", stellte Dr. Waldheim fest. Wie berichtet, hat sich U Thant bereit erklärt, noch bis Ende dieses Jahres auf dem Posten zu bleiben, um den UNO-Mitgliedern Zeit zu geben …

Rauferei im Parlament Wirbel um Bauskandal

Klaus: 150 Beamte verdächtig
38 Millionen an Schmiergeldern

Ski-Triumph Oesterreichs Vier Damen an der Spitze

Grindelwald (Eigenbericht). Österreichs Skimädchen errangen im Grindelwalder Abfahrtslauf einen großartigen Triumph als ersten Sieg in der Saison.

… Traudl Hecher und sicherte sich den dritten Platz.

Christl Haas gewann das Rennen in einer neuen Rekordzeit mit 1,20 Sekunden …

Hunderte Tote in Italien

Allein in Oesterreich 24 Menschen von Flut und Schlamm getötet

Wien/Venedig/Florenz (Eigenbericht). Eine furchtbare Schreckensbilanz muß nach der Unwetterkatastrophe gezogen werden, die zum Wochenende über die südlichen und westlichen Bundesländer Österreichs sowie über fast ganz Nord- und Mittelitalien hereinbrach: Allein in Österreich kamen in den Flut- und Schlammassen 24 Menschen um; und in Italien werden bereits an die 200 Tote gezählt, vor allem im Raum Venedig und Florenz. Man befürchtet aber, daß weitere Hunderte Personen den Tod gefunden haben.

… der „Alten Brücke" über den Arno-Fluß.

Streiks wegen Habsburg

OeGB will Garantie: Kein Geld für Otto
Otto: ‚Komme wieder und werde bleiben'

Millionenbetrug im Kasino Salzburg Bereits sechs Croupiers verhaftet

Salzburg (Eigenbericht). Sechs Croupiers des Salzburger Spielkasino wurden verhaftet. Sie hatten durch Falschspiel rund eine Million Schilling an sich gebracht, wobei sie sich eines wohlausgeklügelten Systems bedienten.

Ungefähr ein Jahr lang konnten die Croupiers unangefochten Gelder abzweigen. … burger Spielkasino in einen argen Personalmangel geraten. Man mußte für …

Die große Koalition als Auslaufmodell

1966 endete in Österreich die Ära des totalen Proporzes: Bundeskanzler Josef Klaus holte für die ÖVP die absolute Mehrheit

Zwei Jahrzehnte lang, seit den November-Wahlen 1945, kannte das demokratische Österreich nur eine Regierungsform: die große Koalition, angeführt von einem Kanzler aus den Reihen der ÖVP. 1966 war es damit vorbei.

Die vorangegangene Legislaturperiode hatte nur den Proporz blühen lassen, bis in die hintersten Winkel des Landes. Ansonsten? „Drei Jahre Lähmung", befand Hugo Portisch. Im Wahlkampf 1966 trat die ÖVP mit dem Slogan „Schafft klare Mehrheitsverhältnisse!" an und viele Bürger fanden das gut. Als am 7. März alle Stimmen der Nationalratswahl ausgezählt waren, meldete der KURIER in seiner sechsten (!) Ausgabe des Tages die neue Mandatsverteilung: ÖVP 85 (plus 4), SPÖ 74 (minus 2), FPÖ 6 (minus 2). Die ÖVP errang die absolute Mehrheit im Parlament.

Der Bundeskanzler, Dr. Josef Klaus, analysierte, die Wähler hätten die Gefahr einer „roten Volksfront" erkannt und deshalb den Schwarzen die Stimmen gegeben.

Der Vizekanzler, DDr. Bruno Pittermann, grollte, die ÖVP hätte „mit einer Minderheit von Stimmen die Mehrheit der Mandate gewonnen" (der Volkspartei reichten 48,35 Prozent der Stimmen zum Sieg).

Ein Wahlsieger im Blitzlicht-Gewitter. Josef Klaus war mit der Aufforderung „Schafft klare Mehrheitsverhältnisse!" ins Rennen gegangen. Die Wähler statteten die ÖVP im März 1966 mit der absoluten Mehrheit aus. Die Ära der großen Koalitionen in Österreich, die 1945 begonnen hatte, war vorerst vorbei

Damit war der Fall im Prinzip erledigt. Der Rückkehr zum politischen Alltag stand nichts im Wege. Praktisch jeder im Lande erwartete, dass die Doktoren Klaus und Pittermann rasch wieder gemeinsam am Regierungstisch Platz nehmen würden – „wenn es wieder zu einer Koalitionsregierung kommt, was wir sicher annehmen" (so Hugo Portisch am Tag nach der Wahl).

Aber dann geschah das Verblüffende. Schwarz und Rot konnten sich nicht auf ein gemeinsames Programm einigen. Die SPÖ lehnte die Offerte der ÖVP ab. Also nutzte Josef Klaus seine Mandats-Mehrheit im Nationalrat und bildete eine VP-Alleinregierung. Das Kabinett Klaus verabschiedete sich dabei von der Tradition, die Regierung als Männerbund zu betrachten. Die VP-Abgeordnete Grete Rehor avancierte als erste Frau im Land zur (Sozial-)Ministerin.

Zeithistorisch wichtiger als diese überfällige Verbeugung vor den Frauen schien aber ein anderer Aspekt: In vielen Menschen war noch die Erinnerung an das Jahr 1934 wach; an den Februar-Bürgerkrieg, und das Verbot der Sozialdemokratischen Partei durch den christlich-sozialen Kanzler Engelbert Dollfuß.

Hugo Portisch: „Nach der Bildung der Regierung Klaus schrieb ich 1966 in einem Leitartikel, ‚das ist jetzt die Überwindung von 1934'. Zum ersten Mal stand wieder Schwarz gegen Rot, ohne Proporz, ohne gegenseitige Kontrolle. Wir haben natürlich alle gewusst, dass sich 1934 nicht wiederholen wird. Aber ein bissl hat man noch Angst gehabt, hoffentlich geht das gut."

Die Angst verblasste rasch. Josef Klaus war zwar, so Franz Ferdinand Wolf, „ein Oberlehrer-Typ, der Ministerräte mit einem Hefterl führte, in das er sich alles Wichtige hineinschrieb". Doch man konnte ihm nicht nachsagen, seine Ideen seien rückwärts gewandt gewesen; ganz im Gegenteil. Wolf: „Er kam mit Themen daher wie einer Europa-Orientierung Österreichs oder, damals schon, mit dem Vorschlag eines EWG-Beitritts."

Die SPÖ wiederum hatte andere Sorgen, als sich um historische Reminiszenzen zu kümmern. Sie musste sich aus einer tiefen Krise befreien. Peter Rabl: „Die erste VP-Alleinregierung entstand durch eine Kumulation von Betriebsunfällen in der SPÖ. Die Olah-Krise war eine selbst gemachte Zerreißprobe der Partei, der Parteivorsitzende Bruno Pittermann war aus-

Einerseits: „Sicherheit für alle!" Andererseits: „Die Volksfront droht!" VP-Generalsekretär Hermann Withalm (Mitte), VP-Kampagne 1966

gebrannt, die Parteispitze war durch das Verhalten gegen Olah zutiefst desavouiert."

Stichwort Olah. Der Gewerkschafter Franz Olah, der die Nazi-Diktatur als KZ-Häftling überlebt hatte, zählte seit der Gründung der Zweiten Republik zu den wichtigen Köpfen des Landes. 1950 spielte er in einer kritischen Situation eine tragende Rolle – beim Scheitern eines Generalstreik-Versuchs, der sich, so der Historiker Gerald Stourzh, „möglicherweise zu einem Putschversuch ausgeweitet hätte. An der Niederringung dieser kommunistisch inspirierten Aktion waren die SP-Gewerkschafter, besonders die Bauarbeiter unter Franz Olah, an erster Stelle beteiligt".

Olah avancierte 1959 zum ÖGB-Präsidenten. 1963 trat er als Innenminister in die Regierung ein und er hatte unverkennbar Appetit auf den Parteivorsitz. Jetzt tobte in der SPÖ ein offener Konflikt. Die SP-Spitze, von Bruno Pittermann abwärts, warf Olah vor, aus der Bewegung eine „Führerpartei" machen zu wollen; Olah wiederum konterte, er solle „mit stalinistischen Methoden" aus der Partei entfernt werden. Der Machtkampf endete am 3. November 1964 mit dem Beschluss des Parteivorstands, Olah aus der SPÖ auszuschließen. Offizieller Grund: der Vorwurf der Unterschlagung von ÖGB-Geldern. Als Hans Dichand und Kurt Falk 1959 die *Kronen-Zeitung* gründeten, besicherte Olah ihre Kredite mit Sparbüchern der Gewerkschaft.

In der SP-Basis genoss der geschasste Minister freilich auch nach seinem Parteiausschluss große Sympathien. Das hatte bei der Nationalratswahl 1966 Folgen, als eine „von der Olah-Krise mental zertrümmerte SPÖ" (Franz Ferdinand Wolf) gegen die ÖVP antrat. Nicht nur das: Olah wilderte bei der Wahl '66 mit seiner frisch gegründeten Demokratischen Fortschritts-Partei (DFP) im sozialistischen Wählerreservoir. Die DFP kam auf 3,28 Prozent der Stimmen – zu wenig für ein Mandat, doch genug, um die SPÖ (42,56 Prozent) kräftig zu ärgern.

Josef Klaus wiederum trat bei dieser Wahl als „Kanzler mit einem absoluten Leader-Image" (Peter Rabl) in den Ring. Rabl weiter: „Klaus hatte Autorität, weil er einer der ganz wenigen Politiker in Österreich war, die einmal aus sachlichen Gründen zurücktraten. Das war 1962, als er, damals Finanzminister, sein Budget in der Regierung Gorbach nicht durchsetzen konnte. Als VP-Parteiobmann ab 1963 und dann, ab 1964, als Kanzler der großen Koalition kehrte er triumphal zurück. Klaus strahlte Dynamik und Modernisierung aus."

Merkwürdigerweise verblasste diese Ausstrahlung nach dem großen Wahlsieg 1966 sehr rasch. Peter Rabl nennt die „schlechte Vermittlung der politischen Absichten" als Grund oder die seinerzeitige wirtschaftliche Krise: „Die ÖVP reagierte falsch, sie nahm zu viel Rücksicht auf Länder- und bündische Interessen, auch in der Zusammenstellung der Regierung. Da gab es Minister, die waren einfach lausig. Ein Gefühl der Ratlosigkeit entstand. Das letzte war dann der berühmte Paukenschlag des unglaublich tüchtigen Finanzministers Stephan Koren. Der machte das Richtige – aber es war halt rasend unpopulär, neue Steuern einzuführen und bestehende Steuern zu erhöhen, ein Jahr vor der Wahl."

So kommt es, „dass die Alleinregierung Josef Klaus in Österreich keine großen Spuren hinterlassen hat", meint Christoph Kotanko – „mit Ausnahme der Tatsache, dass er den Boden für den Sieg des Bruno Kreisky aufbereitete".

In der SPÖ gab es nach Olah-Krise und dem Wahldebakel keinen Zweifel, dass ein neuer Parteichef hermusste. Umstritten war nur die Frage, wer die Nachfolge von Bruno Pittermann antreten sollte. In den Bundesländern votierte man für den Wiener Bruno Kreisky, den man im Juni 1966 in Stellung brachte: Kreisky wurde Obmann der SP-Niederösterreich. Die Gewerkschaften und die mächtige Wiener SPÖ favorisierten hingegen einen Niederösterreicher: Hans Czettel, den Nachfolger von Franz Olah als Innenminister.

Das Rennen wurde 1967 beim SPÖ-Parteitag mittels offener Kampfabstimmung

Bei der geschlagenen SPÖ löste Bruno Kreisky im Jahr 1967 Bruno Pittermann (links) als Parteivorsitzender ab

ÖVP-Granden und ein Lehrling der Macht (oben, von links): Karl Schleinzer, Hermann Withalm, Stephan Koren und der junge Wolfgang Schüssel. Altkanzler und Kanzler (rechts): „Wolfgang Schüssel will die Republik umbauen. Das wollte Josef Klaus nicht"

entschieden. Erst wurden beide Kandidaten vom Plenum in den Parteivorstand gewählt. Czettel lag hier weit vor Kreisky. Der Parteivorstand sprach sich dann aber mit 32 gegen 19 Stimmen für Kreisky und gegen Czettel aus. Das Parteitags-Plenum durfte den Beschluss noch absegnen. Bruno Kreisky wurde mit 87,4 Prozent der Stimmen neuer SPÖ-Vorsitzender.

Peter Rabl: „Auf einmal war die SPÖ die modernere Partei als die ÖVP, weil sie – gegen den Willen der Mächtigen, aber zu ihrem Glück – Kreisky zum Obmann gemacht hatte."

Während der ÖVP langsam die Puste ausging, trommelte Kreisky sein Beratergremium der „1400 Experten" zusammen, mit denen er das Regierungsprogramm „für ein modernes Österreich" entwerfen wollte.

Vor allem aber benutzte Kreisky eine Neuerung, die seinerzeit von der SPÖ bekämpft, später von der ÖVP und Josef Klaus aber durchgesetzt worden war: Die Rundfunkreform. 1967, als Kreisky SPÖ-Chef wurde, trat auch der neue ORF-Generalintendant Gerd Bacher sein Amt an. Und während Klaus, so Christoph Kotanko, „unwillig war, irgendeine Form von Öffentlichkeitsarbeit zu betreiben", nutzte der spätere Medienkanzler Kreisky schon in der Opposition die Möglichkeiten, die der ORF mit seiner Info-Offensive bot.

Im Jänner 1970 gab es erstmals in Österreich ein TV-Duell der beiden Parteichefs vor der Wahl. „In der TV-Konfrontation hat Klaus den geschickt agierenden Kreisky unterschätzt", schrieb Otto Klambauer. Da nutzte es auch nichts, dass die ÖVP ihren Kanzler etwas untergriffig mit dem Slogan „Ein echter Österreicher" bewarb: Bruno Kreisky, der Jude, der 1938 vor den Nazis ins schwedische Exil flüchten musste, nahm Klaus bei den Nationalratswahlen am 1. März 1970 die Mehrheit ab.

Josef Klaus, der knorrige Jurist aus Salzburg, reagierte auf die Niederlage mit jener Konsequenz, die er schon zuvor in seiner politischen Karriere bewiesen hatte: Er trat bald nach der Wahl von seinen Partei-Ämtern zurück. Für immer. „Getrost aber hat sein Urteil zu erwarten, wer es vermag, mit Anstand und ohne Schmerz von der Macht Abschied zu nehmen", schrieb der Altkanzler später in seinen Memoiren. Der Salzburger, Jahrgang 1910, blieb nach dem Abschied vom Kanzleramt als Pensionist in Wien. Am 25. Juli 2001 ist er in der Hauptstadt verstorben – nur wenige Monate nach dem Tod seiner Frau Erna, mit der er seit 1936 verheiratet war.

Die Ära von Josef Klaus als Kanzler wurde mit einigem Respektabstand von einem jungen Lehrling der Macht beobachtet: 1968 trat der 23-jährige Wolfgang Schüssel, frisch gebackener Doktor der Rechte, als Sekretär in den Parlamentsklub der ÖVP ein. Wie fällt der Vergleich aus zwischen Klaus, dem ersten Alleinregierungskanzler der Volkspartei, und Schüssel, der das Kanzleramt 2000 für die ÖVP zurückeroberte?

„Damals hat man wesentlich stärker als heute den Konsens gesucht, vor allem, was die Sozialpartnerschaft betrifft, die mittlerweile marginalisiert wurde", meint Christoph Kotanko. Franz Ferdinand Wolf: „Ich glaube, dass Josef Klaus einen großen Reformanspruch an sich selbst und an die Bürger gestellt hat. Der Reformanspruch unter Schüssel wird meiner Meinung wesentlich stärker von Zwängen diktiert. Da steckt keine Vision dahinter."

Für Peter Rabl beginnen die Unterschiede zwischen den beiden VP-Kanzlern im Stil. „Ich glaube, dass die Regierung Klaus wesentlich ernsthafter arbeitete als die von heute. Josef Klaus war ein Vielarbeiter, der teils im Kanzleramt übernachtete, weil er bis spät in der Nacht am Schreibtisch saß. Das sagt man dem Wolfgang Schüssel allgemein nicht nach." Der größte Unterschied, so Rabl: „Schüssel will die Republik umbauen. Das wollte Klaus nicht."

„OESTERREICH 3" AUF MUSIKWELLE

Rundfunk: Bacher gewählt

Mit 13 : 9 Stimmen Generalintendant
Er wird am 10. April sein Amt antreten

Wien (Eigenbericht). Der neue Generalintendant des Österreichischen Rundfunks heißt Gerd Bacher. Der Aufsichtsrat wählte Bacher gestern mit 13 gegen neun Stimmen aus 43 Bewerbern. Der Vertrag des neuen Rundfunk-„Generals" wurde mit vier Jahren terminisiert. Die Entscheidung fiel bereits im zweiten Wahlgang, nach rund eineinhalbstündiger Sitzung …

1. Herzverpflanzung Mensch zu Mensch

Kapstadt (Südafrika). Zum erstenmal in der Geschichte der Medizin wurde eine Herztransplantation von Mensch zu Mensch vorgenommen. Der Patient mit dem fremden Herzen lebt, sein Zustand ist beruhigend.

Ärzte am „Groote-Schuur"-Spital in Kapstadt setzten …

3 Astronauten verbrannt

Katastrophe in Cape Kennedy bei Test
In der Apollo-Kapsel brach Feuer aus
Dreiköpfige Besatzung sofort getötet

Cape Kennedy. – Drei amerikanische Astronauten sind bei einem Test …

Unfall-Rekord auf Oesterreichs Straßen:

59 Verkehrstote in einer Woche
Die bisher absolut höchste Zahl

… ausgelöst wurde der vorbeifahrende Lkw verursacht hatte.

Schah-Besuch: 1 Toter in Berlin

Polizei ging mit Knüppeln gegen die Demonstranten vor

Berlin. – Ein Todesopfer und 24 Verletzte forderten gestern abend in West-Berlin schwere Zusammenstöße zwischen der Polizei und Demonstranten anläßlich des Staatsbesuches des persischen Herrscherpaares Schah Reza Pahlevi und Farah Diba. Als das Kaiserpaar in West-Berlin zur Oper fuhr, warfen etwa 3000 Demonstranten mit Farben gefüllte Eier, Milchpackungen …

Krieg Ägypten – Israel!

Panzer- und Luftschlacht
Kämpfe seit 7 Uhr
Israelis rücken vor

4. Ausgabe

Tel Aviv / Kairo. – Seit heute Montag, sieben Uhr früh, befinden sich Israel und Ägypten im Kriegszustand. Die Kampfhandlungen sind in vollem Gange. In der Wüste des Negev tobt eine Panzerschlacht. Im Gazastreifen rücken nach einem Artillerieduell israelische Truppen vor. Kairo wurde knapp nach sieben Uhr von israelischen Luftstreitkräften angegriffen und bombardiert.

… Verlautbarung der … begannen die … ägyptische … Negev … Kairo und im Gebiet des Suezkanals bombardiert. In Kairo und in Tel Aviv wurde Fliegeralarm gegeben.

Die israelische Regierung wandte sich …

… von den Flugplätzen auf Sinai gestartet. In Anbetracht dieser kriegerischen Handlungen sahen wir uns gezwungen, unseren Streitkräften den Befehl zu geben, den ägyptischen Streitkräften zu Lande und in der Luft Widerstand zu leisten. Das ist eine äußerst ernste Situation. Sie müssen sich darüber im klaren sein, daß die ägyptischen Streitkräfte den Tagesbefehl ihres Oberkommandierenden durchführen, der gestern erklärte, daß es Aufgabe der ägyptischen Streitkräfte sei, Israel zu vernichten."

UNO-Generalsekretär U Thant und der Präsident des UNO-Sicherheitsrates Hans Tabor sind sofort nach Bekanntwerden der Nachrichten aus Israel zu …

SPOe wählte Dr. Kreisky

Mit 70 % aller Stimmen Vorsitzender
Die Einzelergebnisse der Parteiwahlen

Wien (Eigenbericht). Der neue Vorsitzende der Sozialistischen Partei Österreichs heißt Dr. Bruno Kreisky. Er erhielt auf dem gestern beendeten und bis zum Schluß dramatischen Parteitag 347 von 497 Stimmen, das sind 70%, nachdem er vom neuen Parteivorstand mit 32 gegen 19 Stimmen als Kandidat für das höchste Parteiamt aufgestellt worden war.

Als Stellvertreter des neuen Parteivorsitzenden wählte der Parteitag Präsident Dipl.-Ing. Waldbrunner (396 Stimmen), Ex-Innenminister Hans Czettel (483 Stimmen), Frauen-Vorsitzende Dok. Hertha Firnberg (494 Stimmen), Bürgermeister Felix Slavik (463 …) und Landeshauptmann-Stellvertreter …-Blazizek …

Frieden in der Partei zu stärken und nach außen hin zu demonstrieren: Der Parteitag sprach – wofür er an sich gar nicht zuständig wäre – dem zurückgetretenen Vorsitzenden, Dr. Bruno Pittermann, einstimmig das Vertrauen für dessen Tätigkeit als Obmann der Parlamentsfraktion aus.

Wärmste Weihnachten in diesem Jahrhundert

… (Eigenbericht). Es waren die wärmsten Weihnachten unseres Jahr… Auf der Hohen Warte wurden am Heiligen Abend als Tages…peratur 13,3 Grad Celsius registriert, zehn Grad hatte es noch … zur Zeit der Christmette.

… gewöhnlich warme Wetter … Jahren zurück. Andererseits bewirkte das …

… stadt kein einziger Selbstmord verübt wurde.

Schiedsrichter bewußtlos ins Spital

Skandal im Stadion

86. Minute: Abbruch beim Stande von 1:1
Übeltäter entkommen

Österreichs Aufbruch ins Pop-Zeitalter

1967 machte der ORF mit der Gründung von Ö3 international Furore. Der Pop-Rock-Sender gab der heimischen Szene riesigen Auftrieb

Der erste Sendungstitel klang wie eine Beschwörung des Publikums. „Bitte recht freundlich" – unter diesem Motto begann am 1. Oktober 1967 um exakt acht Uhr elf eine neue Radio-Ära in Österreich. Ö3 war geboren. Ein winziges Team um den Tiroler Ernst Grissemann schickte sich an, dem Land eine elektronische Kulturrevolution zu verpassen. „Wir schufen die erste Pop-Rock-Station im deutschen Sprachraum", sagte Grissemann später. „Außer uns gab es nur Radio Luxemburg – aber das war ein Muatterl-Sender."

Die Gründung von Ö3 war ein Nebenprodukt der Rundfunkreform, die auf dem vom KURIER initiierten Rundfunk-Volksbegehren des Jahres 1964 fußte. Als Gerd Bacher 1967 antrat, den modernen ORF aufzustellen, wollte er auch neue Töne aus dem Radio.

Freilich wusste damals noch niemand so recht, wohin und wie hoch diese „Musikwelle Österreich 3" wogen würde. „Es ist das Programm der Diskjockey-Unterhaltung", erklärte der KURIER am 30. September 1967. „Das dritte Programm soll dazu da sein, das Publikum zu entspannen", beschied Gerd Bacher.

Das Sendungsschema erinnerte anfangs an einen Radio-Schrebergarten. Von Beginn an gab es nächtens die schmeichelnde „Musik zum Träumen" und nachmittags die schrille „Music-Box", in welcher der junge André Heller gegen den biederen Zeitgeist motzte. Die Freunde von Blues, Folk und Gospel wurden reich bedient. Das junge Ö3 besaß schon Sendungen wie Gerhard Bronners „Schlager für Fortgeschrittene" oder die Jazz-Stunde „Vokal – Instrumental – International". Es gab sogar eine tägliche Klassik-Sendung mit (so der KURIER) „ernster Musik, die auch für den Laien verdaulich ist".

Doch obwohl die neue Pop-Rock-Station durchaus sanft an den Hörer herantrat, artikulierte sich in Windeseile der Widerwille des alten Österreich. Keine drei Wochen nach dem Senderstart fand in der Österreichischen Gesellschaft für Musik die erste Protestversammlung gegen Ö3 statt.

Die Gründung von Ö3 wurde zur Revolution der Klänge: „Wir schufen die erste Pop-Station im deutschen Sprachraum." Der junge André Heller (oben) motzte gegen den biederen Zeitgeist; Künstler aus Österreich bekamen viele Chancen zur Entfaltung (links: Senderchef Ernst Grissemann mit Marianne Mendt und Georg Danzer)

Der Präsident des Komponistenbundes, Robert Schollum: „Die Komponisten schreien Feuer. Sie werden durch das dritte Programm praktisch ruiniert."

Die Komponisten komponieren auch noch anno 2004. Aber kaum jemand ahnte 1967, was Ö3 wirklich bedeuten würde: Einen Meilenstein für den Aufbruch in das Pop-Zeitalter heutiger Prägung.

Hugo Portisch, damals 40 Jahre alt, assoziiert zum Stichwort Ö3 vor allem „die modernste und neueste Aufarbeitung von Rundfunk. Das war eine tolle Sache".

Herbert Hufnagl, damals 22: „Ö3 war ein spannendes Experiment, wenngleich ich mich für das, was die da machten, nur am Rande interessierte. Meine Interessen lagen woanders, vor allem bei der Oper."

Karl Löbl, damals 37: „Ö3 war die gescheite und ungeheuer erfrischende Verjüngung eines Rundfunks, der bis dahin ein bisschen den Charakter weißhaariger Herren hatte, in deren Kopf es ausschließlich um Bildung und parteipolitisch gefesselte Information ging. Für mich war aber nicht absehbar, dass die Populärmusik jene Breite bekommen würde, die sie heute hat."

Dazu Guido Tartarotti, Jahrgang 1968: „Die Gründung des Senders Ö3 kann ich gar nicht hoch genug schätzen. Die sechziger Jahre waren die große Ära der Popmusik; was heute gültig ist, fing damals an. In England entstand viel durch die Kunsthochschulen, wo sich viele Musiker einschrieben. So etwas gab es in Österreich nicht. Aber es gab einen staatlichen Sender, der diese Musik spielte, während anderswo noch knisterndes Radio Luxemburg aus der Mittelwelle Popradio-Standard war."

In einem sind sich Löbl wie Tartarotti einig: In ihren Komplimenten an Gerd Bacher, der das Ö3-Konzept durchsetzte.

„Bacher hat sich damals jede Woche die Ö3-Partie geholt", sagt Karl Löbl, „und er sagte denen: ‚Ich bin gegen alles, was ihr macht. Es ist nicht mein Geschmack. Aber ich bin trotzdem dafür, dass ihr es macht.' Das ist etwas, worauf sich Bacher bis heute etwas einbildet. Zu Recht."

Ähnlich Guido Tartarotti: „Gerd Bacher ist der seltene Fall eines rechten Intellektuellen, der immer weise genug war, kreative Leute arbeiten zu lassen, auch wenn ihm das Resultat noch so suspekt war. In einem stinkkonservativen Land kam ein konservativer Rundfunkdirektor daher und übergab einen Sender, überspitzt ausgedrückt, an die langhaarigen Irren."

Wie zaghaft sich Österreich in den Sechzigern der neuen, lauten Popmusik näherte, kann man zum Beispiel in einer KURIER-Reportage von Peter Hajek über das Phänomen der Beatles nachlesen.

Die Zeit: Oktober 1964; der Ort: Das Kosmos-Kino in Wien, wo der erste Beatles-Film „A Hard Day's Night" zu sehen war.

Ö3 bot in seinen frühen Jahren eine gelungene Mischung aus Kunst, Kommerz und Kreativität. Die Beatles (oben)und Wolfgang Ambros (rechts) zählten mit ihren Hits zu den Stützen des Programms. Moderatoren wie die „Wecker"-Frühaufsteher Rudi Klausnitzer und Dieter Dorner (unten, von links) erfreuten die Hörer mit flotten Sprüchen

Die Reportage: „Erwachsene versuchen sich an der Kassa zu rechtfertigen, warum sie gekommen sind. Eine Mama erläuterte: ‚Ich muss das sehen, weil meine Tochter so davon schwärmt.' Eine Oberstudienrätin: ‚Ich schau mir den Mist nur studienhalber an.'" Und was war mit den jugendlichen Fans? „Schüchtern tragen die jungen Herren ihre langen Haare oder ihre Perücken durch das Foyer in den Saal, wo sie sich gemeinsam mit alten, behüteten Damen und den gebeugten Hofräten a. D., die aus den benachbarten Cafés herübergeschlurft sind, gesittet dem Vergnügen hingeben."

1965 drehten die Beatles dann etliche Szenen ihres zweiten Films „Help" in Österreich. Sie konnten in Obertauern relativ unbehelligt arbeiten; nur eine überschaubare Gruppe von Fans folgte den Fab Four in den Schnee. Regisseur Richard Lester: „Es genügte, wenn ich rief: ‚Hinter den Baum, bitte!'"

Im KURIER-Interview erzählte Lester, dass in den frühen Zeiten der Beatles deren Weltkarriere keinesfalls absehbar war: „Als wir 1964 ‚A Hard Day's Night' abgedreht hatten, bekam ich nur drei Wochen Zeit für den Schnitt. Der Verleih wollte den Film so schnell wie möglich ins Kino bringen – man hatte Riesenangst, die Band könnte einige Monate später nicht mehr populär sein."

Zurück zur Gründerzeit von Ö3. Die Beatles waren auf dem Höhepunkt ihres Ruhms; sie teilten sich die Spitzenplätze in den Hitparaden mit Bands wie den Rolling Stones, den Kinks, den Who oder Künstlern wie dem jungen Bob Dylan. Die Musik dieser Stars bildete das Fundament des Ö3-Angebots; bereichert um die Hits der Hippie-Ära. Senderchef Ernst Grissemann: „Das Schlagwort lautete Flower Power."

Doch zugleich verirrten sich auch andere Sounds ins Ö3-Programm, die 1968 einen donnernden Einspruch Gerd Bachers auslösten. Worum ging's? Um experimentelle Rockmusik und Free Jazz?

Ganz im Gegenteil: „In den letzten Monaten beginnt eine Schnulzeninvasion über Ö3 hereinzubrechen", grollte der Generalintendant in einem internen Schreiben. „Wann immer man die Allroundprogramme von Ö3 aufdreht, säuselt einem ein germanischer Schwachsinniger in die Ohren. Ich bitte Sie, Ö3 rigoros von Schnulzen, besonders von deutschen, zu säubern."

Der Protestruf war wichtig. Rudi Klausnitzer, „Wecker"-Erfinder und späterer Senderchef: „Ö3 fand erst nach Bachers Schnulzenerlass seine Linie. Zuvor wurden auch Heintje und Peter Alexander gespielt."

Doch jetzt begann Ö3 seine befruchtende Wirkung für die heimische Szene zu entfalten. „Ö3 ist der wichtigste Grund dafür", sagt Guido Tartarotti, „dass die österreichische Popmusik einen eigenständigen

Bruce Springsteen 2003 im Wiener Stadion: Die arrivierten Stars füllen auch ohne Radio-Unterstützung jede Arena. Die Hit-Abspielstation Ö3 von heute hat ihr künstlerisches Profil längst verloren

Weg einschlagen konnte. Da entstand eine reiche Ernte, mit Leuten wie Wolfgang Ambros, Georg Danzer, André Heller und später auch Rainhard Fendrich."

In den Siebzigern hielt Ö3 halbwegs die Balance zwischen Kunst, Kommerz, Kreativität und Aufmüpfigkeit. „Wecker"-Moderator Dieter Dorner genoss ein paar Jahre lang Kult-Status mit seinen schrägen Sprüchen („Um Karfiol beim Kochen weiß zu halten, gibt man Milch ins Wasser. Man kann ihn auch anmalen, nur ist er dann ungenießbar."). Christine Nöstlinger schuf mit dem kindlichen Grantler Dschi Dschei Wischer eine Kunstfigur, auf die die Kids geradezu süchtig wurden. Walter Richard Langer erreichte mit seinen Jazzsendungen regelmäßig bis zu 340.000 Hörer, was der heimischen Jazzszene Schubkraft verlieh – damals entstanden die großen Festivals zwischen Wiesen und Saalfelden.

Doch die Geschichte von Ö3 war auch immer eine Geschichte der Kritik am Programm. KURIER-Zitat aus dem Jahr 1978: „Weil ein Großteil der 243.728 Musiklaufbandminuten pro Jahr flache Weisen wiedergibt, nagt die Musikredaktion am Vorwurf, Verdummung und Berieselung auszustrahlen."

Die Berieselung wurde zum Fundament. Ö3 änderte im Lauf der Jahre seinen Stil: Fort von vielfältigen Themen; hin zum Formatradio, das sein Hit-Repertoire 24 Stunden am Tag hinauf- und hinunterorgelt. Auch hier sind wieder Querverbindungen zur heimischen Musikszene zu beobachten.

Guido Tartarotti: „Seit den achtziger Jahren ist die österreichische Popmusik verblüht. Leute wie Fendrich oder Ambros produzierten jetzt Schrott; sie erschöpften sich im lustlosen Repetieren alter Muster. Gleichzeitig erkannte der ORF, der Geld verdienen musste, Ö3 als Cash Cow. So wurde der Sender immer stromlinienförmiger, um Werbegelder anzuziehen."

Die Marktanteile und die Umsätze, die heute mit dem „Hitradio Ö3" erzielt werden, geben der ORF-Führung Recht. Kommerziell gesehen. Künstlerisch verlor der einstmals bahnbrechende Sender hingegen sein Profil. Die Funktion, neuen Künstlern und Stilen eine Startrampe zu bauen, ist damit weg – und die arrivierten Stars brauchen die Unterstützung aus dem Äther nicht mehr. Wenn die Rolling Stones oder Bruce Springsteen zu ihren Open Airs einfliegen, dann sind die Stadien sowieso voll.

Die Einführung der Privatradios 1998 brachte Österreich seine Rundfunk-Vorreiterstellung nicht zurück. Zwar gingen etliche Popstationen an den Start. Aber die Medienpolitik verzichtete darauf, auch Minderheitenprogramme in Position zu bringen. So ist die Musikstadt Wien eine der wenigen europäischen Metropolen, in denen kein Jazzradio existiert.

Wer auf den UKW-Skalen in der Populärmusik nach Alternativen zur Massenbeschallung sucht, wird daher wieder beim ORF fündig. Guido Tartarotti: „Hoch ist das Lied von FM4 zu singen. Im Pop passiert das Spannende heute in den Nischen und FM4 ist das richtige Gefäß, um all das wahrzunehmen; gerade auch für die sehr lebendige österreichische Szene."

Noch eine Anmerkung von Karl Löbl: „Ich glaube nicht, dass das Interesse an Popmusik früher geringer war. Doch heute wird um diese Sparte mehr Aufhebens gemacht. Im Kulturteil des KURIER werden den Stars der Branche, von Britney Spears bis Kylie Minogue, lange Artikel gewidmet. Das wäre damals niemandem eingefallen."

Sowjetische Truppen heute nacht in die CSSR einmarschiert

FORTSETZUNG AUF SEITE 2

Nach dem Mordanschlag auf Dutschke: Schwere Unruhen in ganz Deutschland

Berlin. – Der bekannte westdeutsche linksradikale Studentenführer Rudi Dutschke wurde gestern in West-Berlin auf dem Kurfürstendamm von einem bisher nicht identifizierten Attentäter niedergeschossen und lebensgefährlich verletzt.

Vierte Ausgabe

Die letzten Meldungen von heute mittag:

Bob Kennedy in Lebensgefahr

Heute früh niedergeschossen

Kugel drang in das Gehirn ein

Aerzte operieren noch immer

Los Angeles. – Senator Robert Kennedy wurde heute früh das Opfer eines Attentats und schwebt in höchster Lebensgefahr. Wenige Minuten nachdem bekannt wurde, daß Bob Kennedy die Vorwahl in Kalifornien gewonnen hat, wurde er niedergeschossen, wobei eine Kugel in das Gehirn eindrang. Seit mehr als zwei Stunden operieren sechs Spezialisten, und niemand kann sagen, wie lange die Operation noch andauern wird, und ob das Ärzteteam den Wettlauf mit dem Tod gewinnt.

Das Attentat wurde im Ambassador Hotel in Los Angeles verübt, wo … eine Siegeserklärung …

… wältigt und dann der Polizei übergeben. Nach Angaben der Polizei ist der Attentäter ein 25jähriger Mann, 1,65 Meter groß, mit dunkler Gesichtsfarbe … Haarwuchs, der sich wei… Namen bekanntzugeben. Er … und soll mexikanischer … Als die Polizei den Mann … die Menge in der Hotel… ihn um! Lyncht ihn!" … hatte insgesamt acht … von denen drei Ken… Schuß drang bei der …einschuppe ins Gehirn …

Nach 24 Stunden äußerster Spannung

R. Nixon wird US-Präsident

Sieg nur mit knappster Mehrheit

Washington. – Der neue Präsident der USA heißt Richard Nixon. Um 17.35 Uhr holte sich der Republikaner die 26 entscheidenden Wahlmännerstimmen im Bundesstaat Illinois. Damit ging ein fast 24stündiges Kopf-an-Kopf-Rennen von ungeheurer Dramatik zu Ende. Hubert Humphrey hat seinem Konkurrenten bereits telegraphisch gratuliert.

Noch am Mittwoch mittag waren alle Möglichkeiten offen: Beide Ka… hatten zu diesem Zeit…

King ermordet

Friedensnobelpreisträger und Negerführer von einem Weißen auf Motel-Balkon erschossen

Jetzt Negerunruhen in ganz USA

Enzyklika über Geburtenregelung

Papst: Nein zur Pille

MORGEN

Vatikanstadt. – Ein Nein zur Pille – das ist die Antwort des Papstes zum Problem der Geburtenregelung, jene Antwort, die schon … immer wieder

Der Frühling, die Rebellion und der strenge Frost

Prager Frühling und Studentenrevolte: Das Jahr 1968 brachte, aus Ost und West, viel frischen Wind in die politische Diskussion. Jener im Osten verebbte bald

Unterwegs zu sehr ernsten Gesprächen über den Prager Frühling: Leonid Breschnew, Generalsekretär der KPdSU (Mitte), und der CSSR-Parteichef Alexander Dubcek (Mitte rechts), mit den UdSSR-Politikern (v. l.) Podgorny, Kossigin, Suslow

Aufbruch in die Freiheit." Das war eine typische KURIER-Schlagzeile über das Jahr 1968. „Rebellion in Paris." Das war eine andere. Im einen Fall ging's um den Prager Frühling, im anderen um die beginnende Studentenrevolte. Als das Jahr endete, herrschte in Prag politisch wieder tiefer Winter, während die Aufrührer im Westen zum Marsch durch die Institutionen ansetzten – sie haben das politische Leben in vielen Ländern bis heute geprägt.

Wie sind beide Bewegungen heute zu bewerten? „Der Prager Frühling und die 68er-Revolte lagen im Geist der Zeit", glaubt Heinz Nußbaumer. „Das eine hat das andere beflügelt und umgekehrt. Das ist nicht trennbar." War die tschechische Sehnsucht nach einem „Sozialismus mit menschlichem Antlitz" ein Vorbote für den Fall des Eisernen Vorhangs 1989? Christoph Kotanko: „Nein. Die Reformer hatten keine Unterstützung von außen und daher war ihr Scheitern vorprogrammiert. Ich halte es für eine kühne These, dass damals angelegt wurde, was sich 1989 erfüllte. Prag '68 war eher ein Endpunkt der Form des Widerstands seit Berlin '53 und Budapest '56."

Blickpunkt Prag. Begonnen hatte alles ganz harmlos. Im November 1967 protestierten Studenten mit einem Fackelzug gegen die schlechte Stromversorgung ihres Wohnheimes. Die Polizei reagierte mit Schlagstöcken – und plötzlich wurde aus dem Umzug eine Demonstration gegen das Regime von Antonin Novotny. Innerhalb der tschechoslowakischen KP formierte sich aus den verschiedensten Motiven Widerstand gegen den Staats- und Parteichef, der noch vom Stalinismus geprägt war. Leonid Breschnew wollte sich von Moskau aus zunächst nicht einmischen: „Genossen, das ist eure Sache."

Die Front gegen Novotny wurde so stark, dass er im Jänner 1968 als Parteichef zurücktrat. Als Nachfolger einigte man sich auf einen Kompromisskandidaten: den scheuen und vermeintlich farblosen Alexander Dubcek. Doch der Slowake gab bald jener Reformbewegung Raum, die am 21. Jänner 1968 durch einen Artikel des Altkommunisten Josef Smrkovski losgetreten worden war. Darin stand erstmals die These vom „tschechoslowakischen Weg zum Sozialismus".

Was dann geschah, beschrieb Manfred Strauß zehn Jahre später in einer KURIER-Serie so: „Diese erste offene Stimme nach 20 Jahren der Diktatur hatte geradezu explosive Wirkung. Auf einmal gab es richtige Zeitungen, ein richtiges Fernsehprogramm ohne die leeren Phrasen der Vergangenheit, Wandzeitungen, Flugblätter. An den Universitäten bildeten sich Studentenparlamente, in den Fabriken wurde frei diskutiert. So wurde praktisch in wenigen Tagen aus der Rebellion der Intellektuellen eine Spontanbewegung des ganzen Volkes. Mit vagen, aber berauschend schönen Vor-

Die Bürger stellten sich mit bloßen Fäusten, Flaggen und Pflastersteinen gegen die Panzer. Am 21. August 1968 waren die Sowjet-Truppen in der Tschechoslowakei einmarschiert. Auf den Prager Frühling folgte der politische Frost

stellungen für die Zukunft – eben der Prager Frühling 1968."

Heinz Nußbaumer erinnert sich: „Wir glaubten damals eine Zeit lang, die Sache könnte gut gehen. Noch eine Woche vor dem Einmarsch im August schrieben wir einen Aufmacher mit der Schlagzeile ‚So ziehen nun die Russen ab'. Das war eine ganz tragische Fehleinschätzung von uns."

Der anfängliche Optimismus stützte sich nicht zuletzt auf die Tatsache, dass die Prager Politiker die Konfrontation mit der Sowjetunion vermieden. Nußbaumer: „Dubcek ging sehr vorsichtig vor und versuchte immer wieder, sich mit Moskau abzusprechen. Er versuchte, in Moskau zu erklären, der Kommunismus habe keine Zukunft, wenn man nicht dieses Stück gehen könnte. Doch in Moskau glaubte man, Prag sei bereits zu weit gegangen."

Alexander Dubcek verlor später, in der Rückschau, viel von seinem Nimbus. Nußbaumer 1978 im KURIER: „Dubceks Abneigung gegen jede Form überdrehter Autorität hatte als Kehrseite die Unentschlossenheit und Unsicherheit. Nicht wenige behaupten, Dubcek habe mit seinem Verhalten die Tragödie des 21. August 1968 mitverschuldet."

An jenem Sommertag war's mit dem Prager Frühling vorbei. Die Sowjets hatten ein doppeltes Spiel gespielt. Offiziell schickten sie „brüderliche Grüße" nach Prag; intern sorgten sie mit gefälschten Informationen dafür, dass die gesamte CSSR-Armee an die Deutschland-Grenze verlegt wurde – dort drohte angeblich ein Angriff der Nato. So stießen die Sowjettruppen auf keinen bewaffneten Widerstand, als sie ab dem 21. August das Land besetzten.

Nur der zivile und politische Widerstand stand einer reibungslosen Machtübernahme der Hardliner noch eine Zeit lang im Wege. Staatspräsident Ludvik Swoboda weigerte sich, am 21. August den linientreuen Funktionär Alois Indra mit der Bildung einer neuen Regierung zu betrauen. Fernsehen, Radios und Zeitungen ließen die Stimme der freien CSSR noch zehn Tage lang erschallen. In den Straßen stellten sich die Bürger mit den bloßen Fäusten und Pflastersteinen gegen die Panzer. Doch innerhalb weniger Wochen wurde der Widerstand erstickt. Dubcek blieb noch bis 1969 offiziell Parteichef; dann folgte die Demütigung: Ab 1970 war er 16 Jahre im Fuhrpark einer Waldarbeiter-Organisation in Bratislava beschäftigt (er starb 1992).

Wie verhielt sich Österreich? „Der Prager Frühling wurde intensiv verfolgt", sagt Christoph Kotanko. „Das war ein erster Erfolg des ORF nach dem Rundfunk-Volksbegehren. Die Bürger begriffen, an welch brisanter Grenze sie lebten." Zugleich war Österreich, so Heinz Nußbaumer, im Sinne des Wortes „ein verschlafenes Volk. Es gab unglaubliche Geschichten damals..."

Unglaublich klingt in der Tat, wie Bundeskanzler Klaus am 21. August 1968 vom Einmarsch der Sowjets in Prag erfuhr – sein Sekretär Thomas Klestil klingelte um 4:30 früh an der Tür des Klaus-Wochenendhauses in Wolfpassing, denn der Kanzler hatte dort nicht einmal ein Telefon. Ähnlich verhielt sich's mit Verteidigungsminister Georg Prader. Der wurde in seinem Sommerhaus am Erlaufsee geweckt. Von einem zu Fuß anrückenden Gendarmen, der alarmiert worden war: „Herr Minister, Sie müssen sofort aufstehen – die Russen kommen!"

Die Lage war wirklich bedrohlich. Noch am 21. August setzte das Bundesheer 18.000 Soldaten in Richtung Nordost in Bewegung. Sie rückten aber nicht bis zur Grenze vor, sondern blieben auf der Linie Allentsteig – Horn – Mistelbach. Zugleich wurden alle österreichischen Flugplätze von Soldaten besetzt, um Landungen russischer Flugzeuge zu verhindern.

Verteidigungsminister Prader wurde für seine Vorsicht bei den Truppenbewegungen damals hart kritisiert. Die größte Sorge: Wäre es nahe der Grenze zu Kämpfen zwischen CSSR-Einheiten und Sowjettruppen gekommen, dann hätte das Übertreten tschechoslowakischer Verbände auf österreichisches Gebiet kaum verhindert werden können. Und dann wären vielleicht auch die Sowjets nachgerückt.

Doch es blieb Österreich erspart, in die tschechische Tragödie verwickelt zu werden. Heinz Nußbaumer über die Gründe: „Ich glaube, dass es damals Pläne für einen Ein- oder Durchmarsch der sowjetischen

Für Basisdemokratie, Frauenrecht und Mitbestimmung. Gegen den Vietnam-Krieg. Rudi Dutschke, der Anführer der 68er-Bewegung in Deutschland, bei einer Demonstration in Berlin

Truppen in Österreich gegeben hat. Viel hing vom Verhalten der Österreicher ab. Wir haben, aus heutiger Sicht, vielleicht nicht wahnsinnig mutig reagiert, aber sehr gescheit. Die Russen wussten natürlich ganz genau, dass über Österreich ein anderer Schutzschirm liegt als über der CSSR. Ein Einmarsch oder auch nur ein Durchmarsch hätte auf amerikanischer Seite etwas ausgelöst, das ist unbestritten."

Als die Machtverhältnisse in der CSSR neu geordnet waren, senkte sich Friedhofsruhe über das Land. Der Eiserne Vorhang wurde noch undurchdringlicher als zuvor. „Nach dem August 1968", sagt Heinz Nußbaumer, „waren wir überzeugt: An dieser scharfen Keillinie in Europa kann nichts mehr verändert werden. Das lassen die Russen nicht zu."

Die neue Stille im Osten stand in krassem Gegensatz zur Bewegung der 68er-Generation im Westen. Die Proteste der Studentenbewegung hatten vielerlei Auslöser. Es ging gegen den Vietnam-Krieg, es ging aber auch massiv gegen eine muffige Grundstimmung in der Gesellschaft. Die Jahrzehnte seit Kriegsende waren in Westeuropa von neuem Wohlstand gekennzeichnet, doch zugleich von spießiger Lebensart. Die Jungen forderten Bewegung: Basisdemokratie und Mitbestimmung; Frauenrecht und freie Liebe. Die demokratisch-sozialistischen Ideen der Studentenbewegung und des Prager Frühlings waren nah verwandt.

In Deutschland hatten die massiven Proteste, ausgehend von Berlin, schon 1967 begonnen. Die APO, die außerparlamentarische Opposition der Jungen, trug ihre Debatten auf die Straße. Die Staatsgewalt schlug oft mit Knüppeln und Wasserwerfern zurück. Am 3. Juni 1967 wurde der Student Benno Ohnesorg in Berlin bei einer Demonstration gegen den Schah von einem Polizisten erschossen. Am 11. April 1968 wurde Rudi Dutschke, der charismatische Anführer der linken Bewegung in Deutschland, von einem Attentäter lebensgefährlich verletzt. Die Folge: Straßenkämpfe in Berlin.

Ähnlich war das Bild in Paris. Dort eskalierten die Proteste im Mai 1968. Fast täglich gab es Straßenschlachten zwischen Studenten und Polizei. Es gelang den Studenten, eine Brücke zu den Gewerkschaften zu schlagen. In den letzten Maitagen war Frankreich praktisch lahmgelegt: Zehn Millionen Arbeiter und Angestellte streikten.

Und in Österreich? Da fand die 68er-Bewegung faktisch nicht statt. Ein paar Proteste gegen den Vietnam-Krieg, das war im Grunde alles, und selbst das Wenige wurde misstrauisch beäugt. Nach einer Vietnam-Demo in Wien empörte sich der KURIER am 14. Februar 1968 mit einer dicken Schlagzeile nicht über die politischen Ziele der Aktivisten, sondern über eine Störung des Verkehrs: „Demonstranten setzten sich mitten auf die Straße."

Christoph Kotanko: „Die Studentenrevolte kam mit großer Verspätung zu uns und hat kaum Spuren hinterlassen – bis auf die Tatsache, dass viele der damaligen Revolutionäre möglichst schnell eine Pragmatisierung im öffentlichen Dienst suchten. Ich glaube auch nicht, dass die Reformen der Kreisky-Ära von der 68er-Bewegung stammen. Kreiskys Reformen waren skandinavisch inspiriert und geprägt von Erfahrungen, die er viel früher machte."

Heinz Nußbaumer über die journalistische Beurteilung der Achtundsechziger: „Wir waren alle, und das ist ein Fehler, davon überzeugt, dass dort die Kryptokommunisten am Werk waren. Die ersten Reflexe: Abschottung. Ich hatte dann sehr viel später ein Aha-Erlebnis. Für eine Serie trat ich in Kontakt zu Rudi Dutschke und es stellte sich für mich heraus, dass der Mann mit seiner witzigen, intelligenten Art überhaupt nicht den Voruteilen entsprach, die auch ich in der Zeitung verkauft hatte."

Rudi Dutschke starb am 24. Dezember 1979, nur 39 Jahre alt, an den Spätfolgen des Attentats. Doch viele Demonstranten des Jahres 1968 wurden zu wichtigen Politikern von heute – Joschka Fischer zum Beispiel oder Daniel Cohn-Bendit.

Marsch durch die Institutionen. Die 68er-Veteranen und Grün-Politiker Daniel Cohn-Bendit und Joschka Fischer im jugendlichen Schlabber-Look (links) und als gereifte Staatsmänner (rechts)

6. Ausgabe

Nach der geglückten Landung auf einem recht „grauen Mond“:

Sie spazierten schon!

Nixon ‚erobert‘ Bukarest
Er tanzte mit Ceausescu

Königin Elizabeth II. und ihr Gemahl, der Herzog von Edinburgh, zeigten sich für kurze Zeit den Wienern auf dem Balkon des Hotels Imperial

Königin Elizabeth II. kam mit 10 Minuten Verspätung

In London gab es ein Verkehrschaos / Empfang in Schwechat glich einem Volksfest / Bundespräsident erschien in Cut und Zylinder

STAATS-BESUCH

Reinald Hübl berichtet vom Empfang in Schwechat

Wien (Eigenbericht). Im sonnigsten Schwechat, das wir an diesem nicht ganz wolkenlosen Maientag bieten konnten, wurde die Sondermaschine ... Elizabeths II. von Britannien und Nordirland um 15.37 Uhr links ... Raffinerie sichtbar. Nach drei Minuten setzte sie in Schwechat ... 15.42 Uhr rollte sie, geleitet von einem kleinen, blitzenden ... bis zum ausgelegten roten Teppich. Österreich ...

... und Gepäckträger ... Besucherspaliers ... am Flug- ...

Knick in der Donaubrücke

Selbstverbrennung erschüttert Prag

Regierung zusammengetreten / Nächtliche Konferenz mit Studentenführern

KURIER-Sonderbericht aus Prag von Peter Hoffer

Prag. – Die Selbstverbrennung des 21jährigen Prager Studenten Jan Palach hat die Bevölkerung der Tschechoslowa... Die Prager Bun... nachmittag ... demonstra... zu beraten. ...eitag hatten tschechische Spitzenpolitiker und Studentenführer bis in die frühen Morgenstunden konferiert.

In Prag kursierten Freitagabend Gerüchte, nach denen ... an seinen Ve... Eine Bestäti... Wenige ...

Vor dem Wenzelsdenkmal erschien am Freitag ein Hinw... am 21. ... öffent... bis ...

MORGEN

KURIER

Die Massen demonstrierten vor dem Bundeskanzleramt

Wr. Mädchenmord: Täter beschenkte Opfer vor der Tat

Was d... Staat... besu... kost...

5000 Bauern, 700 Traktoren belagerten den Ballhausplatz

Piffl tritt ab

Mock nimmt Himmelfahrtskommando

Wien (Eigenbericht). Dr. Theodor Piffl-Percevic ist am Donnerstag als Unterrichtsminister zurückgetreten. Der neue Unterrichtsminister – er stand erst nach bewegten Debatten in der ÖVP-Bundesparteileitung fest – heißt Dr. Alois Mock, ist mit 35 Jahren der weitaus jüngste Minister der Regierung und war bisher Kabinettschef des Bundeskanzlers.

Weitere Änderungen in der Regierung: ...retär Pisa verläßt das Kabinett ... dem Sommer und wird ... ÖVP-... hin die bereits vor längerer Zeit angedrohten Konsequenzen. ... Piffl-Nach... ...nachmittag ...schränkt: ...

Ein Landeboot im Meer der Stille

Als 1969 das Raumschiff Apollo 11 abhob, wurde die Welt mondsüchtig. In den Jahren danach hat sich der Mondrausch rasch verzogen

Selbst unter Hochspannung blieb Raum für einen Hauch Poesie. „Auf einem Feuerstrahl reitend, flog das amerikanische Mondlandeboot mit den Astronauten Armstrong und Aldrin gestern Abend dem Mondboden entgegen", dichtete der KURIER. „Kommandant Neil Armstrong übernahm die Steuerung, um das Landeboot im Meer der Stille aufzusetzen."

Es war das bis dahin größte Medienereignis des 20. Jahrhunderts: Am 20. Juli 1969, um 21.18 Uhr MEZ, landeten die Astronauten Neil Armstrong und Edwin Aldrin als erste Menschen auf dem Mond. Die Welt war bei der Mission Apollo 11 via TV live dabei. Die Stationen sendeten rund um die Uhr; 500 Millionen Zuschauer verfolgten die Minuten der Landung an den Fernsehgeräten. Als Neil Armstrong aus der spinnenbeinigen Mondfähre geklettert war und seinen berühmten Satz vom „kleinen Schritt für den Menschen und großen Schritt für die Menschheit" gen Erden funkte, da herrschte rund um den Globus tiefe Ergriffenheit.

Die Zeitungen berichteten in großer Aufmachung und Sonderausgaben noch über die kleinsten Details der Expedition. Der KURIER etwa schilderte den Arbeitsablauf der Astronauten: „Die ersten fünf Minuten auf der Mondoberfläche verbringt Armstrong damit, sich an sein ‚neues' Gewicht zu gewöhnen, das einschließlich Ausrüstung nur 25 Kilo beträgt. Zu diesem Zweck spielt er Storch: Er versucht, zuerst auf dem einen, dann auf dem anderen Bein zu stehen. Anschließend ergreift er einen etwa ein Kilogramm schweren Gesteinsbrocken und steckt ihn in eine Außentasche seiner Hose: Wenn alle Stricke reißen und die Exkursion vorzeitig abgebrochen werden muss, dann kann Apollo 11 wenigstens dieses Stück vom Mond zur Erde zurückbringen. Etwa eine halbe Stunde nach dem Kommandanten verlässt auch Aldrin die Fähre."

Abflug zum Mond. Start von Apollo 11 am 16. Juli 1969 in Cape Kennedy. In der Raumkapsel an der Spitze der Rakete saßen die Astronauten (von links) Neil Armstrong, Michael Collins und Edwin Aldrin

Ein gewisses Bedauern hatte man für Michael Collins, den dritten Astronauten. Der arme Mann war dem Mond ganz nah, doch er musste an Bord der Kommandokapsel bleiben – auf einer Umlaufbahn.

Vom Mondspaziergang bis zum Aufstellen von Flagge und Kamera; vom Rückstart bis zur Wasserung der Apollo-Kapsel im Pazifik am 24. Juli – kein Moment des Fluges blieb unbeobachtet. Als die Raumkapsel im Ozean aufsetzte, läuteten in den USA die Kirchenglocken. KURIER-Reportage: „Autos stimmten Hupkonzerte an und in den Restaurants brach der Betrieb zusammen. Denn Oberkellner und Geschirrspülerinnen, Köche und Serviererinnen ließen Kochtöpfe, Registrierkassen und Gäste sein, um sich vor den Fernsehern zu drängen, um nach dem glücklichen Start, der glücklichen Mondlandung, dem glücklichen Ausstieg jetzt auch die glückliche Heimkehr mitzuerleben."

Glücklich war ein passendes Wort für die große Reise von Apollo 11. Wer jemals die Chance hat, im Nasa-Zentrum von Cape Kennedy, Florida, die dort ausgestellte Saturn-5-Rakete zu besichtigen, bekommt erst den richtigen Eindruck vom Risiko der Astronauten. Die Männer saßen in einer winzigen Kapsel an der Spitze einer riesigen Bombe, die randvoll mit Explosivstoffen gefüllt war. Sie konnten nur beten, dass die Treibsätze in der richtigen Reihenfolge

Die US-Flagge durfte natürlich nicht fehlen. Apollo-11-Astronaut Edwin Aldrin beim Mondspaziergang; gesehen durch die Kamera seines Kollegen Neil Armstrong (rechts). Die USA gewannen das Rennen um die erste Mondlandung, nachdem lange die Sowjets in Führung gelegen waren. Juri Gagarin (rechts unten) hob 1961 als erster Mensch in den Orbit ab

zündeten. Sonst wäre es in der Sekunde um sie geschehen gewesen.

Und was brachten die mutigen Männer vom Mond zurück? Tiefe Eindrücke, die sie den Daheimgebliebenen nur schwer vermitteln konnten (viele Astronauten wurden nach ihren Expeditionen sehr religiös) – sowie einen „Rucksack voller Steine" (KURIER). Die teuersten Steine der Geschichte. Denn das Unternehmen Mondlandung hatte mehr als 25 Milliarden Dollar verschlungen.

Die Steine blieben Nebensache. Christoph Kotanko: „Der wissenschaftliche Wert der Sache war, gemessen an den Kosten, wahrscheinlich gering. Doch die Mondlandung war eine Pioniergeschichte jener Art, nach der sich die Menschen sehnen. Es ging um das Überschreiten von Grenzen – in einer Epoche, in der der Zeitgeist von Sciencefiction-Romantik geprägt war."

Nebstbei ging es aber auch um handfeste machtpolitische Strömungen. „In den sechziger Jahren war die Utopie, auf dem Mond zu landen, unglaublich wichtig, insbesondere für das Selbstverständnis der Amerikaner und der westlichen Welt", meint Peter Rabl. „Denn damals, knapp nach dem Höhepunkt des Kalten Krieges und der Kuba-Krise, herrschte große Angst vor der technologischen Überlegenheit der Russen – auch wenn man heute weiß, dass diese Angst vom US-Militär-Industrie-Komplex künstlich geschürt wurde."

Eine kurze Zeitreise durch die Ära der Raumfahrt: Der erste Coup gelang den Sowjets. Am 4. Oktober 1957 schickten sie ihren Sputnik 1 ins All – für die Amerikaner ein Schock, der zur Gründung der Weltraumbehörde Nasa führte. Auch der erste bemannte Raumflug startete in der Sowjetunion. Juri Gagarin umkreiste am 12. April 1961 in der Kapsel Wostok-1 die Erde. Die USA konnten erst im Februar 1962 mit John Glenn kontern, der drei Mal rund um den Globus flog. 1961 hatte es nur zwei kurze ballistische Raumflüge mit den US-Astronauten Alan Shepard und Virgil Grissom gegeben – die Herren wurden ins All geschossen und stürzten gleich wieder zurück, ohne in eine Umlaufbahn einzuschwenken.

Als John Glenn in den Orbit abhob, hatte US-Präsident John F. Kennedy den Wettlauf zum Mond bereits eröffnet. Am 25. Mai 1961 erklärte er, „noch vor dem Ende des Jahrzehnts einen Menschen auf dem Mond zu landen und sicher zur Erde zurückzubringen". Trotz der Ankündigung Kennedys blieben die Sowjets zunächst in Führung. Am 19. Juni 1963 startete mit Valentina Tereschkowa die erste Frau ins All. Sie blieb 70 Stunden und 46 Erdumrundungen lang im schwerelosen Raum. Damit verbrachte sie mehr Zeit im All als alle US-Astronauten des Mercury-Programms zusammen. 1965 verließ ein russischer Kosmonaut seine Raumkapsel zum ersten Raumspaziergang der Geschichte.

Zwar machten die Amerikaner jetzt mit ihren zweisitzigen Gemini-Kapseln rasche Fortschritte, doch am 27. Jänner 1967 mussten sie beim Unternehmen Mondflug einen tragischen Rückschlag hinnehmen. Während eines Boden-Countdowns, wenige Tage vor dem geplanten Start, brach an Bord von Apollo 1 Feuer aus. Die Astronauten Edward White, Roger Chaffee und Gus Grissom erstickten. Trotzdem wurde das Apollo-Programm vorangetrieben. Auf dem Höhepunkt des Projekts waren 500.000 Menschen daran beschäftigt. Mit Apollo 11 war es dann 1969 so weit.

Die Sowjets waren geschlagen. Sie hatten zur gleichen Zeit eine Mondexpedition gestartet. Doch ihre Luna 15 war unbemannt – und zerschellte am 21. Juli 1969 auf dem Mond, statt weich zu landen.

Die Raumfahrt wurde im Laufe der Zeit zur (nicht ungefährlichen) Routine-Angelegenheit. Das Space Shuttle Endeavour bei einem Andockmanöver (links). 2004 machte ein Weltall-Abenteuer erstmals seit Jahren wieder weltweite Schlagzeilen. Das Space Ship One (oben) hob ab zum ersten privat finanzierten Kurzflug ins All

Den Amerikanern gelangen nach dem Triumph von Apollo 11 noch fünf weitere bemannte Mondlandungen. Doch seltsam: Die Luft war draußen. Die nächsten Missionen erreichten nicht einmal annähernd die Aufmerksamkeit des ersten Fluges. Wer erinnert sich an die Namen Charles Conrad jun. und Alan L. Bean von Apollo 12? Das waren, nach Armstrong und Aldrin, die nächsten Menschen, die den Mond betraten (im November 1969). Wer erinnert sich an die Astronauten Cernan und Harrison H. Schmitt von Apollo 17? Sie waren, im Dezember 1972, die bisher letzten.

Eher sind da noch die Herren Lovell, Haise und Swigert im kollektiven Gedächtnis erhalten. Sie starteten am 11. April 1970 mit Apollo 13, doch auf dem Weg zum Mond erlitt ihr Schiff ein Leck an einem Sauerstofftank. Was folgte, war der berühmte Satz „Houston, wir haben ein Problem" – und ein aufregender Flug zurück zur Erde, der gottlob glücklich endete. Doch die USA nahmen die Beinahe-Katastrophe zum Anlass, das Nasa-Budget auf ein Drittel zu kürzen.

Warum erlahmte das Interesse an der Raumfahrt so rasch? Christoph Kotanko ortet sportliche und utopische Gesichtspunkte. Die sportlichen: „Es war ein Wettlauf. Sobald das Match entschieden war, gab es nur noch wenig Aufmerksamkeit, denn der vierte, fünfte oder sechste Sieg interessierte niemanden mehr." Die utopischen: „Es wurden völlig überspannte Erwartungen geweckt. Was es damals, auch im KURIER, an Vorhersagen gab! Es würde Städte im All geben und einen Weltraumtourismus."

In der Tat. Als 1981 die Raumfähre Columbia ihre erste Reise ins All antrat (sie sollte 22 Jahre später, am 1. Februar 2003, aus 60.000 Metern Höhe abstürzen und sieben Menschen in den Tod reißen), da schwärmte der KURIER von künftigen „Luxusreisen in das All."

Und der österreichische Weltraumexperte Professor Herbert Pichler (er hatte die erste Mondlandung im ORF kommentiert) gab in einem KURIER-Gespräch kühne Prognosen ab: „Das Space Shuttle ist das kommende Fahrzeug für Weltraum-Touristen. Übertrieben gesagt: das Fahrzeug für den kleinen Mann, der – sagen wir, um rund 10.000 Dollar – in einer Raumstation rund um die Welt fahren will. Ein Ausflug zum Mond würde dann aber nur weitere 500 Dollar kosten." Des Professors kerniger Kernsatz: „Wir überschreiten in der Raumfahrt eine Grenze. Die Wiege der Menschheit ist die Erde – aber wer bleibt schon immer in seiner Wiege?"

Ein Wiener, der solche Ansagen (mit einem gewissen Schmunzeln) besonders gerne hörte, war der KURIER-Redakteur Gerhard Pistor. Er hatte sich schon 1964 den Spaß gemacht, beim Österreichischen Verkehrsbüro 500 Schilling als Anzahlung für den ersten Passagierflug zum Mond zu hinterlegen. Die ruhmreiche Fluggesellschaft PanAm stellte Pistor daraufhin die Mitgliedskarte No. 1 im „First Moon Flights Club" aus. Leider ging die PanAm in den neunziger Jahren ganz ruhmlos Pleite, ohne ihren Mond-Club jemals ins All einzuladen.

Seitdem die Zeitgenossen durch den Cyber-Raum des Internets flüstern, hat eine kühne These an Anhängerschaft gewonnen: Dass nämlich die Mondlandung gar nicht stattfand. Zumindest nicht auf dem Mond. Die Aufnahmen von Armstrong und Aldrin seien in einem Studio gedreht worden.

Filmregisseur William Karel gab dieser Theorie 2002 mit seiner Dokumentar-Groteske „Kubrick, Nixon und der Mann im Mond" augenzwinkernd ein Forum. Demnach wären die Live-Bilder vom Mond ein Abfallprodukt des Stanley-Kubrick-Films „2001 – Odyssee im Weltraum" gewesen. William Karels Doku ist ein Scherz, aber dass dieser von vielen Leuten nur zu gern für bare Münze genommen wurde, wie in einschlägigen Internet-Foren nachzulesen ist, konnte der Regisseur nicht verhindern. Denn wie sagte Hollywood-Star Robin Williams einmal über die virtuellen Verschwörungstheorien? „Das Internet ist die Paranoia-Zentrale der Welt."

Noch ist nicht klar, ob US-Präsident George W. Bush seine 2004 geäußerte Idee ernst nimmt, den ersten bemannten Flug zum Mars anzugehen. Genauso wenig klar ist, wie die Menschen auf solch eine Expedition reagieren würden. Peter Rabl: „Es wäre halt eine Reise zu einem Planeten – weiter und schwieriger als jene zum Mond. Ich glaube aber nicht, dass eine Mars-Landung die absolute, positive Hysterie von damals auslösen könnte."

Da hat vielleicht eher die „fliegende Bratwurst" das Zeug dazu, die Fantasie der Leute zu entflammen. Als der schrullig wirkende Miniflieger, offizieller Name Space Ship One, am 20. Juni 2004 heil vom ersten privat finanzierten Flug ins All zurückgekehrt war, machte die Raumfahrt erstmals nach langer Zeit wieder rund um die Welt Schlagzeilen.

Die Wähler stellten alles auf den Kopf

Sieg der SPÖ

Endstand: SP 81 (74), VP 78 (85), FP 6 (6)

Nächster Bundeskanzler heißt Kreisky

MORGEN

Wien (Eigenbericht). Der Sozialistischen Partei Österreichs gelang gestern der größte Wahlsieg seit 1945. Sie wurde erstmals größte Partei und wird im neuen Nationalrat über 81 Mandate verfügen. Dr. Bruno Kreisky wird von Bundespräsident Jonas den Auftrag erhalten, die neue Regierung zu bilden.

Um Punkt 21.30 Uhr gab Innenminister Soronics das vorläufige End-

Broda legt im Ministerrat vor:

Gatte muß bei Scheidung erworbenes Gut teilen

ÖVP will lieber höhere Kinderbeihilfen

Regierung: Ab 1971 alle Schulbücher kostenlos

Erstmals: Bischofssturm gegen Zölibat

Brasilianischer Regionalkongreß faßte einstimmigen Beschluß

Araber kaperten 4 Flugzeuge

Terror in der Luft

- 642 Personen in Lebensgefahr
- Feuergefecht an Bord
- Ein Entführer getöt

Bonn anerkennt Oder-Neiße

Der Text des deutsch-polnischen Vertrages wird veröffentlicht

De Gaulle ist tot

Pompidou: „Frankreich ist nun eine Witwe!“

Jochen Rindt ist tot

Beim Training aus Kurve geschleudert

Frische Luft für ein muffiges Land

Modernisierer, Schuldenmacher, Sonnenkönig: 1970 kam Bruno Kreisky an die Macht, der bedeutendste Kanzler der Zweiten Republik

Die Wahlergebnisse wurden – man war in der Steinzeit des Computerzeitalters – noch mit der Hand auf große Listen geschrieben. Doch es gab schon eine Mandate-Hochrechnung und auf deren Schautafel leuchteten drei Zahlen: 78 – 81 – 06. Die 81 gehörte zur SPÖ, die 78 zur ÖVP und die 06 zur FPÖ. Am Abend des 1. März 1970 stand fest: Die ÖVP hatte ihre absolute Mehrheit des Jahres 1966 verspielt. Österreich würde einen neuen Bundeskanzler bekommen. Keine acht Wochen später, am 21. April, wurde der neue Mann von Bundespräsident Franz Jonas angelobt. Die Ära Kreisky hatte begonnen.

„Bruno Kreisky hat in einem immer noch großkoalitionär geprägten, proporzverrußten, miefigen, gesellschaftspolitisch konservativen Land die Fenster aufgerissen, den Deckel aufgemacht, den Stoppel rausgezogen", sagt Peter Rabl. „Kreisky wollte den offenen Staat, die Modernisierung in allen Bereichen. Da ist sehr vieles gelungen und manches schief gegangen. Aber es war eine wirkliche gesellschaftliche Generalüberholung des Landes – zum Besten Österreichs. Nach Julius Raab, mit seinen Verdiensten um den Staatsvertrag, wurde er der zweite große Kanzler und sicher der bedeutendste der Zweiten Republik."

Bruno Kreisky hatte schon im Wahlkampf keinen Zweifel daran gelassen, dass er das Land verändern wollte. Franz Ferdinand Wolf über den Weg zur Wende 1970: „Die Volkspartei spielte mit hohem Einsatz. Bundeskanzler Josef Klaus verkündete die Wiedererringung der absoluten Mehrheit als Wahlziel – sonst würde er gehen. Der Herausforderer Kreisky trommelte das totale Versagen der ÖVP-Alleinregierung in allen wirtschaftspolitischen und gesellschaftlichen Belangen. Er versprach ein ‚modernes Österreich', das er von 1400 Experten hatte konzipieren lassen. Für den Fall einer sozialistischen Alleinregierung kündigte er die Verkürzung der Wehrpflicht an: ‚Sechs Monate sind genug.'"

Den Sechs-Monate-Wehrdienst gibt es bis heute nicht (Kreisky setzte 1971 eine Reduktion von neun auf acht Monate durch). Die Alleinregierung kam aber bald. Zwar fehlte der SPÖ eine wichtige Voraussetzung, nämlich die absolute Mehrheit (sie kam auf 48,4 Prozent der Stimmen). Doch noch in der Wahlnacht verständigte sich Kreisky mit FPÖ-Obmann Friedrich Peter, dass die Freiheitlichen eine SP-Minderheitsregierung stützen würden. Im Gegenzug sicherte er der rechten Partei eine Wahlrechtsreform zu, die ihr das Überleben im Parlament erleichtern würde.

Gewiss war es der Traum der FPÖ, Regierungspartner zu werden. Doch daraus wurde mehr als eine Dekade lang nichts. Denn immer mehr Bürger konnten Bruno Kreiskys Vorschlag etwas abgewinnen, mit ihm „ein Stück Weges gemeinsam zu gehen" (so ein SPÖ-Slogan).

81 Mandate für die SPÖ. Wahlsieger Bruno Kreisky (Mitte) am 1. März 1970 beim ORF-Interview mit Franz Kreuzer. Die unterlegenen Parteiobmänner (von links) Friedrich Peter, FPÖ, und Josef Klaus, ÖVP, hörten zu

Der eine regierte Österreich, der andere die Welt der klassischen Musik. Bruno Kreisky, Freund der Künste, im Gespräch mit dem Komponisten und Dirigenten Leonard Bernstein

1971, als er starken Rückenwind spürte, setzte sich der Kanzler („Lasst Kreisky und sein Team arbeiten") mit dem Wunsch nach Neuwahlen durch. Die SPÖ eroberte 50,04 Prozent der Stimmen und damit 93 Mandate im Parlament, das von 165 auf 183 Sitze erweitert worden war. 1975 („Kreisky, wer sonst?") erhöhte die SPÖ auf 50,41 Prozent. Vier Jahre später fuhr Kreisky dann sein bestes Ergebnis ein, obwohl er 1978, beim Nein der Österreicher zum Atomkraftwerk Zwentendorf, eine herbe Niederlage eingesteckt hatte. Doch bei der Nationalratswahl 1979 kam die SPÖ auf 51,03 Prozent der Stimmen und 95 Mandate.

Erst danach begann der Stern des Kanzlers zu sinken. Bereits von schwerer Krankheit gezeichnet, holte er 1983 nur noch 47,6 Prozent der Stimmen für die SPÖ und trat vom Amt zurück.

Was war der Grund für die Fähigkeit des „Sonnenkönigs" Bruno Kreisky, die Bürger des Landes mehr als ein Jahrzehnt lang zu fesseln? Der Publizist Paul Lendvai schrieb: „Kreisky war in der Tat ein Magier. Ein berufsmäßiger Zauberkünstler; ein pausenlos agierender, improvisierender, oft von seiner eigenen Formulierungslust berauschter Mensch, zugleich aber auch eine politische Spielernatur, die hundert Dinge gleichzeitig in Bewegung hielt."

Besonders gut beherrschte Kreisky, der bald das Prädikat des Medienkanzlers bekam, das Spiel mit der öffentlichen Meinung. Das Kanzleramt etwa war während der Klaus-Ära für Journalisten praktisch gesperrt. Peter Rabl: „Da kam man nicht herein. Nach dem Ministerrat gab es ein Kommuniqué, punkt, aus." Doch Kreisky führte bald das Pressefoyer nach den Regierungssitzungen ein, das bis heute besteht (wenngleich der joviale Kreisky sicher seine Gaudi mit dem abweisenden „Zukunft braucht Verantwortung"-Podest des Kabinetts Schüssel/Haupt gehabt hätte).

Christoph Kotanko über das Pressefoyer: „Treffpunkt, Nachrichtenbörse, Recherche-Rummelplatz – der Medienkanzler hatte diese seltsame Veranstaltung unter dem Arbeitstitel ‚Mehr Transparenz' eingeführt. Seine Rededuelle mit Journalisten – ‚Lernen S' Geschichte, Herr Redakteur!' – wurden legendär. Er hatte Lieblingsfeinde, deren Fragen er herbeisehnte. Als eine ÖVP-nahe Berichterstatterin drei Dienstage ruhig blieb, erkundigte sich Kreisky besorgt nach ihrem Gesundheitszustand."

Kotanko hat noch eine Anekdote parat. „Es war ein brennheißer Julitag. Die Journalisten verschafften sich Erleichterung und übersiedelten vom Kanzleramt in den Volksgarten. An die Tür des Ministerratssaals kam eine Papptafel – ‚Sind in der Meierei'. Kurz nach dem Ministerrat kam der Kanzler nach. Wegen widriger äußerer Umstände wollte er das Pressefoyer nicht platzen lassen."

„Kreisky konnte einen wirklich einwickeln", sagt Peter Rabl. „Er konnte aber auch unglaublich granteln und einen terrorisieren. Wenn man einmal einen Kommentar schrieb, der ihm nicht gefiel, dann war man wochenlang nicht in der Huld. Doch man konnte bei Politiker-Heurigen reschest mit ihm diskutieren."

Stoff für Diskussionen gab es genug. „Kreisky verkörperte und signalisierte Weltoffenheit", sagt Christoph Kotanko. „Er schlug, vor allem in der kulturellen Diskussion, einen Ton an, den es vorher nicht

Der Schwung der frühen Regierungs-Jahre. Sonnenkönig Bruno Kreisky mit seinem später verstoßenen Kronprinzen Hannes Androsch

gegeben hat. So war er in gewisser Weise fast revolutionär, wobei man sagen muss, dass seine Reformen zum Teil Dinge nachvollzogen, die in anderen Ländern längst gang und gäbe waren."

Besonders überfällig war die Justizreform. Als Bruno Kreisky 1970 am Ballhausplatz einzog, herrschten gesellschaftspolitisch noch archaische Zustände. Der Mann war das Familienoberhaupt, uneheliche Kinder hatten rechtlich eine schwächere Stellung als eheliche. Abtreibungen waren verboten; Ehebruch und Homosexualität konnten strafrechtlich verfolgt werden. Wer etwas angestellt hatte, musste damit rechnen, zu „schwerem verschärftem Kerker" verknackt zu werden. Unter Justizminister Christian Broda wurde die große Familien- und Strafrechts-Reform verabschiedet.

Der Zugang zur Bildung sollte, vor allem für sozial Schwächere, erleichtert werden: Die Regierung Kreisky führte die Gratis-Schulbücher ein und schaffte die Studiengebühren ab. Gleichzeitig ging man daran, den Sozialstaat auszupolstern. Der Mindesturlaub stieg auf fünf Wochen pro Jahr; das Sozialversicherungssystem wurde ausgebaut, es gab neue Transferleistungen – bis hin zur 15.000-Schilling-Prämie für jedes Hochzeitspaar.

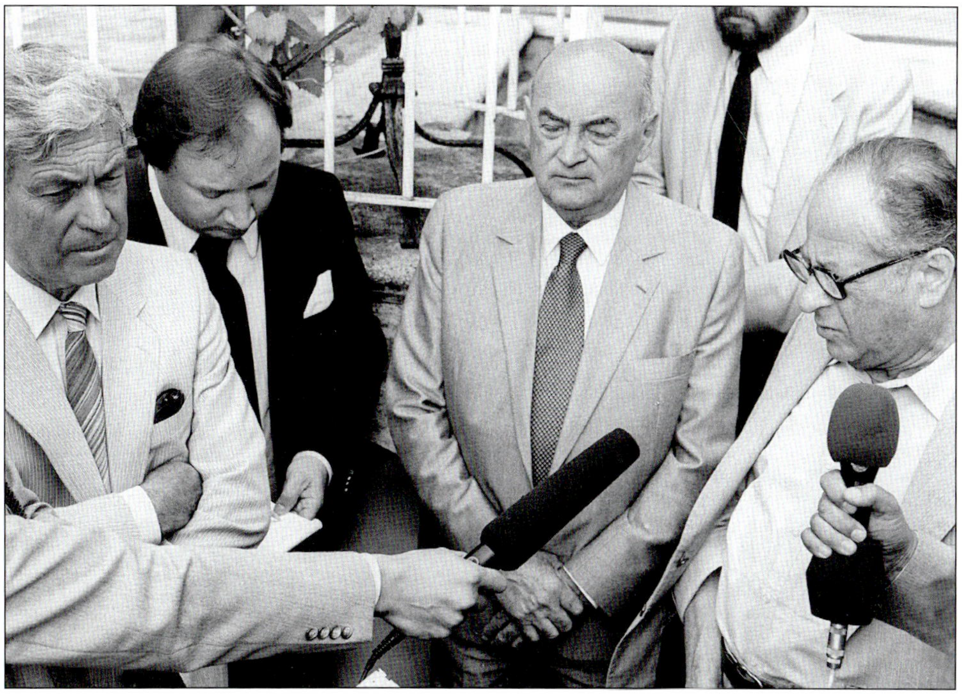

Kreisky, der Medienkanzler (mit, oben von rechts, ÖGB-Chef Anton Benya und KURIER-Redakteur Hans Rauscher): „Er konnte einen wirklich einwickeln. Er konnte aber auch granteln und einen terrorisieren." Mit dem abweisenden Pressefoyer-Podest des Kabinetts Schüssel/Haupt (links) hätte Kreisky gewiss seine Gaudi gehabt

Der Sozialdemokrat Kreisky, Jahrgang 1911, war politisch geprägt durch die Wirtschaftskrisen der dreißiger Jahre, die dem Faschismus den Boden bereiteten. Die Vollbeschäftigung hatte für ihn höchste Priorität, wobei er danach trachtete, die Arbeitslosenrate unter drei Prozent zu halten. Legendär wurde sein Satz: „Mir sind ein paar Milliarden Schulden lieber als ein paar Tausend zusätzlicher Arbeitsloser."

Nur blieb es halt nicht bei „ein paar Milliarden Schilling Schulden", und das ist bis heute ein Knackpunkt in Kreiskys Leistungsbilanz. Die Republik Österreich baute in den Siebzigern imposante Defizite, wobei riesige Summen in der Verstaatlichten Industrie versickerten.

Peter Rabl: „Viel von den Staatsschulden, die aufgenommen wurden, ging nicht in die Modernisierung des Landes, sondern in den Konsum. Wir sind auf Pump wohlhabend geworden. Die Folgen dieser überzogenen Schuldenpolitik werden wir noch lange tragen. Denn das Geld, das uns der Staat in die Hand gab, müssen wir und unsere Kinder langsam zurückzahlen."

Gleichwohl: „Selbst Kreiskys Irrtümer enthielten im Allgemeinen mehr Substanz als die Gewissheiten seiner Gegner", urteilte der Journalist Peter Michael Lingens. Die Autorin Elisabeth Horvath schrieb: „Die Leute wurden Kreisky-süchtig und bekamen Entzugserscheinungen, wenn der Kanzler einen Tag lang nicht auf dem Fernsehbildschirm auftauchte."

Zur Kreisky-Sucht trug auch die Außenpolitik des Kanzlers bei, die der frühere US-Außenminister Henry Kissinger so charakterisierte: „Bruno Kreisky hat die offizielle Neutralität seines Landes dazu ausgenutzt, sich einen Einfluss in der Weltpolitik zu verschaffen, der zu den tatsächlichen Machtverhältnissen in keiner Beziehung steht."

Zunächst hatte Kreisky maßgeblich dazu beigetragen, dass die UNO Wien als ihren dritten Sitz neben New York und Genf etablierte. In internationalen Fragen hatte seine Stimme vor allem beim Thema Nahost Gewicht. In Israel weckte er aber immer wieder versteckte oder offene Irritationen, weil er, der Politiker jüdischer Herkunft, vehement für die Rechte der Palästinenser eintrat. 1979 empfing er den damals noch eher isolierten PLO-Chef Yassir Arafat in Wien; 1980 war Österreich das erste westliche Land, das die PLO offiziell anerkannte.

Das gebrochene Verhältnis des Juden Kreisky zu Israel gehört zu den rätselhaftesten Facetten des großen Mannes. Er selbst sagte einmal: „Meine jüdische Abstammung war von bildendem Einfluss auf die Persönlichkeitsformung. Ich weigere mich aber, daraus den Schluss abzuleiten, ich müsste mich der jüdischen Gemeinschaft besonders verbunden fühlen."

Franz Ferdinand Wolf dazu: „Kreisky hat sicher einen latenten Antisemitismus im Lande sehr subtil bedient, wobei er, als Jude, selbst Kronzeuge war. Die Ewiggestrigen konnten sagen: ‚Na, Wiederbetätigung ist es nicht, denn das sagt ja der Kreisky.'"

Besonders krass kam dieser Wesenszug in der Wiesenthal-Peter-Affäre des Jahres 1975 zum Ausdruck. Als der Nazi-Jäger Simon Wiesenthal aufdeckte, FPÖ-Obmann Friedrich Peter sei während des Krieges Mitglied einer „berüchtigten Mordeinheit der SS" gewesen, da verteidigte Kreisky den Ex-Nazi und verfolgte Wiesenthal mit seinem geballten Zorn. Peter Rabl: „Sein Verhalten war für viele Menschen völlig unverständlich. Das war sicher der absolute Tiefpunkt in der Karriere des Bruno Kreisky."

Die Frauen kommen!

Eidgenossen stimmen über das Frauenstimmrecht ab

Die Schweiz vor einem historischen Wahlgang

Österreich hat sich gesundgeraunzt

Rot-Weiß-Rot bleibt auf der Ueberholspur

Tauwetter zwischen Amerika und China

„Ping-Pong-Diplomatie“: US-Sportler bei Tschu

Peking. – Der chinesische Ministerpräsident Tschu En-lai wird am heutigen Mittwoch persönlich die Mitglieder kanischen Tischtennismannschaft empfangen, die si erste US-Gruppe überhaupt in Rotchina aufhalte sehen darin das bedeutendste Ereignis in den chinesischen Beziehungen seit 20 Jahren und proph ein Tauwetter zwischen den beiden verfeindeten Sta

Nach Ueberfall auf Wächter und Richter

Drei aus Stein entflohen Mit Geiseln unterwegs

Jonas-Visite vom Vatikan aufgewertet

Papst lobt Oesterreich: „Insel der Glücklichen“

Triumphale Erfolge trotz aller Pannen

Erstmals: Auf dem Mond ein Auto repariert

Scott gestürzt – aber keine Folgen

14 Millionen S für 4 Geiseln gefordert

Anarchisten überfallen Bank in Münchens City

Täter in Polizei-Falle niedergeschossen

Der ewige Konflikt mit dem Patriarchat

Erst 1971 erstritten die Frauen der Schweiz das landesweite Wahlrecht. Weltweit klafft eine gesellschaftliche Kluft zwischen Männern und Frauen

Einfach schrecklich", entfuhr es dem Herrn aus der Schweiz. „1,6 Millionen Männer lassen sich entmannen!"

Massen-Kastrationen unterm Matterhorn? Keine Rede. Die Männer aus Regierung und Parlament hatten den Männern aus dem Volk eine Abstimmung über das landesweite Frauenwahlrecht verordnet. In sechs Jahrzehnten war dieser Anlauf zu politischer Gleichberechtigung 25 Mal schief gegangen. Auch diesmal reckte eine Koalition aus Machos und Patriarchen dem neumodischen Zeugs vollen Widerstand entgegen. Frauenwahlrecht? Bei den städtischen Hebammen vielleicht, meinte einer: „Das ist ihre Welt, das verstehen sie."

Doch die gesellschaftliche Großwetterlage hatte sich geändert. Im Jahre des Herrn 1971 wollten endlich auch die Herren der Schweiz die politische Apartheid der Frauen beenden; damit waren sie sowieso einsame Nachzügler in der zivilisierten Welt. Bei der Abstimmung am 7. Februar 1971 (noch waren nur Männer zugelassen) machten 654.924 Schweizer ihr Kreuz beim Ja; immerhin 323.603 votierten für den Status quo. „Eine Mehrheit gegen das Frauenstimmrecht", schrieb der KURIER, „fand sich lediglich in den deutschsprachigen, bäuerlichen und streng katholischen Kantonen Glarus, Schwyz, Uri, St. Gallen sowie den beiden Appenzeller Halbkantonen. Dort wird den Frauen bei Entscheidungen auf lokaler Ebene auch weiterhin das Stimmrecht verwehrt."

Am standhaftesten blieben die Männer in den Jahren danach im Kanton mit dem schönen Namen Appenzell-Innerrhoden. Die dort ansässigen Damen dürfen erst seit 1990 über innerrhodische innere Angelegenheiten mitstimmen.

„Für uns in Österreich war die Schweizer Debatte eine Schrulligkeit, die belächelt wurde und für die es kein Verständnis gab", sagt Heinz Nußbaumer, der damals über den Entscheid im Nachbarland berichtete. „Schließlich gab es in Österreich das Wahlrecht für alle Bürger schon seit 1919."

Aber wie stand's um die gelebte Verfassung? Nußbaumer: „Die alten Schweizer Verhältnisse entsprachen in vieler Hinsicht der politischen Realität in Österreich. Erst 1966 trat mit Grete Rehor die erste Ministerin der österreichischen Geschichte ihr Amt an. Es war nicht so, dass man die österreichische Politik mit Gleichberechtigung durchflutet hatte. Das war im Inneren eine Männergesellschaft, in der erst Bruno Kreisky, eine besonders emanzipatorische Gestalt, neue Impulse setzte."

Elfriede Hammerl über die Zeit um 1970, „da man beim Wort Postfeminismus allenfalls an Briefträgerinnen gedacht hätte: Das waren finstere Jahre. Frauen sollten sich für Kinder, Küche und Kirche begeistern. Tapfer hab' ich geschrieben, dass es Weibsbilder nicht genetisch bedingt zum Staubsauger treibt."

„Zum ersten Mal wählten die Frauen aus Obwalden in der Schweiz gemeinsam mit den Männern die neuen Abgeordneten für die Landsgemeinde durch einfaches Handheben" (links). Wie bekommt man den Stimmzettel in die Urne? Schweizer Wahlhelfer geht Schweizer Wählerin zur Hand (rechts)

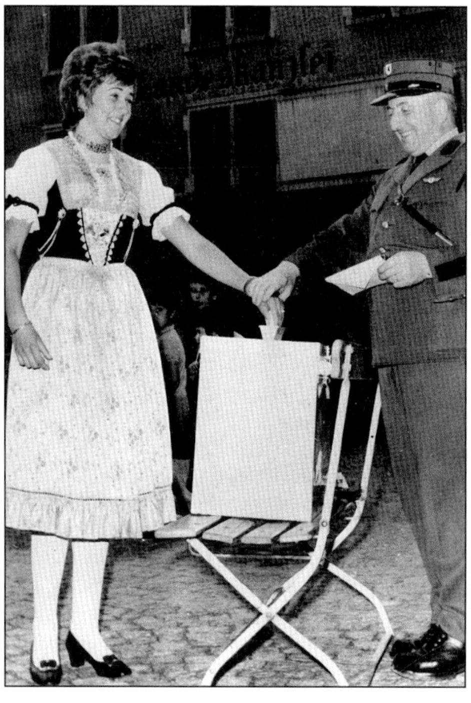

Eine Demonstration in Wien für das Recht auf die Straffreiheit des Schwangerschafts-Abbruchs

Große Fortschritte in Frauenfragen habe es seither nicht gegeben, glaubt Livia Klingl. „Gleichberechtigung? Wir leben in einer Männergesellschaft, die ziemlich reformresistent ist. Jene, die seit 2000 Jahren die Macht haben, zeigen wenig Lust, sie abzugeben. Die Kluft zwischen Männern und Frauen wird auch in Europa tiefer. Die Männer verdienen tendenziell immer mehr, die Frauen immer weniger. Nur zwei Prozent der hohen Positionen in Österreich werden von Frauen besetzt."

Zu dieser pessimistischen Sicht passen Zahlen, welche das deutsche Tagblatt *taz* 2002 veröffentlichte: „Nach Erhebungen der Vereinten Nationen und ihrer Unterorganisation ILO aus den Jahren 1980 und 1985 erzeugen Frauen 80 Prozent der Weltnahrungsmittel, verrichten zwei Drittel der Weltarbeitsstunden, erhalten nach UNO-Angaben zehn Prozent des Welteinkommens und besitzen ein Prozent des Weltvermögens."

Die jüngsten Daten zur Einkommensschere in Österreich, ermittelt von der Arbeiterkammer: „Der Lohnunterschied zwischen Männern und Frauen lag 2002 bei 33 Prozent. Frauen verdienten durchschnittlich 1279 Euro brutto, Männer 1904 Euro brutto im Monat." Das Fazit der AK ist eindeutig, wenngleich gewagt formuliert. „Alles muss unternommen werden, dass diese Schere tatsächlich verringert wird."

An der „Verringerung der Schere" arbeiten Frauenrechtlerinnen und ihre männlichen Mitstreiter seit mehr als 200 Jahren.

Als eine der ersten Feministinnen könnte man die Französin Olympe de Gouges bezeichnen. Sie ließ auf die „Erklärung der Menschen- und Bürgerrechte" des Revolutionsjahres 1789 zwei Jahre später die „Erklärung der Frauen- und Bürgerinnenrechte" folgen. Den Herren Revolutionären fehlte es an Verständnis für Text und Autorin. Das Leben der Olympe de Gouges endete 1793 auf dem Schafott.

In Österreich gründete Karoline von Perin im Revolutionsjahr 1848 den „Wiener demokratischen Frauenverein". Dessen Aktivitäten wurden nach der Niederschlagung des Aufstands rasch unterdrückt.

Österreichs Arbeiterinnen fanden in den Dekaden danach eine politische Heimat bei den Sozialdemokraten, doch auch dort blieben ihnen viele Türen versperrt. Beim Gründungs-Parteitag der SP 1888 waren keine Frauen zugelassen. Noch 1903 äußerte SP-Chef Victor Adler Bedenken gegen die Forderung nach dem Frauenstimmrecht: „In Österreich, wo das Männerwahlrecht noch nicht einmal erkämpft ist, wäre es eine politische Torheit, diesen Kampf abzulenken auf einen Punkt, der voraussichtlich erst später zu erreichen sein wird."

Nach dem Ende der Monarchie war's dann so weit. 1919 wurde in Österreich – so wie in Schweden, Polen oder der Tschechoslowakei – das Frauenstimmrecht eingeführt. Staaten mit langer demokratischer Tradition wie Großbritannien oder die USA hatten diesen Schritt erst 1918 gesetzt.

Die Jahre der Ersten Republik brachten für die Frauenbewegung einen leisen Aufschwung. Nach dem Einmarsch der Nazis war's damit wieder vorbei: „Das Eindringen der Frau in die Welt des Mannes ist eine Fehlentwicklung, die im Interesse der Frau wieder rückgängig gemacht werden musste." Zurück an den Herd also. Und dann kam der Krieg.

Livia Klingl: „Frauen haben eine weniger erotische Einstellung gegenüber militärischer Gewalt als Männer. Die Phallussymbole des Militärs, Kanonen und Gewehre, sind für eine Frau einfach nicht spannend. Kriege sind nichts anderes als Schlägereien auf hohem Niveau. Die Schicht der Zivilisation ist beim Mann dünner."

Als die Schicht der Zivilisation nach den Jahren der Barbarei wieder gewachsen war, galt in Österreich erneut das solide Patriarchat. Das Familienrecht basierte auf dem Allgemeinen Bürgerlichen Gesetzbuch (ABGB), das den Geist des frühen 19. Jahrhunderts atmete – es entstand 1811.

Noch 160 Jahre später, als Bruno Kreisky mit der SPÖ die absolute Mehrheit errang (nicht zuletzt dank vieler Frauenstimmen), war die Ehe im Paragraph 91 des ABGB so geregelt: „Der Mann ist das Haupt der Familie. In dieser Eigenschaft steht ihm vorzüglich das Recht zu, das Hauswesen zu leiten."

Für Ehefrauen kannte der folgende Paragraph 92 vorzüglich Pflichten. „Die Gattin erhält den Namen des Mannes. Sie ist verbunden, dem Manne in seinen Wohnsitz zu folgen, in der Haushaltung und Erwerbung nach Kräften beizustehen und, so weit es die häusliche Ordnung erfordert, die von ihm getroffenen Maßregeln sowohl selbst zu befolgen als befolgen zu machen."

Jetzt war allerdings um 1965 ein Produkt

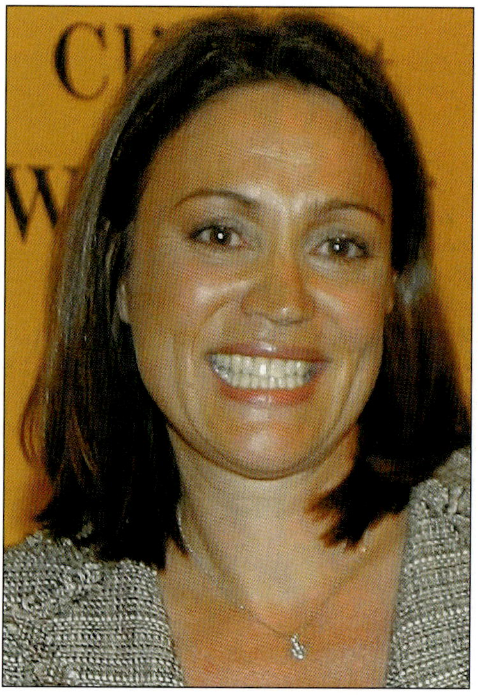

Österreichs Business Woman des Jahres 2004: Claudia Oszwald, vierfache Mutter und Chefin von H&M Österreich

Für Frauenrechte, gegen Gewalt. In den siebziger Jahren begann die Frauenbewegung auch in Österreich, ihre Anliegen in die Öffentlichkeit zu tragen

auf den Markt gekommen, das die weibliche Befolgung männlicher Maßregeln ins Wanken zu bringen begann. Die Anti-Baby-Pille. Frauen konnten nun selbst entscheiden, ob sie Kinder bekommen wollten. Die Lust wurde entkoppelt von der Angst vor der Schwangerschaft. Die sexuelle Revolution begann.

1968 gingen in halb Europa die Studenten auf die Straße. Die Frauen gingen zunächst Hand in Hand mit den Männern und dann eigene Wege. Die autonome Frauenbewegung entstand, die bald ein großes Thema hatte: die Forderung nach einer Straffreiheit von Schwangerschafts-Abbrüchen. Im Jahr 1971 sorgten zwei Aktionen der Magazine *Le Nouvel Observateur* (Frankreich) und *Stern* (Deutschland) für riesiges Aufsehen. In beiden Blättern bekannten sich Hunderte prominente Frauen dazu, Abtreibungen vorgenommen zu haben. Auch Romy Schneider war dabei.

Der frische Wind der 68er-Revolte war zwar weiträumig an Österreich vorübergeweht, doch die Frauen begannen Anfang der Siebziger sich zu organisieren. Zur wichtigsten Gruppe wurde die AUF, die Aktion Unabhängiger Frauen. Wien wurde zum Schauplatz von Demonstrationen, bei denen weibliche Forderungen manchmal moderat, manchmal aber auch aktionistisch-drastisch vorgetragen wurden.

Bei der Regierung Kreisky fanden viele Anliegen der Frauen keinen Widerstand, sondern Unterstützung. Die Forderung nach der Entkriminalisierung der Abtreibung etwa stand schon seit 1926 im SP-Parteiprogramm. Jetzt wurde sie durchgesetzt. Seit 1975 gilt in Österreich die Fristenlösung. Bis dahin konnte, so der Paragraph 144 des Strafgesetzbuches, „die zustande gebrachte Abtreibung mit schwerem Kerker zwischen einem und fünf Jahren bestraft werden“.

Die großen Familienrechts-Reformen der siebziger Jahre räumten mit zahlreichen Benachteiligungen der Frauen auf – die Männer blieben, juristisch gesehen, nicht länger „das Haupt der Familie“. Bei manchen Gesetzen staunt man heutzutage, warum sie so lange auf sich warten ließen. Erst seit 1978 existiert in der österreichischen Rechtsordnung die „väterliche Gewalt“ über die Kinder nicht mehr. Das neue Kindschaftsrecht erlaubte es endlich den Müttern, Dokumente für ihre Kinder zu unterzeichnen. Vorher musste die Unterschrift des Vaters her – auch wenn die Eltern längst getrennt waren.

1979 holte Bruno Kreisky vier Staatssekretärinnen in die Regierung; unter ihnen die spätere Frauenministerin Johanna Dohnal. Männlichen Widerstand schmetterte er ab: „Ich pflege immer zu sagen: Bei der Todesstrafe und bei der Emanzipation der Frau darf man die Basis nicht fragen. Denn die Basis, wenn man darunter die breite Masse der Bevölkerung versteht, ist primär reaktionär.“

Was wurde aus dem Elan der Kreisky-Ära? „Die Frauenbewegung hat dazu geführt, dass es in gewissen Institutionen für gleiche Jobs gleiche Bezahlung gibt“, sagt Livia Klingl. „Es sind nur nicht viele Institutionen, auf die das zutrifft. Die meisten Frauen kommen gar nicht dorthin.“

Noch immer sind große Frauenkarrieren eher die Ausnahme als die Regel. Das sind dann Karrieren wie jene der früheren Nationalbank-Präsidentin Maria Schaumayer. Oder der H&M-Österreich-Chefin Claudia Oszwald, die als vierfache Mutter einen 2600-Mitarbeiter-Betrieb lenkt. Oder der Theaterdirektorin Emmy Werner: 1988 übernahm sie die Leitung des Wiener Volkstheaters, das in ihrer Ära wieder zu alter Größe zurückfand und viele Glanzlichter setzte. Zum Beispiel mit der Wiederentdeckung der Dramen Elfriede Jelineks für Österreichs Bühnen.

Österreich im Jahr 2004: Von den 183 Nationalrats-Abgeordneten sind 62 Frauen (vor 20 Jahren waren es nur 17). Als der Vatikan Kardinal Ratzingers konservative Thesen zur Rolle der Frauen veröffentlichte, erhob selbst die katholische Frauenbewegung Einspruch. Deren Vorsitzende Margit Hauft sprach von einer „weltfremden Perspektive. Das Papier vertritt Stereotype, die in einer emanzipatorischen Gesellschaft keinen Platz haben.“ Ablehnung erntete auch Salzburgs VP-Obmann Wilfried Haslauer, als er eine härtere Gangart bei der Fristenlösung forderte. Da wollte ihm nicht einmal die eigene Partei folgen.

Alles paletti also für die Sache der Frauen? Nicht wirklich. Livia Klingl: „Eine Wildwuchs-Kapitalismusgesellschaft – von der ich glaube, dass wir uns ihr annähern – bedeutet einen Rückschlag für die Frauen. Es wird immer weniger Arbeitsplätze geben und die Frauen werden dort nicht den Vortritt haben. Es wird so sein, wie es immer war: Der Mann ernährt die Familie.“

Emmy Werner übernahm 1988 die Direktion des Wiener Volkstheaters, das sie zu neuen Höhen führte

IOC entschied mit 28:14 Stimmen

Karl Schranz ausgesperrt!

heute früh in Sappor

Karl verließ das Olympia-Dorf

Wird Schranz auch um WM geprellt?

Opfer machte Farce mit: Team startet auf seine Bitte

Großer Bildbericht vom Triumphzug

Jubel um Schranz

87.000 im Spalier von Schwechat bis Wien

Kärnten: Aufruhr wegen zweisprachiger Beschilderung / Gendarmeriebeamte mußten tatenlos zusehen

Rebellen rissen Ortstafeln nieder

Von Willi Grotte

Klagenfurt/Wien. – Der Konflikt um die zweisprachigen Ortstafeln in Kärnten spitzte sich Dienstag abend in besorgniserregender Weise zu: Rund 400 Bewohner der Ortschaften im Gemeindegebiet St. Kanzian rotteten sich zu einem organisierten Sturm auf die deutsch und slowenisch beschrifteten Ortstafeln zusammen. Unter Absingen von Kärntner Heimatliedern wurden mehrere Tafeln niedergerissen und verschleppt. Gendarmen mußten diesem Aufruhr nahezu tatenlos zusehen. Als es einigen Beamten gelungen war, eine Tafel „zurückzuerobern" und in ihr Dienstauto zu retten, wurden sie von der aufgeputschten Menge an der Abfahrt gehindert.

Dieser Vorfall ist vor- ... aber alle zuständigen Be- ... Höhepunkt ... – Innenministerium, ... Kärntner ...

Nixon stoppte den Luftkrieg

Bombardement Nordvietnams eingestellt

Meistgesuchte Frau Europas in Hannover gestellt

Das Ende der Bande: Auch Meinhof in Haft

Palästinenser bedrohen israelische Mannschaft

Mord im Olympischen Dorf 2 israelische Sportler tot

Der SPOe-Parteitag hat abgestimmt

§ 144: Massive Mehrheit für die Fristenlösung

Der schwarze Tag der Olympiade

Nach dem Mordanschlag auf die Israelis

Olympiade unterbrochen Die Geiseln noch in Gefahr

Ein formeller und farbloser Empfang

Kein roter Teppich für Nixon in Peking

Karl Schranz und die Welle der Empörung

Ski-Star Karl Schranz wurde 1972 von den Winterspielen in Sapporo ausgeschlossen. Österreich geriet in schwere patriotische Wallungen

Karl Schranz beim Empfang 1972 in Wien auf dem Balkon des Kanzleramtes. „Die Dimension, die der Protest gegen den Olympia-Ausschluss von Schranz annahm, war beängstigend. Die Angelegenheit ist hochgekocht, weil sich das offizielle Österreich empörte und das Volk daraufhin noch mehr"

Selten schwappte so viel Empörung aus einer Titelseite des KURIER. „Mit einer infamen Aktion", stand am 31. Jänner 1972 zu lesen, „hat heute Nacht IOC-Präsident Avery Brundage seinen Krieg gegen die alpinen Rennläufer gekrönt: Karl Schranz wurde als einziger Skistar von der Teilnahme an der Winterolympiade ausgeschlossen – wegen seines ‚Einflusses auf den alpinen Skisport', wie die Generalversammlung des Olympischen Komitees zynisch ihre Entscheidung begründete."

Der Einfluss des Tirolers auf den alpinen Skisport bestand – ganz unzynisch – erstens darin, dass er mit seinen Seriensiegen die Konkurrenz beherrschte. „Schranz hatte zu seiner Zeit einen Status wie heute Hermann Maier", sagt Wolfgang Winheim.

Zweitens zählte Schranz zu jenen jungen Leuten, die es ganz in Ordnung fanden, mit ihrem sportlichen Talent auch Geld zu verdienen. Das jedoch ließ den alten Leuten der Olympia-Bewegung die Haare zu Berge stehen. Winheim: „Damals galt noch die olympische Regel – nein, die olympische Lüge –, dass jeder Sportler bei Olympischen Spielen Amateur zu sein hat. Das blieb auch später in Franz Klammers Ära noch so. Erst in den achtziger Jahren wurde es Olympia-Teilnehmern offiziell erlaubt, mit ihrem Sport Geld zu verdienen."

1972, bei den Spielen von Sapporo, führte aber noch der greise Amerikaner Brundage (selbst ein steinreicher Mann) das Regiment. Der ehemalige Leichtathlet war mit dem Wintersport nie wirklich warm geworden. „Die Winterspiele sollten überhaupt nicht mehr stattfinden", sagte er zum Schrecken der pikierten Gastgeber in Sapporo. Denn: „Das Wintersportgeschäft ist für einige Länder so wichtig, dass ihre Skiteams buchstäblich fast schon zu Regierungsabteilungen geworden sind und dementsprechend unterstützt werden. Das hat mit Sport nichts mehr zu tun."

In Sapporo reiste Brundage mit einer schwarzen Liste von 40 Sportlern an, die als Profis von der Teilnehmerliste gestrichen werden sollten. Doch das IOC suchte sich dann, drei Tage vor dem Beginn der Spiele, Karl Schranz als einzigen Sündenbock aus. In der Begründung wurde auch „die Art und Weise, mit der er seinen Namen und seine Fotografie zu Reklamezwecken verwendete", als schwere Verfehlung genannt.

Groteskerweise stolperte der gut verdienende Skistar (das US-Magazin *Time* schätzte sein Einkommen 1972 auf 1,3 Millionen Schilling pro Jahr) über ein Foto, das ihn als Freizeitsportler zeigte. Als Fußballspieler. Wolfgang Winheim: „Schranz ist ein großer Fußball-Liebhaber, der eine Medaille dafür hergegeben hätte, einmal im Fußball-Nationalteam antreten zu können. Er machte gern bei Vergnügungsspielen mit und bei so einem Match – Kategorie KURIER-Team gegen Parlament – trug er ein Trikot mit der Aufschrift ‚Aroma Kaffee'. Damit verletzte er, so das IOC, den Amateurparagraphen."

Doch warum wurde Schranz als einziger Sportler ausgeschlossen? Winheims Vermutung: „Erschwerend war, dass die Österreicher im Skisport mit einer gewissen Überheblichkeit auftraten. Franz Kneissl zum Beispiel, der Chef von Schranz' Skifirma, war ein autoritärer Patriarch. Diese selbstherrliche Haltung gegenüber dem IOC brachte das Fass zum Überlaufen."

Die Reaktion in der Heimat: „Eine Welle der Empörung läuft durch Österreich", beobachtete der KURIER am Tag nach dem Ausschluss-Beschluss. Auf dieser Welle surften nicht nur die Sportfans, sondern auch Medien und Politiker. ORF-Generalintendant Gerd Bacher zürnte über einen „ungeheuren Fall von Sippenhaftung, beispiellos in der Geschichte des Sports". Bacher über die Konsequenzen: „Sollte das österreichische Team zurücktreten, müssen wir uns rechtliche Schritte überlegen, denn das ist dann nicht die Ware, die wir gekauft haben."

Hans Krankl schoss zwei Tore gegen Deutschland (links), Edi Finger (unten) wurde am Radiomikrofon narrisch und Österreich versank im Fußballrausch. Cordoba 1978, ein österreichischer Fußball-Mythos

Eine vorzeitige Heimkehr der österreichischen Asse stand in der Tat im Raum. Unterrichts- (und Sport-)Minister Fred Sinowatz kabelte an die Delegation in Sapporo: „Sollte der Start von Karl Schranz nicht ermöglicht werden können, vertrete ich die Meinung, dass die alpine Mannschaft Österreichs aus dem Bewerb gezogen werden sollte."

So weit wollte man dann aber doch nicht gehen; auch auf Anraten von Schranz. Das Team Austria blieb in Sapporo und kehrte später mit bescheidener Ausbeute aus Japan zurück: Fünf Medaillen (darunter Gold für die Eiskunstläuferin Trixi Schuba und zwei Mal Silber für Skifahrerin Annemarie Pröll) reichten in der Nationenwertung lediglich zum neunten Platz.

Doch das wurde nur am Rande wahrgenommen. Der Sport als schönste Nebensache der Welt? Nein: Der Sport wurde für die Österreicher in jenen Tagen zur Nebensache der Affäre Karl Schranz. „Man hatte mit seiner Sperre den Patriotismus der Österreicher amputiert", sagt Jürgen Preusser. „Die Dimension, die der Protest gegen den Olympia-Ausschluss annahm, war beängstigend. Die Angelegenheit ist hochgekocht, weil sich das offizielle Österreich empörte und das Volk daraufhin noch mehr."

Am 9. Februar 1972, die Spiele waren noch im Gange, kehrte Karl Schranz nach Österreich zurück. Nach der Landung in Wien-Schwechat erhielt er einen beispiellosen Empfang. Jürgen Preusser: „Außergewöhnlich war die Tatsache, dass die Leute wegen eines Negativ-Ereignisses auf die Straße gingen. Als Franz Klammer vier Jahre später in Innsbruck Abfahrts-Gold gewann, saß ganz Österreich vor dem Fernseher – doch auf die Straße ging deswegen niemand."

Bei der Schranz-Ankunft schien aber halb Wien auf den Beinen zu sein. „Schon bei der Landung war die Besucherterrasse des Wiener Flughafens schwarz vor Menschen wie bei einem Staatsbesuch", erinnert sich Wolfgang Winheim. „Vom Zentralfriedhof bis ins Stadtzentrum sind die Leute Spalier gestanden. Die Demonstration beim Heldenplatz konnte einen dann auch an 1938 erinnern."

Der Wagen mit Schranz stoppte vor dem Kanzleramt. Minister Fred Sinowatz und Bundeskanzler Bruno Kreisky warteten bereits; genauso wie die Fans. „87.000 riefen ihm zu: Karl, Koarl und Karli!", betitelte Günther Allinger die KURIER-Reportage über das Ereignis, das nicht frei war von hysterischen Eruptionen: „Auf dem Ballhausplatz fällt in der Menschenmenge eine Frau in Ohnmacht. Man trägt sie ins Bundeskanzleramt. Das Beispiel macht Schule: Die Damen werden dahingerafft wie die Fliegen. Ins Bundeskanzleramt getragen zu werden, bedeutet: Schranz nahe zu sein. Als der Rettungsarzt kommt, sind sie alle plötzlich wieder pumperlg'sund."

Als der Sportler dann von Kreisky gebeten wurde, sich auf dem Balkon des Kanzleramts zu zeigen, reagierte die Masse nur noch „mit unartikulierten Jubelschreien".

Hermann Stöger rückte tags darauf in einem KURIER-Kommentar die Dinge wieder ins rechte Lot. „Es war ein großartiger Empfang für Karl Schranz. Die Wiener, die Österreicher haben aus ihrem Herzen keine Mördergrube gemacht – sie haben gezeigt, wie sie denken und fühlen. So weit, so gut. Nur: Wir sind in Gefahr, über das Ziel hinauszuschießen. Wir sind in Gefahr, die Maßstäbe zu verlieren. Auf der Straße wie in der Politik. Im Umschlagen von Begeisterung in Hysterie – von sachlicher Entscheidung in Popularitätshascherei."

Eine Woche später, am 15. Februar 1972, gab der 33-jährige Schranz das Ende seiner aktiven Laufbahn bekannt. Er hatte während seiner Karriere drei Weltmeistertitel und zwei Mal den Gesamt-Weltcup gewonnen; nur Olympia-Gold blieb ihm versagt. Wolfgang Winheim: „Das Unrecht des Startverbots in Sapporo hat Schranz bis heute nicht eingesehen. Deshalb war er sehr gerührt über den Empfang und fand das Spektakel auch gerechtfertigt. Seine Frau Evelyn und seine Töchter schütteln aber heute noch den Kopf, wenn sie das Video vom Ballhausplatz sehen. Heute würde man so eine Affäre sicher distanzierter betrachten."

Bleibt die Frage, ob das Hochlodern der Schranz-Affäre ein Indiz dafür war, dass Österreich im Sport zu besonders ausgeprägtem Patriotismus neigt.

Peter Rabl sagt Ja: „Österreich ist absolut chauvinistisch in Sportfragen. Ich glaube, es ist ein Inferioritätskomplex, der sich hier austobt und der durch sportliche Leistungen kompensiert wird. Wobei das aber abflacht. Man schaut zwar Skirennen immer noch an, aber die Pflichttermine, wo sich ganze Büros vor dem Fernseher versammeln, die gibt es höchstens noch am Hahnenkamm."

Jürgen Preusser sagt Nein: „Die österreichischen Sportfans verhalten sich so wie jene aus anderen Ländern auch. Wir sind kein Land des marktschreierischen Chau-

vinismus. Große Sporterfolge tragen aber zum Wir-Gefühl der Bürger bei."

Christoph Kotanko konstatiert, dass dieses Wir-Gefühl manchmal seltsame Pfade geht: „Es gibt ja in jedem Land eine gewisse Sehnsucht nach Größe. Die Österreicher projizieren das ganz stark auf den Sport und entdecken, wenn es Erfolge gibt, auch ihre Liebe zu sehr exotischen Sportarten. Tischtennis, zum Beispiel."

In einem Punkt herrscht Einigkeit. Die Emotionen wogen besonders hoch, wenn es gegen Deutschland geht. Egal, ob im Fußball, im Tennis oder im Pfitschigogerln (kein Witz: aus Anlass der Pfitschigogerln-WM im August 2004 in der Steiermark schrieb ein ORF-Online-Redakteur über ein „Match, das als Cordoba des Tisch-Eishockeys in die Geschichte einging").

Jürgen Preusser: „Wenn Österreicher gegen Deutsche antreten, ist das stets eine David-gegen-Goliath-Situation, und wenn der David, also Österreich, gewinnt, ist das etwas Besonderes. Ähnliche Rivalitäten gibt es zwischen Portugal und Spanien, Norwegen und Schweden oder Kanada und den USA. Österreichs historische ‚sportliche Erzfeindschaft' mit Ungarn ist hingegen völlig unbedeutend geworden."

Besagte Pfitschigogerln-WM fand in Unterpremstätten bei Graz statt. In einem Ort also, der schon einmal mit einem Match Österreich – Deutschland in die Geschichte einging; 1994, beim Tennis-Daviscup. Die Herren Muster & Skoff (Österreich) sowie Goellner & Stich (Deutschland) verstanden ihr eigenes Wort nicht mehr. Die Tennis-Stars, an konzentrierte Stille gewöhnt, kamen sich vor wie auf dem Fußballplatz.

Die Reaktionen waren unterschiedlich. Der Sieger Thomas Muster schwärmte: „Das Publikum hat mich zum Sieg getragen." Der Verlierer Michael Stich (damals Nummer zwei in der Weltrangliste)

„Die Leute haben, wie es bei uns heißt, eine Macke": Fußballplatz-Stimmung beim Daviscup-Match Österreich – Deutschland 1994 in Unterpremstätten (oben). – Helden von heute: Hermann Maier, der Herminator (unten)

schimpfte: „Begeisterung ist okay. Aber wenn ich nach fünfeinhalb Stunden vom Platz gehe und ausgepfiffen werde, kann ich nur sagen, dass die Leute, wie es bei uns heißt, eine Macke haben." Jürgen Preusser nimmt die Zuschauer in Schutz. „Daviscup-Begegnungen können zu patriotischen Angelegenheiten werden."

Der Rummel in Unterpremstätten nutzte dem österreichischen Team letztlich nichts. Deutschland gewann mit 3:2.

Bleibt noch ein anders 3:2 zu erwähnen. Cordoba 1978. Das Fußballmatch, das in Österreich so berühmt wurde, dass selbst jeder Fußballhasser die Eckdaten herunterbeten kann: Hans Krankls entscheidendes Tor in den Schlussminuten. Edi Fingers „I wer' narrisch!" im Radio. Das Freudenfest in der Heimat, als wäre Österreich gerade Weltmeister geworden.

KURIER-Sport-Weltenbummler Wolfgang Winheim war in Argentinien dabei. „Das Team hatte zuvor gegen Holland – unter Trainer Ernst Happel – mit 1:5 verloren und war ein zerstrittener Haufen", erzählt er. „Die Deutschen haben unsere Mannschaft vor dem Spiel dann provoziert und so wurde die Sache wieder hochgeschaukelt. Natürlich freute sich das Team, gegen Deutschland gewonnen zu haben. Aber intern kamen die Spieler zum Urteil, ‚ein wirklich gutes Match war's nicht'."

Fazit: „In Cordoba waren wir letztlich weniger über den 3:2-Sieg überrascht als über die Reaktionen in Österreich. Das konnten wir erst gar nicht glauben. Erst nach der Heimkehr begriffen wir, was sich im Land wirklich abspielte."

Auf der Rückreise machte Winheim noch ein paar Tage in Rio de Janeiro Station: „Bei den Strandkickern an der Copacabana gab's einige, die nannten sich Obermayer oder Pezzey. So angesehen war damals der österreichische Fußball."

Vergangene Zeiten: Auf der FIFA-Weltrangliste wurde Österreichs Nationalmannschaft im Herbst 2004 auf Platz 90 eingereiht. Peter Rabl, mit einem Augenzwinkern: „Gott sei Dank ist Österreich im Fußball nicht so stark, denn wenn wir da auch große Erfolge hätten, würden wir vor lauter Kraft nicht mehr gehen können."

So muss sich Österreichs Stolz halt auf die herausragenden Stars aus den Einzelsportarten konzentrieren. Auf Hermann Maier und alle anderen Ski-Asse, auf den Tischtennis-Weltmeister Werner Schlager oder das Segler-Duo Hagara/Steinacher, das in Athen Olympia-Gold gewann.

Zwischen den Idolen und ihren Fans klaffen dabei gewaltige Lücken; nicht nur, was die sportliche Leistungsfähigkeit betrifft. Jürgen Preusser: „Für Österreichs Mentalität ist sicher eine Mischung aus Überheblichkeit und Minderwertigkeitsgefühlen typisch. Von solchen Extremen sind die ganz großen Sportler frei. Die sind einfach unglaubliche Egoisten."

Tankstellen geben nur noch „tröpferlweise" ab

Die Benzinkrise ist da Laßt das Auto stehen!

Es gibt keine

Nächste Woche auch in Österreich kältere Büros

Ab Samstag 100 km/h auch auf Autobahnen

Österreich mit

Benzinpreis wird auf 7 S springen

Eine schon in den nächsten Monaten ins Haus stehende horrende Erhöhung der Benzin

„Allende wurde ermordet!"

Gattin und Tochter bestreiten die Selbstmordversion

Sonderbericht „New York Times" – KURIER

dieser noch kurz

„Erpresser im Sand" bedrohen den Westen

50 Millionen Schilling Lösegeld für jungen Paul Getty III.

Paul Getty III. ohne Ohr

Mit einem Ohr – aber frei

Paul Getty III. ist frei – für 50 Millionen Sch... ein Ohr. Damit hat die größte Ent... Charles Lindbergh ... vorläufige

ORF-Chef: Das ist „Psychoterror"

ORF: Jetzt totaler Bruch zwischen Bacher und Kreisky

UNO warnt die Oesterreicher

- Immer mehr Frauen greifen zum Alkohol
- Führerschein wird zu leicht gemacht
- Zuviel Butter auf dem täglichen Brot
- Dreck in der Donau gefährdet Umwelt

Auf ihrer jüngsten europäischen Regionalkonf... die Gesundheit...

Die Einigung heute früh verkündet

Friede in Vietnam

„Die Benzinvorräte reichen noch zehn Tage“

Mit der Ölkrise 1973 endete in Europa die Ära des Wirtschaftswunders. Die Industriestaaten schlitterten in eine Rezession

Bevor die Krise begann, kostete der Liter Superbenzin in Österreich 4,50 Schilling. Doch dann, im Oktober 1973, brach im Nahen Osten der Yom-Kippur-Krieg aus. Die arabischen Exporteure drehten den Ölhahn zu. Wenn schon Exporte, dann um viel mehr Geld. Plötzlich stand ein Spritpreis von sieben Schilling im Raum.

Bevor die Autofahrer entsetzt aufschreien konnten, folgte der nächste Hammer. Egal, zu welchem Preis: Es war nicht mehr genug Benzin da. Die Bürger standen Schlange für ein paar Liter. Die Politiker sannen auf Maßnahmen wie den autofreien Tag. Die Ölfirmen suchten hektisch nach Möglichkeiten, die Ladung des einen oder anderen Tankschiffs nach Österreich umzulenken. Und die Wirtschaftsbosse warfen einen genauen Blick auf die Energiebilanzen ihrer Firmen; viele von ihnen zum ersten Mal.

„Die Ölkrise des Jahres 1973“, sagt Peter Rabl, „war ein wirklicher Schock. Die Krise kostete einen Haufen Geld und plötzlich entstand ein dumpfes Gefühl der Bedrohung und der Abhängigkeit. Vorher war Benzin wie Wasser. Man hat es halt gekauft, ohne sich auch nur einen Gedanken zu machen, wo es herkommt. Es war ein Gut wie Brot. Brot gab es immer, Benzin gab es immer.“

Auch das Jahr 2004 brachte der Welt eine Ölkrise mit raketenhaft steigenden Preisen, aber das, so meint Reinhard Göweil, sei „mehr eine psychologische Krise. Ob der Liter Sprit 90 Cent oder einen Euro kostet, regt die Leute zwar furchtbar auf, doch man sieht an den Verkaufszahlen, dass sich beim Verbrauch so gut wie nichts ändert. Der Ölschock 1973 löste hingegen eine echte, eine reale Krise aus.“

Worin liegt der Unterschied? Göweil: „Die Abhängigkeit des Westens vom Erdöl war noch viel größer. Es gab viel mehr Produkte, die auf Erdölbasis hergestellt wurden, die Motoren verbrauchten bedeutend mehr Treibstoff und auch die Energieversorgung der Industrie basierte damals in höherem Ausmaß als heute auf Erdöl. Erdgas wurde als Energiequelle noch wenig genutzt. Das wurde im Wesentlichen abgefackelt, mit den riesigen Flammen, die man an den Ölförderstellen sah.“

Die Folge: „Weil sich der Ölpreis in kurzer Zeit annähernd verdreifachte, waren viele Unternehmungen und teilweise auch die Staaten nicht mehr in der Lage, Öl anzukaufen“, sagt Göweil. „Außerdem gab es noch kein Mindestreservesystem, die Länder horteten keine Ölvorräte. So hatte die Ölkrise eine echte Rezession zur Folge. Es gab nicht nur keine Wachstumsraten mehr – die Volkswirtschaften sind geschrumpft.“ Das Wirtschaftswunder der Nachkriegs-Jahrzehnte war zum Stillstand gekommen.

Trockene Zapfsäulen an den Tankstellen und eine Autobahn ganz ohne Autos: Die mobile Welt schien vom Stillstand bedroht. „Die Ölkrise des Jahres 1973 war ein wirklicher Schock. Die Krise kostete einen Haufen Geld und plötzlich entstand ein dumpfes Gefühl der Abhängigkeit. Vorher hatte man Benzin gekauft, ohne sich auch nur einen Gedanken zu machen, wo es herkommt“

Ursache und Wirkung. Der Yom-Kippur-Krieg (oben), in dem Syrien und Ägypten einen Angriff auf Israel starteten, führte dazu, dass die Erdölexporte aus dem arabischen Raum stark gedrosselt wurden. Die Folge: Auch in Wien, der „lebenswerten Stadt", standen Bürger an den Tankstellen Schlange, um ein paar Liter Benzin zu ergattern (rechts)

„Ölgespenst steht in der Türe", titelte der KURIER am 12. Oktober 1973. „Wie zu erfahren ist, würden die Benzinvorräte in Österreich, wenn keine Einschränkung des Verbrauchs erfolgt, für etwa zehn Tage ausreichen, für Ofenöl drei Wochen und für Heizöl schwer vier Wochen."

Man errechnete eine Versorgungslücke von 400.000 Tonnen bis zum Jahresende. Wenigstens der Betrieb der Ölkraftwerke schien gesichert. Die Wiener Stadtwerke hatten zum günstigen Sommertarif bereits 250.000 Tonnen Heizöl gebunkert. Doch die Aussichten waren düster. Der KURIER-Bericht: „Zwölf Riesenfackeln im syrischen Hafen Banias signalisieren auch Österreich, dass die Ölkrise unübersehbare Realität geworden ist. Die Häfen Banias, Tartus und Lattakia in Syrien sind gesperrt. Nur im nordlibanesischen Tripoli tröpfelt noch Rohöl aus einem Ast der Irak-Pipeline. Wie lange es noch tröpfelt, wagt niemand vorauszusagen."

Was im Hafen von Banias brannte, waren große Tanklager; beschossen von Kampffliegern der israelischen Luftwaffe. Am 6. Oktober 1973 hatte der Yom-Kippur-Krieg begonnen. Ägypten und Syrien griffen Israel an.

Der Yom-Kippur-Krieg lässt sich als Folge des Sechs-Tage-Kriegs 1967 erklären, in dem Israel den Sinai, die Golanhöhen, den Gazastreifen sowie das Westjordanland samt Ost-Jerusalem eroberte und besetzte.

Heinz Nußbaumer: „Der Sechs-Tage-Krieg hatte erstmals eindrucksvoll gezeigt, dass es bei bewaffneten Konflikten nicht mehr auf Menschenmassen ankommt, sondern auf technologischen Vorsprung. Die arabischen Länder mit ihren Millionen von Menschen hatten gegen das winzige Israel keine Chance. Das löste auf der arabischen Seite einen massiven Minderwertigkeitskomplex aus und auf der israelischen Seite ein immer intensiveres Überlegenheitsgefühl. Auf diesen unterschiedlichen psychologischen Ebenen konnte kein Frieden entstehen. Weitsichtige Spitzenpolitiker sahen, dass etwas geschehen musste, um das Ungleichgewicht auszubalancieren. Der Erste war Ägyptens Präsident Anwar Sadat."

Nußbaumer glaubt, dass „der Yom-Kippur-Krieg, so furchtbar er war, die Voraussetzung für den Friedensschluss zwischen Ägypten und Israel schuf, weil er den Arabern ein bisschen von ihrer Ehre zurückgab". 1978 unterzeichnete Sadat dann mit Israels Ministerpräsidenten Menachem Begin das Friedensabkommen von Camp David, für das beide 1979 mit dem Friedensnobelpreis ausgezeichnet wurden.

Den Waffengang vom Oktober 1973 bezeichnet Nußbaumer als „strategischen Geniestreich" Sadats. „Der ägyptischen Armee gelang ein erster großer Sieg, als sie die Bar-Lev-Linie am Suezkanal eroberte, die als uneinnehmbar galt. Dadurch zeigte Sadat, dass Ägypten militärisch ernst zu nehmen war – wohl wissend, dass er mit Hilfe der Großmächte ein sehr schnelles Ende des Krieges haben musste, weil Israel längerfristig alles zurückgeholt hätte."

In der Tat schlug Israel rasch zurück. Das Land war an seinem höchsten Feiertag, dem Versöhnungsfest Yom Kippur, angegriffen worden, was die Mobilisierung der Armee verlangsamte. Doch bis zum 10. Oktober waren die Syrer, die mit 1400 Panzern über die Golanhöhen kamen, bereits besiegt. Und ein paar Tage später kesselten die Israelis die Dritte Ägyptische Armee ein.

Heinz Nußbaumer über das Ende des Krieges: „Eine entscheidende Rolle spielten dabei US-Außenminister Henry Kissinger und UN-Generalsekretär Kurt Waldheim. Die beiden vereinbarten, wann der Krieg von der UNO unterbrochen werden musste: Dann, wenn es für beide Seiten keinen totalen Sieg und keine totale Niederlage geben konnte."

Am 22. Oktober 1973 verabschiedete der UN-Weltsicherheitsrat die Resolution 338, in der alle Kampfparteien aufgefordert wurden, das Feuer einzustellen. Zwei Tage später trat ein Waffenstillstand in Kraft.

Die arabischen Ölstaaten nahmen den Yom-Kippur-Krieg zum Anlass, ihre Geschäftsgrundlage zu verändern. Sie wollten die Verringerung der Fördermengen so lange durchhalten, bis „die von Israel besetzten Gebiete wieder befreit sind". Gegen die USA und die Niederlande wurde sogar ein komplettes Lieferembargo verhängt, weil beide Staaten die israelische Position stark unterstützten.

Gleichzeitig erhöhte die OPEC die offiziellen Preise – auf einem Niveau freilich, das heute märchenhaft niedrig erscheint. Ein Barrel (158 Liter) der Sorte Crude light kostete statt drei jetzt fünf Dollar; bis 1974 kletterte der Preis auf zwölf Dollar.

Österreich war in den Oktobertagen 1973 besonders hart betroffen, weil Importe via Pipeline aus dem Irak kommen sollten, jedoch in Syrien wegen der stillgelegten Häfen nicht verschifft werden konnten. Libyen war bereit, mit Ersatzlieferungen einzuspringen; zu stolzen Tarifen, versteht sich. „Libyen setzt Liebhaberpreis fest", entrüstete sich der KURIER. Das Barrel des „Ersatzöls" sollte exakt 8,925 Dollar kosten.

Jetzt kam im Lande eine Art inoffizieller Ideenwettbewerb in Gang, mit welchen Maßnahmen man den Ölverbrauch verringern könnte. „Der Ölsturm wirbelt auch unsere Insel der Seligen durcheinander", formulierte ein KURIER-Sprachkünstler am 27. November 1973. „Österreichs Tankstellen werden künftig an Sonntagen geschlossen bleiben, die Qualität des Superbenzins wird vermindert. Reklamebeleuchtung und volle Straßenbeleuchtung nur bis 22 Uhr."

Schon seit Anfang November galt auf den Autobahnen Tempo 100, was als Nebeneffekt eine drastische Verringerung der Verkehrsunfälle brachte. Auf die Anordnung verkehrsfreier Tage, wie sie in Deutschland vier Mal die Straßen leer räumten, wollte Österreich verzichten.

Stattdessen hatte Handelsminister Josef Staribacher, der bald den Spitznamen „Pickerl-Pepi" bekam, eine andere Idee: Ab 15. Jänner 1974 musste jeder Autobesitzer sein Gefährt an einem Tag pro Woche stehen lassen, wobei ein Aufkleber an der Windschutzscheibe verriet, ob das am MO, am MI oder doch lieber am FR zu geschehen hatte. Besonders begehrt waren freilich die Pickerln mit der Aufschrift S wie Sondergenehmigung, welche die Verpflichtung zum Zwangsparken wieder aufhoben.

Allein in Wien taten sich 49.000 Bürger die Mühe an, bei Amte mit einer wohl überlegten Begründung und reichlich Stempelmarken um ein S-Pickerl anzusuchen. Zu Pfingsten 1974, als das Öl wieder regulär durch die Pipelines floss, wurde der autofreie Tag abgeschafft.

„Der Schock der Ölkrise", sagt Peter Rabl, „hielt nicht lange an. Es entstand kein Trend zum Fahrrad oder zu möglichst Benzin sparenden Autos. Die Sache verplätscherte und jeder kaufte wieder einen möglichst tollen Wagen; egal, wie viel Benzin der gesoffen hat."

Staaten und Industriekonzerne zogen aber sehr wohl Konsequenzen aus den Erfahrungen des Herbstes 1973. „Die großen Verbraucher begannen als Nachwirkung der Ölkrise, ernsthaft Energiesparprogramme zu fahren", sagt Reinhard Göweil. „Und die Industriestaaten verständigten sich darauf, Ölreserven für 90 Tage im Land einzulagern. Selbst wenn überhaupt nichts mehr geliefert werden sollte, hätte ein Land wie Österreich heute also Vorräte für ein Vierteljahr."

Auch die Förderung des Energiesparens im Wohnbereich – von der Wärmedämmung bis zur effizienten Heizung – entstand als Folge der Ölkrise. Genauso wie die Festsetzung einer jährlichen „Energieferien"-Woche im Winter, die seit 1974 zu den wohl erworbenen Rechten der Schüler (und der Hotellerie in den Skigebieten) zählt.

Einen Anlass zum Energiesparen lieferten auch die Thesen des Club of Rome, der 1972 mit dem Buch „Die Grenzen des Wachstums" Schlagzeilen gemacht hatte. Dieser Klub kluger Köpfe, initiiert durch den italienischen Industriellen Aurelio Peccei, sagte damals schon für das Jahr 2001 ernste Rohstoffkrisen voraus. Reinhard Göweil: „Die Prognosen waren zwar sehr falsch, hatten aber auch eine heilsame Wirkung. Weil sie die Bemühungen der Länder, sich von der Öl-Abhängigkeit zu befreien, sicherlich beschleunigt haben."

Blickt man auf die Straßen des Jahres 2004, scheint die Öl-Abhängigkeit bei vielen Kraftfahrern wieder gestiegen zu sein. Peter Rabl: „Wenn heutzutage die Geländewagen modern sind, mit ihren völlig irren Verbrauchszahlen von 20 Litern Sprit auf 100 Kilometer, dann ist das auch ein Zeichen dafür, dass viele Leute zu viel Geld haben."

Freie Fahrt für freie Bürger? Eine große Ölkrise steht der Welt ja noch bevor. Jene, die unausweichlich kommt, wenn die Ölquellen endgültig versiegen.

Der italienische Industrielle Aurelio Peccei (oben) gründete den Club of Rome, der schon 1972 davor warnte, dass der Rohstoffmangel der Welt in absehbarer Zeit die Grenzen des Wachstums aufzeigen würde. Unter den Liebhabern schwerer Geländewagen ist diese Botschaft aber bis in die Gegenwart nicht angekommen. Die Spritfresser mit den starken Motoren sind auch auf Österreichs Straßen groß in Mode (unten)

Erst um 2.00 Uhr früh war alles klar

Nixon abgetreten

- Der Präsident soll straffrei bleiben
- Weltpolitik der USA unverändert

Bundespräsident Jonas gestorben

Griechenland wird wieder Demokratie

- Militärregierung trat zurück
- Karamanlis aus Exil geholt
- Ganz Athen in Freudentaumel

Portugals junge Offiziere: Putsch für freie Wahlen

„Nachrichtenmedium – ein Irrtum!“

ORF: Kreisky schaltet jetzt auf Unterhaltung

Wiener „Bauring“-Skandal perfekt

Im Wüstensand zerrannen 600 Steuermillionen

Der Kanzler wußte es seit einem Jahr

Brandt-Vertrauter war ein Ostspion

Waterloo im Weißen Haus

Richard Nixon war einer der zwielichtigsten Präsidenten der US-Geschichte. 1974 musste er zurücktreten. Seine Karriere zerbrach am Watergate-Skandal

Richard Milhous Nixon, der 37. Präsident der Vereinigten Staaten von Amerika, führte in den 21 Monaten vom November 1972 bis zum August 1974 vor, wie sich ein Triumph in ein bodenloses Fiasko verwandeln lässt.

Im November 1972 hatte der Republikaner, seit 1969 im Amt, bei der Wiederwahl einen der höchsten Siege in der Geschichte der USA gefeiert. Mit 61 gegen 38 Prozent fegte er seinen Herausforderer, den Demokraten George McGovern, hinweg. McGovern bekam nur in zwei Territorien, in Massachusetts und der Hauptstadt Washington, eine Mehrheit. Alle 49 anderen Bundesstaaten gehörten Nixon.

Doch im August 1974 stand Richard Nixon aschfahl in seinem Büro im Weißen Haus und presste jenen Satz hervor, auf den Amerika und die Welt warteten: „Ich werde diese Präsidentschaft mit Wirkung von morgen Mittag zurücklegen." Als erster und bis heute einziger US-Präsident trat er während der Amtszeit von seiner Position zurück.

Der Abschied war eine Flucht nach vorn. Denn Ende Juli 1974 hatte der Rechtsausschuss im Kongress (zum zweiten Mal seit der Staatsgründung) die Anklage für ein Impeachment-Verfahren gegen einen Präsidenten gebilligt – ein Verfahren wegen Amtsvergehen mit dem Ziel der Amtsenthebung. Diese Schmach wenigstens wollte sich Nixon nicht mehr antun. Seine Karriere zerbrach am Watergate-Skandal.

Die USA waren an einem politischen und moralischen Tiefpunkt angelangt. Das Land hatte gerade erst begonnen, das Trauma des Vietnam-Kriegs zu verarbeiten. Und jetzt musste Nixon, der Präsident, der 1973 den Abzug aller US-Truppen aus Vietnam angeordnet hatte, gehen. Weil er einen Einbruch vertuscht und weil er ein geheimes Tonband-Archiv aller Gespräche in seinem Büro angelegt hatte. Ein Gerichtsverfahren blieb ihm nur aus einem Grund erspart: Sein Nachfolger, Gerald Ford, begnadigte ihn persönlich vor der Strafverfolgung „für alle Verstöße gegen die Vereinigten Staaten".

„Ich werde diese Präsidentschaft mit Wirkung von morgen Mittag zurücklegen." Richard M. Nixon, begleitet von Gemahlin Pat, bei seiner letzten Rede im Weißen Haus. Im August 1974 gab der vom Watergate-Skandal gezeichnete Präsident auf, um einem Amtsenthebungs-Verfahren zu entgehen

„Watergate ist ein Beispiel für etwas, das viele kriminelle Politiker machen", sagt Livia Klingl, „sie vernichten Beweise nicht, sondern sie notieren minutiös auf, was sie getan haben. Und daher ist Nixon an Tatbeständen gescheitert, die man ihm nachweisen konnte."

Die Watergate-Affäre war aber auch ein Indiz für das notorische Misstrauen und den Verfolgungswahn des Präsidenten, der zwar die Stimmen, doch nie die ungeteilte Zustimmung der Bürger gewinnen konnte. Sein Spitzname lautete Tricky Dick und schon 1960 hatte Hunter S. Thompson das zwiespältige Wesen Nixons mit einer berühmt gewordenen Frage charakterisiert: „Würden Sie von diesem Mann einen Gebrauchtwagen kaufen?" (Damals sagten die Amerikaner Nein zum Präsidentschaftskandidat Nixon. Sie wählten Kennedy.)

„Nixon war, glaube ich, von Beginn an ein Mann, dem man keinen Gebrauchtwa-

„Ein Vierteljahrhundert der Feindschaft mit China überwunden." Richard Nixon und Chinas Premierminister Tschu En-lai 1972 bei einem Bankett in Shanghai

gen abkaufen sollte", meint Franz Ferdinand Wolf. „Nur in den Selektionsmechanismen der amerikanischen Politik kann jemand wie er zur Staatsspitze aufsteigen. Eine Figur, die zur falschen Zeit am falschen Platz war."

Letzteres traf auch auf jene sieben Männer zu, die den Watergate-Skandal auslösten. Am 17. Juni 1972 wurden sie bei einem Einbruch in den Watergate-Hotelkomplex in Washington ertappt. Wie sich rasch herausstellte, hatten sie es nicht auf Geld oder Edelsteine abgesehen, sondern auf – Wanzen. Die Männer wollten, ironisch gesprochen, im Grunde nur ihr Eigentum zurückholen. Ein paar Wochen zuvor hatten sie im Watergate bei einem ersten Einbruch elektronische Abhörgeräte installiert. Wo? In den Büros der Demokratischen Partei, die dort die Wahlkampf-Zentrale für Senator McGovern eingerichtet hatte.

Der erste Coup war unentdeckt geblieben; beim zweiten Versuch wurde es für die Herren peinlich. „Die Polizei erwischte die ganze Gruppe", schrieb der KURIER. „Zwei standen auf der Straße Schmiere, fünf schlichen durchs demokratische Hauptquartier, in den Händen Dokumente und Geheimpapiere, in den Hosentaschen die abmontierten Mikrofone."

Vor der Kulisse des Weißen Hauses: Die Journalisten Carl Bernstein (links) und Bob Woodward verhinderten die Vertuschung des Watergate-Skandals

Nicht nur das Vorgehen der Herren zeugte von einem gewissen Dilettantismus. Die *Washington Post*-Journalisten Bob Woodward und Carl Bernstein nahmen ihre Recherchen auf – sie fanden rasch heraus, dass einer der Einbrecher, James W. McCord jr., Mitglied des „Komitees für die Wiederwahl des Präsidenten" war.

Nixon reagierte in bester Vertuscher-Manier auf den Vorfall: Er erklärte, erstens, von der Angelegenheit nichts gewusst zu haben. Er kündigte, zweitens, die Einrichtung einer unabhängigen Kommission zur Untersuchung des Einbruchs an. Und er erteilte, drittens, allen Beamten im Weißen Haus Aussageverbot, damit die Kommission „objektiv und unbeeinflusst" vorgehen könne. So sorgte er dafür, dass der Watergate-Skandal monatelang nur auf sehr kleiner Flamme köchelte. Auch die Enthüllungen der Reporter Woodward und Bernstein (denen später im Watergate-Film „Die Unbestechlichen" ein Denkmal gesetzt wurde) konnten ihm vorerst nichts anhaben. „Der Präsident der Vereinigten Staaten ist kein Gauner!", beteuerte Nixon. Mit dieser Botschaft kam er, das zeigt der Wahltriumph vom November 1972, bei den Bürgern durch.

Doch spätestens am 23. März 1973 war's mit der Party vorbei. Da gab der Watergate-Einbrecher McCord die Verbindungen seiner Gang zum Weißen Haus vor Gericht öffentlich zu. Jetzt brachen alle Dämme. Die *Washington Post* brachte, mit Material versorgt von dem Insider-Informanten „Deep Throat", immer neue Skandalgeschichten heraus. Etliche Präsidentenberater, voran die Herren Bob Haldeman und John Ehrlichman, mussten wegen ihrer Verstrickung in den Skandal gehen.

Es nutzte Nixon jedoch nichts, dass er seine engsten Mitarbeiter politisch opferte. Ein KURIER-Bericht aus jener Zeit: „Am 16. Juli 1973 schlug Nixons Stunde – auch wenn er es selbst noch nicht gleich begriff. Ein Ex-Beamter des Weißen Hauses sagte, ohne recht zu wissen, welche Bombe er da auslöste, dass alle Gespräche, die Nixon im Oval Office geführt hatte, auf Tonbändern aufgezeichnet worden sind. Der Präsident hatte diese Entscheidung 1971 getroffen, mit einem Seitenblick auf die spätere Geschichtsschreibung, zum größeren Ruhme des Richard Milhous Nixon."

Doch jetzt ging der Schuss nach hinten los. Der KURIER-Bericht: „In dem erbitterten Kampf, der nun um die Herausgabe der Tonbänder begann, blieb Nixon schließlich der Unterlegene. Ein Protestschrei ging durch das Land. Zum ersten Mal fiel das Wort Impeachment – Amtsklage gegen den Präsidenten."

Als die Tragödie dann endlich ausgestanden war, hatte die Welt einen grässlichen Eindruck von den inneren Zirkeln des Weißen Hauses. Hier wurden nicht nur mit Worten und Lügen Gesetze gebogen. Das Nixon-Team besaß einen riesigen Bestechungsfonds aus illegalen Wahlkampfspenden, und es hatte eine schnelle Eingreiftruppe mit dem Namen „The Plumbers" aufgebaut. Die Aufgabe dieser Klempner war es, undichte Stellen im Machtapparat zu stopfen und Informationen zu sammeln.

„Richard Nixon hatte sich selbst mit dem höchsten Interesse der Nation verwechselt", kommentierte Hugo Portisch. „Das aber ist die Eigenschaft von Diktatoren und das Prinzip, dass der Zweck alle Mittel heiligt, ist die Legitimation der Diktatoren."

Portisch fand jedoch auch positive Worte – für die Außenpolitik Nixons. „Er hat die

USA in Ehren aus einem Krieg ohne Ehre geführt (Vietnam, Anm.), er hat ein Vierteljahrhundert der Feindschaft mit China überwunden, er hat ein neues Verhältnis zur Sowjetunion eingeleitet und unter seiner Präsidentschaft wurde im Nahen Osten eine Ära der Konfrontation durch eine Ära der Verhandlungen ersetzt."

Heinz Nußbaumer heute dazu: „Nixon war als Charakter eine Katastrophe, aber er wurde von Henry Kissinger weltpolitisch genial positioniert, in diesem neuen Dreieck China – Sowjetunion – Amerika."

1970 nahmen die USA die diplomatischen Kontakte zu China wieder auf, die von Präsident Lyndon B. Johnson wegen des Vietnam-Kriegs abgebrochen worden waren. 1972 reiste Nixon nach China; im gleichen Jahr unterzeichnete er in Moskau den Salt-1-Vertrag, der die nukleare Aufrüstung begrenzte – das Fundament zu einer Ära der Entspannung war gelegt.

Als Nixon im November 1968 erstmals zum Präsidenten gewählt wurde, war Vietnam ein beherrschendes Thema der Weltpolitik. Seit der Ära John F. Kennedy waren die USA Schritt für Schritt in diesen Krieg gezogen. Den theoretischen Überbau lieferte die so genannte Domino-Theorie. „Ich glaube an diese Theorie", hatte selbst Kennedy gesagt – ihre Quintessenz: Fiele Vietnam an die Kommunisten, könnte sich der Kommunismus chinesischer Prägung über ganz Südostasien ausbreiten.

Um das zu verhindern, wollte Kennedy in Südvietnam ein „Bollwerk gegen den Kommunismus" errichten – bis 1962 entsandte er mehr als 11.000 US-Militärberater nach Südvietnam. Unter seinem Nachfolger Johnson wurde aus der „Beratung" offener Krieg. 1968 hatten die USA 543.000 Soldaten in Vietnam stationiert.

Nixon trat im Wahlkampf 1968 mit dem Versprechen an, den Krieg zu beenden. Er besiegte den Demokraten Hubert Humphrey mit einer knappen Mehrheit von 500.000 Stimmen. Nixon wollte den Krieg „vietnamisieren"; bald nach seinem Amtsantritt kündigte er den raschen Abzug von 90.000 US-Soldaten an. Doch stattdessen wurde der Konflikt noch ausgeweitet. Um die Versorgungswege der Vietcong-Soldaten zu kappen, marschierten US-Truppen ab 1970 in Kambodscha und dann in Laos ein. In den USA und rund um die Welt marschierte die Friedensbewegung mit immer wütenderen Protesten gegen die USA.

Nach zahlreichen gescheiterten Verhandlungen begannen erst 1972 vertrauliche Friedensgespräche zwischen Henry Kissinger und dem nordvietnamesischen Politiker Le Duc Tho. Am 27. Jänner 1973 wurde ein Waffenstillstandsabkommen unterzeichnet. Zwei Monate später zogen die USA alle ihre Truppen aus Vietnam zurück. Jetzt wurde der Konflikt zum Bürgerkrieg, der am 30. April 1975 mit dem Einmarsch der Vietcong nach Saigon endete. Die letzten Amerikaner starteten mit Hubschraubern von der US-Botschaft in Saigon zur Flucht.

Henry Kissinger und Le Duc Tho wurden 1973 gemeinsam mit dem Friedens-Nobelpreis ausgezeichnet; Le Duc Tho hatte die Größe, die Ehrung abzulehnen. Denn angesichts der Katastrophe in Vietnam war die Entscheidung des Nobelpreis-Komitees mehr als umstritten. Knapp 1,2 Millionen Soldaten hatten während des Krieges ihr Leben verloren – 920.000 Vietcong, 200.000 Südvietnamesen und 56.000 Amerikaner. Darüber hinaus starben 800.000 Zivilisten. Heinz Nußbaumer: „Über lange Strecken ging es in diesem Krieg nicht um Bodengewinn, sondern nur um möglichst hohe Opferzahlen und Terrorwirkung. Auf beiden Seiten." Zur humanen Katastrophe kam die ökologische hinzu. Durch den Einsatz von Napalm und Chemie ist die Natur Vietnams bis heute empfindlich gestört.

Und das Vietnam-Trauma der Amerikaner? „Es ist insofern noch vorhanden, als es in der Diskussion der USA weiterhin existiert", meint Livia Klingl. „Aktuell tauchte es im Wahlkampf 2004 wieder auf. Denn der eine Kandidat, John F. Kerry, hat in Vietnam gekämpft und der andere, George W. Bush, hat sich offensichtlich gedrückt."

Vietnam ist für Livia Klingl aber auch eine Metapher für einen Grundzustand der USA. „Ich glaube, dass das Land in einer psychisch sehr ungesunden Situation ist. Es ist eine sehr junge Nation, die sich manchmal benimmt, als wäre sie im Kindergarten. Kinder können sehr herzlich und überschwänglich sein. Aber sie boxen auch schnell – und sie kennen die Auswirkungen der eigenen Gewalt nicht."

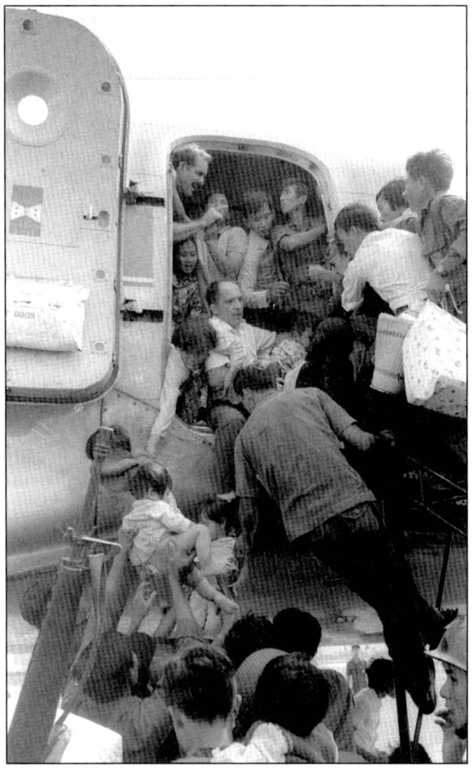

Die Welt unter dem Eindruck des Vietnam-Konflikts. Auch in New York gab es Massendemonstrationen gegen den Krieg (links). 1975, während der letzten Tage des Krieges, flüchteten Amerikaner und Südvietnamesen mit Hubschraubern (rechts)

Ölminister sind zum Mitflug bereit

Kreisky entschied: Freier Abzug, aber ohne Oesterreicher

Die fünf Terroristen, die Sonntag

EXTRA-Ausgabe S 1,–

Mörder abgeflogen Oesterreicher frei!

England: Mrs. Thatcher Oppositionsführer

Eine Frau ist Tory-Chefin

In England wurde eine politische Sensation ersten Ranges perfekt: Margaret Thatcher wurde mit großer Mehrheit zur Vorsitzenden der Konservativen Partei Englands gewählt. Wenn die Konservativen die nächsten Parlamentswahlen gewinnen, ist Margaret Thatcher automatisch die erste Frau, die Premierminister Englands wird.

Mehr Energie würde mehr schaden als nützen

US-Experte: Atomkraft für Österreich unnötig

Weitere Vorhaben trotz steigender Skepsis

7 Kernkraftwerke für Oesterreich geplant

Apollo-Sojus: Alles verlief glatt

Weltraumparty mit Bruderkuß

Wiesenthal enthüllt Polit-Sensation

FP-Chef Peter war bei berüchtigter SS-Terror-Truppe

Phnom Penh in blutigen Kämpfen erobert

USA: In zwei Wochen fällt auch Saigon

Hoffnungslos. Mit diesem einzigen

Der Terror kam nach Österreich

OPEC-Überfall, Synagogen-Attentat, Nittel-Mord: Trotz guter Beziehungen nach Arabien blieb Österreich nicht vom Terror verschont

Weihnachtszeit 1975. Die Attraktion des Wiener Advents war der Christkindlmarkt, der erstmals auf dem Rathausplatz stattfand. Auch am 21. Dezember, dem vierten Adventsonntag, war er das logische Ziel unzähliger Familien. Über dem Platz lag der Geruch von Weihnachtsbäckerei und eine Aura von heiler Welt.

Ein paar 100 Meter weiter wurde das Wohlgefühl jäh unterbrochen. Wien sollte an diesem Tag den bis dahin schlimmsten Terroranschlag in der Geschichte der Zweiten Republik erleben. Den Überfall auf die Zentrale der OPEC, der Organisation Erdöl exportierender Länder.

In den Worten der KURIER-Reportage vom Tag danach: „Es ist 11.45 Uhr. In diesem Augenblick betreten fünf Herren und eine Dame das Haus Nummer 10 am Karl-Lueger-Ring, gerade gegenüber der Universität. In diesem tagt eben der 46. ordentliche Ministerrat der OPEC. Der Polizist am Eingang lässt sie passieren. Im ersten Stock, vor der Rezeption, fallen sie dem Kriminalbezirksinspektor Anton Tichler auf. Er fragt, was sie hier wollen. Sekunden später sieht er es: Die sechs öffnen ihre Taschen, ziehen Maschinenpistolen heraus. Tichler hat keine Chance. Genickschuss. Die Gangster stoßen den Sterbenden in den Lift. Der zweite, der tödlich getroffen wird: Abra Hassan, aus dem Irak stammender Sicherheitsberater der OPEC."

Das Kommando stürmte den Sitzungssaal. Die KURIER-Reportage: „Wie viele Menschen gerade im Saal sind, weiß niemand genau, aber zwischen 50 und 70 werden es schon sein. Alle müssen sich auf den Boden legen. Sämtliche Telefonanschlüsse werden unterbrochen, der Konferenzsaal regelrecht vermint. 15 Minuten später ist das ganze Stockwerk mit Plastiksprengstoff und Zündschnüren zu einer hochwirksamen Erpresserfestung ausgebaut."

Tage danach, als die Affäre vorüber war, wusste man es genauer. Die Attentäter nahmen 62 Geiseln, unter ihnen elf Ölminister der OPEC-Staaten. Der prominenteste unter ihnen war Scheich Zaki Yamani, der Ölminister Saudi-Arabiens. Außer den beiden Sicherheitsbeamten gab es noch ein drittes Todesopfer, einen libyschen OPEC-Delegierten.

Doch jetzt, am 21. Dezember, hatte niemand konkrete Informationen. Hektik brach aus. Schauplatz eins: der Eingangsbereich der OPEC-Zentrale. Der Polizist Kurt Leopolder geriet in einen Schusswechsel mit einem Terroristen. Der Beamte wurde leicht verletzt – der Terrorist schwer. Der Mann, den sie Henri nannten, hatte einen Bauchschuss und wurde im AKH operiert.

Schauplatz zwei: der Sitzungssaal. Die Gangster drohten, ihre Geiseln zu erschießen. „Meine Tötung war für 18 Uhr ange-

Am 21. Dezember 1975 wurde die OPEC-Zentrale in Wien überfallen. Drei Menschen starben; der deutsche Terrorist Hans-Joachim Klein erlitt bei einem Gefecht einen Bauchschuss. Einen Tag später wurden die Attentäter (rechts, im Mantel: ihr Anführer Carlos) und 33 Geiseln nach Algier und Tripolis ausgeflogen

setzt", erzählte Scheich Yamani später, „falls die Regierung die Forderungen des Kommandos nicht erfüllen würden."

Schauplatz drei: das Kanzleramt. Hier liefen die Forderungen ein, die eine völlig unbekannte Gruppe mit dem Namen „Arm der arabischen Revolution" stellte. Die Terroristen verlangten ein Flugzeug, um mit ihren Geiseln Österreich zu verlassen. Und sie wollten im ORF in französischer Sprache ein Memorandum verlesen lassen. Um 18.15 ging der wirre Text auf Sendung.

Zehn Minuten zuvor war Bruno Kreisky, den man aus dem Winterurlaub in Lech geholt hatte, eingetroffen. Er führte Telefonate: Mit dem algerischen Außenminister Bouteflika oder mit dem irakischen Geschäftsträger in Wien. „Dazwischen wieder Gespräche mit den Botschaftern", schrieb Peter Rabl im KURIER. „Sie werden angehört, mit ihnen wird aber nicht verhandelt, betont der Kanzler: Die Entscheidung über Leben und Tod der Geiseln liegt bei der österreichischen Regierung. In Wirklichkeit liegt sie bei Kreisky allein. Die Erleichterung der Minister ist deutlich zu sehen, seit er nun selbst da ist."

Kreisky kam noch am selben Abend zu einem Resultat. Die Österreicher und die in Wien ansässigen OPEC-Mitarbeiter wurden freigelassen. Die elf Ölminister sowie 22 weitere OPEC-Delegierte willigten ein, mit den Terroristen fortzufliegen.

Die Austrian-Airlines-Piloten Manfred Pollak und Otto Herold übernahmen den Auftrag, die Terroristen-Maschine zu fliegen. Einen Tag nach dem Überfall hob die AUA-DC-9 ab, wobei sich Innenminister Otto Rösch einen Lapsus leistete: Er verabschiedete sich nicht nur von den Geiseln mit Handschlag – er schüttelte auch dem Chef der Terroristen die Hand. Der Flug führte nach Tripolis und Algier, alle Geiseln wurden freigelassen.

Die Identität einiger Attentäter war rasch geklärt. Chef des Kommandos war der Venezolaner Ilich Ramirez Sanchez alias Carlos, einer der gefährlichsten Terroristen jener Zeit. 1997 wurde er in Frankreich zu lebenslanger Haft verurteilt.

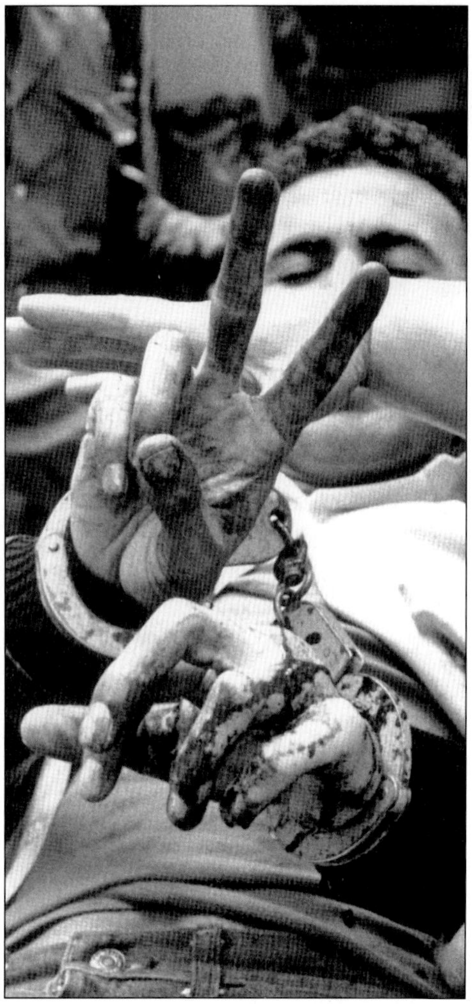

Terror in Österreich.
Der palästinensische Attentäter Marwan Hasan (oben) wurde 1981 nach dem Anschlag auf die Wiener Synagoge festgenommen. 1973 hatten arabische Terroristen in Marchegg einen Zug mit jüdischen Auswanderern aus der Sowjetunion überfallen (unten links). 1985 wurde der Flughafen Wien zum Schauplatz eines Attentats (unten rechts). Zwei Menschen kamen ums Leben, 47 erlitten Verletzungen

Hinter dem Decknamen Henri steckte der Deutsche Hans-Joachim Klein. 1977 distanzierte er sich vom Terrorismus und lebte jahrzehntelang unerkannt als U-Boot, bis er 1998 in einem Dorf in Nordfrankreich verhaftet wurde. „Für zehn Minuten OPEC zahle ich seit 25 Jahren", sagte er, als 2000 in Frankfurt sein Prozess begann. Klein wurde wegen seiner Beteiligung am OPEC-Attentat zu neun Jahren Haft verurteilt und kurz vor Weihnachten 2003 begnadigt.

Auch die einzige Frau des Wiener Terror-Kommandos stammte aus Deutschland: Gabriele Kröcher-Tiedemann. Sie zählte zur RAF, der Rote Armee Fraktion. Die Deutsche stand unter Verdacht, zwei der drei Morde des OPEC-Attentats begangen zu haben. Ein Prozess in Köln wegen ihrer Teilnahme am OPEC-Überfall endete 1990 jedoch mit einem Freispruch aus Mangel an Beweisen. Gabriele Kröcher-Tiedemann starb 1995 an Krebs.

Wer die Drahtzieher des Anschlags von Wien waren, die sich den Fantasienamen „Arm der arabischen Revolution" gaben, blieb lange unklar. „25 Jahre nach dem Überfall weiß man, wer den Auftrag gab", schrieb der KURIER am 21. Dezember 2000. „Demnach sollte der Überfall die Position Libyens im innerarabischen Konflikt mit den Saudis stärken. Auftraggeber des Anschlags war die Palästinensergruppe PFLP-SC unter Wadi Haddad."

Österreich stand nach der Attacke jedenfalls trotz des relativ glimpflichen Ausgangs unter Schock. „Dass so etwas bei uns, auf der Insel der Seligen, passieren könnte, war bis dahin unvorstellbar", meint Christoph Kotanko. „Wobei man in diesem Fall natürlich sagen muss, dass dies importierter Terrorismus war, der sich nicht gegen Österreich richtete. Wenn die OPEC ihren Sitz in Kopenhagen gehabt hätte, wäre der Anschlag vermutlich dort passiert."

„Die arabischen Führer wollten, dass in Österreich nichts passiert. Doch die innerpalästinensische Front hat sich dann aufgefächert“: Bundeskanzler Bruno Kreisky mit dem Palästinenser-Chef Yassir Arafat in Wien

Auch Heinz Nußbaumer glaubt, dass „der OPEC-Überfall im Grunde genommen eine innerarabische Geschichte war. Man wollte mit dem Anschlag Brücken abbrechen; von welcher Seite auch immer.“

Es gab aber, vor und nach dem 21. Dezember 1975, weitere Attentate in Österreich. In diesen Fällen vertritt Nußbaumer die Ansicht, dass dies gegen den Willen der arabischen Führer geschah: „Sie wollten, dass in Österreich nichts passiert.“

Warum? Nußbaumer nennt zunächst die Nahost-Politik Bruno Kreiskys. „Österreich war das erste Land im Westen, das eine Annäherung an die Palästinenser versuchte. Kreisky hat Palästina in die Sozialistische Internationale eingeführt und den Palästinensern ein Büro in Wien gegeben.“

Waren solche Schritte vielleicht Teile eines Deals – hier eine proarabische Politik, dort die Zusicherung von Terror-Freiheit? Nußbaumer: „Diese politischen Handlungen mögen durchaus einen Sicherheitsaspekt gehabt haben. Aber sie sind im Wesentlichen auf das Gerechtigkeitsgefühl Bruno Kreiskys zurückzuführen.“

Das besondere Verhältnis zwischen Österreich und der arabischen Welt hat aber, so die Auffassung Nußbaumers, Wurzeln, die jahrhundertealt sind: „Der Orient hatte für uns immer etwas Abschreckendes und faszinierend Anziehendes. Wir waren Gegner und Partner des osmanischen Reiches. Es gab die Erfahrungen der Türken-Kriege, als sich das Schicksal Europas in Wien entschied. Daraus entstand eine Gegenreaktion: Die erste orientalische Akademie wurde in Wien gegründet. Alle großen Königssöhne der islamischen Welt wurden in Wien ausgebildet, der erste Koran, der in Europa gedruckt wurde, kam aus Wien. Wir waren – 1912! – das erste Land Europas, das den Islam als gleichberechtigte Religion anerkannte und einen islamischen Religionsunterricht einführte.“

In der Kreisky-Zeit führten die besonderen Beziehungen zum Orient freilich auch zu Nebenwirkungen. Nußbaumer: „Die innerpalästinensische Front fächerte sich auf und Arafat bekam so viele Gegner in den eigenen Reihen, dass man über Attentate in Wien Arafat treffen wollte.“

Der erste große Anschlag passierte gut zwei Jahre vor dem OPEC-Überfall, am 28. September 1973. Arabische Terroristen stürmten im Bahnhof Marchegg einen Zug, der jüdische Emigranten aus der Sowjetunion ins Durchgangslager Schönau bringen sollte (von dort ging es planmäßig weiter nach Israel). Die Araber nahmen drei Auswanderer und einen Zöllner als Geisel; von Marchegg aus fuhren sie zum Flughafen Schwechat. Sie forderten freien Abzug sowie die Schließung des Lagers in Schönau. Um das Leben der Geiseln nicht zu gefährden, willigte Kreisky ein – die Folge: ein internationaler Protestschrei. „Die Welt verurteilt Wiener Lösung zur Geiselrettung“, lautete die KURIER-Schlagzeile vom 1. Oktober 1973.

Zur Wiener Lösung gehörte es freilich auch, den Auswanderern neue Wege zu öffnen. Von 1968 bis 1986 kamen mehr als 270.000 Juden aus der Sowjetunion über Österreich nach Israel oder in den Westen.

Nach dem OPEC-Überfall blieb Österreich lange vor Terror verschont. Doch am 1. Mai 1981 wurde der Wiener Stadtrat Heinz Nittel, Präsident der Österreichisch-Israelischen Gesellschaft, vor seinem Haus in Hietzing erschossen. Eine besonders grausame Attacke folgte am 29. August 1981. Zwei Araber stürmten die Wiener Synagoge in der Seitenstettengasse, wo gerade eine Bar-Mizwah-Feier stattfand. Die Attentäter schossen mit Maschinenpistolen und warfen Handgranaten. Zwei Menschen starben, 20 wurden schwer verletzt. Die PLO distanzierte sich vom Anschlag – doch die verhafteten Täter waren Palästinenser. Einer von ihnen gestand auch den Mord an Heinz Nittel. Die Terroristen Hussham Rajih und Marwan Hasan wurden zu lebenslänglicher Haft verurteilt, ihr Führungsmann Bajih Younis bekam 20 Jahre.

Wie der KURIER 1986 herausfand, gab es im November 1985 in Syrien ein Treffen zwischen Abgesandten des Terror-Bosses Abu Nidal und einer Delegation des Innenministeriums, bei welchem ein Kuhhandel vorgeschlagen wurde: Gegen die Freilassung der Terroristen Rajih, Hasan und Younis würde die Abu-Nidal-Gruppe künftig auf alle Attentate in Österreich verzichten.

Die Österreicher sagten Nein. Die Folge: Am 27. Dezember 1985 überfielen Kommandos, die Abu Nidal zugerechnet werden, in Wien-Schwechat (und zeitgleich am Flughafen von Rom) die Check-in-Schalter der israelischen Fluglinie ElAl. Wieder wurden Maschinenpistolen und Handgranaten verwendet. Zwei Menschen kamen ums Leben, 47 erlitten Verletzungen. Die Polizei erwiderte das Feuer. Ein Terrorist starb, seine zwei Komplizen wurden mit schweren Schusswunden festgenommen.

Abu Nidal wurde im August 2002 in einer Wohnung in Baghdad tot aufgefunden.

Österreich wurde seit dem Flughafen-Attentat 1985 nicht mehr zum Schauplatz großer Terror-Attacken. Christoph Kotanko: „Bruno Kreiskys Rechnung, den Terror vom Land fern zu halten, ist zwar nicht ganz, aber doch über weite Strecken aufgegangen. Aus heutiger Sicht ist vieles, was Kreisky zum Nahen Osten gesagt und getan hat, längst rehabilitiert.“

Experten rätseln: Brach die Brücke durch Attentat - oder Schlamperei?

Rennfahrer-Kameraden retteten ihn am Nürburgring vor Feuertod

Lauda in Lebensgefahr

Olympia-Hosteß bald Schwedens Königin Sylvia?

400 junge Künstler halten seit Sonntag abend die Schlachthallen St. Marx besetzt:

Arena soll Wienern erhalten bleiben

Von Wolfgang Hochwallner

Viele Klagenfurter schlafen noch in Autos
Im Katastrophengebiet hat man jede Hoffnung verloren

Friaul wird tote Zone Erdbebenopfer ziehen nun in Adria-Hotels

Schon vor der größten Trauerfeier der Geschichte begann in Peking der Kampf um die Nachfolge

Nach dem Tod Maos: Kommt totale Umkehr der Weltpolitik?

Chinas greiser Parteichef Mao Tsetung ist tot — und die Welt bangt um die Zukunft des 800-Millionen-Reiches. Politiker, Diplomaten und Chinaexperten fürchten nun gewaltsame Machtkämpfe, ja sogar militärische Auseinandersetzungen mit Chinas feindlichen Nachbarn, der UdSSR und (Taiwan). Mit Sorge vern…

Sonde „Viking I" fand auf dem Mars alle Grundstoffe für Leben

Spanien sagt ja zur Demokratie

Nach Musterung von 4500 Neunzehnjährigen

Heer schlägt Alarm: Viele ungewaschen, 2% schwachsinnig

Der Tag, an dem die Brücke baden ging

Der 1. August 1976 ging als Katastrophentag in die Annalen ein. Erst versank die Reichsbrücke in der Donau, dann hatte Niki Lauda seinen Feuerunfall

Ein Witz aus Wien: So um 1950 stöhnen zwei Bürger über die jüngste Preiserhöhung der Wiener Straßenbahn; die Fahrscheine kosten ein paar Groschen mehr. Sagt der eine: „Wart's ab, eines Tages wird ein Fahrschein 15 Schilling kosten!" Sein Freund schüttelt entrüstet den Kopf. „Das glaube ich nicht. Da stürzt eher die Reichsbrücke ein."

Im Sommer des Jahres 1976 kostete eine Tramway-Fahrt zehn Schilling. Und in den frühen Morgenstunden des 1. August jenes Jahres, um 4.43 Uhr, passierte das fast Unbegreifliche, das der Witz (der natürlich später entstand) in Worte fassen wollte. Die Reichsbrücke ging baden. Binnen weniger Sekunden sank Wiens wichtigste Donauquerung in den Fluss.

„Die Brücke lag zur Gänze im Wasser", notierte Walter Jaksch, Sohn des Reichsbrücke-Co.-Architekten Hans Jaksch. „Erst als sich die gewaltige Staubwolke verzogen hatte, konnte man das Ausmaß der Katastrophe erkennen. Der stadtseitige Pylon war stromaufwärts gefallen; der Pylon am Kagraner Ufer stürzte hingegen stromabwärts, so dass die Brücke S-förmig in der Donau lag. Bevor die Brücke zusammensackte, hatte sich die gesamte Fahrbahn um mehr als einen halben Meter gehoben."

Mit einem Schlag hatte Wien eines seiner wichtigen Bauwerke des 20. Jahrhunderts verloren: Die wuchtige Kettenbrücke, an deren Gestaltung auch Clemens Holzmeister beteiligt war, galt seit der Eröffnung 1937 als modernes Wahrzeichen.

Doch daran dachte an diesem Sonntagmorgen kaum jemand. Die Menschen bestaunten ungläubig das Desaster. Und sie priesen das Glück im Unglück: Wäre die Brücke zur Hauptverkehrszeit eingestürzt, so hätte sie möglicherweise Hunderte Menschen in den Tod gerissen. Dank der frühen Stunde war die Sache relativ glimpflich ausgegangen. Ein 22-jähriger Mann allerdings, der mit dem Auto unterwegs war, verlor auf der Brücke sein Leben.

Ungläubiges Staunen war auch die erste Reaktion der Journalisten, die von dem Desaster erfuhren. „Ich bekam um fünf Uhr einen Anruf des KURIER-Portiers, der mir sagte, die Reichsbrücke sei eingestürzt", erinnert sich Paul Uccusic. „Auf meine Frage, woher er das wisse, antwortete er: ‚Ein Zeitungszusteller rief an, weil er nicht über die Donau fahren kann.' Ich telefonierte mit der Feuerwehr und dort sagte man mir nur: ‚Sie können ausfahren.'"

Uccusic kam als erster Journalist bei der Reichsbrücke an. „Bürgermeister Leopold Gratz und Stadtrat Peter Schieder waren bereits dort. Die Auffahrt zur Reichsbrücke stand noch; alles andere lag im Wasser. Es war ein Anblick von großer Absurdität."

Wien, 1. August 1976: Die Reichsbrücke ist in der Donau versunken; in den Trümmern ein Autobus (rechts). Die Katastrophe passierte kurz vor fünf Uhr früh. In der Hauptverkehrszeit (links, Szene aus den fünfziger Jahren) hätte es Hunderte Opfer geben können

Ähnlich Günther Köchl, der gerade in den Urlaub starten wollte, aber dann zum Schauplatz umgeleitet wurde: „Die riesigen Ketten der Brücke am Ufer, dazu das originelle Bild eines Autobusses, der in der Donau zu stehen schien – für einen Journalisten war das ein aufregender Anblick."

Zeitungsmäßig begann jetzt die adrenalintreibende Routine eines Großeinsatzes. Wer immer verfügbar war, raste in die Redaktion oder zum Schauplatz und holte Informationen ein. Acht Reporter und drei Fotografen lieferten Texte und Bilder für die mehrseitigen KURIER-Reportagen.

Die Hintergründe lagen vorerst im Dunkeln: „Ob es ein Attentat oder ein technisches Gebrechen war, ist unklar." Der Held des Tages aber war bekannt. Er hieß Emmerich Volcamsek.

Der Wiener saß am Steuer jenes (gottlob leeren) Gelenkautobusses, der während des Einsturzes die Brücke querte und bald den Spitznamen „Donaubus" bekam. „Erst habe ich geglaubt, es ist nur ein Schlagloch", schilderte Volcamsek seinen sehr realen Albtraum. „Plötzlich begann der Bus zu schlingern und ich sauste mit der ganzen Brücke wie in einem Großraumlift in die Tiefe. Dann brodelte rund um den Bus das Wasser. Ich stieg durch die zertrümmerte Windschutzscheibe ins Freie und hielt mich an einem Eisenteil fest."

Volcamsek versäumte es nicht, „trotz Lebensgefahr die Geldkassa aus dem Autobus zu retten", wie der KURIER vermerkte. Feuerwehrleute ruderten zum Donaubus, um Fahrer und Kassa abzuholen.

Die Stimmung jener Stunden wurde später von Gerhard Krause in einer Reportage eingefangen. „Gemeinsam mit Tausenden Schaulustigen taumelten Politiker, Techniker und Verwaltungsbeamte schlaftrunken an den Schauplatz einer fast einmaligen Katastrophe, rüttelte das Ereignis doch an den Grundfesten ihrer Tätigkeit – an ihrem Image. Mit den stählernen Trümmern der Reichsbrücke war nämlich noch etwas anderes in Gefahr, in den Fluten der Donau zu versinken: Das Vertrauen zu ihren Werken. Das Vertrauen in die Technik, in die Politiker und in eine effektive Verwaltung."

Nach dem Einsturz (oben) blieb die Schifffahrt auf der Donau lange Zeit blockiert. Beim Bau der neuen Reichsbrücke (unten) wurde zwar die Chance genutzt, eine eigene Etage für die U-Bahn einzubauen, doch architektonisch geriet das Bauwerk aus Beton zur Enttäuschung: „Eigentlich ist sie gar keine Brücke, sondern eine Autobahnüberquerung der Donau"

Eine Portion Misstrauen wäre, was die Brücken betraf, durchaus berechtigt gewesen, erzählt Krause heute: „Als man Bürgermeister Leopold Gratz über den Einsturz informierte, sagte er: ‚Wieso die Reichsbrücke? Ich hab' geglaubt, die Floridsdorfer Brücke ...' Die war nämlich wirklich sehr baufällig und es gab schon die Pläne für den später durchgeführten Neubau."

Der Bürgermeister überstand das Brücken-Bad ohne Schaden für seine politische Karriere. Der ressortzuständige Planungsstadtrat Fritz Hofmann jedoch musste als Bauernopfer gehen.

„Das Spannendste", sagt Paul Uccusic, „wurde in den Tagen danach die Ursachenforschung." Die Attentats-Theorie konnte rasch zu den Akten gelegt werden. Uccusic: „Es stellte sich heraus, dass der tragende Pfeiler im Flussbett beim Bau der Brücke mit Schutt verfüllt worden war. Die Brücke stürzte ein, weil der Pfeiler das Gewicht nicht länger halten konnte."

Eine Expertenkommission kam schon neun Tage nach dem Unglück zum Schluss, dass geschlampt worden war: „Das teilweise Vorhandensein von Sand und von Brocken unverdichteten Betons im Füllmaterial anstelle der vorgesehenen Betonfüllung erleichterte das Eindringen von Wasser und Frostwirkung." Dieser Fehler beim Bau sei später nicht mehr gut zu machen gewesen. „Eine zerstörungsfreie Prüfung des Betons in den Pfeilern ist mit den derzeit bekannten Mitteln nicht möglich."

Trotzdem geriet das Wiener System der Brückenkontrolle unter schwere Kritik. Bis dato hatten die Werkmeister der Stadt, so Gerhard Krause, nur überprüft, „ob die Brücken noch stehen oder ob größere Teile abgeplatzt sind". Seit dem Reichsbrücken-Desaster hat sich das massiv und zum Besseren geändert.

Der Brückenfall brachte Wien eine städtebauliche und eine architektonische Chance. Die erste wurde genutzt, die zweite vergeigt. Städtebaulich bot sich die Gelegenheit, die U-Bahn in die Donaustadt und zur UNO-City zu verlängern. Das war zuvor ein ungelöstes Problem: Über Projektstudien, eine eigene Donaubrücke für die U-Bahn zu bauen, war man noch nicht hinausgekommen.

Jetzt konnte man die neue Reichsbrücke mit einem Geschoss für die U-Bahn errichten. Doch der Wettbewerb wurde zur Enttäuschung für alle, die auf ein markantes architektonisches Signal, etwa in Form einer Hängebrücke, gehofft hatten. Gewählt wurde das schlichte Projekt „Johann Nestroy", eine Betonbrücke nach Plänen des Wiener Architekten Norbert Kotz.

Als die neue Donauquerung am 8. November 1980 eröffnet wurde, fand KURIER-Architekturkritiker Jan Tabor keine freundlichen Worte für das Bauwerk: „Die alte Reichsbrücke fiel einem Brückenunglück zum Opfer. Die neue Reichsbrücke ist selber ein Brückenunglück. Eigentlich ist sie gar keine Brücke, sondern eine Autobahnüberquerung der Donau. Ein Monument der Autogesellschaft."

Brückenunglück und Autogesellschaft – diese Worte laden ein, einen Bogen zu schließen zum zweiten Ereignis, das Österreich am 1. August 1976 bewegte. Am frühen Nachmittag, als die Wiener ihre verlorene Brücke betrauerten und in der KURIER-Redaktion die Schreibmaschinen glühten, rollte am Nürburgring Formel-1-Weltmeister Niki Lauda mit seinem Ferrari an den Start. Großer Preis von Deutschland.

„In der zweiten Runde des Rennens, das bei Regen gestartet wurde, geriet Niki, nachdem er an der Box die Regen- gegen Trockenreifen getauscht hatte, auf dem Streckenteil Bergwerk von der Bahn", schrieb Helmut Zwickl. Der KURIER-Motorsportexperte in blumigem Stil: „Lauda zerhackte 20 Holzpflöcke des Fangzauns, bohrte sich dann ins Erdreich der Böschung und wurde anschließend auf die rechte Straßenseite geschleudert."

Die Folge: Eine Karambolage mehrerer Autos; Nikis Wagen fing Feuer. Seine Kollegen und Konkurrenten Harald Ertl, Arturio Merzario, Guy Edwards und Brett Lunger schafften es, Lauda aus dem Wrack zu ziehen. Der Wiener wurde ins Krankenhaus geflogen und schwebte tagelang zwischen Leben und Tod.

In vielen Blättern der internationalen Presse wurde der Lauda-Unfall zur Hauptschlagzeile auf Seite eins. „Zynisch gesprochen: Wir hatten zwei Supergeschichten an einem Tag", sagt Paul Uccusic. „Die Aufmacher stiegen einander auf die Zehen. Im KURIER gab es aber keine Diskussion: Der Einsturz der Reichsbrücke war das Thema für die Schlagzeile des Tages."

Was blieb von jenem 1. August 1976? Herbert Hufnagl: „Es war ein prägender Tag – aber ein Tag ohne nachhaltige Auswirkungen. Dass in unserer Zeit, in der alles so toll funktionierte, eine Brücke einfach in sich zusammenfiel, schien unvorstellbar. Bei Niki Lauda hat man gehofft und die Daumen gedrückt. Wie schwer er wirklich verletzt wurde, erfuhr man erst später."

Der 1. August 1976 wurde auch zum Schicksalstag für Niki Lauda. Der strahlende Held und Formel-1-Weltmeister (oben) erlitt auf dem Nürburgring einen Feuerunfall, bei dem er von Rennfahrer-Kollegen in letzter Sekunde aus seinem zerstörten Ferrari (rechts) gezogen werden konnte. Nach dem Unfall war die ganze Kunst der Ärzte (unten) gefordert: Lauda schwebte tagelang zwischen Leben und Tod

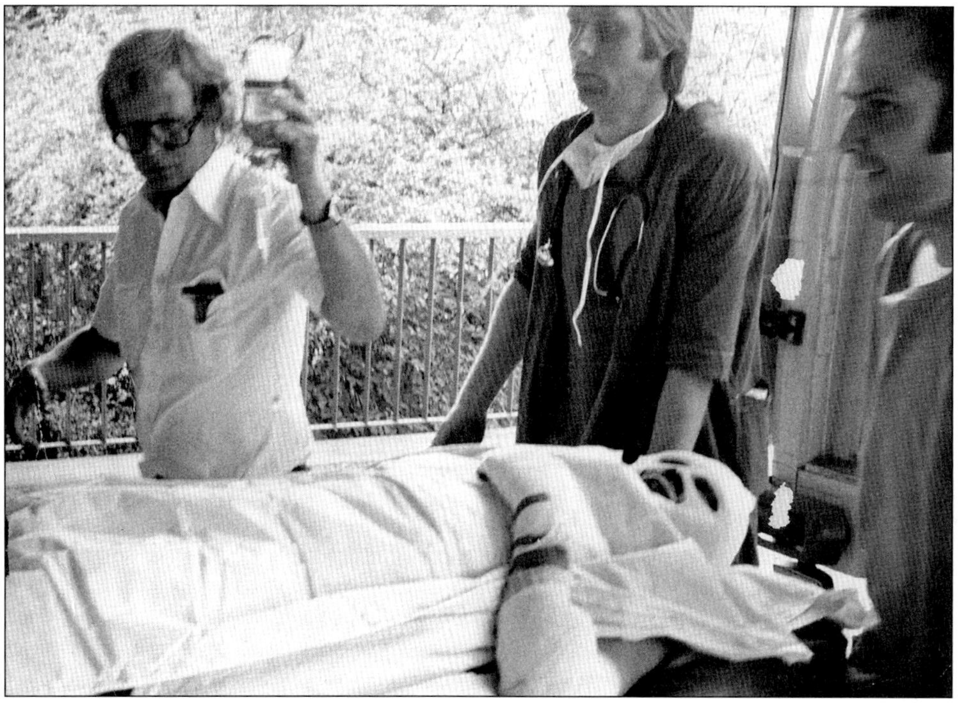

Ausschreitungen und Gewalttaten werden befürchtet

Kernkraftwerke: Regierung bricht die Debatte ab

Die nächste Runde im Kampf zwischen Regierung und Atomkraftwerksgegnern findet nicht statt: Eine für Donnerstag um 18.30 Uhr in der Wiener Stadthalle angesetzte „Informationskampagne über die Vor- und Nachteile der Verwendung der Kernenergie zum Zwecke der Energieversorgung" wurde Dienstag in den Abendstunden von der Bundesregierung kurzfristig abgesagt

2 Großraumjets stießen auf dem Rollfeld zusammen

Jumbo-Unglück auf Teneriffa fordert 560 Tote

Palmers-Chef entführt 50 Millionen gefordert

Die Entführer des Pal-
mers-Konzern-Chefs h
ben ein schwerkrank
Opfer in den Hän
Walter Michael Palr
74, leidet an schw
Asthma und einer
erkrankung und
ständig Medi
Der Strump
hätte sich bere
ren lassen
sprach sich je
den Eingriff

Verständl
Familie de
um das Le
bangt. Si
tag, so
tum
50

Auf Sadat wartet ein jubelndes Israel

Das politische Wunder scheint perfekt zu werden. Fieberhaft gehen Ägypten und Israel Vorbereitungen des Israel-Besuchs Staatspräsident Sadat. ... vom

Schweres Beben in Rumänien und Bulgarien forderte Tausende Menschenleben

30mal stärker als Friaul

Von einem Erdbeben, das in seiner Energie dreißigmal stärker war als das Beben in Friaul, wurden am Freitag abend Rumänien und Bulgarien heimgesucht. Wohnblocks stürzten in sich zusammen. Unter den Trümmern, so wird befürchtet, sind Tausende Menschen begraben.

Ein tiefes Grollen drang am Freitag abend durch Bukarest. Kurz danach erschütterten schwere Stöße die Hauptstadt Rumäniens: In den langen Minuten eines der schwersten Erdbeben Europas stürzten ... schen 21.23 Uhr und 22. ... Ortszeit im Herzen ... aber auch in der ... meter von Buka... Ölstadt Plo... Wohnhäuser ... Trümme... Schät... an

Eine Gruppe von etwa 50 ... siedlern, die Samstag ... Katastrophengebiet in der Bu... land ...

Die Leiche mit durchschnittener Kehle in einem Pkw-Kofferraum gefunden

Schleyer verblutete: Mord nach Baaders Tod

Mit unfaßbarer Grausamkeit haben die Entführer ihre Geisel Hanns-Martin Schleyer ermordet. Sie schnitten ihm die Kehle durch und hinterlegten die Leiche im Kofferraum eines Autos in Mülhausen (Elsaß). Als Motiv für diesen brutalen Mord geben die Terroristen Rache für den Tod von Andreas Baader, Gudrun Ensslin und Jan Carl Raspe an. Gleichzeitig kündigten sie an: „Der Kampf beginnt erst."

Strahlender Sieg über die strahlende Energie

Das Nein zur Kernkraft gehört zu Österreichs modernen Heldensagen. Aber fast hätten die AKW-Befürworter bei der Volksabstimmung gewonnen

Im März 1977 rüstete Österreichs Exekutive auf. „Polizei gewappnet für Zwentendorf-Sturm", titelte der KURIER. Die Regierung und die Stromwirtschaft fürchteten, Demonstranten könnten das Areal des Kernkraftwerks Zwentendorf besetzen – ähnlich wie in Deutschland, wo es bei Brokdorf zu schweren Krawallen gekommen war.

Doch Österreichs Atomgegner ließen die Baustelle an der Donau in Ruhe. Zwar näherte sich die Debatte über Sinn und Unsinn der Kernenergie ihrem Siedepunkt, aber es war ein Kampf der Worte. Erst vier Monate später, im Juli 1977, zogen Demonstranten zu Tausenden nach Zwentendorf. Auch da gab es keine Ausschreitungen, denn, so der KURIER: „Polizeitaktik und Hitze ermatteten Atom-Aufmarsch."

Die große Koalition der Kernkraft-Befürworter, angeführt von SPÖ und ÖGB, von der Industrie und dem Wirtschaftsflügel der ÖVP, ertrug die Proteste einstweilen noch mit Gleichmut. Obwohl die Stimmung gegen die Atomkraft stärker wurde, schien der baldigen Inbetriebnahme von Zwentendorf nicht mehr allzu viel im Wege zu stehen. Schließlich war das sieben Milliarden Schilling teure Kraftwerk fast fertig. Die E-Wirtschaft hatte vorsichtshalber schon einmal Stimmung gemacht: „Ohne Kernkraft droht Stromkrise."

Nun ja. Die „Stromkrise" brach dann ein Jahr später aus; aber anders, als sich die Verbundgesellschaft das gedacht hätte. Am 5. November 1978 machten sich die Österreicher auf zum friedlichen und finalen Zwentendorf-Sturm. Bei der Volksabstimmung votierte die Mehrheit der Wähler gegen die Kernenergie.

Heute würde so ein Volksentscheid vermutlich mit 99:1 für ein nuklearfreies Österreich ausgehen und in der kollektiven Erinnerung hat sich der 5. November 1978 als ein triumphaler Tag für das Land und sein Umweltbewusstsein etabliert. Allerdings: Damals fiel der große Sieg über die Kernkraft sehr bescheiden aus.

3,183.000 Bürger machten bei der Volksabstimmung ihr Kreuz – das waren nicht einmal zwei Drittel der Wahlberechtigten. Etwas mehr als 1,606.000 von ihnen (50,47 Prozent) stimmten gegen die Atomkraft. 1,576.700 (das waren 49,53 Prozent) plädierten pro Atom. Eine winzige Mehrheit von rund 30.000 Stimmen war also ausschlaggebend dafür, dass Österreich eine AKW-freie Zone blieb.

„Atomkraft? Nein Danke". Großdemonstration gegen das Kernkraftwerk Zwentendorf im Juli 1977 in Wien

Bei etlichen Bürgern spielten innenpolitische Gründe in die Entscheidungsfindung hinein. Peter Rabl: „Die Abstimmung wäre vermutlich anders ausgegangen, wenn Kanzler Bruno Kreisky Zwentendorf nicht zur persönlichen Frage gemacht hätte. Bei diesem Thema hatte ihn sein Instinkt verlassen. Das Referendum war zum Teil eine Volksabstimmung über Bruno Kreisky – sonst würden wir heute nicht stolz dasitzen und sagen können, wir sind das einzige atomfreie Land in Zentraleuropa."

„Bei der Zwentendorf-Debatte", sagt Christoph Kotanko, „wird der Krimi heute immer von hinten gelesen. Da wirkt es, als seien die Österreicher schon immer Vorreiter bei der Anti-Atom-Bewegung in Europa gewesen. Doch das stimmt nachweislich nicht." Also erzählen wir den Krimi einmal von vorn. Von ganz weit vorn.

Am 27. Juni 1954 ging in Obninsk, 90 Kilometer von Moskau entfernt, das erste Atomkraftwerk der Welt ans Netz. Einige Monate später, im September 1954, legte US-Präsident Eisenhower in Pennsylvania den Grundstein zum ersten amerikanischen Nuklear-Strommeiler. In jenen fortschrittsgläubigen Jahren schien die „saubere“ Kernkraft die Lösung aller Energieprobleme zu verheißen.

Österreich blieb von diesen Segnungen vorerst allerdings ausgeschlossen; so wollten es die Weltkriegs-Siegermächte. Das Land musste sich mit kleinen Forschungsreaktoren begnügen, die zwischen 1960 und 1963 in Seibersdorf, Wien und Graz entstanden. Mit welcher optimistischen Naivität man dem Thema Atom begegnete, verraten ernst gemeinte Zeitungsartikel aus jener Zeit, die heute wie vollkommen absurde Satiren wirken.

So berichtete der *Express* 1967 über eine sagenhafte Erfindung der Nuklearforscher aus NÖ. Unter dem Titel „Pille gegen Atomtod“ stand zu lesen: „Das Atomreaktoren-Zentrum Seibersdorf wird in absehbarer Zeit imstande sein, Pillen herzustellen, die den Menschen vor radioaktiver Bestrahlung und Atomtod schützen.“ Die *Kronen-Zeitung* bereitete ihre Leser im gleichen Jahr auf neue Angeltechniken vor („Fischfang mit Atomen“). Und der KURIER klärte seine Leser im Jänner 1969 über wahrlich „verblüffende Aspekte“ der Kernspaltung auf: „Heute noch eine Sensation, in absehbarer Zeit aber so selbstverständlich wie die Mondfahrt: Isotopenbestrahlte Skier mit einem unerhörten Gleiteffekt, kobaltbestrahlte Hemden, die niemals knittern, und Isotope im trauten Heim als Helfer der Menschheit.“

Bei derart rosigen Aussichten fürs traute Heim war mit Widerstand gegen den Fortschritt nicht zu rechnen. Die Regierung Klaus und die E-Wirtschaft stellten das Land im Sommer 1969 vor vollendete Tatsachen. Der *Express:* „Nun ist es amtlich. Ab 1975 Atomenergie in Österreich.“

Mag ja sein, dass es amtlich war. Aber unter den Bürgern regte sich erster Widerstand. „Ein Volksbegehren gegen Atomkraftwerke?“, fragte der KURIER am 9. April 1970. Im Text hieß es: „Gegenwärtig ist man bemüht, die Unterschriften für den Antrag auf Einleitung eines Volksbegehrens zusammenzubekommen.“ Die Fachwelt fand das offenbar lustig. „Dozent Doktor Tschirk vom Atomwissenschaftlichen Institut der Uni Wien meinte, es handle sich um eine Gruppe von Leuten, denen der Sinn für die Wirklichkeit fehle.“

Von denen gab es aber bereits eine Menge. Der niederösterreichische Aktivist Walther Soyka, der in der Folge einer der führenden Köpfe der Anti-Zwentendorf-Bewegung werden sollte, brachte immerhin 16.000 Unterschriften zusammen.

Die Wirklichkeit der Atom-Befürworter sah anders aus. Sie verkündeten über die Medien ihre Botschaften vom Fortschritt („Ein Land ohne Kernenergie bleibt

Die Debatte um Zwentendorf und die Kernenergie. Nicht nur Bruno Kreisky (oben) und seine Regierung traten für ein Ja zur vermeintlich sauberen Energie-Gewinnung ein. Auch die Industrie und die Elektrizitätswirtschaft warben vehement für die Inbetriebnahme des Atomkraftwerks („Ein Land ohne Kernenergie bleibt zurück“). Unter den Bürgern wuchs freilich die Skepsis. Als Innenminister Erwin Lanc am 5. November 1978 das Ergebnis der Volksabstimmung verlas (unten), hatten die Kernkraftgegner mit hauchdünnem Vorsprung die Oberhand behalten

zurück"); sie warben mit der Ökologie („Bedeutender Aktivposten gegen die Umweltverschmutzung"). Und sie führten – nach heutigen Maßstäben – aberwitzige Standortdebatten. „Wien soll Atomkraftwerk erhalten", titelte am 29. November 1970 *Die Presse:* „Techniker der Wiener Elektrizitätswerke überprüfen zur Zeit, ob bis 1979 ein Atomreaktor mit 350 Megawatt gebaut werden könnte."

Die Pläne fürs AKW Wien wurden bald in den Archiven endgelagert, doch ansonsten ging es zügig voran. Die deutsche KWU, eine Gemeinschaftsfirma von Siemens und AEG, begann 1972 mit dem Bau des Kernkraftwerks Zwentendorf.

Der 700-Megawatt-Meiler sollte, so die Planungen, nicht allein bleiben: St. Pantaleon in Oberösterreich war bereits als Standort für das zweite Atomkraftwerk ausgewählt. 1985 hätten, gemäß dem Energieplan 1975 der Republik, drei Kernkraftwerke eine jährliche Menge von 3000 Megawatt Strom liefern sollen.

Der Energieplan 1975 war freilich bereits bei seiner Veröffentlichung Makulatur. Gegen das Projekt St. Pantaleon regte sich heftiger Bürgerprotest, was schon 1974 zu einer Verschiebung aller Termine geführt hatte. Und rund um Zwentendorf wackelte es. Im Sinne des Wortes: Nach dem heftigen Erdbeben 1973 mussten die Arbeiten am AKW eingestellt werden; um mehr als 400 Millionen Schilling ersetzte man die bereits gebauten Fundamente durch stärkere Strukturen. Der Verdacht mangelnder Erdbebensicherheit wiederum gab der Anti-Atom-Bewegung frischen Zulauf.

Diese Entwicklung löste nun auch im offiziellen Österreich Nachdenkprozesse aus. Die Korrespondentin Inge Santner notierte 1977 im *Münchner Merkur*: „Der erste, dem Bedenken kamen, war der stets hellhörige Regierungschef selbst. Schon 1973, so glaubt sich Bruno Kreisky zu erinnern, warnte er davor, ‚dass hier ein heißes Eisen entstehen wird."

Um das heiße Eisen abzukühlen, setzte die Regierung auf Information. Die Kampagne des Jahres 1976 hatte aber nicht den gewünschten Effekt: Auch die Argumente der Gegner fanden auf einmal breites Gehör. Immer mehr Bürger sorgten sich um Antworten auf die wichtigen Fragen der Kernenergie, von der Reaktorsicherheit bis zur Atommüll-Lagerung.

„Warum wir Zwentendorf brauchen", so der Titel einer Broschüre der Verbundgesellschaft, ließ sich hingegen nicht mehr so leicht vermitteln.

Kein Wunder angesichts oberflächlicher Aussagen wie dieser: „Der endlagerungsfähige Abfall von Zwentendorf aus einem Jahr hat ein Volumen von nur zwei Kubikmetern. Für diesen Abfall sind Endlager notwendig, die eine sichere Abschirmung

Der Super-Gau des Atomzeitalters. Am 26. April 1986 explodierte das Kernkraftwerk Tschernobyl in der Ukraine. 135.000 Menschen wurden aus der Umgebung evakuiert. Der radioaktive Fallout ging in den Wochen danach auch über Österreich nieder

von der Außenwelt garantieren. Das Problem ist jedoch im Moment nicht aktuell. Erst in den neunziger Jahren brauchen wir für Zwentendorf ein Endlager."

Schlussendlich landete die Zwentendorf-Problematik in den Verhandlungssälen des Parlaments. Im Frühjahr 1978 fanden Hearings zu allen Fragen statt; Kanzler Kreisky wollte unbedingt die Zustimmung der oppositionellen ÖVP. Doch die bekam er nicht. ÖVP-Chef Josef Taus gab das interessante Statement ab, er sei zwar prinzipiell für die Kernenergie, aus Sicherheitsgründen aber gegen den Betrieb von Zwentendorf.

Im Juni 1978 entschied sich Bruno Kreisky schließlich für die Durchführung der Volksabstimmung über das Atomkraftwerk (und über seine eigene Politik – für den Fall einer Ablehnung deutete er seinen Rücktritt an). Die Folgemonate kannten kaum ein anderes innenpolitisches Thema; auch im KURIER.

Peter Rabl erinnert sich: „Der KURIER war damals in der Eigentümerschaft von der Industrie dominiert, die durchaus immer wieder versuchte, auf das Blatt Einfluss zu nehmen – und die größten Wert darauf legte, dass Zwentendorf aufgesperrt wird. Im Innenpolitik-Ressort überlegten wir verzweifelt, wie wir der Falle entgehen könnten, gegen unsere Überzeugung für Zwentendorf Werbung machen zu müssen. In langen Diskussionen kamen wir auf die hinterhältige Idee, ganz neutrale Sachgeschichten zu schreiben, die mit Pro- und Kontra-Kommentaren ergänzt wurden."

Die Ankündigung zu dieser Serie, die am 14. September 1978 begann, stand unter dem originellen Titel „Atomstrom im KURIER". Dann ging's los.

Rabl: „Uns ging es darum, mit journalistischem Anstand durchzukommen. Doch die Leser bewegte das Thema viel stärker, als wir angenommen hatten. Ich glaube nicht, dass wir sehr viele Leute für die Atomkraft begeistert haben, denn die Pro-Argumente waren ja längst bekannt. Aber wir hatten jetzt ein Tableau für das Kontra, das vermutlich viele Leute negativ überzeugte. Der Tenor: Wenn dort so gescheite Leute gegen die Atomkraft schreiben, dann kann sie nicht so sicher sein, wie immer behauptet wird."

Dann folgte die Volksabstimmung. Die Atomgegner jubelten. Wenige Wochen später verabschiedete der Nationalrat einstimmig das im Verfassungsrang stehende Atomsperrgesetz, das den Betrieb von Kernkraftwerken in Österreich verbietet.

Bruno Kreisky blieb im Amt. „Das war ein bisschen peinlich", sagt Peter Rabl, „weil er seine Ankündigung, zurückzutreten, durch eine Generalvollmacht des Parteivorstandes wieder zurückzog." Doch 1979 gewann die SPÖ mit Kreisky bei den Nationalratswahlen noch einmal die absolute Mehrheit; sogar mit dem Rekordergebnis von 51,3 Prozent der Stimmen.

Wenige Monate vor dieser Wahl, am 28. März 1979, hatte es in den USA den Reaktorunfall des Kernkraftwerks Three Mile Island gegeben, welches der Welt die Risiken der Atomenergie drastisch vor Augen führte. Trotzdem unternahm die Atomlobby in Österreich noch einen Versuch. Das Pro-Zwentendorf-Volksbegehren im November 1980 erreichte 421.282 Unterschriften.

„Schwache Leistung", schrieb Hans Rauscher im KURIER. „Derzeit ist mit dem Thema Atom kein Hund hinter dem Ofen hervorzulocken. Das wird – vielleicht – erst gelingen, wenn der Ofen ausgehen sollte. Was wir nicht hoffen wollen."

Den letzten Rest an Sympathie verspielte die Kernenergie dann am 26. April 1986. Nicht, weil ein Ofen ausging. Sondern weil einer in die Luft ging. An jenem Tag passierte die Katastrophe von Tschernobyl. Der radioaktive Fallout ging auch über Österreich nieder.

WIENER MORGEN

KURIER

Unabhängige Tageszeitung für Österreich

Tel. 96 21/0 · Erscheinungsort Wien · P. b. b. · Verlagspostamt 1070 Wien
Lire 500,–, Dinar 10,–, Drachm. 25,–, Ptas 60,–, DM 1,–, sfr 1,–

Dienstag, 17. Oktober 1978 • Nr. 288 • S 4,–

Ein Pole ist Papst

Kardinal von Krakau als Johannes Paul II.

Honoratiorenauftrieb und eine Demonstration junger Mütter und Väter

Festliche U-Bahn-Premiere

Von Anton Bina

Kaiserwetter, Blasmusik, Legionen von Honoratioren und sehr viel Polizei: Samstag wurde auf dem Wiener Stephansplatz ein zwar nur kurzes, aber immens wichtiges Stückerl U-Bahn eröffnet.

Seite 15

7 Millionen für Baby, das aus Retorte kam

Ei wurde außerhalb der Mutter befruchtet

Glaubt man der lakonischen Meldung, wonach es gelungen sein soll, einer Frau ein befruchtetes Ei einzusetzen, wird voraussichtlich in wenigen Wochen das erste Retortenbaby zur Welt …

Bei bisherigen Experimenten hatten die werdenden Mütter ihre Retortenbabys stets verloren. Der behandelnde Arzt der Frau, der Gynäkologe Dr. Patrick Steptoe vom Krankenhaus der Stadt Oldham, ist jedoch zuversichtlich.

Sollte das Baby gesund zur Welt kommen, wird sich vielleicht der Wunschtraum vieler Frauen erfüllen, deren Eileiter blockiert ist und die dennoch Kinder in die Welt setzen wollen.

In den Vereinigten Staaten und in Australien haben die Mediziner nach vielen mißglückten Versuchen bereits die Hoffnung aufgegeben, daß eine Befruchtung außerhalb des Körpers möglich sei. Bereits im Jahre 1969 hatte man derartige Experimente ausprobiert – einige Theologen hatten die Versuche jedoch seinerzeit als unmoralisch und als Verletzung der Naturgesetze verurteilt.

Bruno Kreisky plädiert für strenge Regelung:

Minister ohne Nebeneinkünfte

Fragen der Steuer- und Budgetpolitik, die Wahl des ORF-Generalintendanten und der Privilegienabbau waren die zentralen Themen [illegible]kussion am Sonntag in …

Sie wollten in einer Jagdhütte bei Lofer Silvester feiern

Acht fröhliche junge Leute von Lawine getötet

Lawinenkatastrophe in Salzburg: …

Transparent-Gerüst vor Rathaus brach aus seiner Verankerung

Wiener 1.-Mai-Tribüne eingestürzt: 2 Tote

Italiens nächster Präsident nach Schleyer-Muster verschleppt, 5 Bewacher von Terroristen ermordet

Nach Moros Entführung: Staatskrise

Politische Öffnung und kirchliche Enge

Johannes Paul II., der polnische Papst, war stark an der politischen Öffnung Osteuropas beteiligt. Innerkirchlich blieb er stets Traditionalist

Ein Pole ist Papst". Die Schlagzeile des KURIER vom 17. Oktober 1978 verkündete in riesigen Lettern eine Sensation. Mit Karol Wojtila war erstmals seit 455 Jahren, seit dem Niederländer Hadrian VI., ein Geistlicher zum Papst gewählt worden, der nicht aus Italien stammte.

Doch nicht allein die Herkunft des Pontifex löste ein Beben aus. Die Wahl von Johannes Paul II. fand in einer Zeit statt, in der die katholische Kirche schwere Erschütterungen durchmachte. Denn erst sechs Wochen vor Karol Wojtila hatte Johannes Paul I. sein Amt angetreten, der Italiener Albino Luciani. Er starb nach nur 33 Tagen seines Pontifikats.

Die katholische Welt hatte auf Albino Luciani große Hoffnungen gesetzt, wie sich aus einem KURIER-Kommentar von Hermann Stöger ablesen lässt. „Auf Paul VI., leidend unter seiner eigenen Unsicherheit und jener der Kirche, folgte die Leuchtrakete Johannes Paul I. Endlich ein Papst, der lachen kann, ein Papst, dem die Herzen der Welt eben deshalb zufliegen. Ein Papst, der sich über das hierarchische ‚Wir' endgültig hinwegsetzt, der einfach, humorvoll von sich spricht, von seinen Ängsten, Befürchtungen, von seiner Liebe."

Die kurze Amtszeit und der plötzliche Tod Lucianis hatten zur Folge, dass dieser Johannes Paul I. heutzutage fast vergessen ist. Doch wie wurde sein Nachfolger aufgenommen? Hermann Stöger schrieb: „Kardinal Wojtila war kein Mann der Kurie, der vatikanischen Verwaltung. Er ist mit 58 Jahren im Durchschnitt um acht Jahre jünger als alle Päpste, die in den letzten hundert Jahren ihr Amt antraten. Als erster Eindruck bleibt die Sensation. Das Wunder. Das Unglaubliche. Die Hoffnung auf einen neuen, alles Frühere übersteigenden Aufbruch. Eine Kirche auf völlig neuen Wegen?"

Johannes Paul II. wurde in der Tat ein Papst, der völlig neue Wege beschreiten sollte – allerdings in anderem Sinne, als das die Gläubigen vielleicht erwartet hätten.

Karol Wojtila machte sich auf den Weg um die Welt. Der Heilige Vater ging so häufig auf Reisen, dass ihm schon bald der Titel Eiliger Vater anhaftete. Er nutzte seine Herkunft und seine Position, um eine wichtige Figur der Weltpolitik zu werden. Doch so progressiv Johannes II. in weltlichen Fragen handelte, so konservativ führte er die Amtskirche. „Vor allem in Europa und in den USA empfinden viele Gläubige die strengen Vorschriften des Papstes als schwere Bürde", schrieb Norbert Stanzel 2003 in einer Analyse zu Wojtilas 25-jährigem Amtsjubiläum.

Die Biografie des polnischen Papstes bietet Hinweise darauf, aus welchen Quellen seine fortschrittlichen und seine bewahrenden Kräfte gespeist wurden.

Der Sohn eines Eisenbahners, am 18. Mai 1920 nahe Krakau geboren, arbeitete während des Weltkriegs in einer chemischen Fabrik; nebenbei und im Geheimen studierte er Theologie (die deutschen Besatzer gestatteten dies nicht). 1946 wurde Wojtila zum Priester gewählt.

Als Mann der Arbeiterklasse gewann er aus eigener Erfahrung Verständnis für die großen sozialen Fragen. Als Theologe hingegen wurde er, bei Studien im Westen, von ausgewiesenen Traditionalisten geprägt, etwa dem französischen Dominikaner-Pater Garrigou-Lagrange. Zurück in der Heimat, blieben die besonderen Ausformungen der polnischen Volkskirche nicht ohne Wirkung auf Wojtila, was sich etwa in seiner Sympathie für den Marienkult bemerkbar machte. In Polen, wo er 1964 zum Erzbischof und 1967 zum Kardinal von Krakau ernannt wurde, erlebte und erlitt er auch die Spannungen, die das Kirchenleben dieses erzkatholischen Landes während des Kalten Krieges prägten. Dem

Karol Wojtila kurz nach seiner Wahl zum Papst im Jahr 1978. Nach 455 Jahren war er der erste Nicht-Italiener, der in das höchste Amt der katholischen Kirche berufen wurde

real existierenden Sozialismus gehörten seine Sympathien nicht.

Allerdings: Ein berühmter Wojtila-Satz lautet „Politik interessiert mich nicht", und so schätzte ihn auch der polnische Geheimdienst ein, der stets ein waches Auge auf den Krakauer Kardinal hielt.

Doch kaum nahm Wojtila im Vatikan Platz, schien sein Desinteresse an politischen Fragen zu kippen. Knapp sieben Monate nach seiner Wahl, im Juni 1979, verließ er Rom zu seiner ersten Polen-Reise als Pontifex maximus. Es ist nicht anzunehmen, dass dies in Unkenntnis der möglichen Folgen geschah.

„Neun Tage schien der Kommunismus in Polen ausgesetzt", beobachtete ein Reporter der *Süddeutschen Zeitung*. „Millionen Menschen besuchten die Gottesdienste. Im Jahr darauf streikten die Danziger Werftarbeiter, die Gewerkschaft Solidarnosc gründete sich."

Johannes Paul II. schaltete sich in jener Zeit, berichtet Livia Klingl, auch ganz konkret in die Politik ein. „Es gibt Bücher darüber, wie amerikanische Geheimdienst-Chefs dem Papst Satellitenaufnahmen aus der Danziger Werft zeigten, um ihm zu erklären, wie gefährlich die Situation in Polen war – und wie wichtig es wäre, wenn die Kirche Hilfsgüter transportiert. Die Kirche arbeitete mit dem US-Geheimdienst zusammen, um das Ost-System zu unterminieren. Das wäre mit einem ängstlichen Papst, mit einem Papst, für den der Kommunismus nicht so ein großes Feindbild war, nicht möglich gewesen. Wojtila liebte Polen und er wollte seinem Land helfen." Ende 1981 verhängte der polnische General Wojciech Jaruzelski den Ausnahmezustand über das Land. Der Kommentar des Papstes: „Das Militärregime gibt es seit Dezember, die Jungfrau von Tschenstochau seit 600 Jahren."

Als er das sagte, hatte er seine verbale Schlagfertigkeit bereits zurückgefunden. Denn 1981 war nicht nur ein Schicksalsjahr für Polen, sondern auch eines für den Papst: Am 13. Mai wurde er bei einem Attentat während einer Generalaudienz auf dem Petersplatz schwer verletzt. Der Schütze, ein Türke namens Mehmet Ali Agca, wurde sofort gefasst – seine Hintermänner blieben bis heute im Dunkeln. In den Verschwörungstheorien werden so unterschiedliche Auftraggeber wie der bulgarische oder der sowjetische Geheimdienst genannt; die CIA oder sogar eine Gruppe aus dem Vatikan. Johannes Paul II. kümmerte sich nach seiner Genesung wenig um den Kriminalfall – er dankte den Mächten des Himmels. „Eine Hand schoss, und eine andere lenkte die Kugel."

Neun Monate nach dem Attentat war er bereits wieder auf Reisen; diesmal in Zent-

Drei Facetten aus Leben und Werk von Johannes Paul II. Bei seinen zahlreichen Auslandsreisen, wie 1983 in Wien, begeisterte der Papst die Massen mit einer Mischung aus Charisma und begnadeter Selbstdarstellung, die an die Wirkung eines Popstars erinnern konnte (oben). Politisch von größter Bedeutung war sein Engagement für die Bürgerbewegungen Osteuropas (rechts, mit Lech Walesa). Michail Gorbatschow sagte: „Ohne ihn wären die Umwälzungen im Ostblock nie möglich gewesen." Die Bilanz von Karol Wojtilas Besuchen in der Dritten Welt (unten, mit Gläubigen aus Mexiko) fällt zwiespältig aus. Zwar forderte er stets vehement soziale Reformen und Gerechtigkeit, doch seine konservativen Ansichten zur Familienplanung lösten oft Kopfschütteln aus

ral- und Westafrika. Wie stets, verband er seine Glaubensmission mit sozialen Anliegen.

Stefan Galoppi in einer KURIER-Analyse: „Mit seiner Kritik am ungezügelten Kapitalismus und seinen unermüdlichen Appellen, die Kluft zwischen Arm und Reich zu schließen, war Johannes Paul II. ein früher Globalisierungskritiker. Er sagte: ‚Der wahre Erfolg der Globalisierung wird daran gemessen, wie sehr sie jeder Person ermöglicht, die Grundgüter an Nahrung und Wohnung, an Erziehung und Beschäftigung, an Frieden und sozialem Fortschritt, an wirtschaftlicher Entwicklung und Gerechtigkeit zu genießen.'"

Im September 1983 kam Johannes Paul II. zum ersten Mal in offizieller Mission nach Österreich. Der Katholikentag bot den Anlass; Schauplätze waren Wien und Mariazell. Mehr als 100.000 Menschen suchten die Nähe des Papstes, der die Mittel seiner Massenwirksamkeit längst zu voller Blüte entwickelt hatte.

Wie auf jeder seiner Reisen jener Jahre küsste er auch nach der Landung in Wien-Schwechat den Boden des Gastlandes. Zur Fahrt in die Stadt stand das Papamobil mit der gläsernen Karosserie bereit. In seinem Auftreten verriet der Papst – mit natürlichem Charisma gesegnet – auch das große Talent zur Selbstdarstellung. In Livia Klingls Worten: „Ein ungemein geschickter Popstar, der seine Organisation mit den Mitteln der heutigen Zeit stets enorm in die Medien gebracht hat."

Bleiben wir noch bei den politischen Ansichten und Ansagen dieses „Global Players des Geistes" (Stefan Galoppi): Er warnte, in der Enzyklika Centesimus annus, vor der „Vergötterung des Marktes". Er setzte sich bei unzähligen Anlässen für die Menschenrechte und gegen das internationale Wettrüsten ein. Er sagte „Nein zum Krieg. Der Krieg ist nie ein unausweichliches Verhängnis, das einfach über uns kommt. Er ist immer eine Niederlage der Menschheit."

Ein Geistlicher mit unbeugsam pazifistischen Überzeugungen also? Das nicht, glaubt Livia Klingl: „Johannes Paul II. ist für mich eine große Figur als Mann des Friedens mit nicht ausschließlich friedlichen Mitteln. Er trat in den Neunzigern sehr schnell für ein Ende des Krieges in Bosnien ein – ein mutiger Mann, der sagte, man müsse massives Unrecht beenden. Und wenn das nur mit Bomben geht, dann müsse man es mit Bomben beenden. Leider hat damals während der Bosnien-Tragödie niemand auf ihn gehört."

Klingl weiter: „Als Brückenbauer zum Islam wollte er schon während des Krieges mehrfach nach Sarajevo fahren. Und als er endlich nach Sarajevo kommen konnte, sagte er im Stadion: ‚Es gibt kein Verzeihen ohne Gerechtigkeit.' Alle, die dabei waren, hatten eine Gänsehaut und kämpften mit den Tränen."

Doch gibt es eine Gerechtigkeit ohne Verzeihen? Johannes Paul II., der weltoffene Kirchenfürst, der in mancherlei Hinsicht wirklich die Welt öffnete (Michail Gorbatschow: „Ohne ihn wären die Umwälzungen im Ostblock nie möglich gewesen") – ausgerechnet dieser Mann also legte innerhalb der katholischen Amtskirche ausgesprochen harte Haltungen an den Tag.

Er verzieh den Priestern der Befreiungstheologie nie ihre vom Marxismus inspirierten Gedanken; er verzieh nicht den wiederverheirateten Geschiedenen, denen er die Zulassung zu den Sakramenten verweigerte.

Erzkonservative Organisationen wie das Opus Dei ließ er erstarken, doch den Befürwortern einer offeneren Kirche erteilte er Absagen. Eine Abkehr vom Zölibat, zum Beispiel? Undenkbar. „Die kirchliche Morallehre wird dem Ungeist unserer Zeit nicht unterliegen."

Auch dieser Satz fiel auf einer Reise des Papstes, ganz früh schon, 1979, in den USA. Heinz Nußbaumer war damals für den KURIER dabei: „So hörten die Amerikaner ein Nein nicht nur zu Pille und Scheidung, zu Geburtenkontrolle und Abtreibung, zu Priesterheirat und zu Trauung im Priesteramt, nein, sogar zur gemeinsamen Kommunion christlicher Bekenntnisse." So fällt die Beurteilung dieses Papstes in kirchlichen Belangen sehr durchwachsen aus. Karl Löbl, der bei Wojtilas Wahl der Meinung war, dass hier „ein Signal zur Öffnung der Kirche" gesetzt wurde, sagt heute: „Die innerkirchliche Bilanz von Johannes Paul II. ist im Grunde erschreckend, weil das Gegenteil dessen eintrat, was man erwarten konnte. Seine Ära führte zu Verkrampfung, Verkarstung und Engstirnigkeit. Mir ist es vollkommen schleierhaft, dass jemand wie er, der über die Dritte Welt Bescheid weiß, findet, dass die Anti-Baby-Pille eine Sünde sei. Unvorstellbar. Vollkommen absurd."

Livia Klingl schließt sich dieser Kritik an. „Was in Afrika und Südamerika auf seinem Mist gewachsen ist, das kann ich nicht teilen. Und das, was die Rolle der Frau in der Kirche betrifft, ebenfalls nicht."

In Kirchenkreisen ist es kein Geheimnis, dass Karol Wojtila seinerzeit auch durch die Unterstützung aus Österreich zum Papst gewählt wurde. Der österreichischen Kirche bescherte er freilich etliche Würdenträger, die das heimische Kirchenvolk eher entzweiten als vereinten – was in den Neunzigern ein Mitauslöser für das Kirchenvolksbegehren war.

Der Wiener Kardinal Hans Hermann Groer, Nachfolger des allgemein verehrten Franz König, wurde zur „Causa Groer" wegen des Vorwurfs sexuellen Missbrauchs.

Auch die Bischofsernennungen von konservativen Kirchenmännern wie Klaus Küng, Georg Eder oder Andreas Laun (der laut darüber nachdachte, ob Aids eine „Strafe Gottes" sei) löste bei vielen Katholiken Proteste aus. Und das Jahr 2004 stand ganz im Zeichen der Affäre um die Diözese St. Pölten, den Bischof Kurt Krenn und den Kinderporno-Skandal am dortigen Priesterseminar.

Der katholischen Kirche Österreichs gingen aufgrund solcher Affären im Laufe der Jahre viele Mitglieder durch Austritt verloren – und das, obwohl Johannes Paul II., so der Wiener Dogmatik-Professor Josef Weismayer, „in seinem pastoralen Dienst immer eine betont missionarische Note hatte".

Vielleicht liegt aber gerade hier der Grund für die Distanz zwischen Kirchenvolk und Amtskirche. Weismayer: „Die historischen Begegnungen des Papstes mit den Weltreligionen sind als Ausdruck des Respekts zu verstehen – aber nicht als Relativierung des Anspruchs, dass Christus allein das Heil auf der Welt ist."

Bildnis des Papstes als alter Mann. 2003 beging Johannes Paul II. sein 25-jähriges Jubiläum: Einer der längstdienenden Päpste der Kirchengeschichte

Der Kaiser hatte beim Abflug Tränen in den Augen

Schah gab auf – die Perser jubeln

Der Traum von Millionen Persern ist Dienstag in Erfüllung ... nicht das Ende der persischen Monarchie ... der Straßen ... einen Re-

Ölreserven der USA aufgebraucht

Washington spürt Ausfall durch Iran-Krise

Terror-Kommandos jagen den Schah

Khomeini will den Kaiser entführen lassen und vor ein Gericht stellen

Carter will mit Breschnjew auch Geheimpakt schließen

US-Präsident Carter landete Donnerstag pünktlich in Wien

Ohne Essen	Ohne Wasser	Ohne Licht
Ärzte sagen: „Ohne Essen kann man es aushalten, wenn man etwas trinkt"	Ärzte sagen: „Ohne Flüssigkeit 18 Tage zu überleben, grenzt an ein medizinisches Wunder"	Ärzte sagen: „18 Tage in Finsternis können psychische Schaden anrichten"

Unfaßbar!

18 Tage im Verlies vergessen

Ein junger Mann von 18 Jahren schmachtete fast drei Wochen lang in einem fensterlosen Raum, weil ihn Gendarmen einfach „vergessen" hatten. Er magerte bis zum Skelett ab, und die Ärzte bezeichnen es als Wunder, daß er überlebte.

Wien: SAL-Vertrag wurde mit Bruderkuß besiegelt

Ein Bruderkuß zwischen den Präsidenten der beiden Supermächte wurde Montag mittag zum sensationellen Höhepunkt und Abschluß des Wiener Gipfeltreffens.

• Starker Appell für mehr Freiheit

Polen bejubeln die Ostkritik des Papstes

Kreisky sucht neue Minister

Kreiskys Triumph

SPÖ 96 (93)
ÖVP 76 (80)
FPÖ 11 (10)

Mit der Religion zur Revolution

Der Schah musste den Iran verlassen – Ayatollah Khomeini zog ein. Die islamische Revolution des Jahres 1979 hat Auswirkungen bis heute

Am 16. Jänner 1979 trat Mohammad Reza Pahlewi, der Schah des Iran, mit seiner Frau Farah Diba eine Flugreise an. Die Reise war offiziell als Urlaub deklariert, doch die Begleitumstände ließen anderes vermuten.

Einerseits hatte Reza Pahlewi ein ungewöhnliches Gepäckstück eingepackt: Eine Schatulle voll persischer Erde. Andererseits löste sein Abflug Reaktionen aus, wie sie bei Ferienfahrten eher selten vorkommen.

Der KURIER: „Als die Nachricht vom Abflug über den Rundfunk kam, schien die Hauptstadt Teheran in einem Crescendo von Lärm und Begeisterung zu explodieren. Zehntausende Autofahrer blieben minutenlang mit aufgeblendeten Scheinwerfern und voll durchgedrückter Hupe in den Straßen stehen. Menschenmassen strömten auf die Straßen, marschierten, sangen und tanzten in einem spontanen Siegeszug. Die Armee hatte sich auf einige strategische Stützpunkte zurückgezogen und sah diesem Ausbruch der Bevölkerung schweigend zu."

Denn jeder wusste: Wann der Schah zurückkehren würde, hing nicht, wie er beim Abschied sagte, von seinem Gesundheitszustand ab. Der Schah würde überhaupt nicht mehr wiederkommen. Dafür bereitete sich das Land auf die Ankunft eines Bürgers vor, der den Iran 15 Jahre zuvor verlassen hatte. Am 1. Februar 1979 rollte eine Boeing 747 auf dem Flughafen Teheran aus. Ihr entstieg ein älterer Herr mit wallendem Bart, der von den Menschen triumphal empfangen wurde. Es war der Ayatollah Seyed Ruhollah Khomeini.

Rund um den Globus herrschte Hektik in Staatskanzleien und Redaktionen. Hier wie dort galt es, die neue Lage am Golf politisch zu bewerten. Selbst die bunten Blätter, welche die Leser mit Geschichten aus der Prominenz verwöhnen, standen vor der Notwendigkeit eines Richtungswechsels. Denn bisher hatten sie, so Livia Klingl, „den Schah mit seiner wunderschönen Gemahlin Farah Diba und ihren wunderschönen Diademen als hinreißenden König aus einer sehr fernen, sehr kulturreichen und sehr interessanten Gesellschaft dargestellt". Und dieser glamouröse Mann (Titel einer KURIER-Serie aus dem Jahr 1975: „Ölgott, Playboy und Diktator") war plötzlich auf der Flucht.

Die Rückkehr des Revolutionärs. 15 Jahre hatte Ayatollah Khomeini, geistlicher Gelehrter und Gegner des Schah, im Exil verbracht. Nach der Flucht Reza Pahlewis flog er 1979 zurück nach Teheran und schuf in seinem Heimatland die fundamentalistische „Islamische Republik Iran"

Das hing mit dem dritten Attribut aus dem KURIER-Titel zusammen, das dem Schah anhaftete: „Wir haben damals nur selten erfahren, wie arm das Land war", sagt Livia Klingl. „Dass es in den Dörfern keine Schulen gab, dass die Leute keine Schuhe besaßen. Und: Dass es sich um eine Diktatur handelte. Die Leute dort haben das Leben unter dem zauberhaften König nicht als zauberhaft empfunden."

Spitzel, Geheimpolizei und Militär; dazu der große Bruder USA: Auf diesem Fundament hatte Reza Pahlewi seine Macht aufgebaut. Doch trotz der Politik der eisernen Faust regte sich immer wieder massive Unruhe im Land. Spätestens seit dem Sommer 1978 war klar, dass für den Schah die Uhr ablief. Am 7. September 1978 hatte ganz Teheran den Aufruf zu einem Generalstreik befolgt; tags darauf, am „schwarzen Freitag", endete eine Massendemonstration in der Hauptstadt mit 1000 Toten.

Der Schah rief das Kriegsrecht aus – die Bürger versammelten sich in den Moscheen.

„Wie krass", schrieb Heinz Nußbaumer im Dezember 1978 in einem KURIER-Kommentar, „muss dieser Mann sein Volk und dessen Wünsche und Sorgen verkannt haben, dass die Perser von einer rechten Diktatur in einen noch rechteren islamischen Gottesstaat flüchten wollen! Was diese Flucht in das einzig intakt gebliebene Sozialsystem – den Islam – konkret bedeutet, ist bestürzend. Hier werden religiöse Führer als politische Helden verehrt, die weltliche Schulen und Universitäten schließen, Frauen verschleiern und das staatliche Steuersystem abschaffen wollen."

Nußbaumer heute: „Der Schah hatte versucht, den Iran in einen Industriestaat zu verwandeln. Er nannte seine Reformen die weiße Revolution; die Industrialisierung von oben. Er sei der größte Revolutionär.

Doch es entstand ein furchtbar korruptes Netzwerk. Der Schah machte sein Land mehr und mehr zu einem Assembling-Werk für amerikanische Firmen. In Teheran und den anderen großen Städten wuchs das Arbeiterproletariat. Die Leute zogen zu Millionen von den Dörfern in die Städte, während auf dem Land alles zerfiel."

Die amerikanischen Freunde hatten nicht nur in der Wirtschaft viel zu sagen, sondern auch im sehr starken und hochgerüsteten Militär. Nußbaumer: „Es gab damals so viele US-Militärinstruktoren, dass ab einem gewissen Zeitpunkt jeder zehnte Soldat im Iran ein Amerikaner war."

Trotzdem reagierten die USA total überrascht auf den politischen Klimasturz. „Die Amerikaner und die westlichen Geheimdienste", sagt Heinz Nußbaumer, „hatten sich daran gewöhnt, dem Schah so sehr zu vertrauen, dass sie de facto keine eigene Aufklärung mehr betrieben. Sie übernahmen die Einschätzungen des iranischen Geheimdienstes. Doch im Iran wurde nichts formuliert, was dem Schah nicht gefiel. So erkannte der Westen die Tiefe der inneren Entfremdung in der iranischen Gesellschaft viel zu spät – genauso wie die Katastrophe, die sich hier für die westlichen Machtinteressen anbahnte."

Freilich wäre es den Fremden aus dem Abendland auch schwer gefallen, die Bruchstellen im „Land der Arier" (so lautet die Übersetzung des Namens Iran) auszumachen. Denn die Konflikte waren nicht an Meinungsverschiedenheiten zwischen Regierung und Opposition abzulesen. Eine politische Opposition gab es nicht; dafür hatten der Schah und seine Geheimpolizei SAVAK gründlich gesorgt.

Livia Klingl: „Die Bürger wandten sich an den Klerus. Die Geistlichen waren Hilfeleister; auch bei den Fragen der Modernisierung, die vielen Menschen viel zu schnell voranging. Der Verbot des Tschador, das Verbot von verhüllender Kleidung für Frauen, das hat die Leute damals enorm fertig gemacht. Wir mögen das im Westen nicht verstehen wollen, aber es ist ein Faktum."

Es ist ein zweites Faktum, dass sich in den Moscheen der politische Widerstand artikulieren konnte. „Die Moscheen waren das Rettungsboot für die Leute; die einzigen Orte, wo sie für den Staatsapparat halbwegs unerreichbar blieben", erklärt Heinz Nußbaumer. „Der Schah zögerte lange, seine Sicherheitskräfte in die Moscheen zu schicken und das hat Khomeini geschickt aufgefangen. Dass die Khomeini-Revolution so radikal und islamistisch wurde, war natürlich eine Tragödie."

Die Herren Pahlewi und Khomeini standen einander nicht erst seit 1979 als Kontrahenten gegenüber. „Die persischen Schiiten", schrieb Nußbaumer 1979 im KURIER, „erreichten noch vor Beginn der Pahlewi-Dynastie die Verankerung ihres Glaubens als Staatsreligion, noch 1906/1907 sicherte die Verfassung der islamischen Führung ein Vetorecht in der Gesetzgebung zu. Es waren der Schah und sein Vater, die in den vergangenen Jahrzehnten die Rechte der Geistlichkeit stark einschränkten. Mit der Bodenreform nahm der Monarch der Geistlichkeit die religiösen Stiftungen weg."

Der 1900 geborene Seyed Ruhollah Khomeini, Sohn eines schiitischen Gelehrten, studierte Theologie und zählte schon früh zur geistlichen Elite des Landes. 1963 attackierte er den Schah öffentlich und sehr heftig wegen dessen Landreform. Khomeini wurde verhaftet; ein Volksaufstand war die Folge. Am 8. Juni 1963 kam es in Teheran zu Unruhen, die in einer Tragödie mündeten. 9000 Menschen sollen an diesem Tag getötet worden sein.

Ein Jahr später musste Khomeini das Land verlassen. Er ließ sich bis 1978 im irakischen Nadjaf nieder; dem heiligen Ort der Schiiten, der 2004 im Irak-Konflikt so heftig umkämpft war. Khomeini nutzte das Exil dazu, jenes islamistische Netzwerk zu knüpfen, das ihn 1979 nach der Flucht des Schah an die Macht bringen sollte.

Am 1. April 1979 rief Khomeini die „Islamische Republik Iran" aus, nachdem er zwei Tage zuvor bei einer Volksabstimmung eine klare Mehrheit für diese Staatsform erhalten hatte. Frauen trugen wieder den Tschador. Führende Repräsentanten des Schah-Staats wurden verhaftet und

Der Schah (links, mit Farah Diba) ließ sich beim letzten Abflug aus Teheran die Füße küssen. Beim Empfang Khomeinis (rechts) war der Jubel echt

exekutiert. Am 4. November 1979 nahmen Studenten 52 Angehörige der US-Botschaft in Teheran als Geiseln (und hielten sie daraufhin 14 Monate lang fest), was von Khomeini als „revolutionäre Tat" gewürdigt wurde. Am 27. Juli 1980 starb der Schah, 60-jährig, im ägyptischen Exil. Zwei Monate später stand der Iran im Krieg. Der Irak hatte am 23. September 1980 das Nachbarland angegriffen.

„Der Westen war an diesem neuen Konflikt mit Sicherheit beteiligt", sagt Heinz Nußbaumer. „Für die USA war die Machtübernahme Khomeinis traumatisierend, weil eine Zentralfigur der Region unterging. Nun kam im Erdölzentrum der Welt ein aggressiv feindseliger Mann ans Ruder, der Amerika mit dem Satan verglich. Und die von den Briten begründete Nahost-Ordnung brach einfach zusammen. Die USA mussten also schauen, einen neuen strategischen Partner zu finden. Und da kam – wie auch immer man Saddam Hussein einschätzte – nur der Irak in Frage. Mit dem Nebenfeind den Hauptfeind zu schlagen, das war das Thema."

Livia Klingl beurteilt die Situation ähnlich. „Es lässt sich beweisen, dass der Irak von den Amerikanern in diesen Krieg hineingeschickt wurde. Donald Rumsfeld, der spätere US-Verteidigungsminister, schüttelte Saddam Hussein die Hand. Saddam bekam von den USA Satellitenaufnahmen über den Iran."

Es blieb nicht bei Aufklärungsfotos. Nußbaumer: „Heute ist völlig klar, dass die USA selbst, zum Teil aber auch die Israelis für die Amerikaner, sowie die Deutschen und die Franzosen den Irak mit allem belieferten, was für den Krieg notwendig war. Doch in Wahrheit wollten die Amerikaner gar keinen starken Irak. Am liebsten war ihnen, so furchtbar das klingt, dass die zwei Länder möglichst lang vor sich hin bluten. Und dass so alle großen Ambitionen rund um den Golf kleingeschlagen würden."

Unterwegs in den sicheren Tod. Ayatollah Khomeini versprach den schlecht ausgebildeten Soldaten den direkten Einzug ins Paradies

Wenn das die Absicht war, ist sie aufgegangen (wenngleich mit unerwünschten Nach- und Nebenwirkungen, welche die Region und die Welt noch 2004 bedrohen).

„Durch den Irak-Iran-Krieg waren die zwei Länder acht Jahre lang miteinander beschäftigt", resümiert Livia Klingl. „Sie hatten keine Gelegenheit, sich zu modernisieren. Und da Kriege bekanntlich sehr teuer sind, waren beide Staaten nach dem Krieg stark verschuldet."

Der Iran-Irak-Krieg endete 1988, ohne dass er die Grenzen zwischen den Ländern verschoben hätte. Schätzungen zufolge kamen eine Million Menschen ums Leben. Khomeini rekrutierte in großer Zahl sehr junge, freiwillige Kämpfer. Die schlecht ausgerüsteten Soldaten wurden bei Angriffen zu Tausenden in den Tod geschickt – versehen mit dem Segen, dass sie im Jenseits das Paradies erwarte.

Ayatollah Khomeini starb 1989 im Alter von 89 Jahren in Teheran. Die Todesursache war die gleiche wie bei seinem Widersacher, dem Schah: eine Krebserkrankung.

In den Jahren seither hat sich die strenge Islamische Republik Iran wieder ein wenig der Welt geöffnet. 1997 wurde der gemäßigte Reformer Mohammad Khatami neuer Staatspräsident, drei Jahre später errangen die Anhänger der Liberalisierung bei den Parlamentswahlen eine Zwei-Drittel-Mehrheit. 2004 holten Khatamis konservative Gegner im Parlament aber wieder die Mehrheit zurück, weil die Reformanhänger in Massen nicht zur Wahl gingen.

Im Zeitalter von Satelliten-TV und Internet richten auch die Iranis ihre Antennen verstärkt und neugierig nach Westen aus. Die Kopftücher der Frauen rutschen ein wenig nach hinten, das Straßenbild ist bunter. Von Meinungsfreiheit im europäischen Stil ist das Land aber weit entfernt.

Gleichwohl: „Das Image des Iran, wie es von den USA geprägt wurde, ist schlichtweg falsch", sagt Livia Klingl. „Der Iran ist im Vergleich zu Saudi-Arabien ein liberales und im Vergleich zum Irak ein sicheres, modernes Land."

Die Kopftücher der Frauen rutschen nach hinten: Im Iran von heute wächst die Sehnsucht nach einem modernen Lebensstil

Wiener Spitalskandal: Millionen an Scheinfirma

- Schwere Mängel beim Neubau des Allgem. Krankenh
- Kontrollamtsbericht d Unregelmäßigkeiten a
- 5 Millionen verschwa auf Insel im Ärmelkar

Angesichts der unvorstellba- Kosten von rund 50 Milliar- jedoch von

Jetzt ist es fix: Androsch scheidet aus Regierung aus

„Der beste Finanzminister der Zweiten Republik" (Kanzler Bruno Kreisky Donnerstag nach dem SPÖ-Vorstand) gehört mit Jänner nächsten Jahres der Vergangenheit an: Hannes Androsch geht aus der Regierung in Etappen in die Creditanstalt-Bankverein: Wo er zur Jahresmitte die Nachfolge des bisherigen Generaldirektors Heinrich Treichl antritt. Seinen Nachfol- ... Regierungschef ... offiziell be-

Titos Tod wurde geheimgehalten

Sein Kamp mit dem T dauerte vier Mona Die ganze Welt traue mit den Jugoslawen. Begräbnis am Donnerstag

Alle staunen über Reagans Wahltriumph - sogar er selbst

„Jesu Hochzeit" von Ingrisch und Einem im Theater an der Wien

Viel Lärm um nichts

Von Andrea Seebohm

... sangen sie Marienlieder ... kranz, drinnen

der Ingrisch geht ebenso verloren. D Verurt bittet gesc „N

... John Lennon im New ... ermorde

Beatle von irrem Autogrammjäger erschossen!

... Schock für Mil- Yoko Ono

Zum zweitenmal Gold für Österreich: Wenzel Zweite vor Marie-Theres N

Krönung für Annemarie: Endlich der Olympiasieg!

Schmiergeld, Glykol und ein versunkenes Schiff

Um 1980 stand Österreich im Bann des AKH-Skandals. Danach platzten weitere große Affären – der Aufdeckungs-Journalismus blühte

Das Wiener Allgemeine Krankenhaus ist Weltspitze. Medizinisch auf jeden Fall; aber auch, was die Kosten betrifft. Als der Baubeschluss gefasst wurde, glaubte man, mit einer Milliarde auszukommen. Bei der Endabrechnung kamen dann aber 3,09 Milliarden heraus.

Eine Verdreifachung der Baukosten also? Nein. Viel schlimmer. Das AKH, 1994 eröffnet, wurde 42 Mal teurer als im Jahre 1957 veranschlagt. Die erste Summe ist nämlich in Schilling gerechnet, die zweite hingegen in Euro. Auf Basis der alten Währung verschlang das neue AKH 42,5 Milliarden Schilling – und viele Berufskarrieren gleich mit. Denn an der abenteuerlichen Kostenexplosion waren zahlreiche Abenteurer des Finanzwesens beteiligt, die mit Schmiergeldern reich werden wollten. Der Sumpf war so tief, dass er 1980 den legendären Stoßseufzer des Bundespräsidenten Rudolf Kirchschläger auslöste, von den sauren Wiesen, die es trocken zu legen gelte.

In den Achtzigern wurden freilich zunächst einmal neue saure Wiesen entdeckt. Noricum-Skandal, Lucona-Affäre, Weinskandal – die Dekade lieferte beachtliche Beispiele an strafrechtlich relevanter Beutelschneiderei.

Seither ist es diesbezüglich im Lande ein wenig ruhiger geworden (die jüngste Bau-Affäre mit österreichischer Beteiligung, der Schmiergeldskandal um die neue Fußball-Arena, hat bekanntlich München zum Schauplatz).

Und in Österreich? „Die ganz großen Skandale gibt es nicht mehr", sagt Peter Rabl. „Zumindest nicht in der Unverfrorenheit, wie es damals üblich war. Das waren Zeiten, in denen Architekten mit größter Selbstverständlichkeit ganze Magistratsabteilungen zu Weltreisen einluden und nachher genauso selbstverständlich den Auftrag bekamen. Die berühmte Schreibtisch-Schublade im Magistrat, die nach beiden Seiten aufging, zwecks unauffälligen Transports eines Kuverts – die hat es wirklich gegeben. Heute traut man sich so etwas entweder nicht mehr – oder man macht es so geschickt, dass die Leute nicht zu packen sind."

Die Aufdeckung des AKH-Skandals war ganz wesentlich ein Erfolg des *Profil*-Journalisten Alfred Worm. Der frühere Bauingenieur beschäftigte sich seit Mitte der siebziger Jahre intensiv mit den krummen Geschäften rund um die Großbaustelle am Wiener Gürtel. Christoph Kotanko: „Der

Das Wiener Allgemeine Krankenhaus war während seiner Entstehungszeit Großbau- und Großschmierstelle zugleich. Adolf Winter (unten), Manager der AKH-Errichtungsgesellschaft, stand zunächst im Zentrum des Skandals und dann vor Gericht

Der Frachter „Lucona" (links) brachte niemandem Glück. Als er sank, starben sechs Seeleute. Udo Proksch (oben) musste wegen des Falls ins Gefängnis

AKH-Skandal war für den heimischen Journalismus quasi eine Kulturrevolution. Erstmals wurde Faktenmaterial direkt aus dem Apparat zugeliefert und auch ohne Nennung der Quellen veröffentlicht."

Im Zentrum des Skandals stand Adolf Winter, Manager einer Firma namens Allgemeines Krankenhaus Planungs- und Errichtungsgesellschaft. Alfred Worm gelang es mit einem Trick, Winter zum Reden zu bringen: Er hielt ihm ein Tonband vor die Nase, von dem Winter glaubte, dass darauf belastendes Material enthalten sei. Wie das *Profil* später berichtete, war das Band leer. Doch Winter warf die Nerven weg und packte aus. Im AKH-Prozess wurde er 1981 zu einer mehrjährigen Haftstrafe verurteilt.

Schon 1980 hatte das Wiener Kontrollamt einen AKH-Bericht erstellt. Franz Ferdinand Wolf über den Inhalt: „Ein Teil des Managements bezog Schmiergelder, Zahlungen an dubiose Inselfirmen wurden öffentlich, hochmögende Auftragnehmer als Bestecher enttarnt. Eine Verhaftungswelle setzte ein, die Millionen blieben verschwunden. Der Verdacht der planmäßigen Parteienfinanzierung, den ein parlamentarischer Untersuchungsausschuss verfolgte, konnte nicht erhärtet werden."

Doch es gab einen Politiker, der in den Fall verwickelt war. Wolf: „Es wurden immer neue Details über einen riesigen Sumpf bekannt, der Hannes Androsch in die Tiefe zog. Ein Ex-Partner seiner legendären Steuerberatungskanzlei Consultatio hatte mit einer Firma, die von der Consultatio beraten wurde, aufklärungsbedürftige AKH-Geschäfte gemacht."

Androsch, der langjährige Kronprinz des Bundeskanzlers Bruno Kreisky, stand zu jener Zeit sowieso schon im Konflikt mit seinem einstigen Mentor. Jetzt kündigte sich das Ende seiner politischen Laufbahn an. Anfang 1981 trat der Vizekanzler und Finanzminister von seinen Positionen zurück. Er übernahm die Leitung der Creditanstalt.

Christoph Kotanko in der Rückschau: „Der AKH-Skandal war eine rein politische Geschichte, in welcher die Wiener SPÖ, der Finanzminister und in der Folge weite Teile der Bundesregierung, vor allem das Justizministerium, versuchten, das Ganze unter den Teppich zu kehren. Die Unbotmäßigkeit von Journalisten, in so einen Fall hineinzustechen, war damals noch nicht üblich. Zugleich war es aber auch eine Premiere, unabhängige Journalisten durch riesige Klagen zu bedrohen."

Wie beurteilt er die Affären, die danach das Land bewegten? Kotanko: „Selbst der Noricum-Skandal war nicht so gravierend wie der AKH-Skandal. Und der Fall Proksch um den Untergang der ‚Lucona' war im Grunde ein Kriminalfall mit politischen Implikationen."

Der Noricum-Skandal begann im Jahr 1981 – nur wusste die Öffentlichkeit noch nichts davon. Die Firma Noricum, eine Tochter der VÖEST, war im Waffengeschäft tätig und hatte unter anderem eine Artilleriekanone namens GHN 45 im Angebot. Im friedlichen Österreich bestand gottlob kaum Bedarf für so ein Produkt. Anderswo aber schon. Zum Beispiel im Irak, der gerade den Krieg mit dem Iran angezettelt hatte. Saddam Husseins Unterhändler hätten die Noricum-Kanone gern gekauft, doch dem Export standen die österreichischen Gesetze im Weg, welche Waffenlieferungen an kriegführende Staaten strikt untersagen. Also wählte man einen Trick. Die Kanonen wurden offiziell an Jordanien verkauft, um dann an den Irak weitergeliefert zu werden.

Den Noricum-Leuten war das nicht genug. Ab 1985 belieferten sie auch den Gegner des Irak mit ihren GHN-45-Geschützen – den Iran. Diesmal wurde Libyen als offizielles Empfängerland zur Drehscheibe. Doch jetzt flog die Sache auf. Im Herbst 1985 bekamen die Noricum-Manager Post von den Justizbehörden: Anzeigen wegen des Verdachtes illegaler Waffenexporte.

Die Politik versuchte lange, die Aufklärung der Hintergründe zu verschleppen. 1989 wurde dann aber ein Untersuchungsausschuss eingesetzt, der am 3. April 1990 seinen Endbericht vorlegte. In dem Papier wurde die „politische Hauptverantwortung" dem früheren Bundeskanzler Fred Sinowatz sowie den Ex-Ministern Karl Blecha (Inneres) und Leopold Gratz (Äußeres) zugewiesen.

Franz Ferdinand Wolf: „Tags darauf begann in Linz der Prozess gegen 18 Manager von VÖEST-Alpine, Noricum und Hirtenberger. Mitangeklagt war das politische System, das die Geschäfte geduldet, gefördert und vertuscht hatte. Im Februar 1991 wurden 14 der 18 Angeklagten verurteilt. Die Politikerverfahren endeten im Juni 1993: Sinowatz und Gratz wurden freigesprochen, Blecha erhielt wegen Urkunden-Unterdrückung, Fälschung eines Beweismittels und Bestimmung zur falschen Beurkundung neun Monate bedingt."

Die falsche Beurkundung, könnte man sagen, stand auch im Zentrum eines (zumindest teilweise und im Sinne des

Noricum-Kanone (oben): Die Artillerie-Geschosse wurden auf krummen Wegen an den Irak und den Iran verkauft. Josef Kleindienst (unten) brachte die FPÖ-Spitzelaffäre ins Rollen. Die Justiz fand „kein Substrat“ für eine Anklage

Wortes) erheiternden Skandals, der ebenfalls 1985 ans Tageslicht kam.

Etliche österreichische Winzer beurkundeten, ihre Weine seien gut. Doch das war falsch.

Denn um den Produkten mehr Körper und Lieblichkeit zu verleihen, verließen sie sich nicht auf den Geist des Weines, sondern sie setzten auf ein Erzeugnis namens Diäthylen-Glykol. Dieser zweiwertige, dickflüssige, ölige und süße Alkohol ist als Frostschutzmittel durchaus bewährt; auch zur Enteisung von Flugzeugen wird er gerne beigemischt.

1985 fand man in Österreich jedoch heraus, dass schon seit etwa 1977 Großtransporte von Glykol in Weinbaugebiete geliefert wurden; ins Burgenland oder in Richtung Krems. Der KURIER vom 1. August 1985: „In dem Betrieb der Brüder Grill in Fels am Wagram wurden seit sechs Jahren viele Millionen Liter Kunstwein produziert, pro Tag oft 100.000 Liter. Der synthetische Wein wurde meist mit echtem Rebensaft verschnitten und abgefüllt. Glykol bestellten die Brüder Grill immer gleich in 200-Liter-Lieferungen.“

Zahlreiche Weinpanscher wurden verhaftet; unter ihnen auch Josef und Richard Grill. Letzterer saß bis 1994 fast neun Jahre Gefängnisstrafe ab.

Zum Glück für die betrogenen Käufer löste das Glykol keine messbaren gesundheitlichen Schäden aus. Und im Nachhinein hatte dieser Skandal sogar einen positiven Effekt: Die Winzer wandten sich von der Massenproduktion ab; die billigen „Doppler“ verschwanden aus den Regalen. Der Aufschwung der österreichischen Weinwirtschaft setzte ein, der zu vielen internationalen Auszeichnungen führte.

Noch einmal zurück in die Skandalchronik der Achtziger. Da wurde es um Udo Proksch, den „buntesten Hund von Wien“ langsam blasser. Jahre zuvor, 1977, hatte er einen Frachter namens „Lucona“ auf die Reise nach Hongkong geschickt, der angeblich eine Uranerz-Aufbereitungsanlage geladen hatte. Das Schiff sank im indischen Ozean, und Proksch bemühte sich um die Entschädigung von der Versicherung, 200 Millionen Schilling.

Schon damals gab es viele Gerüchte, das schicksalhafte Versinken sei in Wahrheit ein mutwilliges Versenken gewesen. Doch Udo Proksch, fest verankert in der Wiener Gesellschaft, brauchte zunächst keine strengen Ermittlungen zu fürchten. In seinem „Club 45“, einen Stock oberhalb der Zuckerbäckerei Demel, trafen sich Wirtschaft und (vor allem sozialdemokratische) Prominenz.

1985 und 1986 aber wurde Proksch wegen der „Lucona“-Affäre zwei Mal in U-Haft genommen. 1988 verließ er das Land, ohne sich zu verabschieden, mit unbekanntem Ziel. Das hatte zunächst Konsequenzen für seine Freunde Leopold Gratz und Karl Blecha. Die SP-Politiker traten von ihren Positionen als Nationalratspräsident bzw. Innenminister zurück.

Ob Udo Proksch in der Ferne Heimweh bekam? 1989 wurde er bei einem Stopp zwischen zwei Flügen auf dem Wiener Airport erkannt und festgenommen. Die Folge: Ein Strafprozess wegen versuchten schweren Betrugs und auch wegen Mordes, denn bei der „Lucona“-Tragödie waren sechs Seeleute ums Leben gekommen. Der Prozess endete mit einer Verurteilung des Angeklagten zu lebenslanger Haft. Am 27. Juni 2001 starb Proksch, 67 Jahre alt, an Komplikationen nach einer Herzoperation.

Auch im Fall Proksch waren Medien-Veröffentlichungen stark daran beteiligt, dass die Fakten nicht auf Dauer vertuscht werden konnten. Das gelang, obwohl es der investigative Journalismus in Österreich schwer hat. Peter Rabl: „Anders als in den USA ist bei uns die Auskunftspflicht der Behörden nur eine theoretische. Wenn zu intensiv recherchiert wird, dann sagt halt jemand, man habe keinen Akt. Es gibt keine Kultur bei uns, einen Sachverhalt bis an die Quellen zu verfolgen.“

Rabl nennt noch ein weiteres Hindernis: „Das aktuelle Medienrecht macht Recherchen schwieriger. Wegen der Möglichkeiten zur Entgegnung, und weil relativ schnell Schadenersatzzahlungen drohen können. Man muss in sehr engen Grenzen bleiben.“ Hat das Folgen? Rabl: „Die Spitzelaffäre der FPÖ zum Beispiel ist eindeutig zugedeckt worden.“

Dieser Fall wurde vom früheren freiheitlichen Polizeigewerkschafter Josef Kleindienst ins Rollen gebracht, der 2001 das Buch „Ich gestehe“ veröffentlichte. Sein Geständnis hatte die systematische, doch absolut illegale Weitergabe personenbezogener Daten zum Thema. Die Daten stammten aus dem Polizeicomputer und waren, so Kleindienst, an Funktionäre der FPÖ adressiert.

Die Staatsanwaltschaft konnte mit Josef Kleindiensts Bekenntnis allerdings wenig anfangen. Es sei „kein ausreichendes Substrat“ für eine Anklage gefunden worden, hieß es im April 2002. Susanne Riess-Passer, damals noch FPÖ-Chefin, durfte frohlocken: „Vom Skandal ist nichts mehr übrig geblieben.“

Die Hochzeit

750 Millionen feierten mit Charles und Diana

KURIER SEITE 5

THEMA DES TAGES

Paul Hörbiger starb Donnerstag früh im Alter von 87

Er war der Letzte einer liebenswerten Spezies

Das Aus für Waldheim: Peruaner de Cuellar neuer UNO-General

Nach dem langen Tauziehen kam es nun zu schneller Einigung

Attentat auf den Papst

Sadat ermordet!

- Wildes MP-Feuer bei Parade
- PLO-Chef Arafat begrüßt Mord
- Schock und Sorge im Westen
- Kreisky: „Gefahr für Frieden"

Jetzt zittert Polen vor Bürgerkrieg!

- Militär an der Macht
- Heute droht Generalstreik
- Todesstrafe für Streikende

Polen droht die Katastrophe: Nach der Verhängung des Streik- … rechtes droht Arbeitsverweigerern die Todesstrafe. Die Gewerk-

Düsenjäger stürzt auf Haus: Feuer, Schwerverletzte, Tote

- Inferno im Wienerwald

Flugzeugabsturz im Bezirk Mödling: Ein Düsenjäger des Bundesheeres krachte Donnerstag nachmittag in das Haus des Ersten Staatsopernsolotänzers Karl Musil am Birnbauerweg 33 in Grub. Beide Piloten fanden bei der Explosion den Tod. Der Staatsopernrtänzer, seine Frau Irina, seine kleine Tochter … 40, aus Linz, saß am Steuer, sein Kopilot war der technische Offizier Leutnant Gerhard Wiesinger, 27, aus Lambach. Die beiden sollten die Saab in einem Orientierungsflug nach Zeltweg bringen. Wenige Minuten nach dem Start fielen offenbar sämtliche technischen Anlagen aus, denn die Piloten funkten nicht einmal … einer Explosion – und fertig war das Flammeninferno. Karl Musil, 40, seine Frau Irina, 50, und seine Tochter Janina konnten sich mit schweren Brandwunden aus dem zerstörten Haus retten. Ein Nachbarskind, Birgit Brandstetter, das auf der Gartenmauer gesessen war, erlitt auf …

Eine Traum-Hochzeit ohne Happy-End

Am 29. Juli 1981 feierten Prinz Charles und Lady Diana Hochzeit. Die Welt an den TV-Geräten feierte mit. Denn ewig locken die Royals

Prinzen- und Prinzessinnengeschichten", sagt Christiane Tauzher, „sind wahnsinnig beliebt. Weil sie etwas Märchenhaftes an sich haben." Ro Raftl ergänzt: „Es gibt ein monarchistisches Phänomen, das in uns allen wohnt – schon als Kinder haben wir gern Prinz und Prinzessin gespielt." Einwand von Herbert Hufnagl: „Vielleicht sitzt eine Spur Unterwürfigkeit in uns drin. Gegenüber einem Monarchen wäre man ganz gern ein wenig unterwürfig."

Wie auch immer, meint Herbert Gartner – man könne sich den Majestäten einfach schwer entziehen: „Die britischen Royals sind die Nummer eins in dieser Liga. Die Königsfamilie hat eine Mediendurchdringung, mit der sie wahrscheinlich 90 Prozent aller Menschen weltweit erreicht." Stimmt, sagt Karl Hohenlohe. „Die Queen begleitet die meisten von uns ihr ganzes Leben lang. Wem gelingt das sonst? Ich kenne nur einen: Fidel Castro."

Also gut. Ein Märchen. Es war einmal ... Ein Prinz und eine Prinzessin. Und eine Hochzeit. Und viele hochmögende Herrschaften unter den Gästen. Nur Fidel Castro, den lassen wir vielleicht weg. Statt dessen fügen wir 750 Millionen Zaungäste an den TV-Geräten hinzu. Und wir drehen die Zeit zurück zum 29. Juli 1981. Da fand sie statt: „Die Traum-Hochzeit von Charles und Lady Di".

Der KURIER, damals auf dem Höhepunkt seiner Boulevard-Phase unter Chefredakteur Gerd Leitgeb, hatte das Blatt aus gegebenem Anlass mit Leisten aus roten Krönchen verziert. Fünf volle Zeitungsseiten waren für die Hochzeit reserviert. Plus 200 kleine rote KURIER-Krönchen.

Umfassende Information war da natürlich garantiert. Zum Beispiel darüber, „was sie vor der Trauung taten". Die Braut: „7.00 Uhr: Lady Diana badet ausgiebig. Schaumbad. 7.15 Uhr: Dianas Friseur Kevin Shanley bearbeitet Dianas Löwenkopf." Währenddessen nahm Prinz Charles eine kalte Dusche und betrieb seinen Morgensport: „Kniebeugen und Liegestütze".

In den „Hochzeitssplittern" konnte man die Wett-Quoten fürs Wetter am Hochzeitstag nachlesen („Die Quote gegen Regen notierte mit 6:4 bei den großen Buchmachern"); eine Seite weiter fanden sich exakte Angaben zur königlichen Verköstigung: „Marzipan-Monster als Hochzeitstorte". Die Süßspeise war 150 Zentimeter hoch und wog 113 Kilo, mit „insgesamt 24 Kilo Marzipan und Unmengen von Rosinen".

Im Mittelpunkt der Berichte, Glossen und Fotostrecken stand aber natürlich die große Reportage über die Trauungs-Zeremonie: „Ungezwungen, heiter und fröhlich, wie man es selten bei großen Hochzeiten erlebt, wurde aus Lady Diana Spencer eine glückliche zukünftige Königin für Großbritannien." Mit dieser Prophezeiung lag der KURIER allerdings falsch. Königin wurde Prinzessin Diana nie. Und glücklich in ihrer Ehe auch nicht.

Probefoto fürs große Ereignis: Prinz Charles und Lady Diana in den Festgewändern, die sie bei der Hochzeit trugen. Die Schleppe an Dianas Kleid war fast acht Meter lang

Doch das war am Hochzeitstag natürlich nicht abzusehen. „Was die Leute bei Charles und Diana angezogen hat", meint Ro

Das Hochzeitsglück (oben), die heile Welt der Familie (Mitte, das Paar mit Prinz William) und die Entfremdung (unten). Charles und Diana gingen durch ähnliche Phasen wie andere Paare, deren Ehe unglücklich verläuft. Nur standen sie stets unter Beobachtung

Raftl, „war die klassische Aschenputtel-Story. Zwar stammte auch Diana aus dem Adel, aber sie stieg von der Kindergärtnerin zur Prinzessin auf."

Der KURIER hatte seinen Lesern auch die Vorgeschichte der Vermählung gründlich nahe gebracht. Mit der sechsteiligen Serie „Die Hochzeit – Ein Herz und eine Krone". Diese Artikelfolge scheute ebenfalls nicht davor zurück, das Märchenhafte zu betonen: „Der edle Prinz trifft nach langen Irrungen wieder das Mädchen von nebenan, das sich in der Zwischenzeit vom hässlichen Entlein zum schönen Schwan mauserte." Denn Charles und Diana „planschten schon als Kinder gemeinsam im Swimming-Pool". Sie waren nämlich Nachbarn, wenn Charles am elterlichen Landgut in Norfolk weilte, wo die Spencers ihren Familiensitz hatten.

In den nächsten Folgen der Serie erfuhr man, „Warum Charles heiraten musste" (auf sanften Druck des Papas, Prinz Philip), „Wie Charles sein Geld verdient" (Britanniens Steuerzahler spendierten den Royals jährlich 630 Millionen Schilling Unterhalt) oder „Was das Brautpaar geschenkt bekommt" (unter anderem eine Cartier-Standuhr um 600.000 Schilling). Die Präsente der Untertanen fanden aber eher nicht den Weg zu den Hochzeitern: „Bereits jetzt mussten 37 Toaster für wohltätige Zwecke weitergegeben werden. Zwei davon werden königliche Brötchen rösten."

Herbert Gartner erinnert sich: „Ich wurde für die Serie eingeteilt und fand die Arbeit ganz witzig, weil alles so kurios war. Ich rief die Royal Watchers der britischen Zeitungen an, von der *Sun* bis zur *Times*, und ich redete lange mit einem Royal-Buchautor, der mir unglaubliche Dinge erzählte. Dann fuhr ich mit einem Kofferraum voll Material aufs Land und schrieb den Text im Garten zusammen."

Nach der Hochzeit blieb das Traumpaar Charles & Di natürlich ständiger Stammgast in den Medien, wenngleich sich die Gewichte zu verschieben begannen.

Eine Zusammenfassung der Szenen dieser Ehe und ihrer Wirkung auf die Öffentlichkeit, in den Worten von Christiane Tauzher: „Ich glaube, dass die Person Diana der Grund dafür war, warum das Interesse an der britischen Königsfamilie so groß blieb. Die Prinzessin mit den traurigen großen Augen hat das Spiel der Medien wunderbar mitgespielt und den Stein ins Rollen gebracht. Charles und (seine später enttarnte Geliebte) Camilla waren immer die Bösen, Diana bekam von den Medien Engelsflügerln. Als der Engel Diana dann so früh und tragisch ums Leben kam, weinte die ganze Welt. Warum? Weil Diana, die arme, schöne Prinzessin, die sich um kranke Kinder kümmerte und mit Mutter Teresa befreundet war, ein Bilderbuch-Wesen war, wie aus einer anderen Welt, irgendwie unantastbar und zerbrechlich, immer perfekt gestylt, mit diesem scheuen Blick."

Jedoch: „Dass sie auch Liebhaber hatte und nicht ganz unschuldig am Scheitern ihrer Ehe war, wurde größtenteils Charles, dem bösen Gemahl, angelastet. Diana wurde von den Medien meist geschont."

Karl Hohenlohe: „Diana wurde zur Identifikationsfigur, weil sie an ihrer Ehe litt und unter dem Druck der Etikette zu ersticken drohte. Da hatte sie ein bisschen etwas von Kaiserin Elisabeth, die vor dem strengen Zeremoniell aus Wien flüchtete."

Allerdings gibt es einen Unterschied zwischen den Frauen, deren Schicksal oft verglichen wurde. Diana, die sich 1996 von Prinz Charles scheiden ließ, konnte keinen Schritt in der Öffentlichkeit tun, ohne von der Presse verfolgt zu werden.

So waren die Fotografen auch an jenem 31. August 1997 in Sichtweite, als das Leben Dianas ein tragisches Ende nahm.

„Prinzessin Diana bei Verkehrsunfall in Paris getötet", kabelten die Nachrichtenagenturen. „Auf der Flucht vor Paparazzi sind Prinzessin Diana und ihr ägyptischer Begleiter Dodi Fayed tödlich verunglückt. Der Unfall ereignete sich kurz nach Mitternacht in einem Seine-Tunnel in der Nähe des Eiffelturms. Dianas Wagen fuhr nach Rundfunkberichten mit einer Geschwindigkeit von 100 Stundenkilometern durch den Tunnel, als der Chauffeur die Kontrolle über das Fahrzeug verlor und gegen eine Betonsäule raste. Der Milliardärssohn und der Fahrer waren auf der Stelle tot. Die 36-jährige Prinzessin und ihr Leibwächter wurden schwer verletzt in ein Krankenhaus eingeliefert. Wenige Stunden später starb Diana an einer Lungenblutung. Die Pariser Polizei nahm fünf Fotografen fest, die den Wagen auf Motorrädern verfolgt hatten."

Die Trauerfeiern für die verstorbene Diana wurden dann noch mehr zum weltweit verfolgten Ereignis als ihre Hochzeit 16 Jahre zuvor. London meldete : „Das britische Königshaus hat die Zahl der Kondolenzbücher für Diana verdreifachen müssen. Vor dem Saint-James-Palast, wo die tote Prinzessin aufgebahrt ist, versammelten sich Tausende Menschen. Bei einem Rhythmus von 200 Trauergästen pro Stunde mussten viele Menschen nach Angaben eines Sprechers des Buckingham-Palastes acht Stunden warten, bevor sie ihre Gedanken niederschreiben konnten."

Viele Diana-Verehrer nutzten das noch junge Medium Internet, um ihrem Idol letzte Grüße zu schicken. In den sechs Tagen nach ihrem Tod wurde Dianas Internet-Adresse 13,8 Millionen Mal angewählt. 351.157 Menschen hinterließen eine schriftliche Botschaft.

Die meistgehörte Hommage kam von Popstar Elton John, der seinen alten Song „Candle in the Wind" (ursprünglich Marilyn Monroe zugeeignet) mit neuen Textzeilen nun Diana widmete. Er sang das Lied am 6. September 1997 bei der Trauerfeier in Londons Westminster Abbey. Geschätzte 2,5 Milliarden Menschen waren an den TV-Geräten dabei. „Candle in the Wind" wurde zum Megahit, dessen Tantiemen an den Princess of Wales Memorial Fund gehen, den Sozialfonds der Prinzessin.

Auch in Österreich verfolgten unzählige Menschen die Trauerfeier im TV. So wie bis heute auch die Feiern und Hochzeiten gekrönter Häupter zu Quotenhits werden.

„Die Leute haben Glanz und Gloria einfach gern", kommentiert Herbert Hufnagl. „Sie suchen sich Ersatz für den kutschenfahrenden Kaiser der Vergangenheit. Die Leute wollen die anbetungswürdigen Gestalten verehren – doch zugleich wollen sie die Annehmlichkeiten der Demokratie." Herbert Gartner: „Ich kann mir nicht vorstellen, dass die Befürworter einer Rückkehr zur Monarchie in Österreich eine Mehrheit bekämen. Aber der Tourismusverband hätte vermutlich nichts dagegen, wenn im Schloss Schönbrunn ein Kaiser wohnen würde."

Offizielle Termine können anstrengend sein: Die Royals zu Besuch in Wien (oben). Immer im Visier der Presse: Diana und ihr letzter Begleiter Dodi Fayed in St. Tropez (unten)

Romys einsamer Tod in Paris

In der Nacht auf Samstag starb in Paris Österreichs erfolgreichster Filmstar, Romy Schneider. War in ersten Meldungen ausschließlich von Selbstmord die Rede, schloß am Samstagnachmittag die Staatsanwaltschaft jeden Zweifel an „einem natürlichen Tod durch Herzversagen" aus. Lesen Sie mehr auf Seite 9.

● **Südautobahn: Pannenhelfer warnte Autofahrer, trotzdem rasten sie mit fast 100 km/h weiter**

Nebel: Massenkarambolage! 158 Autos zertrümmert

Unfaßbarer Leichtsinn verursachte die größ- ... bremsen und ...
Massenkarambolage, die Österreich jemals ...

Schon 120.000 Hektar schwer geschädigt

Experten: Saurer Regen bedroht Österreichs Wald

580.000 Tonnen Schwefel... Wald sind vom sauren Regen geschädi...

Rätsel nach dem Tod von Gracia Patricia: Lenkte ihre Tochter das Unglücksauto?

breschnjew tot ... breschnjew tot ... breschnjew

● Die Erben im Kreml wollten glatten Machtwechsel

Aus diesem Kreis wird der Nachfolger Breschnjews gewählt: Das Politbüro beim letzten gemeinsamen Auftreten bei den Feierlichkeiten zur Oktoberrevolution

Wall des Schweigens um Breschnjews Tod

Vor der größten Demonstration im Nachkriegsösterreich:

Wenn Friedenshoffnung nur Wunschtraum bleibt

„Romy Schneider hatte die Radikalität eines Kindes“

1982 starb Romy Schneider, erst 43, in Paris einen viel zu frühen Tod. Sie zählte zur kleinen Riege internationaler Filmstars aus Österreich

Am Abend des 28. Mai 1982 war sie in Paris noch ausgegangen. Man aß und trank mit guten Freunden; dann nahmen Romy Schneider und ihr jugendlicher Gefährte Laurent Pétain ein Taxi nach Hause. Er ging zu Bett. Sie blätterte noch in einem Drehbuch und begann einen Brief an eine Zeitschriftenredaktion: Wegen einer Erkrankung ihrer kleinen Tochter Sarah könne sie einen vereinbarten Interview-Termin nicht einhalten.

Als sie am nächsten Morgen von ihrem Freund gefunden wurde, hielt sie den Kugelschreiber noch in der Hand. Der Notarzt war rasch da, doch er konnte nichts mehr für sie tun. Die Herzmassage zeigte keine Wirkung. Romy Schneider war gestorben. Die Wienerin, die mit 20 nach Paris übersiedelte, frisch verliebt in Alain Delon und unterwegs zu einer internationalen Karriere, wurde nur 43 Jahre alt.

Herzversagen – so lautete die Todesursache. Sofort kamen Gerüchte auf, sie könnte Selbstmord begangen haben. Schließlich galt sie als depressiv, und sie hatte erst zehn Monate zuvor ihren 14-jährigen Sohn David verloren, der nach dem Sturz in das Gitter eines eisernen Gartenzauns starb. Doch man fand keine Indizien für einen Freitod. „Es besteht kein Zweifel an einem natürlichen Tod“, sagte ein Sprecher der Pariser Staatsanwaltschaft.

Brigitte Bardot gab ein paar Tage später einen Hinweis auf die verzehrende Intensität des Lebens ihrer Schauspielerkollegin. „Nehmen Sie Marilyn Monroe oder Jean Seberg oder jetzt Romy Schneider – das Feuer des Films hat noch jede zerstört“, sagte sie. „Man lebt und sucht die Zukunft nur im Dunkeln. Und wirkliche Freunde sind nicht da, um dich zu stützen.“

Das war eine Charakterisierung, die auf Romy Schneider gewiss zutraf. Sie besaß alles im Überfluss, was viele Menschen erträumen: Talent, Ausstrahlung, Schönheit, Ruhm. Sie war ein Star, doch alle Erfolge brachten ihr nicht die innere Ausgeglichenheit, welche die Voraussetzung ist für ein glückliches Leben.

„Was gebe ich den Menschen schon, außer immer wieder Sissi, Sissi?“, fragte sie in einem Interview, das der KURIER im April 1981 abdruckte. „Ich bin eine unglückliche Frau von 42 Jahren und heiße Romy Schneider. Dieses Jahr muss ich noch drehen, dann könnte ich mal Pause machen. Ich muss sogar Pause machen, ich muss endlich zu mir selbst finden. Im Moment bin ich zu kaputt, um mich richtig zu wehren.“

Was sie den Menschen gab außer Sissi, Sissi? Unendlich viel. Romy Schneider – die aus einer großen Schauspieler-Dynastie stammte, doch selbst nie Schauspielunterricht nahm – hat von 1953 bis 1982 an die 60 Filme gedreht. Die später so gehasste

Romy Schneider besaß alles im Überfluss, was viele Menschen erträumen: Talent, Ausstrahlung, Schönheit und Ruhm. Sie war ein Star, doch all die äußeren Erfolge brachten ihr nicht die ersehnte innere Ruhe

Der große Billy Wilder (oben) und sein berühmtester Film „Manche mögen's heiß " (rechts, mit Jack Lemmon und Marilyn Monroe): Die Konflikte beim Dreh mit M. M. wurden legendär

„Sissi"-Trilogie war schon abgeschlossen, als sie 19 war. Später wurde sie zur großen Charakterdarstellerin, voll Mut zu Erotik und Sinnlichkeit sowie zu Extremen. „Ich mochte alle Rollen, die ganz scheußlich waren, ‚Trio Infernal' zum Beispiel", sagte sie. Doch besonders stolz war sie auf Werke wie die Böll-Verfilmung „Gruppenbild mit Dame" oder ihre großen französischen Filme; „Die Dinge des Lebens" und „Das Mädchen und der Kommissar" (mit ihrem Lieblingsregisseur Claude Sautet) oder Andrzej Zulawskis „Nachtblende".

Alice Schwarzer, Feministin und *Emma*-Herausgeberin, traf Romy Schneider in den Siebzigern zu einem Gespräch. „Ich muss gestehen", sagte Schwarzer, „mich hat ein Gegenüber noch nie so hilflos gemacht. Romy hatte die Radikalität eines Kindes. Ich war konfrontiert mit einem entwaffnenden Nebeneinander von Dominanz und Demut, Intelligenz und Irrationalität. Sie war reich, berühmt und tüchtig, und dann träumte sie von der großen Liebe, einem Menschen fürs Leben und selbst gestrickten Pullovern. Eins schließt das andere aus. Sie wollte beides."

Romy Schneider, deren Andenken vom KURIER mit der Vergabe der Romy-TV- und Filmpreise hochgehalten wird, arbeitete auch manchmal in Amerika. Doch Paris blieb ihr Kraft- und Energiezentrum. Hollywood überließ sie den anderen.

„Österreicher in Hollywood": Ein Buch des Filmhistorikers Rudolf Ulrich, erschienen 2004, offenbart erstaunliche Zahlen. Mehr als 12.000 Film- und Fernsehproduktionen mit österreichischer Beteiligung sind dokumentiert; mehr als 400 Filmschaffende österreichischer Herkunft trugen dazu bei, das Hollywood-Kino zu prägen.

Der berühmteste und beste von allen war gewiss Billy Wilder. Er arbeitete zunächst als Journalist in Wien und dann als Drehbuchautor in Berlin. Als die Nazis 1933 ans Ruder kamen, wählte er den Weg in die Emigration. 1934 kam er, 28 Jahre alt, in Hollywood an und setzte sich rasch als Autor durch. Seine Drehbücher zu „Blaubarts achte Frau" und „Ninotschka" wurden von Ernst Lubitsch verfilmt. Doch weil er nicht länger zuschauen wollte, wie seine Skripts durch die Ideen der Regisseure neue Wendungen nahmen, drängte er danach, selbst zu inszenieren. Spätestens mit seinem dritten Film, dem düsteren Thriller „Double Indemnity" (1944), etablierte er sich in der ersten Liga Hollywoods.

Der Emigrant Wilder hatte zeitlebens ein gespaltenes Gefühl zu seiner Heimat, doch zugleich wollte und konnte er seine Herkunft nicht verleugnen. „Billy kommt aus der Wiener Tradition von Arthur Schnitzler", kommentierte sein Co-Autor I. A. L. Diamond. „Er hat diese mitteleuropäische Attitüde, eine Mischung aus Zynismus und Romantik."

Stars aus Wien: Hedy Lamarr war nicht nur schön, sondern auch klug – eine Erfindung von ihr wurde Jahrzehnte später wichtig für die Entwicklung der Mobiltelefonie. Peter Lorre spielte große Rollen in Filmen wie „Der Malteser Falke" oder „Casablanca"

Vom Bodybuilder zum Hollywood-Star zum Politiker: Der Steirer Arnold Schwarzenegger, hier mit seiner Frau Maria Shriver, machte eine der ungewöhnlichsten Karrieren der letzten Jahrzehnte. Seine Fans freilich bedauern, dass der Gouverneur von Kalifornien nun nicht mehr für die Glanzrolle des „Terminator" zur Verfügung steht

Zynismus und Romantik – das waren die Extreme, zwischen denen Wilders Filmmeisterwerke schwankten; verbunden zumeist mit jenem hinreißenden Witz, der aus der jüdischen Tradition kommt.

Ein dunkles Seelendrama wie „Sunset Boulevard" stand auf der einen Seite des Spektrums. Eine Love Story wie „Sabrina" auf der anderen. Manchmal ließ Wilder, wie in seinem berühmtesten Film „Manche mögen's heiß", seinem anarchischen Humor freien Lauf. Manchmal machte er, wie in seinem besten Film „Das Apartment", aus einer bittersüßen Romanze eine harte gesellschaftspolitische Anklage.

Die Dreharbeiten zu „Manche mögen's heiß" waren geprägt von legendären Konflikten Wilders und des gesamten Ensembles mit der launenhaften Diva Marilyn Monroe. Co-Star Tony Curtis grollte: „Marilyn Monroe zu küssen, das war wie Adolf Hitler zu küssen." Billy Wilder antwortete nach dem Dreh auf die Frage, ob er je wieder mit der Monroe arbeiten wollte, mit einer ätzenden Bemerkung: „Ich habe das mit meinem Hausarzt, meinem Psychiater und meinem Buchhalter besprochen, und sie haben mir gesagt, ich sei zu alt und zu reich, um das noch einmal durchzumachen."

Aber in Hellmuth Karaseks Wilder-Biographie äußerte der Regisseur doch seine Bewunderung für die exaltierte M. M.

Wilder: „Das Problem war, sie auf den Set zu bekommen. Und dann zu beten, dass sie den Text konnte. Aber sie hatte den Zauber, den keine andere Schauspielerin hatte: den Schimmer um die Stirn. Ich hatte eine Tante in Wien, die arbeitete in einer Konditorei. Die würde immer akkurat pünktlich zu den Proben kommen, ihren Text stets von vorne nach hinten und von hinten nach vorn beherrscht haben. Nie hätte sie mir eine Aufnahme verdorben. Aber an der Abendkasse, da war sie keine 14 Cent wert. Marilyn war ein absolutes Genie als komische Schauspielerin, mit einem außergewöhnlichen Sinn für komischen Dialog. Sie war begnadet."

In späteren Jahren versöhnte sich Billy Wilder mit der Monroe – und ein wenig auch mit seiner Heimatstadt Wien; 2000 nahm er die Ehrenbürger-Würde entgegen. Die Verleihung fand in Los Angeles statt: Wilder war schon zu schwach, um noch Reisen zu machen. Am 27. März 2002 starb er, 95 Jahre alt, in seiner Villa in Beverly Hills an den Folgen einer Lungenentzündung.

Ein Wiener Schauspieler, der fast gleichzeitig mit Billy Wilder in Hollywood ankam, war Peter Lorre (die beiden teilten 1934 dort eine kleine Wohnung miteinander). Lorre hatte 1931 in Berlin seinen großen Durchbruch erzielt; in der Rolle des Kindermörders im berühmten Thriller „M – Eine Stadt sucht einen Mörder".

Zu den großen Verehrern des jüdischen Künstlers zählte ausgerechnet Adolf Hitler. Doch als der „Lieblingsschauspieler des Führers" 1933 für ein neues Filmprojekt in Deutschland geködert werden wollte, telegraphierte er, in Anspielung auf seine „M"-Rolle, aus Wien: „Für zwei Mörder wie Hitler und mich ist in Deutschland kein Platz." In Hollywood drehte er nach einer schwierigen Anfangsphase große Filme wie John Hustons „Der Malteser Falke" oder Michael Curtiz' „Casablanca".

1937 übersiedelte die Wienerin Hedy Lamarr nach Amerika. Sie hatte 1930 in „Ekstase" eine der ersten Nacktszenen der Filmgeschichte gespielt, und sie galt ihren Verehrern als „die schönste Frau der Welt".

In den USA angekommen, bewies die Nazi-Gegnerin, dass sie nicht nur schön, sondern auch klug war. Gemeinsam mit einem Freund, dem Avantgarde-Komponisten George Antheil, erfand sie ein Verfahren zur störungssicheren Funkfernsteuerung von Torpedos. Das Patent war dazu gedacht, den US-Truppen im Kampf gegen Hitler-Deutschland beizustehen. Doch volle Wirkung entfaltete dieses „Frequency Hopping" erst Jahrzehnte später: Als wichtige Voraussetzung zur Entwicklung der Mobiltelefonie.

In der jüngeren Vergangenheit war Klaus Maria Brandauer einer jener Österreicher, denen eine Hollywood-Karriere gelang. 1983 spielte er den Bösewicht im Bond-Thriller „Sag niemals nie", 1986 gewann er für „Jenseits von Afrika" den Golden Globe des besten männlichen Nebendarstellers. Auch die John-le-Carré-Verfilmung „Das Russland-Haus" war ein Höhepunkt in der Laufbahn Brandauers, der das Zentrum seines Schaffens aber doch meist in Europa suchte – immer wieder auch mit großen Bühnenrollen am Burgtheater.

In Amerika geblieben ist hingegen Arnold Schwarzenegger, dessen Aufstieg von „Conan, der Barbar" über „Terminator" bis zum Gouverneur von Kalifornien zu den größten Erfolgsgeschichten der letzten Jahrzehnte zählt.

Dass Gouverneur Arnie das Film-Handwerk vorerst aufgegeben hat, bedauert niemand mehr als „Terminator 3"-Regisseur Johnathan Mostow. Der meinte 2003 in aller Zurückhaltung zum KURIER: „Schwarzenegger ist der größte Filmstar, den die Welt seit John Wayne gesehen hat."

Schlappe für die SPÖ: KREISKY GEHT

FREIEX. KURIER MORGENAUSGABE

Unabhängige Tageszeitung für Österreich

Verlagsadresse: Lindengasse 48–52, 1070 Wien • Tel 96 21/0 • Erscheinungsort Wien • P b b. Verlagspostamt 1070 Wien • Lire 900.–, Dinar 40,–, DM 2,–, sfr. 2,–, Drachm. 65,–, Ptas 110 –

Montag, 25. April 1983 • Nr. 113 • S 5,–

- Kanzler tritt nach dem Verlust der „Absoluten" ab
- Sehr deutliche Gewinne für die Volkspartei

SPÖ: 90 Mandate, ÖVP: 81
Freiheitliche Partei: 12

Lesen Sie bitte Wahlberichte auf den Seiten 2 bis 5

ERGEBNIS DER GEMEINDERATS-WAHL in WIEN: SPÖ verlor ein Mandat – Gewinne bei VP

Kein Zweifel: Das Ergebnis der Wiener Gemeinderatswahl wird Konsequenzen haben.

Bürgermeister Leopold Gratz' Wiener SPÖ verlor ein Mandat – sie rangiert nun auf dem schlechtesten Stand seit 1964. Demgegenüber hat die Wiener ÖVP noch nie so gut wie diesmal abgeschnitten. Ihre 37 Mandate sind ein Rekord in der Zweiten Republik. Sieger Erhard Busek strahlend: „Diesen Tag werd' ich nie vergessen!" Die FPÖ schließlich schaffte den Wiedereinzug ins Stadtparlament. (Bericht Seite 3.)

Österreichs erste Herzverpflanzung geglückt!

Das ist der

Gewerkschaftsführer wagt die Ausreise nicht
Riesenjubel um Nobelpreis für Lech Walesa!

Ganz Polen jubelt mit Lech

Wärmster Jänner seit mehr als 200 Jahren!

Dieses Wetter macht uns krank

Bruno Pittermann ist gestorben

Innenarchitekt der Zweiten Republik

Hitler als Schwarzmarktobjekt: „Eine Fälschung pro Monat"

DER CLOU

– wie man aus 30 Kilo Altpapier 64 Millionen Schilling machen kann

„Stern"-Tagebücher: „Dieses Papier hätte er fürs Klo verwendet"

Jumbo-Jet von 8 sowjetischen Kampfflugzeugen verfolgt und dann abgeschossen 269 Menschen tot!

„Es waren 13 glückliche Jahre für das Land“

Nach dem Verlust der absoluten Mehrheit trat Bruno Kreisky als Kanzler zurück. In der Ära Sinowatz wurde dann „alles sehr kompliziert“

Ein Anteil von 47,6 Prozent der Stimmen bei einer Parlamentswahl: Für die meisten Politiker bleibt so ein Resultat ihr Leben lang unerreichbar. Manchmal sind 47,6 Prozent aber auch zu wenig.

Wien, 24. April 1983: Bruno Kreisky verließ am späten Abend mit steinernem Gesicht die SPÖ-Zentrale. „Ich hab' vor den Wahlen angekündigt, dass ich in einem bestimmten Fall gehe. Und das gilt auch jetzt.“ Der „bestimmte Fall“ war eingetreten. Die SPÖ hatte an diesem Tag mit den erwähnten 47,6 Prozent der Stimmen ihre absolute Mehrheit verloren. Alois Mock gewann mit der Volkspartei vier Mandate hinzu. Erstmals seit 1971 gab es im Nationalrat eine Mehrheit rechts der SPÖ. Das neue Mandatsverhältnis lautete: SPÖ 90, ÖVP 81, FPÖ 12 (die Grünen sollten erst drei Jahre später ins Parlament kommen).

„KREISKY GEHT“ – auf der Titelseite des KURIER waren nur Großbuchstaben groß genug, um die Dimension des Ereignisses zu erfassen. Seit 1970 hatte der Sonnenkönig Bruno Österreich regiert. „Es waren 13 glückliche Jahre für das Land“, kommentierte Herwig Schmidl im KURIER. Warum kam jetzt das Ende? Schmidl nannte einen Grund: „Die Vermutung des Wählers, dass es der Bundeskanzler nicht weitere vier Jahre aushalten werde und ein anderer in seine Schuhe steigen muss.“

Es ließ sich 1983 nicht mehr verhehlen – der 72-jährige Bruno Kreisky war ein schwer kranker Mann. Nach 1978 war er auf einem Auge erblindet. Die Internisten hatten überdies eine Herzschwäche festgestellt und dann kam noch ein chronisches Nierenversagen hinzu.

Hätte Kreisky früher aufhören sollen? „Man darf nicht vergessen, er hat 1979 noch einmal eine absolute Mehrheit errungen; er besaß also große Zustimmung in

Das Ende einer Ära. Bruno Kreisky nahm 1983 Abschied vom Kanzleramt. Als Nachfolger stand der bisherige Vizekanzler Fred Sinowatz (hinten rechts) bereit

der Bevölkerung“, sagt Franz Ferdinand Wolf. „Wahrscheinlich hat er seinen Zenit aber spätestens Anfang der achtziger Jahre überschritten. Wäre er 1980 als Wahlsieger zurückgetreten, dann wäre die Geschichte vielleicht anders geschrieben worden. Das Ende seiner Ära war für Kreisky sicher persönlich bitter. Und er ist später als verbitterter alter Mann gestorben.“

Auch Wolf glaubt, dass Kreisky nach der Wahl 1983 „nicht mehr die Kraft gehabt hätte, die Arbeit noch weiterzuführen. Schon in den letzten Jahren seiner Amtszeit musste man seine physische und psychische Leistung bewundern. Er fuhr von der Dialyse ins Kanzleramt, hat regiert und ist dann wieder an die Dialyse gegangen. Seine Mitarbeiter erzählen, dass man den Vergiftungsgrad seines Blutes bis zur nächsten Dialyse an seiner Stimmung nachvollziehen konnte“.

Bruno Kreisky nahm nach dem Verlust der absoluten Mehrheit nicht sofort Abschied von der Politik. Er blieb bis Oktober 1983 SPÖ-Vorsitzender. Und, so Franz Ferdinand Wolf, „er beging den Fehler, dass er bei der Bildung dieser unsäglichen kleinen Koalition noch fest mitgemischt hat. Als er später sah, dass das schief geht, hat das auch zu seiner Verbitterung beigetragen“.

Als Kreisky abtrat, war die Personaldecke der SPÖ dünn geworden. Wolf: „Seine Geschichte ist typisch – die vom großen alten Mann, der alle seine Nachfolger für blöd und alles, was sie machen, für falsch hält. Obwohl sie doch alle seine Gewächse sind.“ Seinen langjährigen Kronprinzen, den smarten Finanzminister Hannes Androsch, hatte Kreisky 1981 am Ende eines tiefen Konfliktes über Geschäft und Moral zum Rücktritt gezwungen. Als Nachfolger wollte er dann nicht Leopold Gratz, Karl Blecha oder Heinz Fischer, sondern Fred Sinowatz, der 1981 Androschs Position als Vizekanzler übernommen hatte. Der Burgenländer begleitete Kreiskys Kanzlerschaft schon seit 1971; als Bundesminister für Unterricht und Kunst.

Sinowatz bekam den Auftrag, eine Koalition mit der FPÖ vorzubereiten, die damals, unter ihrem Obmann Norbert Steger, vergleichsweise liberal auftrat. Eine große Koalition war unter Kreiskys Ägide nicht zu machen, obwohl sie, so der KURIER, „von einflussreichen Teilen der ÖVP geradezu herbeigesehnt“ wurde. „Die Ursache liegt tief in Bruno Kreiskys politischer Seele. Er hat entscheidende Jahre in Skandinavien verbracht, wo die bürgerlichen Parteien zersplittert sind, die Sozialisten aber einheitliche Blöcke bilden.“

Schon zwei Wochen nach der Wahl war die SP-FP-Zusammenarbeit beschlossene Sache. „Eine Koalition ohne Leitmotiv“, kommentierte Hans Rauscher skeptisch im KURIER. Fred Sinowatz gab am 31. Mai

„Kreisky beging den Fehler, dass er bei der Bildung dieser unsäglichen kleinen Koalition noch fest mitgemischt hat“: Bundeskanzler Fred Sinowatz, Vizekanzler Norbert Steger (links) bei der Angelobung der Regierung durch Bundespräsident Rudolf Kirchschläger

1983 im Parlament seine Regierungserklärung ab und er machte dort mit einem Satz bleibenden Eindruck: „Ich weiß schon, meine Damen und Herren, das alles ist sehr kompliziert, wie diese Welt, in der wir leben und handeln, und die Gesellschaft, in der wir uns entfalten wollen. Haben wir daher den Mut, zuzugeben, dass es perfekte Lösungen in einer pluralistischen Demokratie nicht geben kann.“

Der Appell an den Mut ging unter – das „Alles ist sehr kompliziert“ wurde zum Leitsatz der glücklosen Kanzlerschaft Sinowatz. Vom Glanz der Kreisky-Jahre war nicht viel übrig geblieben. Die Koalition musste das Budget sanieren. Sie scheiterte am Versuch, das Thema Kernkraftwerk Zwentendorf nochmals hochzukochen, und sie erlitt 1984 ein Debakel in der Stopfenreuther Au. Eine Bürgerbewegung verhinderte das Projekt, bei Hainburg ein Donaukraftwerk zu errichten. Sinowatz’ mediale Selbstdarstellung wurde vom Politologen Fritz Plasser auf einen kurzen Nenner gebracht: „Unvorteilhaftes Auftreten in der Öffentlichkeit.“

1986 lastete die Waldheim-Debatte über dem Land. Am Tag nach dem Sieg Waldheims bei der Bundespräsidentenwahl zog Fred Sinowatz die Reißleine. Er trat am 9. Juni 1986 als Bundeskanzler zurück und schlug Franz Vranitzky zum Nachfolger vor, den er 1984 als Finanzminister in die Regierung geholt hatte.

Im September 1986 kam es in der FPÖ zu Jörg Haiders erfolgreichem Putsch gegen Parteichef Norbert Steger. Kanzler Vranitzky löste die Koalition auf. Die Nationalratswahl im November 1986 brachte neue Trends: Verluste für die Großen, Aufschwung für die Kleinen. Das Resultat: SPÖ 80 Mandate (minus zehn), ÖVP 77 (minus vier), FPÖ 18 (plus acht). Die Grünen, stark geworden in Hainburg, etablierten sich als vierte Kraft. Zum Einstand errangen sie acht Sitze im Parlament.

Bruno Kreisky, seit dem 28. November 1983 Ehrenvorsitzender der SPÖ, betrachtete diese Entwicklungen meist aus geografischer Distanz. Gesundheitlich hatte ihm der Abschied vom Kanzleramt gut getan. 1984 unterzog er sich in Hannover einer Nierentransplantation. Er verbrachte jetzt viel Zeit in seinem Ferienhaus auf Mallorca und fand mit grantelnden Pointen zu alter Form zurück: „Kärnten kann ich mir nicht leisten“ – so begründete er die langen Aufenthalte auf der Insel.

Was die Politik in der Heimat betraf, war es Kreisky aber nicht zu Scherzen zumute. „Er hat sich mit allen überworfen“, sagt Franz Ferdinand Wolf. „In einer Mischung aus Lust und Enttäuschung gewann er den Eindruck, dass alles den Bach runtergeht. Die Lust dabei: Das Gefühl, die anderen können’s nicht, denn ich bin halt großartig. Die Enttäuschung: Was machen die mit meinem Erbe?“

Kreisky war schon 1984 unglücklich über die Bestellung Franz Vranitzkys zum Finanzminister gewesen; der sozialdemokratische Banker Vranitzky stand nach Kreiskys Geschmack damals ideologisch zu nahe bei Hannes Androsch. Als Vranitzky, nunmehr Kanzler, 1987 bei der Bildung der Koalition das Außenministerium an die ÖVP und Alois Mock abgab, war es um Kreiskys Contenance geschehen. Aus Protest legte er den Ehrenvorsitz der SPÖ zurück. Erst 1990, als das 20-jährige Jubiläum von Kreiskys Regierungsantritt gefeiert wurde, kam es zu einer Versöhnung.

Der Altkanzler nutzte die Zeit des Ruhestands zum Schreiben. 1986 veröffentlichte er den ersten Band seiner Memoiren. Das Buch wurde zum Bestseller. Die Leser gingen mit dem Autor die Stationen eines bewegten Lebens ab: Kreiskys Jugend in großbürgerlicher Familie; seine frühe Hinwendung zur Sozialdemokratie.

1934, nach dem Verbot der SPÖ im Ständestaat, hatte Kreisky zu den Mitbegründern der illegalen „Revolutionären Sozialistischen Jugend“ gezählt. Deshalb war er 1935 verhaftet worden und wurde wegen „Hochverrat“ verurteilt. Der spätere Bundeskanzler musste 22 Monate seines Lebens als politischer Häftling absitzen.

„Für einen so lebenslustigen Menschen, wie ich es immer war, gehört die Freiheitsberaubung sicher zum Unerträglichsten“, notierte er. „Dennoch habe ich mich nicht sehr bedrückt gefühlt. Denn die Ideen, die wir vertraten, würden sich eines Tages gegen alle Despoten durchsetzen. Es kam der Stalin, es kam der Hitler, beide verschwanden wieder, aber übrig geblieben ist die österreichische Sozialdemokratie.“

Im schwedischen Exil während der Nazizeit erhielt Kreisky entscheidende Prägungen für seine spätere Karriere. 1951 wechselte er, gelernter Jurist, von einer diplomatischen Laufbahn in die Politik: Bundespräsident Theodor Körner holte ihn als politischen Berater. Als Staatssekretär war er maßgeblich an den Verhandlungen über Österreichs Staatsvertrag beteiligt.

Im Alter brachte Kreisky 1988 schließlich den zweiten Teil seiner Memoiren heraus: „Im Strom der Politik“. Der geplante dritte Teil blieb unvollendet.

Am 17. Juli 1990 wurde der Altkanzler wegen akuter Herzschwäche in das Krankenhaus Lainz eingeliefert. „Der Herzmuskel war erschöpft“, erklärte sein Arzt, Primarius Wolfgang Enenkel. Am 29. Juli hörte das Herz des 79-Jährigen auf zu schlagen. Österreich trug Trauer.

„Kreisky war ein Großbürger von Herkunft und von geistigem Zuschnitt“, schrieb Hans Rauscher im KURIER-Nachruf. „Er war alles andere als provinziell und brachte diese Qualität auch in die österreichische Politik ein.“ Am fragwürdigsten, so Rauscher, war hingegen „vielleicht Kreiskys Wirkung auf die politische Kultur des Landes. Keinem anderen ließen die Österreicher so gern seinen Schmäh durchgehen. Aber er bestärkte sie in ihrer Neigung zur ethisch-moralischen Schlamperei.“ Doch in Summe: „Kreisky brachte der kleinen, etwas provinziellen Republik Österreich Internationalität, Weltoffenheit und freieres Denken.“

Am 7. Juli 1990 wurde Bruno Kreisky auf dem Wiener Zentralfriedhof beigesetzt. Die Gästeliste für die Begräbnisfeier war lang; Palästinenser-Chef Yassir Arafat reiste genauso an wie Deutschlands Ex-Kanzler Willy Brandt. „Seine Welt war größer als sein Land“, sagte Willy Brandt. „Er hat sich um die Gemeinschaft und um das Wohlergehen der Völker verdient gemacht. Ruhe in Frieden, lieber, schwieriger, guter Freund.“

Der Altkanzler in seinem Ferienhaus in Mallorca (oben). Bruno Kreisky nutzte die Zeit des Ruhestands zum Schreiben. Seine Memoiren „Zwischen den Zeiten“, 1986 erschienen, wurden zum Bestseller mit mehr als 70.000 verkauften Exemplaren. Am 29. Juli 1990 starb Bruno Kreisky in Wien. Zahlreiche internationale Gäste reisten zum Begräbnis an. Sein langjähriger Freund Willy Brandt sagte: „Kreiskys Welt war größer als sein Land. Er hat sich um die Gemeinschaft und um das Wohlergehen der Völker verdient gemacht“

Sturm auf die Hainburger Au: Polizeitruppe schlug hart zu

Nobelpreis ging an farbigen Bischof Desmond Tutu

Die mit Spannung erwartete En… ist gefallen: Der 53jährige …hof Tutu, führender

Bisc…

Nach Mord an Indira Gandhi: Indiens Armee in Alarmbereitschaft

Sikhs haben … ● Jetzt …

Triumph für Judokas: Hrovat, Seisenbacher ‚Sportler des Jahres'

Triumphaler Jahresausklang für unsere Judoasse: Olympiasieger Peter Seisenbacher und WM-Zweite Edith … Petra Huber und Dr. Gerda Winklbauer.

Interessant die Entscheidung bei den Herren: Wohl … Formel-I-Champion

Gewaltiger Wahl-Erdrutsch in Vorarlberg

Die Grünen schlugen zum erstenmal zu

KURIER
Montag, 22. Oktober 1984

Mit eisernen Nerven und Todesmut von Platz elf zum dritten WM-Titel

Lauda fuhr, als ginge es um sein Leben: WELTMEISTER!

● Prost

Winterspiele von Sarajevo in orientalischer Atmosphäre

Der Muezzin ruft Olympia

Als erster österreichischer Sport-… besuchte KURIE…

Auf den Barrikaden für Bruder Baum

Die Hainburg-Bewegung 1984 hatte zwei wichtige Folgen: Sie verhinderte den Kraftwerksbau und gab den Grünen Auftrieb

Die Menschen draußen in der Natur hatten alle schon bequemere Weihnachten erlebt. Aber vielleicht keine schöneren. Während der Festtage 1984 standen die (Christ-)Bäume für Tausende Umwelt-Aktivisten fest verwurzelt in der Erde. Und die Anwesenden schauten darauf, dass das auch so blieb. Denn sie hielten Wacht in der Stopfenreuther Au. In jenem Naturparadies, das als Standort für das Donaukraftwerk Hainburg ausersehen war.

1983 hatte der Konflikt um Hainburg in voller Intensität begonnen. 1986 sollte er – eine wichtige Spätfolge – dazu beitragen, die Grünen ins Parlament zu bringen. 1996 schließlich wurde das umstrittene Gebiet zum Zentrum des Nationalparks Donau-March-Auen. Nur das Kraftwerk Hainburg wurde nie gebaut. Die Umwelt-Aktivisten setzten sich in voller Länge durch.

Doch der Reihe nach. Das Kraftwerk Hainburg war schon lange geplant; als letztes Glied in der Kette von Staustufen, aus denen Österreich entlang der Donau Wasserkraft gewinnt.

1983 wurde das Vorhaben konkret. Die Donau-Kraftwerke AG (DOKW) beantragte beim Landwirtschaftsministerium die wasserrechtliche Bewilligung für den Bau. Das war nur eine Formsache. Am 22. Dezember 1983 erklärte Landwirtschaftsminister Günter Haiden (SP) das Projekt zum „bevorzugten Wasserbau“.

Noch am selben Tag gingen die Gegner an die Öffentlichkeit. Die Donauwälder schienen den Umweltfreunden in diesem Fall ein höheres Gut zu sein als die umweltfreundliche Wasserkraft. Eine Aktionsgemeinschaft gegen das Kraftwerk Hainburg hatte bereits 114.000 Unterschriften gesammelt. Beide Seiten erläuterten ihre Pläne. Während die Donaukraftwerke den Beginn der Rodungen für das Frühjahr 1984 ankündigten, gaben die Gegner ihr Schutzprogramm für Bruder Baum bekannt. „Wir werden uns an die Bäume ketten und so auf die Bagger warten.“

Der damalige niederösterreichische Landeshauptmann Siegfried Ludwig (VP) versuchte, auf Zeit zu spielen. „Ohne naturschutzbehördliche Bewilligung durch das Land kann es zu keiner wasserrechtlichen Freigabe kommen.“

„Das Krisenmanagement war lausig“. In der besetzten Au prallten Exekutive und Umweltschützer hart aufeinander

Mit dem Frühjahrs-Baubeginn wurde es in der Tat nix – der zuständige niederösterreichische Landesrat, Ernest Brezovszky, nahm sich ausgiebig Zeit, das Projekt auf seine Naturschutztauglichkeit zu prüfen. Im Mai 1984 wurde eine Pressekonferenz zum Kostümfest. Günther Nenning, verkleidet als Auhirsch, und andere hohe Tiere aus der Umweltszene kündigten das Konrad-Lorenz-Volksbegehren gegen den Kraftwerksbau an.

Derweil karrten die Donaukraftwerke schon Arbeitsapparaturen in die Auwälder und fällten im Juli probeweise ein paar Bäume. Was von der Gegenseite mit „wiederholten Beschädigungen und Schmieraktionen an Baugeräten“ geahndet wurde, wie die *Austria Presse Agentur* vermeldete.

Doch im Spätherbst ging's dann bald rund. Am 26. November 1984 erließ Naturschutz-Landesrat Brezovszky einen Genehmigungs-Bescheid für den Bau, den er mit „elf positiven Gutachten“ begründete (diese zeigte er allerdings nicht her).

Der Wind des Widerstands, der den Betonierern entgegenblies, verstärkte sich zum Sturm. „Vor Tumulten wegen Hainburg“, titelte der KURIER. „Umweltschützer drohen mit riesigen Demonstrationen!“

Als dann Landwirtschaftsminister Günter Haiden am 5. Dezember auch noch den Bewilligungsbescheid zum Bau unterzeichnete, standen einander die Fronten endgültig Spitz auf Kopf gegenüber. Hier Bau- und Elektrizitäts-Wirtschaft samt Gewerkschaften, welche die Staatsmacht hinter sich wussten. Dort die Individualisten der Umweltbewegung, in Einigkeit verbunden zum Erreichen des gemeinsamen Ziels: das grüne Paradies an der Donau unangetastet zu lassen.

„Man kann Hainburg für wirtschaftlich vernünftig halten“, kommentierte Hans Rauscher im KURIER. „Aber das *Wie* dieser Entscheidung ist ein Paradefall an Demokratiebeschädigung.“

Draußen in der Au sollten die Beschädigungen erst richtig beginnen.

Am 8. Dezember starteten Studenten einen Sternmarsch in die Au. Zwei Tage später begannen 1000 Umweltschützer mit der Besetzung des Auwalds, während die Arbeiter, behütet von einem massiven Gendarmerie-Aufgebot, die Rodung des Geländes in Angriff nahmen. Die Bürgerbewegung bekam immer größeren Zulauf. Bald waren Tausende in der Au und blockierten das Vordringen der Bautrupps.

Aus der KURIER-Reportage vom 11. Dezember 1984: „Sie hingen sich an Arme und Beine der Holzfäller, errichteten Steinbarrieren und Menschenmauern. Rund 1500 Demonstranten entschieden die erste Konfrontation mit den Arbeitern der Donaukraftwerke für sich. Vor Traktoren und Lastwagen hatten sich Studenten wie Universitätsprofessoren der Länge nach auf den Boden gelegt. Die Arbeiter schulterten ihre Sägen wieder, 40 von ihnen fuhren nach Hause. DOKW-Einsatzleiter Überacker: ‚Wir arbeiten erst, bis uns die Gendarmerie den Weg frei macht.‘“

Das wurde aber zunehmend schwerer. Denn ein paar Tage später erwartete man schon 10.000 Aubesetzer, von denen viele trotz arktischer Kälte auch in der Nacht blieben. Der KURIER-Bericht: „Für die Nacht wurden bereits Temperaturen um zehn Grad minus erwartet. Dennoch behielten etliche Aubesetzer den Humor. Eine Straßensperre erhielt den Namen Gandhi-Barrikade, eine zweite heißt Barrikade der Babysittergewerkschaft.“

Die Gewerkschafter der bauwilligen Bauarbeiter konnten zur gleichen Zeit ihren Zorn immer schwerer verbergen. ÖGB-Präsident Anton Benya erhöhte den Druck. „Was kümmert mich das Gestrüpp von Hainburg?“, schnaubte er.

Befürworter und Gegner des Kraftwerks von Hainburg. Die Gewerkschaften demonstrierten für den Bau, die Umweltschützer (oben links, mit Freda Meissner-Blau) dagegen. Bei Innenminister Karl Blecha (r.) gingen die Unterschriften gegen den Bau stapelweise ein

Bundeskanzler Fred Sinowatz sah sich einmal mehr einer Situation ausgesetzt, in der alles sehr kompliziert aussah. Denn jetzt wollten auch die Gewerkschafter zu Tausenden in der Au demonstrieren. Und als am 17. Dezember die Rodungen weitergingen, gab es schwere Auseinandersetzungen zwischen Aktivisten und Exekutive.

Zwei Tage später eskalierte die Situation neuerlich; einige Dutzend Demonstranten wurden bei der Konfrontation mit der Gendarmerie verletzt. Das Nachrichtenmagazin *Profil* druckte eine Sonderausgabe. Auf dem Cover war eine junge Frau mit blutender Kopfwunde abgebildet. „Krieg in der Au“, lautete die Schlagzeile.

„Hainburg war in vieler Hinsicht ein Wendepunkt für Österreich“, meint Christoph Kotanko heute. „Man könnte sagen, dass das Land damals seine 68er-Bewegung nachholte. Das Krisenmanagement von Bundeskanzler Fred Sinowatz und Innenminister Karl Blecha war lausig und hat es erst ermöglicht, dass eine Art Märtyrertum entstand. Die armen, frierenden Kinder in der Au, die von behelmten und gestiefelten Gendarmen verprügelt wurden – das war die dümmstmögliche Vorgangsweise. Allerdings muss man sehen, dass die Regierung sehr stark unter dem Druck der Gewerkschaft stand. Deren Umgang mit dem Thema war nicht zimperlich und, wie wir heute wissen, völlig falsch.“

Kotankos Fazit: „Die Staatsgewalt versuchte, sich an einem ungeeigneten Beispiel groß darzustellen. Damit hat sie den Widerstand erst recht angestachelt.“

Der Konflikt verlagerte sich nach Wien. Während in Hainburg die Gummiknüppel wirbelten, gingen in der Hauptstadt am 19. Dezember 40.000 Demonstranten auf die Straße, um gegen Regierung und Kraftwerksbau zu protestieren. Am 22. Dezember befand Kanzler Sinowatz, es sei Zeit für eine Denkpause. Er verkündete jenen Weihnachtsfrieden, der die verbliebenen Aktivisten dann kühle, doch ruhige Festtage in der Au verbringen ließ.

Gleich nach Jahreswechsel sorgte der Verwaltungsgerichtshof für eine weitere Beruhigung der Lage. Er gab am 2. Jänner 1985 einer Beschwerde des World Wildlife Fund (WWF) statt: Der Wasserrechtsbescheid sei noch nicht vollziehbar. Sinowatz widmete die Weihnachtspause zur Nachdenkpause um.

Im März unterschrieben dann 353.906 Österreicher das Konrad-Lorenz-Volksbegehren gegen das Kraftwerk Hainburg. Kein berauschender Wert für die Umweltgruppen, doch der Beton-Fraktion nutzte das nichts. Denn wieder ein Jahr später, am 1. Juni 1986, hob der Verwaltungsgerichtshof den Wasserrechtsbescheid endgültig auf. Der Kraftwerksbau war vom Tisch.

Ende der Geschichte? Nein. Eine andere Geschichte fing jetzt erst richtig an.

„Hainburg hat eine historische Dimension", meint Christoph Kotanko. „Nicht wegen der Frage, ob die Lurche in der Au ausreichend geschützt sind, sondern weil diese Aktion zur Geburtsstunde der Grünen wurde. Ich glaube nicht, dass wir ohne die Vorkommnisse von Hainburg heute eine grüne Partei von bundespolitischer Bedeutung hätten."

Kotanko erläutert seine Sicht so: „Damals waren die Grünen noch eine Bewegung, die mit Hingabe jede Form von fester Struktur ablehnte. Es waren bereits gewisse Widerstandsnester entstanden, in Salzburg zum Beispiel, mit Herbert Fux. Das war die Keimzelle. Dann kam ein seltsamer Versicherungsvertreter aus Zell am See hinzu, Johannes Voggenhuber. Aber eine Vernetzung, ein geschlossenes Auftreten und ein zielorientiertes Handeln hätte es bei den Grünen nie oder sehr lange nicht gegeben, wäre nicht Hainburg der Kulminationspunkt gewesen."

In der Tat formte sich die Partei aus vielen verschiedenen Lagern. Zur Zeit der Anti-Zwentendorf-Aktionen in den Siebzigern nahm die Bewegung langsam Bewegung auf. Eher links im politischen Spektrum war die Alternative Liste Österreich (ALÖ) angesiedelt; eher rechts die Gruppe mit dem Namen Vereinte Grüne Österreich (VGÖ). Bei der Nationalratswahl 1983 blieben beide draußen vor der Tür: Die ALÖ kam auf 1,36 Prozent der Stimmen, die VGÖ auf 1,93 Prozent.

In der Nach-Hainburg-Zeit vergrößerte sich das grüne Vereinswesen zunächst noch; es entstanden umweltbewegte Listen, die Kürzel wie BIP oder ALW, PNÖ oder GRAS trugen und die, jede für sich, bedeutungslos blieben. Doch eine der Sprecherinnen der Hainburg-Aktionen, Freda Meissner-Blau, trat 1986 als grüne Kandidatin zur Bundespräsidentenwahl an. Sie erzielte gegen Kurt Waldheim (ÖVP) und Kurt Steyrer (SPÖ) immerhin 5,5 Prozent der Stimmen.

Das machte nun erstens eine Stichwahl bei der Präsidenten-Entscheidung notwendig (die Kurt Waldheim klar gewann). Und zweitens wurde sichtbar, wie viel Potenzial eine grüne Kandidatur für den Nationalrat hätte. Verschiedene grüne Gruppen schlossen einen Grundsatzvertrag und gingen bei der Nationalratswahl im November 1986 ins Rennen, unter dem nicht wirklich leicht zu merkenden Titel „Die Grüne Alternative – Liste Freda Meissner-Blau (GRÜNE)". 4,82 Prozent der Wähler machten ihr Kreuz bei der neuen Partei. Die Grünen errangen acht Mandate, welche unter anderem von Freda Meissner-Blau, Herbert Fux, Peter Pilz und Andreas Wabl besetzt wurden.

1990 gab sich die Bewegung den Namen „Die Grüne Alternative – Grüne im Parlament"; seit 1993 firmiert sie als „Die Grünen – Die Grüne Alternative".

Doch wie wird es mit den Grünen weitergehen? Christoph Kotanko sieht große Chancen für die Partei. „Ich glaube, die grüne Bewegung etabliert sich als dritte Kraft in Österreich. Unabhängig davon, ob die FPÖ durch verschiedene Konjunkturen wieder einmal ein paar Prozentpunkte hinzugewinnt oder auch nicht. Die Grünen haben es geschafft, zu einer Sammelpartei zu werden, die ein sehr breites ideelles Spektrum repräsentiert. Deshalb ist sie auf Dauer viel geeigneter als die FPÖ, konstant die dritte Kraft im Parlament zu werden."

Kotanko ortet bei der Partei, die aus der basisdemokratischen Bewegung entstand, aber auch Probleme personeller und struktureller Natur.

„Es besteht die Gefahr, dass die Grünen zu einer Kaderpartei werden, in der relativ wenig Austausch stattfindet. Leute wie Peter Pilz, Madeleine Petrovic oder Johannes Voggenhuber sind länger in der Politik als sehr viele Funktionäre anderer Parteien. Die Überalterung bei den Grünen ist augenfällig, und ich bin gespannt, wie sie dieses Problem lösen werden. Denn auch das schönste Grün wird einmal grau."

Das Naturparadies blieb erhalten. Die weitläufigen Auwälder nahe Hainburg sind ein wichtiger Bestandteil des Nationalparks Donau-March-Auen, der im Jahr 1996 eingeweiht wurde

- Neue Seuche ansteckend und unheilbar
- Zwei Tote in Wien – beide homosexuell
- Tip dagegen Peinlichste Sauberkeit

Todesvirus nach Österreich eingeschleppt!

Eine neue, tödliche, hochinfektiöse Seuche geht um den Erdball. Das Virus hat in den USA bis jetzt … benschancen sind schlecht: Etwa 60 Prozent der Erkrankten sterben. Zudem sind die Ärzte voll- … es schon 800, und bis Anfang März wurden 1200 Fälle registriert. Hochrechnungen spre- … injizieren. Bisher sind in Österreich nur Leute aus der „Szene" betroffen: Die zwei, die in W…

Sexualleben im Vordergrund

Wie die AIDS-Beratungsstelle Klienten hilft

„Unsere Klienten sind nicht … fährliche … Momente … ausz…

Gorbatschow folgt Tschernenko nach:

Ein ‚junger' Mann wird neuer Chef im Kreml

Wachablöse im Kreml unmittelbar nach dem Tod des 73jährigen Konstantin Tschernenko: Die „alte Garde" mußte einen …

Boris Becker jüngst… …bledon-Herrensieger aller Zeiten

Vom Wunderkind zum Champion

Als „Wunderkind" …

Endlich wird durchgegriffen: Erste Weinpantsch-Profis in Untersuchungshaft!

- Glykolaffäre löste Kündigungswelle aus

In einer nächtlichen Marathonaktion hat die Staatsanwaltschaft Eisenstadt bei sieben Hauptverdächtigen im Glykolskandal Hausdurchsu… chungen vorgenommen. Vier Firmenchefs kamen in U-Haft. In Fels, Niederösterreich, … die Affäre …

VOEST: Ölgeschäfte mit Briefkastenfirma

Die unglaubliche Palette von … Sie dürfte eine noch deutlich … Gangster-Deal", wie es die … selbst über die Intertrading …

Eine politische Sensation erschüttert Frankreichs Regierung

Paris: Premier gesteht Coup gegen „Greenpeace"

Eine politische Sensation ersten Ranges erschüttert Frankreich und bringt die ganze Regierung in Gefahr: Premierminister Fabius hat erstmals zugegeben, daß der französische Geheimdienst das „Greenpeace"-Schiff in Neuseeland auf Befehl versenkt hat. Aber … gegeben hat, das bleibt weiter …

KURIER Exklusiv

Sekanina: „Meine Gegner wollen mich fertigmachen"

Als Bautenminister Karl Sekanina am Montag … seinen sensationellen Rücktritt als … ÖGB-Text), die zu diesem Schritt führten. Tatsächlich jedoch …

Nach dem Bundesheerempfang für haftentlassenen SS-Major Reder

Riesen-Wirbel um Frischenschlager!

„Ein Gefühl völliger Hilflosigkeit“

Todes-Ängste statt freier Liebe: Aids veränderte das Lebensgefühl. Doch die schlimmsten Prognosen traten in den reichen Ländern nicht ein

Gefürchtet hatte man sich lange genug. Jetzt musste etwas geschehen. Im August 1985 gründeten Ärzte, Beamte des Gesundheitsministeriums und Aktivisten der Homosexuellen Initiative Wien einen Verein – die Österreichische Aids-Hilfe. Ein paar Monate später wurde die erste Beratungsstelle eröffnet. Der Beratungsbedarf war riesig, das Wissen noch gering. Fest stand nur eines: Wegen Aids, der neuen, unheimlichen Krankheit, war es mit den lustvoll-lockeren Zeiten der sexuellen Revolution vorerst einmal vorbei.

„Man hatte den Eindruck, vor einer großen Seuche zu stehen“, sagt Helga Goggenberger. „Die Befürchtungen waren verbunden mit einem Gefühl völliger Hilflosigkeit. Denn gegen Aids existierte weder eine Prophylaxe noch eine Therapie.“

Im Jahr 1980 hatte es den Fall eines kanadischen Flugbegleiters namens Gaetan Dugas gegeben, der wegen brauner Flecken auf der Haut einen Arzt aufsuchte. Die Diagnose lautete auf Kaposi-Sarkom – eine extrem seltene Form von Hautkrebs. Dugas starb 1984. Später sollte er von Medizinern als „Patient null“ registriert werden. Als jener Mann, von dem die Aids-Epidemie angeblich ihren Ausgang nahm.

1981 wusste die Wissenschaft noch nichts von Mr. Dugas. Doch in Amerika wurden merkwürdige Serienerkrankungen geschildert, die ausschließlich Homosexuelle zu befallen schienen. Im Juni kam aus Kalifornien die Meldung von fünf jungen Männern, die unter Lungenentzündungen und Pilzinfektionen litten. „Die Tatsache, dass alle fünf homosexuell sind, lässt einen Zusammenhang mit einigen Aspekten des homosexuellen Lebensstils vermuten“, schrieb der Mediziner Michael Gottlieb von der Universität Los Angeles. Einen Monat später druckte die *New York Times* einen Artikel mit der Schlagzeile „Seltene Krebsarten bei 41 Homosexuellen entdeckt“. Von den Patienten hieß es, sie hätten „viele verschiedene Sexualkontakte“ gehabt.

1982 bekam die neue Krankheit dann ihren Namen: Aids – Aquired Immune Deficiency Syndrome (erworbene Immunschwäche). Ein Jahr später entdeckte und isolierte der Virologe Luc Montagnier in Paris das HIV-Virus, das die Krankheit auslöst. Auch Robert Gallo aus den USA nahm diesen Durchbruch für sich in Anspruch –

„No Aids“. Der Traum von einer Welt ohne den HIV-Virus blieb ein frommer Wunsch. Die Behandlung der Krankheit durch die moderne Medizin machte aber enorme Fortschritte

die Folge war ein langer Streit zwischen den Wissenschaftlern. Unbestritten ist, dass Gallo 1984 die Voraussetzung zur Entwicklung erster Aids-Tests schuf.

„Anfangs wurde die Ansteckungsgefahr ja weitgehend der homosexuellen Szene zugeordnet", sagt Herbert Gartner. „Die Heteros hätten damals gern geglaubt, dass sie die Sache nichts angeht."

Diese Illusion hatte nur eine äußerst kurze Haltbarkeit, auch wenn man einstweilen noch von der „Schwulenkrankheit" sprach. Der KURIER vom 15. März 1983: „Unter den bisher in den USA bekannten 1200 Fällen befanden sich nur drei Frauen. Diese hatten zuvor engen Kontakt zu bisexuellen Männern gehabt. In Österreich gab es bisher keine weiblichen Aids-Patienten."

Bald aber war es gesichertes Wissen, dass Aids auch beim ungeschützten Sex zwischen Mann und Frau übertragen werden kann. Genauso wie durch verschmutzte Blutkonserven oder Injektionsnadeln.

Wie sehr man in den Achtzigern jedoch über Ursachen und Aussichten von Aids noch im Dunkeln tappte, zeigen einige Schlagzeilen aus dem Jahr 1985. Beruhigende Meldungen („Übertragung durch Tränen unwahrscheinlich") wurden gekontert durch apokalytische Visionen: „Nun auch bei uns große Aids-Welle befürchtet". Der Pessimismus wurde untermauert

„Ist Aids eine Strafe Gottes?" Der ultrakonservative Salzburger Weihbischof Andreas Laun löste mit seinen Gedanken zu diesem Thema einen Sturm der Entrüstung aus

Anfangs schienen nur Homosexuelle von Aids betroffen zu sein. Doch bald wusste man, dass die Krankheit auch zwischen Mann und Frau übertragen werden kann, genauso wie durch verschmutzte Blutkonserven oder Injektionsnadeln

durch internationale Trendmeldungen: „WHO-Statistiken beweisen, dass sich die Seuche weiter ausbreitet. Die Zahl der Aids-Fälle verdoppelt sich alle sechs Monate."

In einem KURIER-Beitrag vom 23. Oktober 1985 wurde das Grauen in Zahlen gefasst: „Die Ärzte rechnen bis 1991 mit einem Ansteigen der Aids-Kranken in Österreich auf 12.800 (derzeit 25) und mit einer Vervielfachung der HIV-Infizierten (derzeit 3000 bis 5000)." Fazit: „Die Krankheit wird die Gesellschaft verändern."

Das hat sie sicher getan – hierzulande aber doch anders, als es von den Apokalyptikern an die Wand gemalt wurde. „Aus heutiger Sicht ist Aids anfangs sicher überbewertet worden, und das hängt gewiss damit zusammen, dass diese Krankheit etwas mit Sexualität zu tun hat", meint Herbert Hufnagl. „Dass die Prognosen nicht hundertprozentig stimmen würden, war klar. Aber es hat mich erstaunt, wie sehr die große Tendenz nicht stimmt", ergänzt Herbert Gartner.

12.800 Aids-Kranke in Österreich bis 1991? Die offizielle Aids-Statistik des Landes zeichnet ein anderes Bild. Von 1983 bis zum 27. Mai 2004 sind in Österreich 2.329 Menschen an Aids erkrankt. 1357 Patienten sind an den Aids-Folgen verstorben; davon 1110 Männer und 247 Frauen. 1993, auf dem Höhepunkt der Epidemie, gab es 236 Neuerkrankungen und 174 Todesfälle. Seither sanken diese Zahlen dramatisch. 2003 wurden nur noch 48 neue Erkrankungen und zwölf Todesfälle gezählt; von Jänner bis Mai 2004 gab es 18 neue Aids-Diagnosen und einen Todesfall. Das Gesundheitsministerium in Wien schätzt die Gesamtzahl der HIV-Infizierten auf etwa 6000.

Dass Prognosen und Realität in Österreich so weit auseinander klaffen, hat verschiedene Ursachen. Helga Goggenberger glaubt, dass gleich zu Beginn der Aids-Krise ein wichtiger Schritt gesetzt wurde. „Die Ärzte und Spitäler haben sich, so gut es damals ging, sofort schlau gemacht und Methoden für Untersuchungen gefunden." Schon im September 1983 wurde am Wiener AKH die erste Aids-Ambulanz des Landes eingerichtet.

Mit der Einführung von Aids-Tests für Blutspenden wurde das Risiko ausgeschaltet, dass sich Patienten an Blutkonserven infizieren. Ein weiterer wichtiger Punkt: Die Aufklärungskampagnen – „Safer Sex als oberstes Gebot!" – zeigten Wirkung. Das Kondom, in den Jahren der sexuellen Revolution dank der Anti-Baby-Pille zum Ladenhüter geworden, wurde zum Garant für Lust ohne Angst.

Den wichtigsten Beitrag zur Eindämmung der Aids-Welle leisteten aber gewiss die Fortschritte der Medizin. Schon 1985 wurde das Medikament AZT zugelassen, das der Aids-Diagnose einen Teil ihres Schreckens nahm. Aids blieb (bis heute) unheilbar, doch die Überlebenszeit der Patienten konnte verlängert werden. Ab 1993 wurde in Studien die hohe Wirksamkeit jener Kombinationstherapie-Medikamente nachgewiesen, die seit etwa 1995 großflächig angewendet werden. Der Wiener Aids-Spezialist Armin Rieger: „Manche Betroffene leben seit fast zehn Jahren unter Therapie und spüren weder etwas von ihrer Erkrankung noch Nebenwirkungen."

Nur in einem Punkt blieben die Hoffnungen der Wissenschaftler über all die Jahre unerfüllt: bei der Suche nach einem Impfstoff. Da steckt eine Schlagzeile aus dem Jahr 1985 („Impfung gegen Aids erst 1990?") praktisch den gleichen Zeitrahmen ab wie eine aus dem Jahre 2004: „Wir hoffen auf einen Aids-Impfstoff noch in diesem Jahrzehnt." Letzterer Satz stammt aus einem *Spiegel*-Interview mit der US-Biochemikerin Margaret Johnston.

Warum ist es so schwer, Aids per Impfung zu bekämpfen? Johnston: „HIV ist genetisch vielfältiger als jedes andere Virus, gegen das in der Vergangenheit Impfstoffe entwickelt wurden. Diese Vielfalt macht es schwierig, ein Mittel zu finden, das alle Stränge des Virus kontrollieren kann."

Für die Menschen, die in der Frühzeit der Epidemie an Aids erkrankten, kam der Fortschritt der Medizin zu spät. Unter ihnen waren etliche Prominente aus der Kulturszene. Hollywoodstar Rock Hudson outete sich kurz vor seinem Tod 1985 als Homosexueller und Aids-Patient. Auch der Philosoph Michel Foucault verlor den Kampf gegen die Aids-Infektion (1984), genauso wie Fotograf Robert Mapplethorpe (1989), Rockstar Freddie Mercury (1991), Schauspieler Anthony Perkins (1992) und Ballett-Star Rudolf Nurejew (1993).

Oder wie der Maler Keith Haring (1990), dessen Grafitti-Kunst bis heute rund um den Globus Furore macht. Haring erfuhr um 1985 von der Aids-Diagnose. Seine Reaktion: „Es ist für mich schwer zu verstehen, dass Substanzen wie Liebe, Blut und Sperma, die für mich früher Leben bedeuteten, plötzlich mit einer tödlichen Krankheit in Verbindung gebracht werden."

Der ultrakonservative Salzburger Weihbischof Andreas Laun unternahm einen diametral entgegengesetzten Versuch, das Wesen von Aids zu verstehen. Er ging der moraltheologischen Frage nach, „Ist Aids eine Strafe Gottes?", und kam zu folgender Antwort: „Wenn durch die unsagbare Not von Aids neue, ungeahnte Kräfte der Liebe in die Welt kommen, dann kann Aids zum Segen für Einzelne und für die ganze Menschheit werden: Zu einer typischen ‚Strafe Gottes', zu einer ‚Heimsuchung' durch Gott also, die dem Menschen weh tut, aber seinem Heile dient."

Wobei natürlich festzuhalten ist, dass die Kräfte der Liebe im Launschen Sinne auf einer wichtigen Voraussetzung beruhen: auf sexueller Enthaltsamkeit.

Der Sturm der Entrüstung, den der Salzburger Gottesmann auslöste, erreichte Orkanstärke. Auch innerhalb der Kirche blieb Laun mit seiner These isoliert. „Die irrationale wie ungerechte Ächtung der Aids-Kranken ist angesichts der Größe ihrer Not eine schwere Sünde gegen die Nächstenliebe und Gerechtigkeit in einem", heißt es im Neuen Lexikon der christlichen Moral, erschienen 1990 in Innsbruck.

Mit dem besten Schutz gegen Aids-Infektionen mag sich das christliche Moral-Lexikon allerdings auch nicht anfreunden. „Das Kondom als Aids-Schutz oder gar die entsprechende Propaganda sind abzulehnen." Warum? Weil das Kondom „zu einem sorglos-liberalen Sexualverhalten geradezu einlädt". Da empfiehlt man lieber „den Verzicht auf Geschlechtsverkehr".

Beobachter wie Helga Goggenberger schüttelt es angesichts solcher Sätze. „Der Papst verbietet das Kondom und sorgt so elegant für die Verbreitung der Seuche."

Denn auch, wenn die Aids-Gefahr in den reichen Ländern so drastisch verringert werden konnte – in der Dritten Welt entfaltet die Epidemie ihren ganzen Schrecken.

Nach Zahlen der Vereinten Nationen sind 2004 weltweit 38 Millionen Menschen mit dem HIV-Virus infiziert, von denen 25 Millionen in Afrika südlich der Sahara leben. In Asien schätzt man die Zahl der Infizierten auf 7,4 Millionen, doch die UN warnt vor einer schnell wachsenden Epidemie. „Das liegt vor allem am steilen Anstieg der HIV-Infektionen in China, Indonesien und Vietnam, die gemeinsam 50 Prozent der asiatischen Bevölkerung ausmachen." Seit der Entdeckung der Krankheit starben weltweit 20 Millionen Menschen an Aids.

Gibt es keine Entwicklungen, die Hoffnung machen? Vereinzelt schon. In Thailand gelang es, die Zahl der Neuinfektionen von 140.000 im Jahr 1991 auf 14.000 im Jahr 2003 zu senken. Uganda schaffte es, den Anteil der HIV-Infizierten an der Gesamtbevölkerung von zwölf Prozent auf 4,1 Prozent zu reduzieren. Durch die Produktion generischer Medikamente fielen die Preise für die Aids-Kombinationstherapie in der Dritten Welt drastisch. Kostete die Behandlung 2002 in den USA pro Patient und Jahr rund 10.000 Dollar, so können die Medikamente von indischen und südafrikanischen Herstellern zu Preisen zwischen 140 und 300 Dollar im Jahr angeboten werden.

Forscher-Fehde. Der amerikanische Virologe Robert Gallo (oben links) und sein französischer Kollege Luc Montagnier (rechts) nahmen für sich in Anspruch, das HIV-Virus entdeckt zu haben. Rockstar Freddie Mercury (unten), der Sänger von Queen, zählte zu jenen berühmten Künstlern, die an Aids starben – so wie der Schauspieler Rock Hudson, der Tänzer Rudolf Nurejew oder der Maler Keith Haring

Aber selbst diese Summen sind für viele Menschen in der Dritten Welt unerschwinglich – und mit Medizin allein ist es nicht getan. Die UNO nennt etliche Ursachen, vom Ernährungsmangel bis zu schlechter Hygiene und Volksgesundheit, die einem Sieg über die Epidemie im Wege stehen.

Helga Goggenberger fasst die Prognosen so zusammen: „So lange es Armut und Unwissenheit gibt, wird sich Aids verbreiten können. Weltweit besteht keine Chance, dass die Epidemie abflaut. Das sollte man auch in Österreich nicht vergessen."

● Dramatische Verluste für die Großparteien: Ein Erdrutsch!

● Sozialisten verloren massiv, totale Verwirrung jedoch bei ÖVP!

● Die Grünen schlugen sich mit neun Mandaten äußerst tapfer

● Vranitzky bietet der ÖVP jetzt die große Koalition an

Jörg Haiders FPÖ ist die Wahl-Sensation!

Atom-Katastrophe der Sowjets Tausende Tote – jedoch keine Gefahr für Österreich!

Seit Dienstag steht es fest: Im Sowjet-Kernkraftwerk Tschernobyl (Ukraine) ist der Atomkern durchgeschmolzen, der Reaktor brennt. Augenzeugen sprechen von Tausenden Toten. Die Atomwolke zog Richtung Skandinavien, Österreich entkam. Über die aktuellen Ereignisse, Hintergründe und Auswirkungen lesen Sie auf den Seiten 2 und 3.

Ab Montag gibt es das neue Zahlen-Lotto:

Fünf Tausender vom Trafikanten

Vor 235 Jahren wurden Lottokollekturen – unter Kaiserin Maria Theresia – offiziell erlaubt. Kaiser Joseph II. stellte sie unter staatliche Verwaltung. Ab nächster Woche feiern die … fröhliche Urständ: Nach … Vorbild der Schweizer und … gibt es nun auch hier …

Claus Peymanns Schlag gegen die Wiener Premieren-Schickeria

Prominenz soll nicht mehr zu Bundestheaterpremieren eingeladen werden

Wiens Premieren-Schickeria … ht – zumindest was die vier … eh und je mit zwei kleinen Sternchen versehen. Im Klar- … zwar zahlen, aber sie haben gewissermaßen ein Anrecht …

Nach der Challenger-Katastrophe sucht man die Ursache

Furchtbarer Verdacht: Der extreme Zeitdruck verleitete zum riskanten Start

Nach der Weltraumkatastrophe geriet die NASA ins Zwielicht: Sie könnte unter dem Zeitdruck ihres Programms Sicherheitsvorkehrungen beim Start mißachtet haben (Seiten 4 und 5).

Bis zuletzt Optimist:

Für den Herbst hatte Heinz Conrads schon wieder neue Pläne

● Alles trauert um TV- un… Radio-Lieb…

Glockengeläute und ein riesiges Feuerwerk

St. Pölten: So feiert neue Landeshauptstadt ihren großen Tag

Eiskalt niedergeschossen: Olof Palme

Tief erschüttert kamen Tausende Stockholmer, um an dem Ort, an dem Olof Palme erschossen wurde, Blumen niederzulegen

Welt rätselt über Mord an Olof Palme: Wahnsinnstat oder Terror?

Der Populist und die Mühen der Ebene

Der Aufstieg und die Talfahrt des Jörg Haider: Anmerkungen zu einem Politiker, der Österreich von 1986 an in Atem hielt

Der Tag, an dem er an der Spitze seiner Partei anlangte: 1986 eroberte Jörg Haider die Führung der FPÖ (oben). In den frühen achtziger Jahren war er Sozialsprecher der FPÖ im Parlament und profilierte sich dort mit eher linksliberalen Ansichten (unten)

Den Höhepunkt seines Weges hatte er am 3. Oktober 1999 erreicht. Es gibt das Foto von der Bundesparteisitzung ein paar Tage danach, das zeigt, wie sich Jörg Haider zu einer Schautafel umdreht und staunend die Zahlen betrachtet, als könnte er sie selbst nicht fassen: 1.244.087 Stimmen, steht da. Und darunter: 52 Mandate.

1.244.087 Österreicher hatten am 3. Oktober Haiders FPÖ gewählt. Mit 26,91 Prozent der Stimmen lag die Partei einen Hauch vor der ÖVP auf dem zweiten Platz hinter der völlig zerzausten SPÖ.

Viele konnten nicht fassen, was an dem Wahltag geschehen war. Die Korrespondenten schlugen rund um die Welt Alarm, in Österreich habe eine Partei mit rechtsradikalen Tönen mehr als ein Viertel der Wähler gewonnen. Österreichs Freunde in der EU zogen erst die Augenbrauen hoch und dann dem Partner die Ohren lang. Regierungsbeteiligung der FPÖ? Dafür gab's keinen Sanctus, sondern Sanktionen.

Auch viele Österreicher waren entsetzt. Jene, die das System des Parlamentarismus schätzen und die vielleicht in eine der Wahlkundgebungen der FPÖ geraten waren. Wo sie zusahen, wie dort mit den modernen Mitteln einer Pop-Rock-Show ganz altmodische Hetztiraden losgelassen wurden. Gegen Ausländer, gegen Verbrecher, gegen Asylbewerber, gegen Sozialschmarotzer, gegen wen auch immer.

1.244.087 Österreicher hatten seine Partei gewählt. Jörg Haider konnte stolz sein. 1986, als er die Spitze der FPÖ erklomm, holte er bei der Nationalratswahl für die Kleinpartei 9,7 Prozent der Stimmen und 18 Mandate – ein Plus von sechs Sitzen im Parlament. Seither hatte seine Karriere nur eine Richtung gekannt. Aufwärts.

Ob er, der rechte Populist, je den linken Dichter Bertolt Brecht gelesen hat? „Die Anstrengungen der Berge liegen hinter uns", schrieb Brecht. „Vor uns liegen die Mühen der Ebene."

Doch die Mühen der Ebene liegen Jörg Haider nicht. Kaum war 1999 der Gipfel erreicht, scherte er aus. Er verließ seine Seilschaft, die nun das Regieren lernen wollte. Haider stellte sich an die Seite, ernannte sich zum einfachen Parteimitglied – und bald stellte sich heraus, dass die Welt keine Angst zu haben brauchte vor dem Rechtsruck in Österreich.

„Das Problem der schwarz-blauen Regierung wurde nicht der Faschismus, sondern der Dilettantismus", wie Christoph Kotanko an anderer Stelle dieses Buches formuliert (siehe Seite 195).

„Haiders Karriere ist vorbei", glaubt Peter Rabl. „Des Glückes höchstes Gut war es für ihn, noch einmal den Landeshauptmann in Kärnten zu schaffen. Aber bundespolitisch ist seine Laufbahn vorüber. Er ist auch verbraucht."

Eine Rückblende in jene Zeit, als Jörg Haider mit 29 Jahren in den Nationalrat einzog. „Ich habe Haider noch erlebt, als er die rechten Spinnereien nicht hatte", sagt Peter Rabl. „Er war ein brillanter Abgeordneter und linksliberal als Sozialsprecher der FPÖ. Erst im Kärntner Ambiente ist er weggerutscht. In Kärnten, mit Heimatverein und triefendem Altnazi-Denken, ist die erkaltete Lava hochgekommen. Ich glaube, dass Haider nie so einen Weg gegangen wäre, wenn er Abgeordneter und in Oberösterreich geblieben wäre. Er hätte ein respektabler liberaler Parteiführer sein können – mit einem Elternhaus, das er sich nicht aussuchte, für das er nichts kann."

Ein paar biografische Daten über den Mann, den jeder Österreicher kennt – oder ein bisschen zu kennen glaubt. Geboren im Jänner 1950 in Bad Goisern, Oberösterreich. Beide Eltern waren Nazis. Jus-Studium in Wien, Doktorat 1973. Wissenschaftlicher Assistent an der Uni Wien. Ab 1979 Nationalratsabgeordneter der FPÖ, ab 1983 Landesparteiobmann in Kärnten, ab 1986 Bundesparteiobmann. Ein Wahlsieg nach dem anderen bis 1999. Eine Wahlniederlage nach der anderen seither.

Peter Rabl: „Haiders Aufstieg wäre nicht möglich gewesen, wenn wir Medien nicht den kollektiven Fehler begangen hätten, ihn so zu verteufeln. Die Ausgrenzung oder – wie Franz Vranitzky es nannte – Abgrenzung war aus Vranitzkys Sicht okay. Doch wir Medien haben in einer Mischung aus Überzeugung und, wenn wir ehrlich sind, auch mit einem Schielen auf die Auflagenzahlen, jeden Anlass zu Attacken genutzt."

Christoph Kotanko findet die Politik Vranitzkys in diesem Punkt weniger okay. „Vranitzky hat Haiders Aufstieg erst ermöglicht. Er blendete die Person Haider aus, damit aber auch seine Themen. Doch die Themen Haiders – und damit bestreite ich, dass er mit Nazi-Anspielungen groß wurde – waren in vielem völlig richtig. Um nur ein Beispiel zur Privilegiendiskussion zu nennen: Natürlich war ein steirischer Arbeiterkammerpräsident mit einem Monatseinkommen von 180.000 Schilling ein Witz."

Bei der Wahl 1999, meint Peter Rabl, wuchs Haider dann endgültig durch die Fehler seiner Gegner. „Diese knapp 27 Prozent waren, in Anführungszeichen, ein Verdienst der damaligen Regierung. Das waren keine Stimmen für Haider, sondern Stimmen gegen die große Koalition. Höchstens die Hälfte der Stimmen kamen von überzeugten Haider-Wählern, das stellte sich bei der Wahl 2002, als die FPÖ auf zehn Prozent abstürzte, klar heraus. Der Anteil der überzeugten Rechten an der Bevölkerung liegt in Österreich vielleicht bei acht bis zehn Prozent – so wie in jedem anderen Land auch."

Bleibt das Phänomen, warum dieser Politiker aus der Provinz, der nur selten die Hauptstadt zu seiner beruflichen Hauptbühne machte, so nachhaltig und so lang ins politische Denken und Fühlen der Österreicher eingreifen konnte.

„Jörg Haider ist ein Veränderer und ein Verschwender", sagt Christoph Kotanko. „Ein Veränderer ist er insofern, als er aufgrund der Fehler seiner politischen Gegner die Möglichkeit bekam, die FPÖ zu einer unglaublichen Größe zu bringen. Ein Verschwender ist er, weil er sein politisches Talent für die völlig falschen Ziele einsetzte und dabei auch einen völlig falschen Zungenschlag verwendete."

Aber: „Gäbe es heute in der Opposition jemand vom Format eines Haider, hätte die schwarz-blaue Regierung unglaubliche Schwierigkeiten und wüsste nicht, wie sie mit so einem Gegner umgehen soll. Doch in der SPÖ gibt es Alfred Gusenbauer und Josef Cap, und deswegen hat die Regierung diese Probleme nicht."

Wo liegt denn das oft beschworene Talent des Herrn Haider? Peter Rabl erkennt es „in den politischen Techniken: Rhetorik, Instinkt, im Zugehen auf die Menschen. Ich glaube, er mag die Leute auch, und das ist nach Bruno Kreisky die erste Voraussetzung für einen erfolgreichen Politiker. Sein nächstes Talent liegt im Leadership, in der Entscheidungsfreude und, bei Bedarf, in der Härte. Er hat nur diesen fatalen Geburtsfehler seiner Herkunft und einer Erziehung, die es ihm nicht möglich macht, die Hitler-Ära und ihre Verbrechen richtig einzuschätzen."

Weil er seine Einschätzungen immer wieder lautstark äußerte, wurde Haider zum

Zwei der vielen Gesichter des Jörg Haider. Rechts im Kärntneranzug, vor der Fahne des Kameradschafts-Bundes Kärnten, beim Ulrichsberg-Treffen von Kriegsveteranen. Unten auf der Höhe seines Erfolgs: Mit 1.244.087 Stimmen wurde die FPÖ bei den Parlamentswahlen 1999 Zweiter

Zwei gut gelaunte Herren im offenen Auto. Nach der Wahl 1999 überließ Jörg Haider dem drittplatzierten Wolfgang Schüssel das Kanzleramt – doch im Cabrio hält er das Steuer in der Hand

weltweit bekanntesten österreichischen Politiker – im negativen Sinn.

Es begann mit dem Lob der „ordentlichen Beschäftigungspolitik des Dritten Reiches" (was ihn 1991 immerhin die Position des Kärntner Landeshauptmann kostete), aber dabei blieb es ja nicht. Es gab, 1995 in Krumpendorf, die Rede vor Veteranen der Waffen-SS („Es ist gut, dass es in dieser Welt noch anständige Menschen gibt, die einen Charakter haben, die auch bei größtem Gegenwind zu ihrer Überzeugung stehen"). Es gab die Verharmlosung der Nazi-Konzentrationslager als „Straflager" oder sein diffamierendes Sprachspiel mit dem Namen des Präsidenten der Israelitischen Kultusgemeinde in Wien, Ariel Muzicant.

Zu den Ausrutschern auf der nach oben wie nach unten offenen Haider-Skala zählen der Satz von der österreichischen Nation als „Missgeburt" und die Verunglimpfungen ausländischer Politiker. Zum Beispiel die Charakterisierung des französischen Präsidenten Jacques Chirac als „Westentaschen-Napoleon".

Peter Rabl dazu: „Haider trägt ein zerstörerisches Element in sich. Er hat sich auch immer wieder selbst zerstört durch Fehler, die jeder intelligente Mensch vermeiden würde. Ich glaube an die Vermutung, dass er manisch-depressive Züge hat und dass er sich in seinen manischen Phasen selbst nicht mehr zuhört, wenn er redet."

Die Chirac-Beschimpfung sei ein gutes Beispiel dafür. Rabl: „Wenn man als Politiker ernst genommen werden und in die Regierung kommen will, hält man die Gosch'n, um es auf gut Deutsch zu sagen. Es macht Haider gefährlich, dass er zu politischen Irrationalitäten neigt."

Ist Haider ein überzeugter Demokrat? Christoph Kotanko: „Ich halte ihn eher für eine autoritäre Persönlichkeit. Er hält die demokratischen Spielregeln ein, soweit er sie sich nutzbar machen kann. Formal vertritt er durchaus demokratische Vorgänge. In der Substanz – was die Abwählbarkeit der politischen Führung betrifft – glaube ich nicht, dass er davon überzeugt ist."

Auch aus diesem Grund glaubt Kotanko, dass „ein Bundeskanzler Jörg Haider für Österreich eine Katastrophe gewesen wäre." Allerdings: „Ich glaube, dass er an der Aufgabe kläglich gescheitert wäre. Schon als Abgeordneter zählte er zu den Mandataren mit den größten Abwesenheitszeiten. Mit kleinteiliger Arbeit hat er sich nie beschäftigt. Doch Regierungschef zu sein, ist eine äußerst mühsame Arbeit."

Als Landeshauptmann in Kärnten leistet Haider diese Arbeit immerhin so, dass „keine Katastrophe ausgebrochen ist in dem Land", wie Peter Rabl analysiert. „Haider kommt hervorragend mit den Slowenen und Italienern aus. Er macht eine relativ liberale Personalpolitik, außer in der Kultur. Ansonsten gab es in diesem noch immer tiefroten Land aber keine großen Blutopfer. Da hat die Bundesregierung unter Kanzler Wolfgang Schüssel mehr Leute weggeräumt als Haider in Kärnten."

In der eigenen Partei bewies der machtbewusste Mann jedoch stets ein großes Talent zur Trennung von Parteifreunden, die ihm zu stark oder zu fremd wurden. Da reicht der Bogen von Norbert Gugerbauer über Heide Schmidt bis hin zu Susanne Riess-Passer, von der er sich 2000 als Parteichef ablösen ließ.

In jüngster Vergangenheit sah es aber oft so aus, als würde nun die FPÖ ihren langjährigen Heilsbringer nicht länger verstehen. „Jörg Haider rät seiner Partei, aus der Wirklichkeit zu flüchten", hieß es im September 2004 in einem KURIER-Kommentar von Christoph Kotanko. „Auch bei der Diskussion um den EU-Beitritt der Türkei steht er fest auf dem falschen Bein. Für seine Parteifreunde ist Haiders Haltung schwer erträglich. In Haiders Rumpelkammer finden die Freiheitlichen nichts, was ihnen weiterhelfen könnte."

Abschied von der Parteispitze. Im Jahr 2000 beschloss Jörg Haider, nur noch einfaches Parteimitglied sein zu wollen. Susanne Riess-Passer trat seine Nachfolge an

Soft-Drink: Deutschem Verbot weiträumig ausgewichen

EG-Recht verleiht „Red Bull" Flügel

Der Bulle kommt durch die Hintertür. Über den Umweg Großbri... will der Ener-

350 M... über ... sicht ...

Red Bull belebt den Umsatz

Heimischer Energy Drink bald auf Siegeszug im Ausland.

Ende der achtziger Jahre wurde der hei...

Österreich vertreibt, setzte 1991 rund 150 Mio. S netto um (etwa 15,2 Mio. verkaufte Einheiten). Den Marktanteil beziffert der „Oberbulle" zwischen 70 und 80 Prozent. Daß der Energy Drin...

Koalitionsvertrag SPÖ–ÖVP am Freitag unterzeic...

Die Regierung plant Serie harter Maßnahmen

Mit einiger Verspätung unterzeichne... Vranitzky und Alois Mock...

Mit fünfviertelstündiger Verspätung unterzeichneten

USA: Einreiseverbot für Waldheim

Mock: „Österreich läßt sich nicht erpressen!"

Bundeskanzler ...nitzky: Eine ...e Sache ...erreich!

● ÖVP-Minister verlangt harte diplomatische Gesten gegen USA

...d außenpolitischen Kon... ...verbots für

noch nicht absehbar. In der ÖVP mehren sich Stimmen, die harteste diplomatische

Kremlflieger Mathias Rust: Der Mann, der die Sowjets blamierte

Das „Himmelfahrtskom... des jungen deutsch...

Glasnost auch beim Rust-

Bahnlinie Leningrad–Moska...

Einige Proteste bei Bischofsweihe

Krenn: Geben wir uns in Liebe die Hand!

...einander in Frie...

Verübte deutscher Politiker in Genf Selbstmord?

Schock in Deutschland: Barschel tot im Hotel!

Mitten in die Sonntagsruhe traf die Nachricht aus Genf die Deutschen wie ein Schock: Der zurückgetretene CDU-Ministerpräsident von Schleswig-Holstein, Uwe Barschel, starb in einem Genfer Nobelhotel – ob Selbstmord vorliegt, wird eine Autopsie heute, Montag, klären.

Heute, Montag, sollte der zurückgetretene Ministerpräsident des deutschen Bundeslandes ...stein, der 43jährige

dem Oberkörper in der vollgefüllten Badewanne aufgefunden worden. Die Genfer Polizei ordnete eine Autopsie der Leiche an – und

Heute ist es offiziell: 5 Milliarden Menschen!

Heute, Samstag, der 11. Juli 1987, ist nach – etwas

Attentat! Landeshauptmann Wagner in Klagenfurt niedergeschossen

Kärntens Landeshauptmann Leopold Wagner wurde Dienstag abend von einem Schulkollegen beim 40jährigen Matura-Treffen durch Schüsse lebensgefährlich verletzt.

„Ein tüchtiges Land ohne viel eigene Industrie“

1987 gründete der Steirer Dietrich Mateschitz eine kleine Firma namens Red Bull. Heute ist er Milliardär: Wirtschafts-Geschichten aus Österreich

Manager aus Österreich“, sagt Reinhard Göweil, „sind in vielen Zentralen internationaler Konzerne zu finden. Ich glaube jetzt nicht, dass die Österreicher im Vergleich zu Bürgern anderer Staaten überdurchschnittlich intelligent sind. Aber sie sind überdurchschnittlich anpassungsfähig und können sich rasch auf neue Situationen einstellen. Das ist für Unternehmen eine äußerst interessante Fähigkeit, weil man so in schwierigen Situationen rasch reagieren kann – oder weil man ein Problem von vornherein kommen sieht und dadurch abstellt.“

Diese Charakterisierung könnte perfekt auf jenen Unternehmer zutreffen, der vom Wirtschaftsmagazin *trend* zum Mann des Jahres 2000 gewählt wurde: Dietrich Mateschitz.

1987 hatte der Steirer, vormaliger Marketing-Manager internationalen Zuschnitts und Sternzeichen Stier, mit thailändischen Partnern seine Red Bull GmbH gegründet. Er verkaufte ein einziges Produkt, einen süßen Energy Drink in Dosen, der nach verflüssigten Gummibären schmeckt und dessen Rezeptur aus Asien stammt. Der Start war jahrelang sehr mühsam. Der (Welt-)Erfolg fiel dann um so heftiger aus.

Auszug aus der *trend*-Laudatio: „Dietrich Mateschitz ist der Mann des Jahres 2000, weil er alles anders gemacht hat als die meisten Unternehmer. Mateschitz ist die perfekte Antithese zur New Economy – ein Einzelunternehmer klassischen Zuschnitts. Doch er ist nicht mehr dem Produktionszeitalter verhaftet, er ist der Marketingmann schlechthin. Er hat ein Produkt, das eigentlich aus nichts besteht, mit der schieren Kraft der Marke und der Werbung zu einem Welterfolg gemacht.“

Die Zahlen sind wahrlich imposant. 2003 verkaufte Red Bull weltweit 1,5 Milliarden Dosen des koffeinreichen Muntermachers. Das brachte einen Gesamtumsatz von 1,26 Milliarden Euro. Beim Start 1987 hatte Mateschitz gerade mal elf Millionen eingenommen. Schilling.

Die Beratungsfirma RNG Corporate Consult beziffert den Wert der Marke Red Bull mit 6,5 Milliarden Euro. Und Herr Mateschitz fand Eingang in die alljährliche Forbes-Liste der reichsten Menschen der Welt. Als Inhaber von Rang 406 hat er's zwar noch recht weit bis zur Pole Position. Die hält, mit einem Vermögen von 37,5 Milliarden Euro, Bill Gates. Aber die 1,1 Euro-Milliarden des Steirers, der im Salzburgischen residiert, sind auch kein Pappenstiel.

Damit ist Dietrich Mateschitz der erfolgreichste Manager, den Österreich seit langem hervorgebracht hat. Reinhard Göweil: „Ich halte ihn für einen begnadeten Ver-

Dietrich Mateschitz, Österreichs erfolgreichster Unternehmer der letzten Jahre: „Er ist nicht mehr dem Produktionszeitalter verhaftet, er ist der Marketingmann schlechthin. Er hat ein Produkt, das eigentlich aus nichts besteht, mit der schieren Kraft der Marke und der Werbung zu einem Welterfolg gemacht“ (Red-Bull-Flugtag in London, unten)

Motoren-Fertigung bei BMW in Steyr: Die Diesel-Aggregate der deutschen Edel-Automarke kommen aus Österreich. „Wir sind ein Land mit ausgezeichneter technischer Ausbildung"

käufer. Er operiert mit einer relativ einfachen Strategie – das sind oft die besten. Sein Team legt den größten Wert darauf, den Qualitätsstandard für das Produkt zu sichern. So werden, zum Beispiel, die Dosen auch für den amerikanischen Markt in Österreich produziert. Und mit Ausnahme des asiatischen Marktes wird der Drink fast ausschließlich in Vorarlberg zusammengerührt und abgefüllt."

Allerdings: Red Bull ist eine Marke, die außerhalb Österreichs kaum jemand mit Österreich assoziieren würde. „Das geht auch nicht", meint Göweil und zieht einen Vergleich. „Coca-Cola kam seinerzeit mit dem Jazz nach Europa. Das war eine andere Identifikationsfindung."

Nun ist Österreich zwar ganz generell ein wohlhabendes Land – doch keines, das man mit ganz großen internationalen Wirtschaftsmarken in Verbindung bringen würde. Die Schweiz hat Nestlé, Finnland hat Nokia, Holland hat Philips. Und Österreich? Da gibt's Swarovski, den größten Kristall-Produzenten der Welt. Immerhin. Und bedeutende Firmen aus dem Schwerindustrie-Bereich, wie zum Beispiel die VÖEST.

Österreichs heutige Wirtschaftsstruktur hat ihre Wurzeln in der k. u. k. Monarchie, meint Peter Rabl: „Die Industrie war in Böhmen konzentriert, die Landwirtschaft in Ungarn sowie der Slowakei, und Österreich steuerte die Verwaltung des Reichs."

Das musste sich nach 1918 zwangsläufig ändern. Rabls aktuelle Definition des Standorts Österreich: „Wir sind ein tüchtiges Industrieland – aber ohne viel eigene Industrie."

Stimmt. Zum Beispiel BMW, die Bayerischen Motoren-Werke. Der Autohersteller könnte seine Diesel-Abteilung auch ÖMW nennen, denn die Dieselmotoren der Marke kommen aus dem Werk in Steyr. Der steirische Automobil-Cluster, angeführt von Frank Stronachs Magna-Konzern, steht mit etlichen Fahrzeugherstellern in profitabler Verbindung. Große internationale Konzerne, von Siemens über General Motors bis Bombardier, zählen auf Österreich als Produktionsstandort.

Warum funktioniert das so gut? Reinhard Göweil nennt drei Gründe: „Erstens ist Österreich ein Land mit ausgezeichneter technischer Ausbildung. Nicht nur bei den Ingenieuren, sondern auch in den Lehrberufen. Zweitens: Österreichische Arbeitnehmer sind, was Arbeitsgesetze und Kollektivverträge betrifft, ungleich flexibler als etwa ihre deutschen Kollegen. Das klingt wie ein Vorurteil, aber ich stehe dazu. Drittens: Die Besteuerung ist okay. Außerdem gibt es einen sehr starken sozialen Zusammenhalt und kaum Streiks im Land."

Göweils Fazit: „Das alles ist für Großkonzerne natürlich ein interessanter Anreiz, hier zu investieren. Man hat eine hohe Sicherheit, dass die Fabriken immer funktionieren."

Blickt man ein paar Jahrzehnte zurück, trifft man auf eine Menge von Marken, die alle längst verschwunden sind. Zum Beispiel in der Unterhaltungselektronik: In den Siebzigern konnte man noch Fernseher von Ingelen, Minerva, Radione oder Hornyphon kaufen. Bei Autoradios war das Hea-Werk des Friedrich Houben eine gute Adresse („wir waren die zweiten in Europa, die Radios mit automatischem Senderdurchlauf anboten"). Und was Super-8-Kameras sowie Schmalfilmprojektoren betraf, gab's eine klare erste Wahl: Eumig.

Das Wiener Familienunternehmen, das in seinen Glanzzeiten 6500 Mitarbeiter beschäftigte, war der weltgrößte Hersteller von Schmalfilm-Ausrüstungen.

All diese Firmen wurden längst aufgekauft, fusioniert oder einfach zugesperrt – am tragischsten war das Ende von Eumig. Die Firma, die technisch nur erste Qualität anbot, litt unter dem Trend zur neuen Video-Technologie, durch die Super-8-Kameras allmählich alt aussahen. Eine Umstellung der Produktion auf HiFi-Anlagen und andere Produkte half nicht. 1981 musste das Unternehmen Insolvenz anmelden.

„Eumig ist das klassische Beispiel für einen Betrieb, in dem über der technischen

Eumig (links: die ehemalige Firmenzentrale in Wiener Neudorf) war einst Weltmarkt-Führer bei Schmalfilm-Ausrüstungen. 1981 ging das Unternehmen in Insolvenz. Frank Stronach (rechts) baute aus einem Garagen-Betrieb einen Weltkonzern auf

Swarovski ist der größte Kristall-Hersteller der Welt. André Heller gestaltete den Tirolern ihren „Kristallwelten"-Park

Brillanz der Produkte der Rechenstift und das Marketing vergessen wurde", kommentierte Hans Rauscher damals im KURIER. „Man glaubte, dass es genügt, hervorragende Produkte zu erzeugen. Dass sie zuletzt mit einem viel zu großen personellen Aufwand erzeugt wurden, dass andere – die Japaner – dann technisch Gleichwertiges viel billiger auf den Markt brachten, wurde zu lange ignoriert."

Wer heute auf der Südautobahn bei Wiener Neudorf das markante Palmers-Gebäude passiert, fährt am früheren Eumig-Haus vorbei: Das Hochhaus beherbergte die Firmenzentrale. Dennoch: „Im internationalen Maßstab war Eumig eine kleine Firma", sagt Reinhard Göweil. „Es gab in solchen Unternehmen fast notgedrungen klare patriarchalische Strukturen. Wenn derjenige, der die Firma groß gemacht hatte, den Zeitpunkt des Rückzugs übersah, ging es den Bach runter. In Deutschland hat man das etwa bei Grundig gesehen."

Ähnliches gilt grundsätzlich für die heimischen Skiproduzenten. Göweil: „Es wäre in den achtziger Jahren sicher möglich gewesen, so etwas wie eine österreichische Ski-Industrie zu bilden. Aber das scheiterte an den handelnden Personen und wirklich kleinlichen Eifersüchteleien. Wenn man den Rohrmosers, Arnsteiners und Fischers gesagt hätte, schließt euch zu einem großen Ski-Konzern zusammen, wäre vermutlich nichts als Streit herausgekommen."

Immerhin: Die Fischer-Gruppe aus dem oberösterreichischen Ried nutzte ihr Kunststoff-Know-how aus der Skiproduktion für den Einstieg in eine Zukunftsbranche. Die FACC (Fischer Advanced Composite Components) beliefert die großen Flugzeughersteller Airbus und Boeing mit Kunststoffteilen.

Außer der Fischer GmbH halten bei FACC auch die Österreichischen Salinen einen 47,5-Prozent-Anteil, die zum Interessenbereich des Unternehmers und Ex-Finanzministers Hannes Androsch zählen.

Neben dem Sozialdemokraten Androsch hat auch der Ex-ÖVP-Spitzenmann Josef Taus eine beachtliche Firmengruppe aufgebaut. „Leute wie Androsch und Taus sind hervorragende Persönlichkeiten", meint Reinhard Göweil. „Sie haben einen anderen Zugang zum Business als viele Unternehmer. Sie wissen: Wie präsentiere ich mich in der Öffentlichkeit, wie organisiere ich alles mit der Gewerkschaft, und Ähnliches mehr."

Noch einmal zurück zum Flugzeug-Zulieferer FACC. Das Unternehmen machte 2003 rund 101 Millionen Euro Umsatz und beschäftigt 780 Mitarbeiter. Damit erreicht es für österreichische Verhältnisse bereits eine beachtliche Dimension.

Reinhard Göweil nennt Zahlen: „Es gibt etwas mehr als 300.000 Unternehmungen in Österreich, und von denen haben 90 Prozent weniger als zehn Beschäftigte. In Zeiten industrieller Krisen ist das durchaus ein Vorteil. Bei uns können nicht flächendeckend Produktionsjobs in großem Stil abgebaut werden – weil es von diesen Jobs nicht so viele gibt wie in anderen Ländern. In einem Betrieb mit zehn Mitarbeitern kennt der Chef alle seine Leute sehr gut – der kann nicht sagen, okay, jetzt schmeiße ich fünf raus. Das wären 50 Prozent seiner Belegschaft. Die kleinbetriebliche Struktur ist mit ein Grund, warum Österreich so niedrige Arbeitslosenraten hat."

Manchmal allerdings wird aus einem Kleinbetrieb auch etwas ganz Großes. Göweil: „Frank Stronach hat einen äußerst interessanten Zugang zur Frage, wie Unternehmen funktionieren. Wenn man ihm zuhört, hat man manchmal das Gefühl, da spricht ein Gewerkschaftspräsident. Auf der anderen Seite ist er sicher einer der härtesten Unternehmer. Sonst hätte er nicht aus einem Garagenbetrieb einen Weltkonzern aufbauen können."

90 Prozent der Firmen in Österreich haben weniger als zehn Mitarbeiter. Das ist mit ein Grund für die niedrigen Arbeitslosenzahlen des Landes

1988

Bernhard: Ich habe mein Stück „Heldenplatz“ noch verschärft!

Albertina-Platz mit Denkmal wird Ort des Totengedenkens

Bayerns Ministerpräsident starb an Herzversagen

Mit dem Tod von F.J.Strauß beginnt in Bayern eine Zeitenwende

US-Jumbo stürzte wie eine Bombe auf schottische Ortschaft

„Es regnete Feuer auf unsere Stadt“

Wiener Rockstar starb an Heroin

● Ein „goldener Schuß“ schockt die Pop-Branche

…r brauchen Schutz vor dem eisigen Winter

Armenien: KURIER-Leser bauen ein Österreich-Dorf

Eine Wahlnacht – länger als erwartet

George Bush neuer US-Präsident! Aber Dukakis machte es spannend

„Im Nachhinein verklärt der Österreicher alles“

Thomas Bernhards Drama „Heldenplatz“ wurde 1988 zum Skandal. Heute zählen der Dichter und sein Werk zu Österreichs Kulturerbe

Die Lust am vorsätzlichen Theaterskandal“, sagt Karl Löbl, „ist in Österreich stärker verbreitet als anderswo. Es wird hier sehr geschätzt, im Zuschauerraum Theater zu machen, nachdem man das Theater auf der Bühne über sich ergehen ließ. Auch Auseinandersetzungen zwischen Bürgern verlaufen mit einem unverkennbaren Drang zur theatralischen Übersteigerung.“

Im Herbst 1988 erlebte das Land einen inszenierten Skandal, den ein Thomas Bernhard nicht besser erfinden hätte können – wäre er nicht selbst im Auge des Sturms gestanden. Es ging um Bernhards Stück „Heldenplatz“ und dessen Uraufführung im Burgtheater.

Der Kern des Dramas, so Hans Rauscher damals in einem KURIER-Kommentar: „Bernhard sagt, dass in Österreich nationalsozialistische Denkmuster noch weit verbreitet sind. Und dass ein bestimmter autoritärer Katholizismus den Untergrund dafür bereitet hat.“ Die Premiere von Claus Peymanns Inszenierung wurde für den 4. November 1988 angesetzt; der Text blieb bis dahin geheim. Doch am 19. September veröffentlichte das Nachrichtenmagazin Profil ein paar Zeilen aus dem Stück, und dann nahm sich der Boulevard des Themas an. Die *Kronen Zeitung* am 9. Oktober 1988: „Steuerzahler soll für Österreich-Besudelung auch noch bezahlen!“

Jetzt ging’s los. Zwar kannte niemand außerhalb des Burgtheaters den kompletten Text, aber das offizielle Österreich fühlte sich zum Vor-Urteil berufen. „Die Qualitätsfrage wird im Skandal nicht mehr gestellt“, sagt Gert Korentschnig. „Der Österreicher möchte sich sein Vorurteil nicht nehmen lassen – Vorurteile sind für ihn dazu da, bestätigt zu werden.“

Heinrich Keller, damals Zentralsekretär der SPÖ, nannte das Bernhard-Drama „unglaublichen Unfug“. ÖVP-Obmann Alois Mock zürnte, „die Freiheit der Kunst endet bei einer Österreich-Beschimpfung“. Jörg Haider krakeelte: „Hinaus mit diesem Schuft aus Wien!“ Selbst Bundespräsident Kurt Waldheim erhob in der Hofburg seine Stimme: „Ich halte dieses Stück für eine große Beleidigung des österreichischen Volkes und lehne es daher ab.“

Burgtheater-Direktor Claus Peymann, nie um kesse Worte verlegen, ätzte zurück: „Die ahnungslose Provinzpolitik steht Kopf und gibt sich der Lächerlichkeit preis.“

Hier Bernhard, der Übertreibungs-Künstler mit seiner Hassliebe zu Österreich; dort eine erregungsbereite Öffentlichkeit: Der Ausgang dieser Konfrontation war natürlich absehbar. „Der Autor Bernhard ist ein Fallensteller, und wir sind seine Indiefallenhineintapper“, kommentierte Herbert Hufnagl noch vor der Premiere im KURIER. „Wie lässt doch Bernhard eine seiner Romanfiguren sagen? ‚Wohin immer wir heute in diesem Land schauen, wir

Thomas Bernhards „Heldenplatz“, eine österreichische Erregung. Bevor die Premiere mit Hauptdarsteller Wolfgang Gasser (unten) beginnen konnte, mussten die Zuschauer vor dem Eingang zum Burgtheater eine Fuhre Pferdemist umgehen – den hatten Gegner des Stücks dort abgeladen (unten links). Nach der Premiere übertönte tosender Applaus alle Pfiffe. Auf der Bühne dankten Thomas Bernhard und Regisseur Claus Peymann dem Publikum (links)

schauen in eine Senkgrube der Lächerlichkeit.‘ Wie immer kommt er der Wahrheit sehr nahe.“

Hufnagl heute: „Die Kunst an sich wird von der Mehrheit der Bevölkerung sowieso als etwas Unnötiges bezeichnet. Die Leute sind stolz auf die Philharmoniker, denn die spielen schöne Walzer. Doch die schmerzhaften Botschaften der Künstler – die wollen sie nicht. Das ist zu unbequem, das ist gemein. Anstatt einfach mit den Schultern zu zucken, wenn ihnen etwas nicht gefällt, gehen sie zum Gegenangriff über.“

Die Angriffe auf die Burg nahmen bis zur Premiere ständig an Schärfe zu. Als dann der Tag der Uraufführung kam, mussten die Besucher aufpassen, wo sie hintraten. Denn konservative Kunstfreunde hatten vor dem Burgtheater eine Fuhre Pferdemist abgeladen – „ohne dass Polizisten, die zuguckten, sie daran hinderten“, wie der Dramatiker Rolf Hochhuth als Beobachter in der deutschen *Welt am Sonntag* vermerkte. „So war auf der Straße den angekündigten Tumulten jeder Elan genommen: Denn aus Demonstrationen, die sogar die Polizei erlaubt, kann nun einmal nichts werden.“

Innen in der Burg blieb der Skandal aus. Zwar ließen es sich einige Rowdies im Zuschauerraum nicht nehmen, das Stück mit „oft minutenlangen Trillerpfeifen-Exzessen und Protestgejohle“ (Hochhuth) zu begleiten. Aber als um 23.20 Uhr der Vorhang fiel, wurden die Pfiffe rasch von tosendem Applaus übertönt.

„Es war eine der spannendsten und schönsten Premieren, die ich im Lauf der Jahrzehnte erlebt habe“, sagt Karl Löbl. „‚Heldenplatz‘ ist ein wirklich brillantes Stück, bei dem man heute entsetzt feststellen muss, dass die Brisanz des Textes unverwelkt ist. Was Bernhard etwa damals zum Thema Sozialdemokratie formulierte – er würde heute, nach den Ungeschicklichkeiten des Parteivorsitzenden Gusenbauer, feststellen: ‚Was wollt's denn, ich habe es euch ja damals schon gesagt.‘“

Zur Reaktion des Autors am Premierenabend meint Löbl: „Bernhard war in jener Zeit bereits sehr krank. Wenn man seine Premieren-Verbeugung heute anschaut, hat man das Gefühl, einen kranken Mann zu sehen, der den Wirbel genießt – und der mit einer gewissen Wehmut von diesem Wirbel Abschied nimmt.“

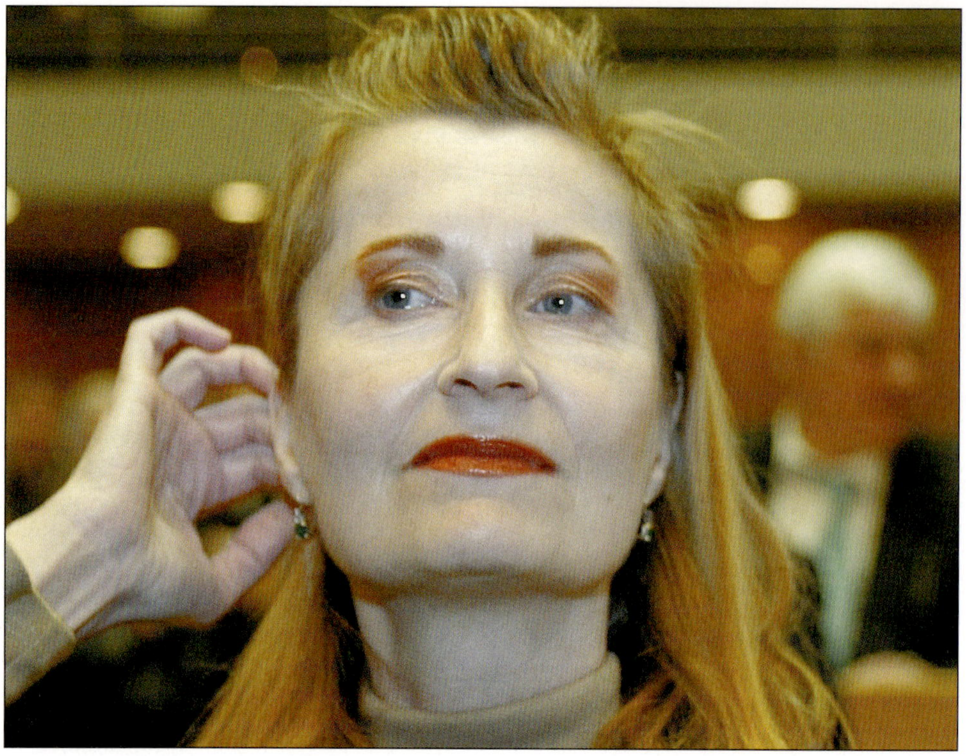

Die Schriftstellerin Elfriede Jelinek (oben) wurde für ihre kritischen Texte oft und heftig aus der rechten Ecke kritisiert. Doch über so etwas ist die Wienerin, eine der meistgespielten und meistgelesenen deutschsprachigen Autorinnen, längst erhaben. Das Container-Projekt „Bitte liebt Österreich“ (unten), eine Festwochen-Aktion des deutschen Künstlers Christoph Schlingensief, löste im Sommer 2000 heftige Debatten in Wien aus

Ein Vierteljahr nach der Premiere, am 12. Februar 1989, starb Thomas Bernhard in Gmunden an den Folgen der Lungenerkrankung, die ihn über Jahrzehnte gequält und geprägt hatte. So erlebte er es nicht mehr mit, dass sein „Heldenplatz“ mit 56.833 Zuschauern die bestbesuchte Theateraufführung der Saison 1988/89 werden sollte – nicht nur am Burgtheater, nicht nur in Österreich, sondern im ganzen deutschen Sprachraum.

Doch er hätte vermutlich seine stille Freude an der Betroffenheit gehabt, die sein Testament in Österreich auslöste. Denn er verfügte, dass seine Texte „auf die Dauer des gesetzlichen Urheberrechtes innerhalb der Grenzen des österreichischen Staates“ weder gedruckt noch aufgeführt werden dürften – 70 Jahre lang.

„Thomas Bernhard will mit dem Staat, dessen Repräsentanten ihn in die Psychiatrie, wenn nicht gleich ins Ausland expedieren wollten, über den Tod hinaus nichts zu

Eine Hermann-Nitsch-Aktion in der Klosterneuburger Sammlung Essl: Der weltberühmte Künstler stand mit den Projekten seines „Orgien Mysterien Theaters" oft im Kreuzfeuer der Kritik von Kirche, Konservativen und auch Tierschützern. Jetzt will das Land Niederösterreich die Errichtung eines Nitsch-Museums unterstützen

tun haben", kommentierte Kurt Kahl im KURIER. „Unsere Enkel werden einen Autor wiederentdecken, von dem manche Zeitgenossen nichts wissen wollten."

Jetzt war auch in Teilen des offiziellen Österreich Katerstimmung angesagt. Denn nach dem Rausch des „Heldenplatz"-Wirbels dämmerte es vielen Beobachtern, dass der verstorbene Dichter nicht nur ein begnadeter Polemiker war, sondern Österreichs bedeutendster Dramatiker.

Der rätselhafte Prozess, einen Staatsfeind zum Staatskünstler zu transformieren, hatte begonnen. Gert Korentschnig: „Österreich neigt massiv dazu, einst skandalisierte Künstler später zu verehren. Im Nachhinein verzeiht der Österreicher alles. Das war mit Thomas Bernhard so, und ich glaube, dass wir Gerard Mortier in Salzburg in kürzester Zeit auf ein Podest stellen werden. Oder wenn man erlebt hat, wie Claus Peymann in Wien bejubelt wurde, als er mit ‚Ritter, Dene, Voss' zurückkehrte."

Ach ja, Claus Peymann. Der deutsche Regisseur, den Theaterfreund Jörg Haider während der „Heldenplatz"-Affäre zur Ausweisung aus Österreich vorschlug, blieb 13 Jahre lang Burgtheaterdirektor.

Im September 1998 ließ er Philip Tiedemann die „Premiere Nr. 205" seiner Ära inszenieren. Der Abend endete mit „ungeteiltem Publikumsjubel". Der Titel der Aufführung: „Claus Peymann kauft sich eine Hose und geht mit mir essen". Der Autor der Dramolette: Thomas Bernhard.

In einer nicht unösterreichischen Lösung war das testamentarische Aufführungsverbot durch die Gründung einer Bernhard-Stiftung umgangen worden. Und spätestens seit diesem Tag gehört Thomas Bernhard – ob er das nun wollen würde oder nicht – zu den weithin unumstrittenen Kulturdenkmälern der Republik.

Vielen Künstlern ist es gottlob vergönnt, den Weg von der Missachtung zur Verehrung schon zu Lebzeiten zu beschreiten.

Bleiben wir im „Heldenplatz"-Jahr 1988: Da tobte in der Nähe des Burgtheaters ein weiterer Kulturkampf. 1982 hatte der Wiener Gemeinderat den einstimmigen Beschluss gefasst, auf dem Albertinaplatz Alfred Hrdlickas Denkmal gegen Krieg und Faschismus zu errichten. Nun aber, da das Projekt realisiert werden sollte, erhob die Volkspartei Einwände. „VP-Obmann Alois Mock erklärte in aller Schärfe, der Albertina-Platz komme nicht in Frage", stand im KURIER. „Vermutungen, die ÖVP habe politische Gründe wegen der Holzpferd-Aktionen Hrdlickas gegen Bundespräsident Waldheim, werden seitens der VP dementiert." Zilks Antwort: „Das ist nicht ernst zu nehmen."

Das Hrdlicka-Denkmal wurde gebaut und im November 1988 eröffnet. Seither ist es ein wichtiger Fixpunkt jeder Stadtführung geworden – als Denkmal, das mit großer Kunst zum Nachdenken über die Verbrechen der Hitler-Diktatur auffordert.

Unter den Schriftstellern waren es große Namen wie Peter Turrini oder Elfriede Jelinek, die wegen ihrer kontroversiellen Texte immer wieder hart attackiert wurden. Die in Kunstfragen stets grobschlächtige FPÖ leistete sich vor Jahren ein besonders geschmackloses Plakatsujet: „Lieben Sie Scholten, Jelinek, Häupl, Peymann, Pasterk – oder Kunst und Kultur?"

Die Attacke gegen die Künstler Jelinek & Peymann sowie die Politiker Scholten, Häupl & Pasterk wurde eher zum Rohrkrepierer. Karl Löbl, ironisch: „Diese Leute haben für die FPÖ als links-links gegolten. Ich weiß nicht, was links-links bedeuten soll, aber es klingt irgendwie verdächtig. Ich glaube jedoch nicht, dass das FPÖ-Plakat Wirkung entfaltete. Es war einfach eine dahingerotzte Vernaderung." Und über so etwas ist eine Elfriede Jelinek, eine der meistgespielten und meistgelesenen deutschsprachigen Autorinnen, erhaben.

In der bildenden Kunst war es Hermann Nitsch, der mit seinen Schüttbildern zwar Weltgeltung erlangte, in der Heimat jedoch immer wieder den Volkszorn entfachte. Die Aktionen seines „Orgien Mysterien Theaters", zu denen auch Schlachtungen gehörten, regten viele Bürger auf.

Den Höhepunkt dieser Auseinandersetzungen gab es im Sommer 1998, als Nitsch auf seinem Schloss Prinzendorf in Niederösterreich seinen „Lebenstraum" verwirklichen wollte, das „6-tage-spiel". Tierschützer protestierten vehement gegen das Fest; die Kirche übte heftige Kritik.

Mittlerweile genießt der weltberühmte Künstler Hermann Nitsch auch in Niederösterreich offiziellen Segen. Demnächst soll in einer leer stehenden Fabrik in Mistelbach eine permanente Nitsch-Ausstellung eingerichtet werden. Landeshauptmann Erwin Pröll (ÖVP) hat seine Unterstützung zugesagt.

Ist die Provokation bei Nitsch eher ein Nebenprodukt seines Schaffens, so wird sie von einem Mann wie Christoph Schlingensief bewusst gesucht. Im Sommer 2000 löste er mit einer Aktion vor der Wiener Staatsoper heftige Debatten aus.

Für die Festwochen-Produktion „Bitte liebt Österreich" hatte er einen Wohn-Container nach „Big Brother"-Art aufstellen lassen, in den zwölf Ausländer einzogen. Jeden Tag sollte einer der zwölf durch ein Publikums-Votum – „Ausländer raus!" – abgewählt werden. Die Empörung vieler Bürger war enorm, die Erinnerung an das Ereignis verblasste aber rasch. „Schlingensief hat viel von einem Selbstbespiegler", meint Karl Löbl. „Ich würde es einem Thomas Bernhard oder einem Helmut Qualtinger nicht antun, sie mit dem Aktionisten Schlingensief zu vergleichen."

Nach Öffnung der DDR-Grenzen stürmten Zehntausende in den Westen

Diese Nacht waren die Deutschen „glücklichstes Volk der Welt“

Nach Berlins Bürgermeister Momper waren die Deutschen in der Nacht der Freiheit das „glücklichste Volk der Welt“. Die Jubelszenen gingen am Freitag weiter, wieder kam ein Besucherstrom in den Westen. Kanzler Kohl unterbrach seinen Polen-Besuch und reiste nach Berlin, wo er an einer Großkundgebung teilnahm. Berichte auf den Seiten 2, 3, 4, 5.

Der Eiserne Vorhang hat endlich ausgedient

Mit diesem „historischen Akt“ treten Ungarn und Österreich nun tatsächlich in eine neue Epoche ein – nach 40 Jahren hat der Eiserne Vorhang ausgedient: In einem feierlichen Akt bauten der ungarische Außenminister Gyula Horn und sein österreichischer Amtskollege Alois Mock am ehemaligen Minenfeld beim Grenzübergang Klingenbach den Stacheldraht ab. Der Abbau des Eisernen Vorhangs sei endgültig, erklärte Horn. Und ein geradezu überschwenglicher Mock: „Der schönste Augenblick in meiner politischen und diplomatischen Laufbahn.“ (Seite 3)

Udo Proksch am Wiener Flughafen verhaftet!

Roderich Proksch: „Das Heimweh hat ihn

Zitas letzter Weg

Zehntausende nahmen Abschied

Mock wird Österreichs Antrag am kommenden Montag in Brüs

Paris: EG-Beitrittsansuchen wird „mit Sympathie“ geprüft

Österreich wird den Antrag auf EG-Mitgliedschaft am 17. Juli übergeben. Dies vereinbarte gestern Außenminister Mock mit EG-Ratsvorsitzendem Dumas. Der Antrag werde gründlich und mit gutem Willen geprüft, betonte Dumas (Seite 2).

wie vor von 70 Verdachtsfällen aus

Mordserie Lainz: Kranke wurden nachts ertränkt

„Todesschwestern“ … dosen Insulin und anderen … getötet, son… Nachher machten sie Stricherl und belustigten sich: „Wieder einer weniger!“ Über die Zahl … Angaben. Im Gericht geht man von 70 Verdachts… aus, Polizeich…

3:0 – Unser Team begeisterte

Bravo, Toni Italien, wir kommen

Der Held der Fußballnacht.

Maschine der „Rheintalflug“ stürzte in den Bodensee

Flugzeug-Absturz: Dallinger tot!

Bild: Franziska

Minister Alfred Dallinger ist tot.

… Weg zu einer Ge… ist Don… anderen Insassen einer Linienmaschine der Firma Rheintalflug … Alle elf Menschen kamen nach ersten Berichten ums Leben … einem Jahr einen Zwischenfall in Schwechat. (Berichte fin…

Der Eiserne Vorhang hatte längst Rost angesetzt

Der real existierende Sozialismus fiel 1989 in Osteuropa scheppernd in sich zusammen. In Ostberlin, Prag und Budapest feierte man die neue Freiheit

Ungarns Außenminister Gyula Horn und sein österreichischer Amtskollege Alois Mock hatten sich bei den Arbeitsgesprächen gut verstanden. So gut, dass Mock seinen Kollegen bei der Heimfahrt nach Budapest noch ein Stück begleiten wollte. Wenigstens bis zur Grenze. Bei Klingenbach bogen die beiden von der Hauptstraße ab. Der Tross fuhr dem Eisernen Vorhang entgegen. Dort erklärten die Politiker den mitgereisten Fotografen und Berichterstattern, sie hätten etwas Besonderes vor.

Herr Mock und Herr Horn nahmen beide einen Bolzenschneider zur Hand, und dann schnitten sie, ratz-fatz, ein Stück des Grenzzauns entzwei. „Das ist ein Fenster zur Zukunft", sprachen die beiden, und der gerührte Mock erklärte, „das ist der schönste Augenblick meines Berufslebens."

Man schrieb den 27. Juni 89, und der Eiserne Vorhang hatte ein Loch bekommen.

Der Eiserne Vorhang, das waffenstarrende Symbol der starren Trennung zwischen Ost und West, hatte in jenem Jahr längst Rost angesetzt. In Moskau regierte seit 1985 Michail Gorbatschow, dessen vordringliche Ziele Glasnost und Perestroika waren, also Öffnung und Umbau der solide verknöcherten UdSSR. Da blieb nicht mehr so viel Energie für die Grenzsicherung. Die Erosion des Ostblocks kündigte sich an.

Der Eiserne Vorhang bekam ein Loch. Am 27. Juni 1989 packten die Außenminister Alois Mock (links) und Gyula Horn mit Bolzenschneidern an

Die Satellitenstaaten im Westen der Sowjetunion fanden, es sei an der Zeit für einen Hauch Selbstständigkeit. Das sozialistische Polen hatte sich im April 1989 ein parlamentarisches System geschenkt; bei den Wahlen am 4. Juni siegte die Gewerkschaftsliste der Solidarnosc von Lech Walesa. Das sozialistische Ungarn begann im Mai, Schussanlagen und Befestigungen an der Österreich-Grenze abzumontieren.

Nur in der DDR, Moskau fest verbunden, schien alles beim Alten zu bleiben. „Die Berliner Mauer wird in 50 Jahren und auch in 100 Jahren noch bestehen bleiben, wenn die vorhandenen Gründe nicht beseitigt sind", hatte Staats- und Parteichef Erich Honecker am 19. Jänner 1989 verkündet.

Das löste in vielen DDR-Bürgern ein Grübeln darüber aus, ob sich diese vorhandenen Gründe nicht beseitigen ließen. Rief nicht Michail Gorbatschow die Bruderländer zur „eigenständigen Lösung nationaler Probleme" auf?

Etliche DDRler fuhren zum Nachdenken in die Tschechoslowakei und nach Ungarn. Vier von ihnen klopften am 20. Juni 1989 bei der Botschaft der Bundesrepublik Deutschland in Budapest an und erklärten, sie würden das Gebäude nur noch in Richtung Westen verlassen. Tausende folgten. Die BRD-Botschaften in Prag und Budapest wurden allmählich zu Auffanglagern.

Am 19. August fuhren 600 DDR-Bürger zu einem „Paneuropäischen Picknick", das in Ungarn an der Grenze nahe Sopron und St. Margarethen stattfand. Dort standen plötzlich alle Tore weit offen – die 600 traten die paneuropäische Wanderschaft ins Burgenland an. Ein paar Wochen erklärte Außenminister Horn, Ungarn würde allen DDR-Bürgern die Ausreise in ein Land ihrer Wahl gestatten. Die Wahl der meisten fiel auf Österreich. Allein vom 11. bis zum 29. September wurden 23.044 Grenzübertritte von Reisenden mit DDR-Pass registriert.

Währenddessen öffnete auch die CSSR ihre Grenzen zum Westen. In der DDR begannen die Bürger von Leipzig immer

Für DDR-Staatschef Erich Honecker (rechts) lief die Uhr ab. Wenige Tage, nachdem er Michail Gorbatschow zur Feier des 40-Jahre-Jubiläum der DDR begrüßt hatte, feierten Ossis und Wessis vereint auf der Berliner Mauer, die ihren Schrecken verloren hatte (unten)

mutiger und immer lauter, an den Montagen die Parole „Wir sind das Volk!" zu skandieren. Es begann mit ein paar hundert Demonstranten. Am 9. Oktober waren es bereits 70.000.

In den Tagen zuvor hatte die DDR mit Pomp und Protz ihren 40. Geburtstag gefeiert. Erich Honecker sprach den schönen Satz: „Den Sozialismus in seinem Lauf, hält weder Ochs noch Esel auf." Ehrengast Michail Gorbatschow antwortete: „Gefahren warten nur auf jene, die nicht auf das Leben reagieren" (ob damals auch der Gorbi-Spruch „Wer zu spät kommt, den bestraft das Leben" fiel, ist umstritten. Offiziell, so die Hamburger *Zeit*, hat Gorbatschow diesen Satz nie gesagt).

Und dann kam der 9. November 1989. Günter Schabowski, Mitglied des SED-Politbüros, hielt am frühen Abend in Ostberlin eine Pressekonferenz. Er las einen Zettel über einen Ministerratsbeschluss ab, den man ihm zugesteckt hatte: „Privatreisen nach dem Ausland können ohne Vorliegen von Voraussetzungen beantragt werden. Die Genehmigungen werden kurzfristig erteilt. Ständige Ausreisen können über alle Grenzübergangsstellen der DDR zur BRD erfolgen."

Die Journalisten glaubten, nicht recht zu hören. Riccardo Ehrmann, ein Korrespondent der italienischen Agentur Ansa, hakte nach: „Wann tritt das in Kraft?" Schabowski, sichtlich unvorbereitet, stöberte in seinen Papieren. „Das tritt ... nach meiner Kenntnis ist das ... sofort. Unverzüglich."

So hatte die DDR ganz nebenbei die Öffnung der Berliner Mauer bekannt gegeben – im Grunde durch eine organisatorische Schlamperei, einen Kommunikationsfehler. 28 Jahre, zwei Monate und 27 Tage nach seiner Errichtung hatte der „antifaschistische Schutzwall" plötzlich seinen Schrecken verloren. Noch am gleichen Abend zogen Tausende Menschen zur Grenze. Die ratlosen Beamten ließen die Leute schließlich durch. Die große Party hatte begonnen.

Rund um die Welt wurde die Nachricht mit der gleichen Verblüffung aufgenommen wie in Berlin. Der KURIER, das sei hier ehrlich eingestanden, leistete sich an diesem Abend eine jener seltenen Pannen, wie sie auch dem Bemühtesten einmal passieren. Auf der Morgenausgabe des Blatts vom 10. November prangte die belanglose Schlagzeile „Kein Politiker soll mehr verdienen als ein Minister". Nur im Text hatte ein Redakteur noch in allerletzter Sekunde die Kurve gekratzt. Unter dem Titel „DDR-Grenzen sind offen" stand der trockene Satz: „Politbüromitglied Günter Schabowski verkündete die neueste Überraschung: Berliner Mauer und Eiserner Vorhang haben ausgedient."

Doch tags darauf lag auch der KURIER richtig. Fünf Seiten Berlin-Berichte; volles Programm: „Diese Nacht waren die Deutschen ‚glücklichstes Volk der Welt'."

Der Autor dieses Buches nahm am 10. November die erste Maschine nach Berlin. Die Stadt roch anders, klang anders, fühlte sich anders an als jemals zuvor. Das lag zum kleinen Teil an den Trabbi-Autos aus dem Osten mit ihrem Zweitakter-Qualm. Doch zum viel größeren Teil lag es daran, dass Weltgeschichte greifbar wurde.

Mit noch scheuer Neugier ertasteten die Ossis den unbekannten Westen. In froher Gastgeberlaune wurden sie von den Wessis auf deren Terrain begrüßt. An den Grenzübergängen flossen Freudentränen, Champagner und „Rotkäppchen"-Sekt. Und abends, bei den Festen an und auf der Mauer, herrschte die pure Euphorie. Es war bitterkalt in jenen Novembernächten.

Doch niemand mochte das Areal verlassen, das so plötzlich vom Todesstreifen zur Partyzone mutiert war.

Am Potsdamer Platz – damals eine Einöde, heute ein Ausbund an himmelsstürmender Architektur – rückte ein Mobilkran an. Als das erste Mauerstück am Haken baumelte, schien nicht nur Berlin, sondern auch die Glückseligkeit plötzlich grenzenlos. Wer dabei war, wird diese Nächte niemals vergessen.

Jetzt begannen die Mauerspechte ihr Handwerk. Die Mauer wurde mit Hammer und Meißel fachkundig in kleine Stücke zerlegt, die auf den Souvenirmärkten reißenden Absatz fanden. So fiel ein Symbol des real existierenden Sozialismus dem (Klein-)Kapitalismus in die hämmernden Hände. Ein kleiner Hinweis auf die Trends, die bald einsetzen sollten?

Während die Deutschen ihre ersten Versuche zum Thema „einig Vaterland" unternahmen (sie endeten am 3. Oktober 1990 mit der Wiedervereinigung, dem Beitritt der DDR zur BRD), setzte sich in den Ostländern ringsum der Niedergang des Kommunismus fort.

In Ungarn war man sogar schon weiter als in Deutschland. Am 7. Oktober 1989 hatte die Sozialistische Arbeiterpartei ihre Selbstauflösung beschlossen. Ab dem 23. Oktober hieß das Land offiziell Republik Ungarn – das Wort Volksrepublik wurde gestrichen.

Weiter nördlich, in der CSSR, hatte die alte Staatsmacht noch eine kurze Schonfrist. Am 17. November schritt die Exekutive mit voller Schlagkraft gegen eine Großdemonstration ein. Es gab Verletzte. Doch drei Tage später folgte die Gründung des Bürgerforums um Vaclav Havel, und der Druck auf die KP nahm zu. Staatschef Gustav Husak und Ministerpräsident Ladislav Adamec wurden vom Politbüro ausgeschlossen. Die „samtene Revolution", getragen von Streiks und Demonstrationen, setzte sich durch. Am 29. Dezember 1989 wurde Vaclav Havel zum Präsidenten der Tschechoslowakei gewählt.

Für die Slowakei produzierte der KURIER im Dezember 1989 übrigens zehn Tage lang eine Ausgabe mit slowakischer Titelseite – *Bratislava extra*. „Das Echo war enorm, die Exemplare wurden nach dem Lesen weiter in die Provinz getragen", erinnert sich Jana Patsch, die das Blatt gestaltete.

Und die verbliebenen Ostländer mit konservativ-sozialistischen Regierungen? Schon am 10. November 1989 musste in Bulgarien Staatschef Todor Schiwkow, 35 Jahre im Amt, zurücktreten. Zehntausende Menschen demonstrierten in Sofia für die Demokratie. Im Dezember legte die KP ihren Führungsanspruch zurück und kündigte für 1990 freie Wahlen an.

Am längsten hielt sich der rumänische Diktator Nicolae Ceausescu an der Macht.

Prag in den Tagen der „samtenen Revolution": Vaclav Havel im November 1989 als Sprecher bei einer Demonstration auf dem Wenzelsplatz (oben). Wenige Wochen später wurde er zum CSSR-Präsidenten gewählt. In Bukarest endete die Revolution hingegen blutig. Der rumänische Diktator Nicolae Ceausescu und seine Frau Elena wurden am 25. Dezember 1989 hingerichtet. Die Porträts Ceausescus und die Symbole des Regimes landeten auf dem Müll (unten)

Bis zum 22. Dezember 1989 widerstand er der immer stärker werdenden Opposition. Doch dann gelang es der „Front der nationalen Rettung", den Staatschef zu stürzen. Wie verhasst der Tyrann bei den Rumänen war, wusste die Welt spätestens am 25. Dezember 1989. Nicolae Ceausescu und seine Frau Elena wurden hingerichtet.

Was blieb als Resüme vom Jahr 1989? „Der Fall des Eisernen Vorhangs gab einem kurzfristig das Gefühl, als käme das Paradies auf die Erde – oder zumindest nach Europa", sagt Livia Klingl. „Es war wie ein Wunder, und der nächste Teil dieses Wunders lag darin, dass die Umwälzungen, mit der Ausnahme von Rumänien, völlig unblutig vonstatten gingen."

Der amerikanische Politologe Francis Fukuyama war derart hingerissen, dass er in einem Buch das „Ende der Geschichte" verkündete. Peter Rabl: „Ich hatte nie die Illusion, dass wir fortan in einer friedlichen Welt leben würden. Was man aber nicht ahnte, war die Tatsache, dass der Manchester-Liberalismus seinen Siegeszug antreten würde. Mit, im Rückblick, völlig verfehlter Begeisterung verfolgte man die so genannte Demokratisierung und Einführung der Marktwirtschaft in Russland, was sich beides als absolute Katastrophe herausstellte. Denn diese Marktwirtschaft führte nur dazu, dass sich ein paar Oligarchen das Land unter den Nagel rissen."

Livia Klingl zitiert Papst Johannes Paul II.: „Der warnte schon kurz nach dem Fall des Eisernen Vorhangs, dass es zu einem Sieg eines Wildwuchs-Kapitalismus kommen könnte. Aber, wie es in einem Grafitto auf einer Berliner Hauswand 1989 hieß: ‚Der Kapitalismus hat nicht gesiegt – er ist nur übrig geblieben'."

Ölkrieg am Golf

Irak besetzte Kuwait
Benzinpreis in Gefahr?

KURIER

Unabhängige Tageszeitung für Österreich
Verl.-Adr. Lindeng. 48–52, 1070 Wien ● Tel. 96 21/0 ● Ersch.-Ort Wien ● P. b. b. ● Verl.-Postamt 1070 Wien
Lit 1600,–, DM 2.50, sfr 2,–, Din 14,–, Dr 260,–, Ptas 170,–, Kanar. Inseln Ptas 200,–, Ltqu 3700,–, Ft 75,–, Kčs 5,–
Freitag, 3. August 1990 ● Nr. 211 ● S 8,–

Österreich nahm Abschied von Bruno Kreisky

● Willy Brandt: „Über diesem Tag liegt viel Traurigkeit"

● Mehr als 500 Chaoten verwüsteten Straßenzüge

● Opernball dennoch ein glanzvolles Walzerfest!

Straßenschlacht vor der Staatsoper

Schon beim Start EM-Chancen dahin: Färöer-Inseln siegen 1:0

Österreichs Team hat sich unsterblich blamiert

Die Eiserne Lady gab auf: Rücktritt nach 11 Jahren

Die Zeit für Englands Premierministerin ist jetzt abgelaufen

Gorbatschow triumphiert! „Wir werden Demokratie"

KURIER EXKLUSIV AUS MOSKAU: Hans Rauscher berichtet von den dramatischen ZK-Beschlüssen

In einem Jahr soll der erste Austro-Chrysler vom Band laufen

Milliarden-Förderung für US-Autofabrik in Graz fix

Saddam, Kuwait und die „Mutter aller Schlachten“

1990 besetzte der Irak Kuwait. Saddam Hussein drohte mit der „Mutter aller Schlachten“. Doch das Öl-Scheichtum war bald wieder frei

Gefährliches Tauziehen um Kuwait“, lautete die KURIER-Schlagzeile. „Irak will das Ölland annektieren.“ Der Konflikt eskalierte. „Die Lage in Kuwait spitzt sich zu. Irakische Truppen haben den Befehl zum Vormarsch an die Grenzen Kuwaits erhalten. Man befürchtet, dass es in Kürze zu Kämpfen kommen könnte.“

Letzte Meldungen vor dem Einmarsch Saddam Husseins in Kuwait? Nein – Texte aus dem Jahr 1961. Ein Krieg konnte gerade noch vermieden werden (die Briten schickten Interventionstruppen nach Kuwait, das sie erst im selben Jahr in die Unabhängigkeit entlassen hatten). Doch die Ausgangslage war die gleiche wie 1990, als der Irak das Scheichtum am Südzipfel seines Staatsgebiets tatsächlich überfiel.

Bagdad argumentierte in beiden Fällen damit, dass es sich nicht um eine Invasion handle, sondern um eine Art Heimholung. „Seit wann ist Kuwait ein Staat? Historisch gehört es zum Irak“, sagte Saddam Hussein 1990 zum KURIER. „Die Gründung Kuwaits war eine Erfindung des britischen Geheimdienstes, der dem Irak den Zugang zum Meer versperren wollte.“

Saddams Worte fielen Ende August 1990 während einer Bagdad-Reise von Österreichs Bundespräsident Kurt Waldheim. Der Konflikt um Kuwait, der im Jänner 1991 zum ersten Irak-Krieg führen sollte, war längst voll entflammt.

Die Lage: Mitte Juli 1990 hatte Saddam Hussein ein zunächst verbales Trommelfeuer gegen Kuwait entfacht. Er beschuldigte das Scheichtum, bedeutend mehr Öl zu fördern, als es seiner OPEC-Quote entsprach, und er warf Kuwait vor, irakische Ölfelder entlang der gemeinsamen Grenze auszubeuten. Beides zusammen hätte dem Irak Einnahme-Ausfälle im Rahmen von mehr als 16 Milliarden Dollar zugefügt.

Kuwait konterte mit der Vermutung, Saddam wolle wohl das Scheichtum und andere Geldgeber dazu bewegen, die Schulden des Landes aus dem Iran-Irak-Krieg zu streichen. Die finanzielle Last des Irak aus dem achtjährigen Konflikt erreichte laut Schätzungen 80 Milliarden Dollar.

Nach den Verbalattacken wurde erst einmal verhandelt und gedroht. Ägyptens Präsident Hosni Mubarak und Jordaniens König Hussein schalteten sich ein; Washington kam auf die Idee, im Golf kurzfristig ein Manöver mit amerikanischen Kriegsschiffen zu veranstalten.

Danach wurde geschossen. Am 2. August 1990 marschierten irakische Soldaten in Kuwait ein und besetzten das Land. Das war nicht weiter schwer, denn Saddams Armee traf auf keine nennenswerte Gegen-

Der irakische Diktator Saddam Hussein (links) und eine Gruppe seiner Krieger (rechts), mit denen er in die „Mutter aller Schlachten“ ziehen wollte. Nach den acht Jahren des Kriegs mit dem Iran saß der Irak auf Milliarden-Schulden. Den Einmarsch im reichen Scheichtum Kuwait bezeichnete Saddam als eine Art Heimholung. Schließlich waren die beiden Länder in der Ära des Osmanischen Reiches stets vereint gewesen. Saddam: „Kuwait ist eine Erfindung des britischen Geheimdienstes, der dem Irak den Zugang zum Meer versperren wollte”

Unterredung mit Saddam Hussein. Bundespräsident Kurt Waldheim flog im August 1990 nach Bagdad, um die österreichischen Geiseln heimzuholen, die nicht ausreisen durften

wehr. Die entstand viel weiter weg, in New York. Der UN-Sicherheitsrat verabschiedete in seltener Eintracht eine Resolution, die den Irak als Aggressor brandmarkte und zum sofortigen Rückzug aufforderte.

Saddam mochte dem Wunsch der Vereinten Nationen nicht folgen, und die Debatten wurden hitziger. Als der Sicherheitsrat ein Handelsembargo gegen den Irak verhängte, strich der Diktator am 9. August 1990 allen im Irak lebenden Ausländern die Ausreisegenehmigung. Die Ingenieure, Facharbeiter und Kaufleute, die einen Irak-Kontrakt hatten, durften sich als Gäste mit unbegrenztem Aufenthaltsrecht betrachten – man könnte auch sagen, als Geiseln. Unter ihnen waren etwa 100 Österreicher.

In dieser Situation trat Waldheim, der aus seiner Zeit als UN-Generalsekretär gute Beziehungen in den arabischen Raum hatte, am 24. August seine Irak-Reise an, um über die Freilassung der Österreicher zu verhandeln. Der KURIER meldete: „Große Skepsis der Regierungsspitze begleitet Waldheim auf seiner Mission."

Wenig Skepsis herrschte hingegen in der europäischen Öffentlichkeit, was die Rollenverteilung zwischen Gut und Böse betraf. Peter Rabl, nicht ohne Ironie: „Da war ein teuflischer Typ, Saddam Hussein, der ein Nachbarland überfallen hatte. Dieser teuflische Typ wurde auch von seriösen deutschen Zeitungen mit Adolf Hitler verglichen – vielleicht, weil man zu wenig wusste, wie eng zuvor seine Zusammenarbeit mit den Amerikanern war, als es gegen den Iran ging. Man wusste auch noch nicht, dass ein Gutteil der Waffen Saddams aus Amerika und Frankreich kam."

Nur die Deutschen hatten freiwillig zugegeben, dass sie in die Aufrüstung Saddams verstrickt waren. Außenminister Hans-Dietrich Genscher sprach in jenen Tagen von einer Mitschuld Europas an der irakischen Invasion. „Erst durch Waffenlieferungen aus dem Westen – auch aus Deutschland – kam der Irak in die Lage, zwei Kriege hintereinander zu führen."

Rabl weiter über das europäische Saddam-Bild: „Er galt halt als einer der Potentaten dort unten. Schon Bruno Kreisky sagte, Bagdad sei für ihn am unangenehmsten gewesen. Als Saddam 1990 die aus seiner Sicht irakische Provinz Kuwait holen wollte, ahnte er nicht, was er damit auslösen würde. Denn nach Aussagen der damaligen US-Botschafterin April Glaspie in Bagdad konnte er das stille Einverständnis der USA durchaus voraussetzen."

Bei einer Unterredung mit Saddam am 25. Juli 1990 hatte die US-Diplomatin zur Lage am Golf gesagt: „Wir haben keine Meinung zu innerarabischen Konflikten wie Ihren Grenzstreitigkeiten mit Kuwait."

Das sollte sich nach dem Einmarsch im Scheichtum, welches von Bagdad als 19. Provinz des Irak angesehen wurde (im Osmanischen Reich waren die Länder vereint), rasch ändern. Zum Umschwung mag die Erkenntnis beigetragen haben, dass Kuwait auf 20 Prozent der bekannten Erdölreserven der Welt saß. Und die sollte man einem Diktator mit pan-arabischen Ambitionen überlassen?

Heimkehr. Österreicher, die im Irak festgehalten worden waren, steigen in Wien-Schwechat aus dem Jet – und erhalten den druckfrischen KURIER mit der Nachricht ihrer Freilassung

Die Waldheim-Reise nach Bagdad blieb in diesem weltpolitischen Machtspiel natürlich nur eine winzige Episode, wobei der Bundespräsident seine Landsleute tatsächlich freibekam. Doch die mitreisenden Journalisten (darunter der Autor dieses Buches) waren an jenem August-Tag die ersten westlichen Berichterstatter seit der Kuwait-Invasion, die ein Gespräch mit Saddam Hussein führen konnten. Die US-Networks saßen allesamt in Jordanien fest – ihre Reporter bekamen keine Irak-Visa.

„Wir lieben und wünschen den Frieden", sagte Saddam Hussein den Österreichern. „Eine arabische Lösung des Konflikts wurde vorbereitet. Wir hatten schon ein Gipfeltreffen der Arabischen Liga einberufen, als plötzlich Saudi-Arabien US-Hilfe anforderte. Damit haben die Saudis die Tür für eine arabische Lösung vorerst geschlossen. Und die USA haben mit ihrem Truppenaufmarsch in Saudi-Arabien praktisch die heiligen Stätten des Islam, Mekka, besetzt. Das ist ein Verbrechen. Was würden wohl die Christen sagen, wenn Moslems im Vatikan einmarschieren würden?"

In der Tat hatten die USA bereits ein erstes Kontingent von 5000 Soldaten in Saudi-Arabien stationiert. Eine Maßnahme, die weitreichende Folgen haben sollte, wie Livia Klingl meint: „Diese Soldaten waren ein Hauptgrund dafür, dass Osama bin Laden so böse auf Amerika wurde. Der hat, wie man weiß, anfangs nur massivst kritisiert, dass auf dem Boden von Mekka und Medina Ungläubige stehen. Und die Amerikaner haben sich dort auch herzhaft ungläubig benommen."

Auf der internationalen Bühne gelang US-Präsident George Bush senior im Herbst 1990 das, was seinem Sohn George W. später so gründlich misslingen sollte: Die USA schmiedeten eine weltumspannende Koalition gegen den Irak, der sich sogar Irak-Nachbarländer wie Syrien anschlossen. Am 29. November 1990 wurde im UN-Sicherheitsrat die Resolution 678 verabschiedet, die den Irak dazu aufforderte, Kuwait bis zum 15. Jänner 1991 zu verlassen. Ansonsten könnte die Koalition „alle erforderlichen Maßnahmen" treffen.

Saddams Truppen saßen am Tag des Ultimatums noch in Kuwait. Am 17. Jänner begannen die Verbände der USA und ihrer Verbündeten mit den Luftangriffen auf den Irak. Die Welt wurde Zeuge des ersten Kriegs, der als Medienspektakel ausgeführt wurde. Die Menschen sahen vor den TV-Geräten den Videos zu, welche die Treffer der Raketen und Marschflugkörper zeigten.

Die Stimmung in Europa war allerdings fast apokalyptisch bedrückt. Livia Klingl: „Vor dem Golfkrieg herrschte in Europa wirklich Angst. Die Lokale blieben leer, die Menschen waren zum ersten Mal seit langem ernsthaft erschrocken. Man sah sich mit einem Ausbruch von großer Gewalt konfrontiert, dessen Folgen nicht abzusehen waren."

Allerdings ging die Zeit der großen Gewalt rasch wieder vorbei. Nach fünf Wochen Luftkrieg marschierten die Truppenverbände der Operation „Desert Storm" am 24. Februar 1991 im Irak ein. Die von Saddam Hussein angekündigte „Mutter aller Schlachten" blieb aus, weil der Irak der internationalen Streitmacht unter der Führung der USA nichts entgegenzusetzen hatte. Saddam gab klein bei. Nach 100 Stunden war der Bodenkrieg beendet.

Zur Verwunderung der halben Welt stoppte US-Präsident Bush alle Truppen. Der „Desert Storm" wehte nicht bis Bagdad. Saddam Hussein blieb an der Macht.

Livia Klingl: „Es gibt keine eindeutige Antwort auf die Frage, warum Saddam verschont wurde. Meine These lautet: Ein geschwächter Saddam war das Beste, was den USA damals dort passieren konnte. Denn der Irak ist ein junger Staat mit drei divergierenden Ethnien. Da ist ein Diktator das beste Mittel, um das Land unter Kontrolle zu halten. Und für einen geschwächten Diktator gilt das doppelt und dreifach."

Schon vor dem Krieg in Siegerlaune. US-Präsident George Bush stattete im November 1990 den Einheiten der U.S. Marines einen Besuch ab, die während des Aufmarschs zum Golfkrieg in Saudi-Arabien stationiert waren (oben). Als der Krieg am 17. Jänner 1991 begann, erhielten die Bodentruppen allerdings noch keinen Einsatzbefehl. Bagdad und andere Ziele wurden zunächst nur aus der Luft angegriffen – die Bilder von den Attacken gingen um die Welt (unten links). Als die irakischen Truppen aus Kuwait abzogen, steckten sie etliche Ölquellen in Brand (unten)

Mehr als 200 Passagiere an Bord der Unglücksmaschine

Jet der Lauda-Air bei Bangkok explodiert

Niki Lauda: „Sind wir schuld, gebe ich auf"

- Experten tippen auf einen Materialfehler oder Bombe
- Rechtes Triebwerk und Tragfläche nicht gefunden

Blitz-Krieg um Kuwait

Saddams Truppen überrannt

Saddam besiegt

- UN-Forderung erfüllt
- Bush stellt Kampf ein

Zwei neue Staaten an Österreichs Grenze!

Kroatien und Slowenien trennen sich von Jugoslawien

Gorbatschow gestürzt

Kampf um den Kreml

Präsident Michail Gorbatschow: Nach ... Hausarrest auf der Krim

Volksbefragung: Nein zur Weltausstellung!

- Überraschend massive Ablehnung der EXPO '95
- Ein eindeutiges Ja für das Kraftwerk Freudenau

Der „Mann im Eis" ist 4000 Jahre alt!

Nach Experten-Meinung der bisher sensation...

SEITE 4 KURIER INTERNATIONAL MONTAG, 30. S... 1991

Der erste Österreicher im Weltall

Viehböck ist Realist: Der Tod fliegt mit

Noch zwei Tage bis zum Start. Alles läuft nach Plan. Sowohl Viehböck als auch Lothaller sind topfit. Theoretisch könnten beide fliegen. Die endgültige Entscheidung, ob Viehböck tatsächlich als erster ... fliegt, fällt aber erst

Außerordentliche Hauptversammlungen haben Bankenehe zugestimmt

Länderbank und Z: Fusion endgültig fix

Bild: Kluger
Alfons Haiden

„Warum trifft das Desaster gerade uns?"

Der Absturz der „Mozart" war Österreichs schlimmster Flugunfall. 223 Menschen starben wegen eines Defekts an der Schubumkehr

Am Morgen des 26. Mai 1991 wartete die Crew des Lauda-Air-Fluges NG452 am Flughafen Phuket auf die Ankunft des Jets, den sie von der thailändischen Ferieninsel zurück nach Wien geleiten sollte. Als die Boeing 767 gelandet war, schimpften die Piloten und FlugbegleiterInnen in gespielter Entrüstung mit der ankommenden Besatzung: „He, ihr habt uns die alte LAU gebracht. Laut Einsatzplan hätten wir mit der neuen LAV fliegen sollen!"

Die „alte LAU" war die (noch sehr jugendliche) Boeing 767-300ER mit dem Kennzeichen OE-LAU, damaliger Name „Johann Strauß", Baujahr 1987. Mit diesem von Boeing ausgiebig erprobten Flugzeug – einem Prototyp der „Extended Range"-Langstreckenversion der 767 – hatte die Lauda-Air 1988 ihre Intercontinental-Dienste begonnen.

Die „neue LAV" war ebenfalls eine Boeing 767-300ER. Kennzeichen: OE-LAV, Name: „Mozart". Besonderes Merkmal: Ganzer Stolz und Flaggschiff der Lauda-Linie. Der neue Jet hatte erst 18 Monate Dienstzeit hinter sich.

In diesen Mai-Tagen des Jahres 1991 waren in der Tat die Einsatzpläne der beiden Boeings (mehr Langstreckenflugzeuge besaß die kleine Fluglinie noch nicht) getauscht worden. Den Menschen an Bord des Fluges Phuket–Wien mag das ihr Leben gerettet haben.

Die OE-LAV startete am 25. Mai in Wien-Schwechat zum Lauda-Flug NG3 nach Fernost. In Bangkok wurde die Boeing von der dort stationierten Crew der Kapitäne Jürgen Bausek und Albrecht Ziggerhofer übernommen, die in den nächsten Stunden ohne Zwischenfälle die Strecke Bangkok – Hongkong – Bangkok zurücklegten. Am Abend des 26. Mai übergaben sie das Flugzeug an die nächste Crew zum Heimflug nach Wien.

„Niki Lauda marschierte stundenlang durch den brütend heißen Dschungel. Mit schlammverschmierten Kleidern stand er vor bizarr zerfetzten Metallteilen und fixierte die Reste seiner Boeing, als wollte er sie beschwören, ihr Geheimnis preiszugeben": Lauda an der Absturzstelle der Mozart (oben). Die neue Boeing 767 (unten), hier angedockt am Flughafen Wien, war das Flaggschiff der Lauda-Air

Kapitän Thomas John Welch, ein 48-jähriger Amerikaner mit 11.750 Stunden Flugerfahrung, nahm im Cockpit auf dem linken Sitz des Kommandanten Platz. Auch sein Copilot war ein erfahrener Mann. Der Burgenländer Josef Thurner, 41, besaß eine Lizenz als Fluglehrer und hatte 6500 Flugstunden in seinem Logbuch eingetragen. 213 Passagiere freuten sich auf einen ruhigen Nachtflug nach Wien. Die achtköpfige Flugbegleiter-Crew unter der Leitung der 29-jährigen Wienerin Birgit Wiesinger hatte alles für eine angenehme Reise vorbereitet.

Gegen 23 Uhr Ortszeit rollte die voll getankte Boeing 767 in Bangkok an den Start. Sie hatte seit ihrer Indienststellung erst 1133 Flüge absolviert und dabei 7444

Der letzte Flug der „Mozart“ dauerte kaum länger als 15 Minuten. Nach dem Start in Bangkok schien erst alles normal, bis die Schubumkehr am linken Triebwerk ausgelöst wurde. Das Flugzeug zerbrach noch in der Luft; die Trümmer lagen kilometerweit zerstreut

Stunden in der Luft verbracht. Das linke Triebwerk war noch jünger als der Rest des Flugzeugs. Es war am 3. Oktober 1990 bei einer Servicekontrolle an der „Mozart“ montiert worden und hatte gerade einmal 456 Flüge hinter sich.

Um 23:01 Uhr erhielt Lauda-Kurs NG4 die Startfreigabe. Die Piloten ließen die mächtigen Pratt & Whitney-Motoren aufheulen. Eine Minute später hob die Boeing 767 bei bestem Wetter von der Startbahn ab. Die Routine eines Langstreckenflugs begann. Die Piloten fuhren das Fahrwerk und dann die Klappen des Jets ein; sie gingen ihre Checklisten durch. Drei Minuten nach dem Start meldete Captain Welch bei der Bodenkontrolle eine Flughöhe von 4500 Fuß (ca. 1350 Meter). Er erhielt die Genehmigung, direkt bis zur Reiseflughöhe von 31.000 Fuß aufzusteigen.

Alles schien ruhig. Aber um 23.17 Uhr, 15 Minuten nach dem Abheben, begann der Controller in Bangkok, die Boeing zu rufen. „Lauda vier, stellen Sie den Transponder ein.“ Es blieb still. „Lauda vier, hier Bangkok-Kontrolle, können Sie hören?“ Die Stimme des Mannes am Radarschirm wurde hektischer. „Lauda vier, Bangkok Kontrolle, überprüfen Sie Ihren Funk. Lauda vier, Funksprechtest auf Frequenz 128.1, können Sie hören?“

Doch Lauda vier antwortete nicht mehr. Das Radarsignal der „Mozart“, Lauda-Flug NG4 von Bangkok nach Wien, war vom Bildschirm verschwunden.

An jenem Abend wurde in den österreichischen Nachrichten die Meldung von einem Flugzeugabsturz nahe Bangkok verlesen. Noch war die Identität des Flugzeugs nicht bekannt, aber Niki Lauda beschlichen böse Ahnungen. „Eine unserer Maschinen fliegt über Bangkok. Solche Meldungen kann doch niemand erfinden?“ Gegen Mitternacht kam die offizielle Bestätigung der Behörden aus Thailand. Lauda: „Es war unsere – die neueste.“

Wochen später schilderte der Airline-Chef seine Emotionen so: „Los geht's erst, wenn du allein bist. Dann bricht's auch bei mir heraus. Hunderte fliegen mit Uralt-Kisten durch die Gegend. Uns trifft's – warum?“

Lauda setzte in den Tagen nach dem Absturz alles daran, um die Frage nach dem Warum rasch zu klären. Noch am 27. Mai setzte er sich in den Flieger nach Bangkok; er besuchte die Unfallstelle, führte Gespräche, gab Interviews, flog zurück nach Wien und am 31. Mai nach Washington, wo er mit amerikanischen Experten den sichergestellten Cockpit Voice Recorder mit den letzten Gesprächen der Piloten abhören konnte.

Der Autor dieses Buches zählte zu jenen, die Niki Lauda auf seiner Reise zum Absturzort begleiteten – neben Günther Raicher, dem Chef der österreichischen Unfallkommission, oder Elmar Shore, dem Boeing-Repräsentanten in Wien.

Die Boeing 767 war in einer gebirgigen Waldgegend 150 Kilometer nordwestlich von Bangkok abgestürzt. Die Trümmer lagen zum Teil kilometerweit voneinander entfernt. Das führte von Vornherein zur (richtigen) Annahme, das Flugzeug müsse schon in der Luft zerbrochen sein – und zur (falschen) Vermutung, eine Bombenexplosion sei die wahrscheinlichste Ursache.

„Der Besuch an der Unglücksstelle ist ein Alptraum“, stand in der KURIER-Reportage. „Es hat 35 Grad im Schatten. Luftfeuchtigkeit 95 Prozent. Zeitweilig regnet es. Überall liegen zerfetzte Teile der Boeing herum. Dazwischen grässlich entstellte, aufgedunsene Körper, denen manchmal Gliedmaßen fehlen. Über dem ganzen Areal liegt süßlicher Todesgeruch.“

Niki Lauda war an jenem Tag wohl erstmals seit seinem Formel-1-Unfall 1976 in der Öffentlichkeit ohne sein rotes Kapperl zu sehen – angesichts der Toten nahm er die Kopfbedeckung ab. Dem vermeintlich so kühlen Mann liefen Tränen übers Gesicht. Stundenlang marschierte er durch den

Die Flugschreiber der „Mozart“ wurden bald nach dem Absturz im Urwald Thailands gefunden. Der sogenannte Flight Data Recorder war aber durch den Aufprall völlig zerstört

brütend heißen Dschungel. Mit schlammverschmierten Kleidern stand er vor bizarr zerfetzten Metallteilen und fixierte die Reste seiner Boeing, als wollte er sie beschwören, ihr Geheimnis preiszugeben.

„Dieses Desaster ist das größte meines Lebens", sagte er, zurück in Bangkok, im KURIER-Interview. „Die Toten hier zu sehen, das ist einfach schrecklich, unglaublich, erschütternd. Wenn ich selber den Grund (für den Unfall) geliefert haben sollte, wenn ich einen Fehler gemacht habe, dann ziehe ich die Konsequenzen. Ist die Boeing wegen einer Idiotie von mir abgestürzt, dann höre ich auf mit der Airline."

Freilich hatte er da schon eine ganz andere Ahnung: „Dass die Boeing 767 einen technischen Strukturfehler hat, der bis dato unentdeckt blieb und der zur Katastrophe führte".

Ein paar Jahre später sagte Boeings Chef-Testpilot des 767-Programms sinngemäß zum KURIER: „Der Lauda-Unfall war eines jener Ereignisse, die einmal vorkommen, damit etwas Ähnliches nie wieder passiert."

Denn die 767 hatte ein unerkanntes technisches Problem.

Bereits eine Woche nach dem Absturz war klar, dass die Schubumkehr das Desaster ausgelöst hatte. Die Schubumkehr-Klappen an den Triebwerken lenken nach der Landung eines Jets den Luftstrom nach vorn, was den Bremsweg nachhaltig verkürzt. Doch bei der „Mozart" war dies während des Fluges geschehen, und noch dazu nur auf einer Seite. Das rechte Triebwerk gab sozusagen Vollgas, während das linke bremste. Gleichzeitig riss unter der linken Tragfläche durch die Umlenkung der Luftströmung der Auftrieb ab.

Innerhalb weniger Sekunden geriet der mächtige Jet in einen unkontrollierten Sturzflug. Die 223 Menschen an Bord hatten keine Chance. Der Flieger raste dem Boden entgegen, wo er nach 28 Sekunden in einer Höhe von geschätzten 4000 Metern zerbrach.

Wo lag das unerkannte Problem? Es war bei der Konstruktion der Boeing 767 einfach nicht vorgesehen, dass das Ausfahren der Schubumkehr-Klappen in der Luft so katastrophale Folgen haben könnte.

Vom Cockpit aus lassen sich die „thrust reversers", so das englische Fachwort, erst aktivieren, wenn die Räder sicheren Bodenkontakt haben. Und in der Luft sorgen Hydraulikventile dafür, dass die Klappen dort bleiben, wo sie hingehören. Bei Tests in Bodennähe und mit geringer Geschwindigkeit hatte Boeing ausprobiert, was passiert, wenn die Reverser trotzdem einmal in der Luft rauskommen. Das war heikel, aber es ließ sich von den Piloten beherrschen. Doch die Lauda-Katastrophe war in 7500 Metern Höhe bei 800 km/h passiert. So ein Fall war nie getestet worden. Das Szenario schien so unwahrscheinlich, dass es auf der ganzen Welt keinen Simulator gab, der für die Nachstellung dieses Ereignisses programmiert war.

Bei der OE-LAV hatten sich die Besatzungen schon seit geraumer Zeit über die Warnlichter für die Schubumkehr geärgert. Die Leuchten flackerten unterwegs gelegentlich auf und erloschen dann wieder. Die Lauda-Techniker hatten mit dem Problem ihre liebe Not: Sie konnten keine Ursache finden. Wann immer sie die Ventile oder die Verkabelungen für die Schubumkehr untersuchten, schien der Fall gelöst – aber nach ein paar Flügen begann das Flackern erneut.

Kritiker warfen der Lauda-Air nach der Katastrophe Wartungsfehler vor. Die Fluglinie konterte, sie habe sich auf die Regeln des Herstellers Boeing verlassen. Dort stufte man das Problem offenkundig als harmlos ein: Bis zur Behebung des Schadens am flackernden Warnlicht durfte die 767 laut Handbuch noch 500 Flugstunden weiter betrieben werden.

Niki Lauda wollte nach dem Absturz die Wirkung der Schubumkehr auf die „Mozart" im Simulator testen lassen. Im September 1991 hatte man am Boeing-Stammsitz in Seattle einen Simulator für diese Konstellation eingerichtet. Außer Niki Lauda saßen auch die Boeing-Testpiloten am Steuer; die Ergebnisse des Tests flossen in den offiziellen Abschlussbericht über den Unfall ein. Die Lauda-Piloten Welch und Thurner wurden von jeder Mitschuld freigesprochen: „Der Chef-Testpilot von Boeing konnte den Simulator nicht beherrschen, falls seine Reaktion später als vier bis sechs Sekunden (nach dem Ausfahren der Schubumkehr) erfolgte. Für eine überraschte Flugcrew war der Vorfall unkontrollierbar."

Der Schlussbericht der thailändischen Luftfahrtbehörde ist 86 Seiten lang und behandelt alle noch so winzigen Details des Unglücksfluges. Nur eine Schlüsselinformation fehlt: „Die konkrete Ursache, warum die Schubumkehr am linken Triebwerk ausfuhr, konnte nicht identifiziert werden." Die Lösung dieses Geheimnisses ließ sich aus den Trümmern der OE-LAV nicht mehr herauslesen.

Die Vermutungen gingen in zwei Richtungen: Ein elektrischer Schaden in der Verkabelung könnte die Schubumkehr ausgelöst haben, oder ein defektes Hydraulikventil.

Nach dem Absturz der OE-LAV nahm Boeing an den 767-Jets technische Modifikationen vor. An den Pratt & Whitney-Triebwerken verhindern jetzt jeweils zwei Hydraulikventile das unbeabsichtigte Ausfahren der Reverser (zuvor gab es nur ein Ventil pro Triebwerk). Und die Stromkabelstränge wurden an den Tragflächenholmen tiefer ins Innere der Flugzeughülle verlegt – so, dass sich bei turbulentem Wetter keine Scheuerstellen bilden können.

Die Boeing 767 hat sich in den Jahren seit 1991 auf Millionen von Flügen als sicherer und komfortabler Jet bewährt. Der Jet gilt bei den Fluglinien als sparsam und unverwüstlich. So ist es kein Wunder, dass bei der Lauda-Air auch die „alte LAU" bis zum Sommer 2004 noch voll im Einsatz stand – als spezielles Liebkind der Techniker und Piloten. Nur der Name des Fliegers wurde sanft modernisiert. Die OE-LAU hieß seit einigen Jahren nicht mehr „Johann Strauß". Sie hieß jetzt „Marilyn Monroe".

Niki Lauda wollte denUnfall der „Mozart" im Simulator nachstellen. Doch kein Simulator war für den Störfall des Ausfahrens der Schubumkehr in der Luft programmiert

Sarajewo versinkt in Blut und Tränen

KURIER
Unabhängige Tageszeitung für Österreich
Dienstag, 9. Juni 1992 • Nr. 158 • S 8,–
WIEN

Bosnien: Entscheidungsschlacht begann

Die blutigen Kämpfe um die bosnische Hauptstadt haben am Montag einen neuen schrecklichen Höhepunkt erreicht. Weite Teile der Stadt stehen in Flammen, die Bevölkerung wagt sich nicht aus den Kellern (Seite 3).

Nun beginnt Serbien Krieg gegen Bosnien

Schwere Kämpfe mit Hunderten Toten und Verletzten

• Demokraten profitierten von Rekord-Wahlbeteiligung

• George Bush stürzte über Schwäche der US-Konjunktur

Sieg für Clinton

Brand-Alarm wurde viel zu spät ausgelöst

Großfeuer wütete stundenlang in der Hofburg

...strophe finden Sie auf den Seiten 2 bis 6

Zeithistoriker sind gegen die Entfernung von Sichel und Hammer

Fischer: „Keinen Grund für eine Änderung des Staatswappens"

Klaus und Mečiar beschlossen de facto die friedliche Auflösung der Tschechoslowakei

ČSFR: Einigung über Anfang vom Ende

Klestil: Österreichs Politik erneuern!

• Ein Erdrutsch-Sieg: 57 Prozent für Klestil

• Klare Niederlage für Streicher: 43 Prozent

Das grausame Zerbrechen des Vielvölkerstaats

Am 7. April 1992 begann die Belagerung Sarajewos. Der Balkankrieg war da längst im Gange – ein grausamer, langer Konflikt mitten in Europa

Ich regiere ein Land", sagte der jugoslawische Staatspräsident Josip Broz Tito einmal, „mit zwei Alphabeten, drei Sprachen, vier Religionen und fünf Nationalitäten, die in sechs Republiken leben, von sieben Nachbarn umgeben sind und mit acht Minderheiten auskommen müssen."

Am 4. Mai 1980 starb der Marschall, der den Vielvölkerstaat über Jahrzehnte gezähmt hatte, in Ljubljana. Er war 88 Jahre alt. Zum Staatsbegräbnis, das wenige Tage später in Belgrad stattfand, reisten Politiker aus aller Welt an. Bei vielen Gästen war die Trauer vermischt mit Sorgen. Man grübelte über jene Frage nach, die sich der greise Tito selbst gestellt hatte. Ob es ihm gelungen sei, eine friedliche Zukunft des Landes in die Wege zu leiten.

Die Welt hoffte auf ein Ja. Doch sie fürchtete insgeheim, dass mit der Ära Tito auch die Ära Jugoslawiens enden würde. Früher oder später. Der Staat war jünger als sein soeben verstorbener Präsident. Erst 1918, nach dem Ende des Ersten Weltkriegs und dem Zerfall der k. u. k. Monarchie, war das geographische Gebilde zu einem Staat zusammengefasst geworden, das wenig historische Gemeinsamkeiten aufwies. Außer der Tatsache, dass die nun vereinten Völker einander immer wieder bewaffnet gegenübergetreten waren.

In den frühen achtziger Jahren blieb die Lage in Jugoslawien vorerst noch ruhig. Allerdings, so Livia Klingl: „Wer die Geschichten hinter der Küstenfassade des Urlaubslandes kannte, der wusste, dass es dort sehr viel Waffenkäufe gab. Dass Geldflüsse aus der Diaspora im Ausland hereinströmten. So etwas kann nur zwingend passieren, wenn klar ist, dass die Völker nicht mehr miteinander leben wollen. Mitte der achtziger Jahre machten sich die Konflikte in Jugoslawien bemerkbar. Es gab niemanden mehr, der in der Lage war, die sehr unterschiedlichen Interessen dieser sehr unterschiedlichen Völker zu bündeln."

Die Konsequenz: „So haben die halt beschlossen, sich zu trennen in ihrem Kunstgebilde-Staat", sagt Livia Klingl. „Nur haben sie es nicht auf eine Weise getan, die wir tolerieren. Es ist nach den Regeln der UNO erlaubt, dass man Grenzen ändert. Man darf sie nur nicht mit Blut ändern."

Der erste Konflikt lief noch relativ rasch und harmlos ab im Vergleich zu allem, was folgen sollte. Am 25. Juni 1991 hatten Slowenien und Kroatien ihre Unabhängigkeit erklärt. Die jugoslawische Bundesarmee griff in Slowenien sofort ein. Österreich war ein erschrockener Zaungast des Konflikts.

Livia Klingl: „Die Österreicher in der Grenzregion haben nach 1945 sicher nicht damit gerechnet, dass sie noch einmal Panzer hören und dass sie von ihren Wohnhäusern zuschauen können, wie ein paar 100 Meter weiter eine Grenzstation zusammengeschossen wird. Das winzige Slowenien war aber der westlichste Teil Jugoslawiens und konnte sich am leichtesten rauswurschteln." Schon acht Tage nach dem Ausbruch der Kämpfe, die 80 Tote forderten, trat eine Waffenruhe in Kraft. Am 18. Juli 1991 beschloss Jugoslawiens Staatspräsidium, die Bundesarmee aus Slowenien abzuziehen.

Dafür wurde es jetzt in Kroatien richtig heiß. Die beiden Hauptkontrahenten des Konflikts ließen ihre Truppen aufeinander los: Serbiens Staatspräsident Slobodan Milosevic und sein kroatischer Widerpart Franjo Tudjman. „Ich gehöre zu jenen Beobachtern", sagt Livia Klingl, „die der Meinung sind, Milosevic und Tudjman waren politische Zwillinge, die ohne den anderen nicht gut existieren konnten. Sie waren einander recht ähnlich in der Mentalität. Der Unterschied ist, dass die serbischen Verbrechen in der Tendenz massiver waren als die kroatischen. Überspitzt ausgedrückt, könnte man sagen: Den Kroaten hat es gereicht, wenn die Serben verschwunden sind. Den Serben hat es erst gereicht, wenn die anderen umgebracht waren."

Bald brannte es lichterloh zwischen den

Die Symbole des alten Staates wurden mit Füßen getreten. Nach Titos Tod fand sich niemand mehr, der die Sozialistische Föderative Republik Jugoslawien zusammengehalten hätte

Die Kämpfer und ihre Hintermänner. Eine serbische Einheit (links) und die Präsidenten (v. l.) Franjo Tudjman, Kroatien; Slobodan Milosevic, Serbien; Alija Izetbegovic, Bosnien-Herzegowina

kroatischen und den serbischen Einheiten – die Serben setzten auf die Unterstützung der Bundesarmee, um die Serbische Republik Krajina zu begründen. Europa sah dem Flächenbrand mit zunehmendem Entsetzen zu.

Peter Rabl: „Bei der Bewältigung der Krise zeigte sich ein struktureller Mangel der Europäischen Union, die keine Kapazitäten und auch nicht den gemeinsamen Willen hatte, hier zu intervenieren. Diese Erkenntnis ist wichtig und sicher ein Anstoß zu einer gemeinsamen europäischen Verteidigungspolitik."

Am 15. Jänner 1992 waren Slowenien und Kroatien von Österreich und den damals zwölf Staaten der Europäischen Gemeinschaft (die Umbenennung auf EU folgte erst 1993) offiziell anerkannt worden.

Doch wie widersprüchlich die Ansichten innerhalb dieser EG waren, lässt sich aus einem KURIER-Bericht vom 7. April 1992 ablesen: „Es ging um die Anerkennung Bosniens als unabhängiger Staat. Die Meinungen der EG-Außenminister prallten hart aufeinander. Während die einen von einer sofortigen Anerkennung eine beruhigende Wirkung auf den Bürgerkrieg erwarteten, fürchteten andere einen neuen Ausbruch der serbischen Aggression bei einer Anerkennung Bosniens. Sie forderten eine Verschiebung der Anerkennung. Auch eine grundsätzliche Anerkennung, aber erst ein späteres Inkrafttreten dieser Entscheidung, stand zur Diskussion."

Die Anerkennung ging durch, und die serbische Aggression brach aus.

Am 5. April war die Studentin Suada Dilberovic während einer Friedensdemonstration in Sarajewo erschossen worden. Sie wurde das erste Opfer eines serbischen Heckenschützen. Von nun an wurde die bosnische Hauptstadt, die 1984 noch die Olympischen Winterspiele beherbergt hatte, für viele ihrer Einwohner zur tödlichen Falle. Die Belagerung Sarajewos hatte begonnen.

Livia Klingl, die während des Krieges auf zahlreichen Reisen vier Monate in Bosnien verbrachte, über die Motive und Taten der Player im Hintergrund: „Es ist nicht so, dass im Jugoslawien-Konflikt einer der Protagonisten ein reiner Heiliger gewesen wäre. Es ist aber ein Faktum, dass Slobodan Milosevic und die serbische Seite am meisten dazu beitrugen, dass Jugoslawien zerfiel – obwohl sie doch behaupteten, das Land erhalten zu wollen. In Wirklichkeit wollten sie ein Groß-Serbien schaffen, nur unternahmen sie nicht den geringsten Versuch, dieses Ziel in Europa zu argumentieren."

Was die Gewalttaten betrifft, meint die Balkan-Kennerin: „Selbstverständlich hat es auf allen Seiten ganz grauenvolle Verbrechen gegeben, die von der politischen Spitze gedeckt waren. Auch in Bosnien. Trotzdem gab es einen ganz großen kriminellen Anteil auf der serbischen Seite, einen weniger großen auf der kroatischen Seite und einen kleinen Anteil auf der bosniakischen sowie später auf der albanischen Seite."

Die Belagerung von Sarajewo zeigte immer grausamere Folgen. Immer wieder wurden Zivilisten durch Granatenbeschuss getötet. Am 22. Juli 1993, einem der schlimmsten Tage, musste die Stadt innerhalb von 24 Stunden 3777 Granatentreffer hinnehmen. Am 5. Februar 1994 starben 68 Menschen, als Granaten im Zentralmarkt Sarajewos detonierten. Jetzt wurde das Morden den USA zu viel. Die NATO drohte mit Luftangriffen auf die Belagerer; die Serben zogen daraufhin ihre Artillerie 20 Kilometer zurück.

Die Heckenschützen, die Snajper, verrichteten aber weiterhin ihr mörderisches Handwerk. Wer in Sarajewo das Haus verließ, begab sich in Lebensgefahr. Aber in den Häusern war man ebenfalls nicht sicher, wovon bis heute die Spuren der Artillerie-Einschläge zeugen.

Neben den Treffern der Artillerie-Geschütze bildeten die Snajper, die Heckenschützen, die größte Gefahr für die Menschen im belagerten Sarajewo. Jeder Einkauf, jeder kleine Weg außerhalb des eigenen Hauses war lebensgefährlich. Und in den Häusern drohten die Einschüsse der Granaten

Feuerschein nach dem Einschlag einer Rakete der NATO-Truppen im April 1999 in Pristina. „Dieser Krieg brachte kein nachhaltiges Ergebnis. Der Kosovo ist bis heute nicht befriedet"

Ab dem 28. Februar 1994 machte die NATO mit dem Militäreinsatz gegen serbische Stellungen Ernst. Für die Bewohner Sarajewos wurde die Situation kurzfristig besser – aber vorerst noch nicht ganz. Im Dezember 1994 vermittelte der amerikanische Ex-Präsident Jimmy Carter eine viermonatige Waffenruhe, die tatsächlich eingehalten wurde – vermutlich auch deshalb, weil der harte Winter die Krieger von ihrem Tun abhielt. Denn kaum war der Waffenstillstand abgelaufen, begann im Mai eine blutige Kampfsaison.

Im August 1995 nahm dann US-Verhandler Richard Holbrooke seine Tätigkeit auf. Unter dem Druck von US-Präsident Bill Clinton unterzeichneten Milosevic, Tudjman und der bosnische Präsident Alija Izetbegovic am 14. Dezember 1995 das Friedensabkommen von Dayton. Die Kämpfe in Jugoslawien endeten. Vorerst.

„Es war gut und richtig, dass Clinton eingriff und den Krieg in Bosnien beendete", meint Livia Klingl. „Beim 78-tägigen Krieg gegen Jugoslawien bin ich mir bis heute nicht sicher, ob das richtig war."

Dieser Einsatz, für den es kein Mandat der Vereinten Nationen gab, begann erst gut drei Jahre später, im Frühjahr 1999. Nachdem in den zerstörten Staaten des früheren Jugoslawien jetzt wenigstens nicht mehr geschossen wurde, war der Konflikt im Kosovo neu entflammt. Die Kämpfe hatten nach Ansicht der Kosovo-Albaner den Charakter von ethnischen Säuberungen. Um die Auseinandersetzung auch hier zu beenden, ging die NATO mit Luftangriffen gegen Jugoslawien vor. Insgesamt sollen fast 32.000 Attacken geflogen worden sein. Allein die Kosten für diese Luftangriffe wurden auf die Summe von 4,6 Milliarden Euro geschätzt.

Mit geringem Effekt, wie Livia Klingl meint: „An diesem Krieg sind beinahe die NATO und die EU zerbrochen. Das Ergebnis? Der Kosovo ist bis heute nicht befriedet, die Donau war jahrelang unbefahrbar, und es erwies sich, dass man den Serben die Demokratie nicht mit Bomben beibringen kann."

Heute ist das ehemalige Jugoslawien ein Flickenteppich mit den unterschiedlichsten Mustern. Während Slobodan Milosevic in Den Haag der (Kriegsverbrecher-)Prozess gemacht wird, wählten die früheren Teilrepubliken des Landes ihre eigenen Wege in die Zukunft. Am erfolgreichsten war dabei fraglos Slowenien, das als EU- und NATO-Mitglied die Vergangenheit am deutlichsten abgeschüttelt hat.

Doch wie sieht es anderswo aus? Livia Klingl: „Kroatien verleugnet sehr stark seine jüngste Geschichte. Es gibt kein großes Verständnis für die Vermutung, dass auch auf der kroatischen Seite Kriegsverbrechen passierten."

Bosnien-Herzegowina? Für Klingl ist das „ein Land, das nicht existiert. Ein Kunstgebilde seit mittlerweile acht Jahren, eine Erfindung vom Reißbrett. Es gibt dort ein moslemisches Reservat, das kroatische Gebiet und die Republika Srpska als ärmste Ecke. In Wahrheit wollen alle drei nichts miteinander zu tun haben."

Serbien wiederum „ist in ein Loch gefallen. Seit der Ermordung von Ministerpräsident Zoran Djindjic im März 2003 hat das Land den Kompass verloren – abgesehen von jenem in die Geschichte. Die Serben gehen mit einem Affentempo und mit erstaunlicher Zielsicherheit rückwärts."

Neu errichtet: Die berühmte Brücke von Mostar, die während des Krieges zerstört worden war. Doch ein Brückenschlag aus Stein ist am Balkan heute leichter als einer zwischen den Menschen

Attentat auf Zilk

Bürgermeister beim Öffnen einer Briefbombe schwer verletzt
Sechster Anschlag galt Grünen-Klubobfrau Madeleine Petrovic

Der Wiener Bürgermei- … Spitzenkandidatin Madeleine Petrovic eine …

Mehr als 200.000 bei Wiener Lichtermeer

Es war die größte Demonstration aller Zeiten

Schwarzenegger sprach Eid: „Ich will gewinnen"

Eröffnung der Special Olympics

Bei sternklarer Nacht … gleichzeitig alle Kirchen …

Positive Entscheidung von Nationalratspräsident Fischer zeichnet sich ab:

Liberales Forum bekommt eigenen Parlamentsklub

Nobelpreis für de Klerk und Mandela

Friedensabkommen Israel – PLO unterzeichnet

„Schluß mit Blut und Tränen!"

Mit einem Handschlag zwischen Israels …nisterpräsident Jitzhak Rabin und …O-Chef Jassir Arafat wurde Montag …r dem Weißen Haus in Washington die Aussöhnung zwischen Israel und den Palästinensern besiegelt. In einer eindrucksvollen Ansprache beschwor der israelische Premier den Frieden mit den Palästinensern: „Schluß … Hoffen wir auf eine… Osten, beten wir für … tigen Friedens." (Seiten …

Bombenanschlag auf zweithöchstes Gebäude der Welt

World Trade Center: Tote und Verletzte

… unter Zehntau… Vor der Explosion w…

Ein Einzelgänger terrorisierte Österreich

Fast vier Jahre lang stand Österreich unter dem Schock von Brief- und Rohrbomben. Der Täter: Franz Fuchs, ein neurotischer Fremdenhasser

Einmal angenommen, ein Mann stünde auf der Straße und gäbe lautstark eine Art Manifestation von sich. „Der Zilk hat ja eigentlich alle drei Tage im Fernsehen gesagt, die Steirer sind auch nach Wien gezogen. So eine Frechheit. Außerdem hat er behauptet, Wien hat vom Zuzug stets profitiert. Dann hauen wir alle durcheinander, Chinesen, Steirer, Türken und Slawen. Ich finde, das ist doch eine Frechheit!"

Was für Reaktionen würde der Mann bei Passanten auslösen? Kopfschütteln. Stirnrunzeln. Spöttisches Lächeln. Man würde einen Bogen um den Querulanten machen.

Der Querulant hat die Worte wirklich gesagt. Allerdings nicht an irgendeiner Straßenecke, sondern, nach seiner Verhaftung 1997, bei einem Verhör durch die Polizei. Der Briefbomber Franz Fuchs versuchte mit dem Gestammel zu erklären, warum er im Dezember 1993 einen Brief an den Wiener Altbürgermeister Helmut Zilk abschickte. Einen anonymen, hinterhältigen Brief: Außen stand der erfundene Absendername Ing. Norbert Urban drauf, und innen lag eine Bombe.

Wie allseits bekannt, machte Zilk das Kuvert auf. Die Explosion war so heftig, dass seine linke Hand zerfetzt wurde.

Der Altbürgermeister öffnete das fatale Kuvert am Abend des 5. Dezember 1993, als er mit Gemahlin Dagmar Koller gerade aus Portugal heimgekehrt war. Es war die sechste Briefbombe in einer Serie, die zwei Tage zuvor begonnen hatte.

Am 3. Dezember, vormittags gegen elf, hatte der Pfarrer August Janisch im steirischen Hartberg einen dicken Umschlag aufgerissen, der an die „Flüchtlingsberatungsstelle" adressiert und von einem Absender namens „Vutuc" in Hollabrunn aufgegeben worden war. Die Bombe detonierte in den Händen des Priesters, der sich seit Jahren als Flüchtlingsbetreuer einen Namen gemacht hatte.

Kurz danach traf es Silvana Meixner, die Moderatorin der ORF-Minderheitensendung „Heimat, fremde Heimat" in Wien.

Der KURIER-Bericht: „Es war gegen zwölf Uhr, als Silvana Meixner ihre Post sichtete. Ein dicker Brief im A4-Format war an sie persönlich gerichtet. Als Absender schien ein serbisch klingender Name auf: Ante Ninic oder Milic. Der Brief war in Stockerau aufgegeben worden. Meixners Sekretärin Elisabeth Schneeberger: ‚Sie setzte sich an den Schreibtisch und öffnete die Post. Plötzlich ein Blitz und ein ohrenbetäubender Knall. Dinge flogen gegen mein Gesicht. Dann war's ganz ruhig. Wir bluteten beide im Gesicht.'" Silvana Meixner hatte schwere Splitterverletzungen erlitten.

Österreich war alarmiert. Noch am selben Abend erklärte Michael Sika, der Generaldirektor für die öffentliche Sicherheit, dass es sich bei den Bomben um „idente Fabrikate" handle. Neue Anschläge seien nicht auszuschließen. Caritas-Präsident Helmut Schüller äußerte sein Entsetzen: „Mir ist es bewusst, dass es in der Ausländerfrage Auseinandersetzungen gibt. Aber man muss miteinander reden, nicht Gewalt üben."

Tags darauf war es Schüller, an dem der Briefbomber Gewalt üben wollte. Eine Briefbombe an den Caritas-Präsidenten wurde gerade noch abgefangen. Genauso wie (am 5. Dezember) Briefbomben, die an die Grünen-Klubobfrau Madeleine Petrovic und an den Obmann des Slowenischen Kulturvereins Bad Radkersburg geschickt worden waren. Nur für den Urlaubs-Heimkehrer Zilk kamen die Warnungen zu spät.

„Ein schizoider, paranoider Mensch, sozial außenstehend, beruflich nicht vorwärts kommend, beziehungsunfähig": Das Psychogramm des Briefbombers Franz Fuchs, der sich bei seiner Festnahme selbst mit einer Bombe verstümmelte

Am 6. Dezember endete dann das, was man später als „erste Briefbombenserie" bezeichnete. Explosive Sendungen an die Grün-Politikerin Terezija Stoisits, an SP-Frauenministerin Johanna Dohnal und an die ARGE Ausländerbeschäftigung wurden rechtzeitig entdeckt. Die Sekretärin eines Wiener Anwalts allerdings öffnete einen Bombenbrief und wurde verletzt.

Die Bombe an Helmut Schüller konnte unversehrt entschärft werden und bot erste Spuren für die Ermittler. Die Machart: „Insgesamt enthielten die Kuverts je fünf bis 20 Gramm eines noch nicht definierten Sprengstoffs", schrieb der KURIER. „Es waren nach Ansicht der Experten recht geschulte Bombenbastler am Werk. Die Zündart war elektrisch. "

Außer der Bombe wurde im Brief noch ein Begleittext entdeckt: „Wir wehren uns! Grüße von Graf Starhemberg!"

Sie wurden zu Opfern von Briefbomben-Attentaten. Der Wiener Altbürgermeister Helmut Zilk (oben links, mit Ehefrau Dagmar Koller), die ORF-Moderatorin Silvana Meixner (oben rechts) und die Flüchtlingshelferin Maria Loley (rechts, mit Bundeskanzler Franz Vranitzky)

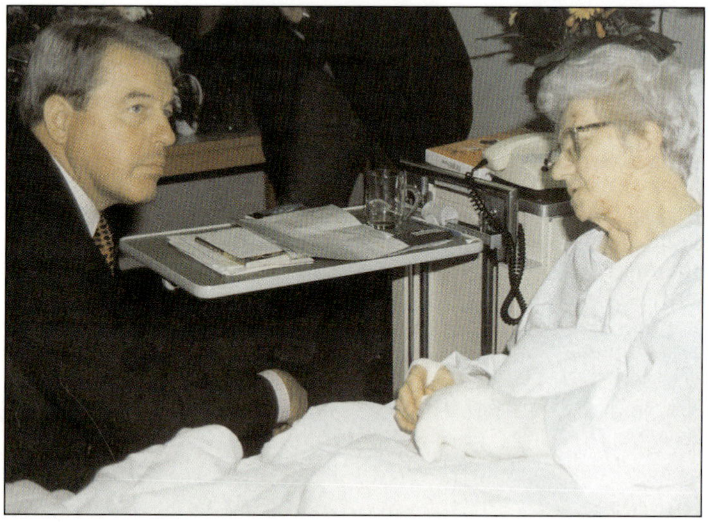

Neun Monate lang, bis zum August 1994, gab es danach keine neuen Bomben. Die Attacken hatten auch so ihr Ziel erreicht: Österreich stand unter Schock. „Nach den ersten Briefbombenattentaten entstand ein sehr unangenehmes Klima", sagt Peter Rabl. „Ein Mehltau an Unsicherheit lag über dem Land. Man hat ungern Post von unbekannten Absendern geöffnet – im KURIER haben wir Poststücke gescreent."

Christoph Kotanko: „Die Attentate zeigten die Verwundbarkeit des Staates und seiner Repräsentanten. Großer Personenschutz war ja in Österreich bis dahin nie ein Thema. Der Bürgermeister von Wien war in jedem Kaffeehaus zu besichtigen. Ich konnte anfangs aber nicht glauben, dass hier eine Serie entsteht. Und ich war längere Zeit nicht bereit, an einen Einzeltäter zu glauben." Peter Rabl stimmt zu: „Dass die Briefbomben von einem Einzeltäter stammen könnten – diese Idee hat zu Beginn niemand vertreten."

Die Ermittlungen richteten sich auf die rechtsextremistische Szene. Es gab heiße Spuren, die rasch erkalteten; es gab Verhaftungen, die bald Freilassungen zur Folge hatten. Die Exekutive tappte im Dunkeln.

Dann änderte sich die Taktik des Gegners. Neue Bomben kamen nicht mehr zwangsläufig per Post. Am 24. August 1994 wurde vor der zweisprachigen Karl-Renner-Volksschule in Klagenfurt eine Rohrbombe entdeckt. Der Polizist und Sprengmeister Theodor Kelz wollte die Bombe in der Röntgenstraße des Klagenfurter Flughafens durchleuchten, doch die Höllenmaschine explodierte. Kelz verlor beide Unterarme. Später machte sein Fall in der Medizin Schlagzeilen, weil Hand-Transplantationen erfolgreich verliefen.

Am 5. Februar 1995 (inzwischen waren vier neue Briefbomben abgefangen worden) eskalierten die Fälle vorsätzlicher Körperverletzung zum Mord. Nahe der Roma-Siedlung im burgenländischen Oberwart wurde ein Schild mit dem rassistischen Slogan „Roma zurück nach Indien!" entdeckt. Als Angehörige der Volksgruppe die Schmähschrift entfernen wollten, lösten sie die Detonation einer Rohrbombe aus. Vier Männer starben.

Die Exekutive gewann beim Vergleich der Bomben-Überreste wichtige neue Beweise. „Jetzt ist es durch Indizien untermauert", schrieb der KURIER am 8. Februar 1995, „der irre Bombenleger von Klagenfurt und Absender mehrerer Briefbomben hat auch die burgenländische Höllenmaschine gebastelt. Das Fachwissen für den Bau von Bomben wie in Klagenfurt und Oberwart dürften laut Fahnder nur ganz wenige Personen in Österreich haben."

Wo der Gegner zu suchen war, schien klar: „Organisierter Rechtsterrorismus!", schrieb Hans Rauscher nach dem Fall Oberwart. „Alle diese Anschläge sind gegen Minderheiten oder Menschen, die sich für sie einsetzen, gerichtet: Roma, Kroaten,

Slowenen, Asylanten, Flüchtlinge, Gastarbeiter. Die Mitglieder dieser Szene sind innerhalb ihres geschlossenen Wahnsystems rational planende und technisch geschickte politische Verbrecher."

Über diese Sachlage bestand weitgehende Einigkeit. Allerdings kam die Sonderkommission der Exekutive in den Februartagen 1995 erstmals mit einer neuen These heraus. Der KURIER meldete eine „überraschende Annahme: Der Mann sei ein irrer Einzeltäter, der rücksichtslos den Verlust von Menschenleben in Kauf nimmt".

Wie könnte man ihn charakterisieren, abgesehen von seinem politischen Wahn? „Hohe technische Fähigkeiten mit Hang zur Perfektion. Fundierte elektronische Kenntnisse. Gute chemische Kenntnisse."

Der oder die Attentäter traten seit 1994 unter neuem Namen auf. Die Pamphlete einer „Bajuwarischen Befreiungsarmee" enthielten außer wirren Politfloskeln so viel Hinweise zu den Bomben, dass ihre Authentizität eindeutig schien. Während die Bajuwaren neuerlich Briefbomben aussandten (Adressaten waren unter anderem die TV-Moderatorin Arabella Kiesbauer und die Flüchtlingshelferin Maria Loley), ging in Wien der Kriminalpsychologe Thomas Müller daran, die Einzeltäterthese genauer unter die Lupe zu nehmen.

Der international renommierte Fachmann Müller, der das Handwerk der Täter- und Tatortanalyse beim FBI gelernt hatte, zog eine Parallele zum Fall des „Una-Bombers" in den USA. Der Mann hatte in 18 Jahren 16 Briefbomben verschickt, durch die drei Menschen ums Leben kamen. Als Täter entlarvte man einen Einzelgänger und hochbegabten Mathematiker: Ted Kaczinsky, 55.

Der Beamte aus Wien informierte sich direkt in den USA über den Una-Bomber. Ernst Bieber schrieb im KURIER: „Müller, der damals schon ein Täterprofil des österreichischen Briefbombers skizziert und in der Tasche hatte, kehrte nachdenklich heim. ‚Wenn man die Geschichte Mister Kaczinskys betrachtet, könnte man meinen, er hat auch die Bomben bei uns verschickt', sinnierte er. Nur die Ziele der Täter waren unterschiedlich. Hatte der Una-Bomber die Technokraten-Welt der Universitäten und Airlines bekämpft, nahm die – vermutlich imaginäre – Bajuwarische Befreiungsarmee jene ins Visier, die Ausländern menschlich gesinnt sind."

Thomas Müller begann, den anonymen Gegner zu umkreisen. „Anhand der Bomben", sagte er, „erkannte ich, dass der Täter ein zwanghafter Mensch sein muss." Zwanghafte Menschen, so seine Folgerung, seien stressanfällig. Also versuchte er, den Druck zu erhöhen. Müller gab viele Informationen an die Journalisten Michael Grassl-Kosa und Hans Steiner weiter, die dann das Buch „Der Briefbomber ist unter uns" veröffentlichten. Er lancierte im ORF den Satz: „Es gibt nur noch zehn Verdächtige, die in der Lage sind, solche Bomben zu bauen. Sie werden alle observiert." Dann, 1997, ließ das Innenministerium durchsickern, man sei dem Briefbomber dank Rasterfahndung auf den Fersen.

Jetzt wurde der Druck für Franz Fuchs zu groß. 1. Oktober 1997, Gralla in der Steiermark: Bei einer Routine-Verkehrskontrolle – zwei Frauen hatten sich belästigt gefühlt – sprang Fuchs aus seinem Auto, schrie den Gendarmen „Da habt ihr es!" entgegen und zündete eine Rohrbombe, die ihm beide Unterarme wegsprengte. Bei den Ermittlungen wurde rasch klar, dass der Briefbomber gefunden war. Der Psychiater Reinhard Haller beurteilte ihn beim Prozess so: Ein schizoider, paranoider Mann, sozial außenstehend, beruflich nicht vorwärtskommend, beziehungsunfähig.

Nach einem peinvollen Prozess – der Angeklagte randalierte bei jeder Verhandlung so lange, bis man ihn aus dem Saal brachte – wurde Franz Fuchs am 10. März 1999 in Graz zu lebenslanger Haft verurteilt. Am 26. Februar 2000 kam dann die Meldung, Franz Fuchs habe in seiner Gefängniszelle Selbstmord durch Erhängen begangen. Peter Rabl: „Fuchs hinterließ keine großen Spuren im Bewusstsein der Bürger, obwohl einige Rätsel ungelöst blieben. Man fand bei ihm keinen Sprengstoff und keine Bombenwerkstatt. Und wie man sich ohne Hände ein Kabel um den Hals legen, dieses an einen Nagel binden und sich erhängen kann – das ist eines der Geheimnisse der österreichischen Kriminalgeschichte."

Das Attentat, das ganz Österreich entsetzte (links): Durch die Rohrbombe von Oberwart wurden am 5. Februar 1995 vier Menschen getötet. Der Polizeipsychologe Thomas Müller (oben) vermutete schon relativ früh, dass ein Einzeltäter für die Anschläge verantwortlich sei. Er versuchte, den geheimnisvollen Mörder in die Enge zu treiben – was dann letztlich auch gelang

Servus Europa!

Zweidrittelmehrheit der Österreicher sagte JA

Jahrzehntelange Fahndung: Terrorist Carlos gefaßt

Französischer Geheimdienst veranlaßte Festnahme des OPEC-Attentäters im Sudan

England mit Kontinent verbunden

Königin Elizabeth und Präsident Mitterrand haben das „Jahrhundertbauwerk" eröffnet: den Tunnel unter dem Ärmelkanal

Todessturz von Skiweltmeisterin Ulli Maier

Bereits 300 verdächtige Matura-Akten entdeckt

Hoher Ex-Beamter des Stadtschulrates wird ebenfalls belastet / Aus „Nichtgenügend" wurde „Genügend"

Nach Horror-Serie: Stoppt den Formel-I-Wahnsinn!

Imola: Ratzenberger und Weltmeister Senna tot – Niki Lauda fordert besseren Kopfschutz

„Wichtigste Entscheidung für viele Jahrzehnte“

Im Juni 1994 stimmte Österreich über den EU-Beitritt ab. Zwei Drittel der Wähler votierten für eine Zukunft in der Union

Manchmal hätte man meinen können, man sei in einer kabarettistischen Großveranstaltung gelandet. Es ging um die Bedrohung durch ein Tier namens Schildlaus. Es ging um den Geschmack eines Produkts, das „Blutschokolade“ genannt wurde.

Doch worum ging es wirklich? Um die „wichtigste Entscheidung für viele Jahrzehnte“, die Österreichs Bürger zu treffen hatten. Für Sonntag, den 12. Juni 1994, war das Referendum angesetzt, mit dem die Wähler über den Beitritt des Landes zur EU abzustimmen hatten.

Peter Rabl gab am Tag der Wahl im KURIER eine klare Prognose ab. „Die Schildlaus sollte zum Schluss der EU-Abstimmungs-Kampagne zum abschreckenden Symbol für alle Bedrohungen unseres Beitritts zur Europäischen Union werden. Bei aller gebotenen Vorsicht sei hier die Prognose gewagt: Exakt solche absolute Unseriosität vieler EU-Gegner wird heute wesentlich zu einer klaren Mehrheit für den Beitritt werden. Die Aufforderung, den berühmten Denkzettel auszuteilen, dürfte sich gegen den Absender richten. Denn, wie Alois Mock formulierte: ‚Es muss verhindert werden, dass man der Republik einen Denkzettel verpasst.‘“

Rabl behielt Recht. Einen Tag später konnte der KURIER – mit den größtmöglichen Buchstaben, die das neue Layout-Konzept der Qualitätszeitung vorsah – jubeln: „Servus Europa!“. 81,27 Prozent der Wahlberechtigten nahmen an der Abstimmung teil. 66,39 Prozent von ihnen kreuzten das Ja an. Es war, wie Rabl im Kommentar zum Tage meinte, „ein historisches Ja als Erfolg für Österreich.“ Denn: „Österreich ist europäisches Kernland und gehört einfach zur Europäischen Union. Wir werden in dieser Gemeinschaft in jeder Hinsicht mehr Vorteile haben als Belastungen. Was unseren Eltern der Staatsvertrag war, ist für unsereinen seit gestern Österreichs Ja zu Europa. Wir sind offenbar nicht so kleingläubig, so veränderungsfeindlich, so ängstlich, wie wir uns gerne nachsagen.“

Im Vorfeld der Abstimmung waren allerdings etliche Hürden aufgebaut, die keinesfalls zwingend ein so klares Resultat versprachen. Peter Rabl heute: „Die EU-Debatte war eine ziemlich heftige Diskussion mit Zweifeln quer durch alle Lager. Die Agrarier zum Beispiel haben sich sehr gefürchtet. Jörg Haider fuhr auf der populistischen Schiene und wollte alles, was an EU-Angst existierte, einfangen.“

Das Europa-Projekt kam dann, so Rabl, in Fahrt, „indem es gelang, zwei entscheidende Pro-Meinungen zustande zu bringen. Erstens jene von Bundeskanzler Franz Vranitzky, der die skeptische SPÖ überzeugte, und zweitens jene der *Kronen Zeitung*. Der KURIER trommelte auch für den EU-Beitritt und hat sicher seinen Anteil am Ergebnis der Volksabstimmung. Aber wenn die *Krone* dagegen gewesen wäre, im Gleichschritt mit der Propaganda Jörg Haiders – da weiß ich nicht, wie die Sache ausgegangen wäre.“ Rabl abschließend: „Kurz vor der Abstimmung war ich sicher, dass es eine Mehrheit für den Beitritt geben würde – die Höhe der Mehrheit war dann das Überraschende. Ich hatte so mit 55 zu 45 gerechnet. Doch offenbar stand eine schweigende Mehrheit der Bürger längst im EU-Lager.“ Am 1. Jänner 1995 trat die Mitgliedschaft dann in Ktaft.

Mit dem Referendum des Jahres 1994 war ein fünfjähriger Verhandlungs- und Abstimmungsmarathon zu Ende gegangen. Erste Signale in Richtung des Vereinten Europa gab es freilich bereits viel früher

Europa, wir kommen! Am Tag des EU-Referendums wurde die Europaflagge euphorisch geschwungen. Denn die Österreicher sagten Ja zu einer Zukunft im gemeinsamen Haus Europa

Es ist geschafft. Österreichs Verhandlungsteam mit (v. l.) Brigitte Ederer, Alois Mock und Wolfgang Schüssel bejubelt den Abschluss der EU-Beitrittsgespräche. Im Hintergrund der spätere EU-Kommissar Franz Fischler

– schon VP-Kanzler Josef Klaus hatte in den sechziger Jahren über eine Annäherung (oder gar den Beitritt) Österreichs zur damaligen EWG nachgedacht. Doch Klaus war seiner Zeit weit voraus, und es ist durchaus anzunehmen, dass die UdSSR in der Ära des Kalten Krieges Einwände gegen solche Pläne vorgebracht hätte.

Konkreten Schwung erhielt Österreichs Projekt Europa erst im Juli 1989, als Außenminister Alois Mock, nach einem Beschluss des Ministerrates, den berühmten „Brief nach Brüssel" abschickte.

„Im Namen der Republik Österreich", schrieb Mock, „habe ich die Ehre, den Antrag auf Mitgliedschaft Österreichs in der Europäischen Wirtschaftsgemeinschaft zu stellen." Dann folgte ein wichtiger Hinweis: „Österreich geht bei der Stellung dieses Antrages von der Wahrung seines Status der immerwährenden Neutralität sowie davon aus, dass es auch als Mitglied der Europäischen Gemeinschaften in der Lage sein wird, seine Neutralitätspolitik als spezifischen Beitrag zur Aufrechterhaltung von Frieden und Sicherheit in Europa fortzusetzen."

Christoph Kotanko: „Der EU-Beitritt ist schon relativ früh von der ÖVP angestrebt worden, und ursprünglich auch von der FPÖ, die beim Referendum dann dagegen war. Hauptbetreiber war Alois Mock, der zu Unrecht als Illusionist und Fantast abqualifiziert wurde; vor allem auch von der SPÖ. Damals war ich allerdings der Meinung, so lange nur die ÖVP auf dem Thema herumreitet, wird das nichts."

Auch Kotanko betont die Rolle Franz Vranitzkys für die Beschleunigung des Projekts. „Es ist eine historische Leistung Vranitzkys, dass er die SPÖ überzeugt hat, vor allem die zögernden Gewerkschafter. Da war dann noch das Problem der Neutralität zu entsorgen, aber das hat man mit einer halb ehrlichen Erklärung irgendwie beigelegt. Nach 1989 war zu spüren, dass es ganz massiv in Richtung EU gehen könnte. Das Bewusstsein setzte sich durch, dass die Vorteile eines Beitritts für Österreich größer sein würden als die Nachteile."

Zunächst aber galt einmal der Spruch: Gut Ding braucht Weile. Österreichs Beitrittsgesuch aus dem Jahr 1989 wurde im Sommer 1991 mit einem positiven Avis der EG-Kommission beantwortet. Dann verstrichen weitere anderthalb Jahre bis zum Beginn der Beitrittsverhandlungen am 1. Februar 1993.

Alois Mock stellte damals klar, dass Österreich „nicht bedingungslos" in die Union eintreten werde. Zu seinen wichtigsten Positionen zählten ein „vertretbarer Kompromiss" bei der Landwirtschaft sowie der Transitverkehr: Da werde man „keinen Millimeter vom ausverhandelten Ergebnis des Transitvertrags abweichen".

Die Gespräche über die Bedingungen des Beitritts dauerten 13 Monate lang. Im Spätwinter 1994 fanden sie ein furioses Finale. Der Schluss-Spurt begann am Nachmittag des 26. Februar in Brüssel – und er sollte erst 60 Stunden später enden. Am Dienstag, dem 1. März, verließen die Delegationen um exakt 22:14 Uhr den Saal; die endgültige Einigung war unter Dach und Fach. Wichtigster Streitpunkt war einmal mehr der Transitvertrag. Österreich gelang es damals, die Laufzeit des Vertrages von fünf auf neun Jahre zu verlängern.

Der allerletzte Schritt im EU-Marathon, der fünf Jahre lang dauerte. Bundeskanzler Franz Vranitzky unterzeichnet in Korfu den Vertrag über Österreichs Beitritt zur Europäischen Union. Rechts neben ihm Außenminister Alois Mock

Vor dem EU-Referendum wurde von beiden Lagern intensiv Stimmung gemacht. Die EU-Gegner warnten vor dem Kleingedruckten, die Befürworter priesen die Gemeinsamkeit

Ein Detail am Rande: Da eine Vereinbarung bestand, die Verhandlungen bis Montag, 24 Uhr, zu beenden, hielt man offiziell die Uhren an, um das Limit nicht zu überschreiten. Fast gleichzeitig mit Österreich beendeten auch Schweden und Finnland ihre Beitrittsgespräche. Bei den beiden Nordländern war ebenfalls ein Stoppen der offiziellen Zeitmessung notwendig.

Der nächste Schritt zur Einleitung des Beitritts führte nun in den Nationalrat. Die Regierung ließ dem Parlament einen 80-seitigen Bericht über das Ergebnis der EU-Verhandlungen zukommen. Außerdem wurde der Entwurf für das Bundesverfassungsgesetz vorgelegt, das in dieser Angelegenheit logischerweise notwendig war. Am 15. April 1994 wurde der EU-Vertrag vom Ministerrat beschlossen; am 5. Mai stimmte das Parlament dem Verfassungsgesetz für den EU-Beitritt zu. In Korfu wurde der Beitrittsvertrag schließlich am 24. Juni 1994 feierlich unterschrieben.

Und dazwischen lag eben die triumphale Volksabstimmung. Eine Analyse des Wählerverhaltens ergab interessante Resultate. Hans Rauscher schrieb im KURIER: „Grob gesprochen, kann man sagen, dass die Zustimmung seit Jänner 1994 zunahm, dass aber der gewaltige Schwenk zu den 66,4 Prozent Ja-Stimmen erst in den letzten zehn Tagen erfolgte. Dabei spielte die Glaubwürdigkeit der Befürworter und Gegner eine große Rolle. So kommt heraus, dass Jörg Haiders Verhalten von 57 Prozent der Befragten als abschreckend empfunden wurde. Man kann also schließen, dass Haiders überzogene Anti-Agitation in letzter Minute (‚Schildlaus') kontraproduktiv war."

Peter Rabl über die Argumente jenes Drittels der Wähler, die gegen den Beitritt stimmten: „Unter ihnen waren jene, die sagten: ‚Wieso sollen wir denn dort dazu, es geht uns doch eh gut.' Das spross aus diesem unseligen Wort von der Insel der Seligen. Es gab aber auch Ängste, die sich inzwischen bestätigten; ‚Da entscheiden andere über uns.' Die feierliche Versicherung Wolfgang Schüssels vor dem Beitritt, dass nichts gegen den Willen Österreichs entschieden werden könne, war falsch. Inzwischen fallen in der EU Mehrheitsentscheidungen noch und noch; auch gegen unsere Interessen. Dann gab es noch die bei Gott berechtigte Angst vor Teuerung, sowie jene vor einem Verlust von Identität. Aber das ist nicht eingetreten."

Was hätte es für Österreichs Wirtschaft bedeutet, wenn sich das Land für einen Verbleib außerhalb der Union entschieden hätte? Reinhard Göweil zieht einen Vergleich. „Die Schweiz, die sich bis heute gegen einen EU-Beitritt wehrt, stürzte im Gefolge des österreichischen Beitritts in eine veritable Krise, was ihre Fertigungsindustrie betrifft. Da die Schweiz die Bank Europas ist, fällt das natürlich nicht so auf. Aber die Daten und die Trends in der Arbeitslosigkeit, vor allem in der Ostschweiz, sind furchtbar. Dort gingen viele Firmen nach Vorarlberg oder Tirol, weil sie einen EU-Standort haben wollten."

Ähnliches, glaubt Göweil, wäre Österreich ohne EU auch widerfahren. „Aber mit ungleich schlimmeren Auswirkungen, weil Österreich eben nicht die Bank Europas ist. Viele große Investitionen, die seither in Österreich getätigt wurden, wären unterblieben. Die Bayern hätten sich gefreut."

Christoph Kotanko sieht die Problematik ähnlich. „Ohne Mitgliedschaft in der EU wären heute der Autismus und die Weltangst der Österreicher noch größer. Österreich wäre in diesem Fall längst von lauter EU-Staaten umgeben; mit Ausnahme der Schweiz. Die exportorientierte Wirtschaft hätte unglaubliche Probleme gehabt, auf dem gemeinsamen Markt Fuß zu fassen."

Warum schlägt der Union dann bis heute immer wieder so viel Ablehnung entgegen? Kotanko: „Die Nutznießer tun verdammt wenig dazu, um zu erklären, warum die Mitgliedschaft Vorteile hat. Man genießt und schweigt. Außerdem spielt mit, dass Brüssel in der Innenpolitik immer wieder für alles Schlechte herhalten muss – ohne dass jemand sagen würde, dass wir selbst in Brüssel ja auch eine Rolle spielen."

Auch Peter Rabl attackiert dieses „Verschulden der Politik, die sagt, alles Gute kommt aus Wien und alles Schlechte kommt aus Brüssel. So geht das nicht. Wenn man beispielsweise durchs Burgenland fährt, sieht man, welcher Geldregen aus der EU da niedergegangen ist. Brüssel wird gern als Feindbild für Dinge aufgebaut, die in Österreich falsch gemacht wurden, zum Beispiel in der Transitfrage. Wir sagten der EU, wir würden den Brenner-Basistunnel angehen. Doch dann haben wir keinen Meter gebohrt, sondern uns darauf verlassen, dass man uns den Transitvertrag schon wieder verlängern wird. Wir haben alle möglichen Regeln nicht eingehalten, wurden deshalb vom Europäischen Gerichtshof verurteilt – und sind dann böse auf Brüssel."

Es mangele noch am europäischen Bewusstsein der Österreicher, meint Rabl. „Doch das brauchen wir, sonst kommen wir wirklich in eine Identitätskrise." Nachsatz: „Als Zeitung versuchen wir, das Gefühl des ‚Wir sind Europa' mit aufzubauen."

Empörung über Bischöfe: Kirche droht Aufstand

Chef des Volksbegehrens warnt vor Zuspitzung und Austritten

Empörung hat die Art ausgelöst, mit der die Bischofskonferenz bei ihrer jüngsten Tagung die Anliegen des Kirchenvolks-Begehrens behandelt hat: Die wichtigsten Punkte wie die Aufwertung der Frauen oder die Weihe verheirateter Männer wurden abgelehnt. **Seite 2**

Trotz Mord an Rabin geht der Friedensprozeß weiter

- Trauer und Betroffenheit über das Attentat von Tel Aviv
- Radikaler Israeli wollte auch Außenminister Peres töten

Auch
Mord an
folger Sh
zeß mit d

Serben geben nach: Hoffnung für Sarajewo

...toppt Luftangriffe / Ende der Belagerung in Sicht

Mörderisches Giftgas in Tokios U-Bahn

Zusammenbruch: Olivia in Spital eingeliefert

Krebskrankes Mädchen liegt in Tullner Kran...

Bombenfalle tötet vier Männer

... mit Pistole und Messern verfolgten sie verdächtiges Auto

Explosion nahe Roma-Siedlung in Ob...

Sparpaket fix: Weniger für Familien und Beamte

Koalitionskrise abgewendet – weitgehende Einigung über das Budget 1995

„Frohbotschaft statt Drohbotschaft“

Das Kirchenvolks-Begehren bekam 1995 mehr als 500.000 Unterschriften. Die Amtskirche wusste mit der „Frohbotschaft“ wenig anzufangen

Das Kirchenvolks-Begehren“, sagt Hubert Feichtlbauer, „kam nicht als Blitz aus heiterem Himmel. Der Zorn vieler Katholiken war seit längerem gewachsen. Kommunionverbot für wieder verheiratete Geschiedene durch den Papst, definitives Nein zur Frauenweihe, Ärgernis erregende Bischofsernennungen für Wien (Erzbischof Groer, Weihbischof Krenn), Salzburg (Erzbischof Eder, Weihbischof Laun), Feldkirch (Diözesanbischof Küng), St. Pölten (Diözesanbischof Krenn), Maßregelung unliebsamer Priester und Laien in diesen Diözesen. Als dann Vorwürfe wegen Abhängigkeitsmissbrauchs gegenüber Minderjährigen durch den seinerzeitigen Knabenseminarleiter Groer öffentlich erhoben und bezeugt und von diesem nur mit Empörung, aber ohne klares Ja oder Nein zurückgewiesen wurden, lief das Fass über.“

Die Empörung übertrug sich auf die Gläubigen. Zunächst in Tirol. Der Religionslehrer Thomas Plankensteiner gab am Karfreitag 1995 eine Meldung heraus: Die Plattform „Wir sind Kirche“ habe vor, in ganz Österreich ein Kirchenvolks-Begehren durchzuführen, für das zwei Monate später, im Juni 1995, Unterschriften gesammelt werden sollten. Plankensteiner nannte zwei Ziele der Initiative. Er peile 100.000 Teilnehmer an und hoffe auf eine „grundlegende Erneuerung der Kirche Jesu“.

Das erste Ziel sollte er locker übertreffen. Beim zweiten stellte sich ihm später die Amtskirche in den Weg.

Was konnte man unter der „grundlegenden Erneuerung der Kirche Jesu“ verstehen? Hubert Feichtlbauer, der 1998 selbst den Vorsitz der Plattform „Wir sind Kirche“ übernehmen sollte, nennt gleich fünf Punkte.

„Erstens: Aufbau einer geschwisterlichen Kirche, in der die Kluft zwischen Klerus und Laien überwunden wird und die Ortskirchen bei der Bischofbestellung mitbestimmen können. Zweitens: Gleichberechtigung der Frauen (Diakonat, Priesterweihe, Mitsprache). Drittens: Freie Wahl zwischen zölibatärer und ehelicher Lebensform durch Weltpriester. Viertens: Positive Bewertung der Sexualität. Das Gewissen soll die Empfängnisregelung bestimmen, und es darf keine Pauschalverurteilung vorehelicher und gleichgeschlechtlicher Beziehungen mehr geben. Fünftens schließlich: Frohbotschaft statt Drohbotschaft. Die Kirche soll die Versöhnung mit wieder verheirateten Geschiedenen oder verheirateten Priestern suchen.“

„Alte Kirche neu aufbauen“: Auch das war einer der Vorschläge der Plattform „Wir sind Kirche“, auf deren Initiative im Jahr 1995 das österreichische Kirchenvolks-Begehren eingeleitet wurde. Während die Amtskirche wenig Neigung zeigte, der Initiative zu folgen, entstanden in zahlreichen Ländern ähnliche Bewegungen

Der Slogan „Frohbotschaft statt Drohbotschaft" traf den Kern der Causa perfekt. Viele Gläubige empfanden die Ziele der Initiative als wichtigen Befreiungsschlag aus der bedrückenden Enge einer Amtskirche, die den Elan des 2. Vatikanischen Konzils längst verdrängt hatte und zu ihren doktrinären Werten zurückgekehrt war. Die Katholiken rissen sich darum, das Kirchenvolks-Begehren zu unterzeichnen. Die Latte von 100.000 Unterschriften, das zeigte sich bald, war viel zu niedrig gelegt. Als die Eintragungsfrist am 25. Juni 1995 endete, hatten 505.154 Gläubige die Zielsetzungen von „Wir sind Kirche" mit ihrer Unterschrift unterstützt.

Christoph Kotanko über die Stimmung im Lande: „Ich fand das Kirchenvolks-Begehren unglaublich ermutigend. Es war ein Zeichen für Selbstorganisation, Selbstverantwortung und Engagement in der katholischen Kirche."

Den konservativen Klerikern vom Schlage Krenns und Eders mussten die Forderungen der liberalen Plattform-Christen allerdings wie eine Drohbotschaft vorkommen.

Franz Ferdinand Wolf meint dazu: „Es gab beim Begehren sicher romantische und überschießende Vorstellungen darüber, was angesichts eines restriktiven Episkopats möglich sein würde. Da waren keine Realpolitiker am Werk, sondern Idealisten, die ihre Position mehrheitsfähig machen wollten."

Hubert Feichtlbauer bestätigt die reservierte Haltung der Amtskirche. „Vor der Durchführung hatten sich aus unterschiedlichen Gründen alle Bischöfe sowie alle Spitzenfunktionäre katholischer Verbände sowie der Katholischen Aktion – mit der großen Ausnahme von Eduard Ploier – gegen das Kirchenvolks-Begehren ausgesprochen."

Doch dann konnte die Initiative zumindest Teilerfolge verbuchen. Feichtlbauer: „Die Ablehnungsfront brach unter dem Eindruck des unerwarteten Erfolges von mehr als 500.000 Unterschriften rasch zusammen. Mehrere Bischöfe wollten die Forderungen jetzt ‚sehr ernst nehmen.' Die Katholische Aktion erreichte einen öffentlichen Dialog mit Bischöfen; selbst der Vatikan nahm Stellung. In Deutschland und in Südtirol wurden im Herbst 1995 ähnliche Befragungen veranstaltet, sodass in den deutschsprachigen Ländern insgesamt 2,5 Millionen Unterschriften zustande kamen. In rund 20 Ländern aller Kontinente entstand eine ‚Wir-sind-Kirche'-Bewegung."

Diese Bewegung traf auf das Beharrungsvermögen der Amtskirche, die in ihrer Geschichte noch fast jede Meinungsäußerung unbotmäßiger Gläubiger ignoriert hatte. Das galt auch für den Fall des Kirchenvolks-Begehrens. „Die Ergebnisse waren dann eher ernüchternd", meint denn auch Christoph Kotanko, während Franz Ferdinand Wolf eine drastischere Formulierung wählt: „Die Plattform hat von der Amtskirche eine Bestattung erster Klasse erfahren. Von den Zielen ist nichts übrig geblieben."

Der Grazer Bischof Weber (oben) nahm die Begehrens-Unterschriften entgegen. Der Pastoraltheologe Paul Zulehner (unten) zählt zu jenen, die immer wieder für eine offene Kirche eintreten

So negativ fällt das Urteil von Hubert Feichtlbauer nicht aus. „Eine bleibende Wirkung war es, dass längst vorhandene Grundstimmungen zu Tage gefördert wurden. Die Hierarchie mochte gespalten sein, das Kirchenvolk war es nicht, denn alle fünf Forderungen fanden überwältigende Mehrheiten. Diese Bewusstseinsbildung ist nicht rückgängig zu machen."

Feichtlbauer nennt noch weitere Indizien dafür, dass die Saat der Kirchenvolks-Begehrer im Lauf der Jahre zumindest in Ansätzen aufging. „Mehrere Forderungen des Begehrens tauchten in allen Kontinentalsynoden katholischer Bischöfe zwischen 1995 und 1999 auf. In Österreich mussten sich die Bischöfe zu einer ‚Wallfahrt der Vielfalt' nach Mariazell entschließen, die 1996 stattfand, und sie mussten einen ‚Dialog für Österreich' anschließen, der im Oktober 1998 unter 300 handverlesenen Bischofsdelegierten neuerlich klare Mehrheiten für alle Forderungen des Kirchenvolks-Begehrens ergab – mit Ausnahme der nicht zur Diskussion gestellten Frauenweihe."

Der „Dialog für Österreich" ging in Salzburg über die Bühne, und Hubert Feichtlbauer gibt einem Argument von Franz Ferdinand Wolf teilweise Recht: „Heute weiß man, vom Vatikan war diese Dialogveranstaltung wirklich als Begräbnis erster Klasse für das Kirchenvolks-Begehren gedacht. Auch manche Bischöfe machten schon damals gute Miene zu solch bösem Spiel, aber nicht alle. Der Grazer Bischof Weber – er war Vorsitzender der Versammlung, weil sich Wiens Kardinal Schönborn ausgerechnet in diesen Tagen einer Operation unterziehen musste – gehörte zu jenen, die bis zum Umfallen um eine ehrliche Lösung rangen. Der damals schon pensionierte Innsbrucker Bischof Alois Stecher hatte zum ersten Mal in zwei Briefen öffentlich auch den Papst kritisiert. Der langjährige Vorsitzende der US-Bischofskonferenz, Kardinal John R. Quinn, zollte in dem weltweit verbreiteten Buch ‚The Reform of the Papacy' Stecher und dem vielfachen Zentralismus-Kritiker Kardinal Franz König ausdrücklich Beifall."

Trotzdem mussten die Unterstützer der Initiative zur Kenntnis nehmen, dass all ihr Engagement kaum konkrete Auswirkungen nach sich zog. Franz Ferdinand Wolf: „Für die Beteiligten ist es sicher eine schöne Erinnerung, dass man sich getraut hat, das in Angriff zu nehmen. Aber beim Versuch

Sie zählten zu jenen Kirchenmännern, an deren Wirken sich der Unmut der Initiatoren des Kirchenvolks-Begehrens entzündet hatte: Der frühere Wiener Kardinal Hans Hermann Groer (links) und der Bischof Kurt Krenn

der realen Umsetzung sind die Ziele bestattet worden von erstklassigen Profis, die so etwas können. Das ist ein Zeichen dafür, dass zwischen den Wünschen des Kirchenvolks und der Machtpolitik der Hirten eine große Diskrepanz besteht."

Wolf meint auch, dass der Kirche dieses routinierte Schubladisieren der Initiative gar nicht gut tat. „Ich glaube, dass die Amtskirche ihr Vorgehen teilweise mit Bedeutungsverlust bezahlt hat. Den Taufscheinen nach ist Österreich auch heute noch ein katholisches Land. Doch der Bedeutungsverlust der Kirche als gesellschaftliche Gestaltungskraft ist nicht zu übersehen, und das zieht sich schon seit Jahrzehnten dahin."

Christoph Kotanko beurteilt die Situation ähnlich. „Die Kirche ist im öffentlichen Leben Österreichs weit über ihre tatsächliche Bedeutung vertreten. Anspruch und Wirklichkeit der Kirche klaffen hier immer weiter auseinander."

In jüngster Zeit ist die Kluft noch weiter gewachsen. Die Krenn-Affäre und der Skandal um das Priesterseminar St. Pölten ließ die Zahlen der Kirchenaustritte wieder sprunghaft in die Höhe schnellen.

Der Innsbrucker Diözesanbischof Manfred Scheuer nannte dies im September 2004 eine „schmerzliche Entwicklung. Denn es sind ja nicht Zahlen, die austreten, sondern konkrete Menschen, mit ihren Lebensgeschichten, ihrem Glauben und ihrem Zweifel."

Und dann ließ der Bischof noch mit einer Bemerkung aufhorchen, die man in dieser Klarheit aus der Amtskirche selten hört. Einerseits sei das ehelose Leben der Priester „durchaus eine im Evangelium vorgesehene sinnvolle Lebensform". Doch andererseits: Er könne sich auch eine Abschaffung des Zölibats vorstellen. „Von der Theologie und der Geschichte her ist das ein gangbarer Weg."

Die Aktivisten von „Wir sind Kirche" werden solche Wortmeldungen dankbar aufnehmen. Hubert Feichtlbauer: „Seit 1995 hat die Plattform unermüdlich diskutiert, argumentiert, Medienaussendungen gemacht, Veranstaltungen mit international namhaften Referenten durchgeführt, mit Bischöfen korrespondiert, an vatikanischen Pforten gerüttelt. Längst wissen wir: Alle Forderungen sind nach wie vor mehrheitsfähig, das Engagement dafür ist es derzeit nicht. Das Volk wartet."

Und Feichtlbauer nennt noch eine konkrete Hoffnung der Kirchenvolks-Begehrer: „Das wird sich ändern, sobald ein neuer Papst gewählt wird. Dann werden alle Forderungen wieder da sein und, ob dieser neue Papst nun offener oder noch rigider als der alte ist, mit vermehrter Vehemenz! Dann wird plötzlich auch das Medieninteresse wieder da sein, das erlosch, als sich die Bischöfe auf römische Weisung hin zu einer Linie des ‚Nicht provozieren und nicht provozieren lassen' entschlossen hatten. Aber was in Hirnen und Herzen brodelt, kann durch taktisches Schweigen nicht auf Dauer ruhig gestellt werden. Wer sich mit dem Begräbnis erster Klasse heute tröstet, wird sich morgen schon über die Kraft der Auferstehung wundern. Was ja durchaus katholisch ist."

Bei ihnen hoffte die Plattform „Wir sind Kirche" auf Verständnis für ihre Anliegen: Der frühere, mittlerweile verstorbene Wiener Kardinal Franz König und sein Nachfolger Christoph Schönborn

Bill Gates wirft sich mit 100 Milliarden S in Internet-Schlacht

In den kommenden drei Jahren nur Verluste / Aktie legte um 60 Prozent zu

Der US-Software-Gigant ... sich die Be- ... Bill Gates noch eine runde Mrd. Dollar Verluste besche- ... chen Minus in den folgenden beiden Geschäftsjahren ...

MULTIMEDIA

KURIER-Online startet bei Ifabo

Ab heute gibt es den KURIER auch im Internet. Der „KURIER Online“ ist im Internet unter dem URL http://www.kurier.at zu finden. **Seite 29**

Ifabo: Eröffnung mit dem KURIER Online

Computermesse mit vielfältigen Höhepunkten – Internet, Notebooks, Multimedia, Kommunikation und ChipCards

Frankreich trauert um Patriarch Mitterrand

„Eine große Persönlich- ... dent Chirac seinen Vorgän- ... krebs gestorben war. Das

Schmidt: Ein Schritt näher zum „gläsernen Menschen“

Liberale empören sich über den möglichen Zugriff auf Gesundheitsdaten bei der Rasterfahndung

Die Beichte der „schwarzen Witwe“

...ch tötete, weil ich Männer hasse“: Ihrem Anwalt gestand Elfriede Blauensteiner vier Morde / Jetzt beginnt sie im Verhör über ihre Taten zu sprechen

Rinder-Wahnsinn: Tausende Menschen in England infiziert?

Experten empfehlen: Nur österreichisches ...

Ganz Österreich trauert um Josef Meinrad

Debakel für die SP

Euro-Wahl: VP Erste, FP nimmt stark zu

...ationelles Ergebnis ... Die schwerste Verluste und rutschen unter die 30-Prozent-... ab. Sie liegen damit hinter der ÖVP und nur knapp vor den Freiheitlichen.

Wien: Häupl unter 40 %, FP fast 30 %

Schwerer als zuletzt erwartet fiel die Niederlage der seit Jahrzehnten mit absoluter Mehrheit regierenden SPÖ unter Bürgermeister Häupl aus. Auch die Volkspartei verlor. Sieger sind die FPÖ und die Liberalen.

Seiten 2 bis 7; 9 bis 12

3:0 – Rapid stürmte ins Europacup-Finale

Die ganze Welt ging ans Netz

Seit 1996 ist der KURIER im Internet vertreten – mit dem Info-Portal www.kurier.at. Das World Wide Web hat die ganze Welt verändert

Mitarbeiter des Internet-Unternehmens Yahoo hatten 2004 ein Problem. Sie boten in den USA um 990 Dollar – ungefähr 770 Euro – die Teilnahme an einer Studie zum Thema Internet-Entzug an, aber es erwies sich als unglaublich schwer, Leute zu finden, die mitmachen wollten.

Nun gut, könnte man einwenden, 990 Dollar für so eine Studie sind auch ein stolzer Preis. Stimmt. Doch der Gag an der Story ist der: Die Yahoo-Leute wollten das Geld von den Teilnehmern nicht kassieren – sie wollten es ihnen bezahlen. Dafür, dass sie zwei Wochen lang auf das World Wide Web verzichten und ihre Entzugserscheinungen notieren.

Nach langen Mühen ließen sich 16 Männer und zwölf Frauen dazu breitschlagen, die 990 Dollar anzunehmen. Und die Autoren der Yahoo-Studie hatten so bereits ihr erstes Resultat vorliegen, bevor die Untersuchung überhaupt noch begonnen hatte: „Das Internet hat die täglichen Gewohnheiten der User in den vergangenen zehn Jahren unwiderruflich verändert. Wer ohne Web leben muss, fühlt sich frustriert und von der Welt abgeschnitten."

Schlag nach bei Google, der Suchmaschine. Tippt man den Begriff Internet ein, so wird man reich beschenkt: 395,000.000 Resultate. In der Poleposition startet, wenig überraschend, ein Portal namens *www.internet.com*, welches einen mit der Gewissheit versorgt, dass die Kunst der Binsenweisheit auch im modernen Gewand nicht ausgestorben ist. Denn es finden sich dort Er- kenntnisse wie diese: „Das Internet bedeutet verschiedene Dinge für verschiedene Leute, aber die meisten stimmen zu, dass das Leben ohne Zugang schwieriger ist."

Wer wollte da widersprechen? Karl Löbl vielleicht: „Ich bin, glaube ich, der Einzige, der für den KURIER noch auf der mechanischen Schreibmaschine schreibt. Ich besitze kein Internet und kein eMail. Doch ich weiß genau, wäre ich 25 Jahre jünger, dann müsste ich das haben."

Zurück ans Netz. Will man den Suchbegriff Internet nur mit deutschsprachigen Ergebnissen ausgooglen, kommt man

Ein weltumspannendes Medium mit vielen Vätern. Der rasante Erfolg des Internet hat fast jeden überrascht. Erst dachte man an eine Spielerei. Dann an schnelle Gewinne. Und heute an Kommunikation und Information

immer noch auf 11,000.000 Ergebnisse. Und wenn wir schon dabei sind: Was ergibt die Kombination „Kurier Wien Zeitung“? 102.000 Resultate; immerhin.

Eines davon ist *www.kurier.at*, das Online-Informationsportal des Blatts. kurier.at zog im Mai 1996 im World Wide Web ein, bei der Wiener Computermesse Ifabo. „Wir wollen mit dieser neuen Form des Services Kontakt zu bisher nicht erreichten Leserschichten herstellen und eine neue internationale Dimension gewinnen“, erklärte Peter Rabl bei der Präsentation.

Rabl hatte schon „vor 1995“ seinen ersten Internet-Anschluss im Büro. „Ich war nur neugierig“, sagt er heute. „Damals hatte ich noch nicht das Gefühl, dass hier eine Revolution bevorstünde. Doch dann brach der Boom nicht schleichend, sondern explosiv über uns herein.“

Herbert Hufnagl schmunzelt: „Bei einer Wette über dieses Thema hätte ich ein Vermögen verlieren können. Denn ich dachte anfangs, es würde Jahrzehnte dauern, bis jeder am Netz hängt.“

Gerald Reischl wiederum, Internet-User seit 1996, sah sich seinerzeit mit Fragen konfrontiert, die heute reichlich absurd klingen: „Wozu braucht man das Internet überhaupt?“ In jenen Kindertagen des Web war das Surfen noch eine beschauliche Angelegenheit. Reischl: „Alles ging viel langsamer, weil man sich über ein Telefonmodem einwählen musste. Aber dafür war auch das Angebot kleiner. Und man freute sich jedes Mal, wenn eine eMail kam.“

Woraus folgt: Spam war noch ein unbekanntes Wort. Dot-Com-Boom war noch ein unbekanntes Wort. New Economy war ein ganz junges Wort, das kaum jemand verwendete. Und das Hauptwort des Internet, Schnelligkeit, wurde 1996 von einem Journalisten des *Hamburger Spiegel* Online so definiert: „Es muss immer aktuell sein. Ich bestehe auf wöchentliche Updates. Mindestens!“

Kurzum: Vor ein paar Jahren hatte noch kaum jemand eine Ahnung, dass der Welt des veröffentlichten Wortes die „größte Revolution seit der Erfindung des Buchdrucks durch Gutenberg“ (so ein amerikanischer Slogan) bevorstand. Am wenigsten vielleicht jene, die das Internet erfanden.

Eine kurze Geschichte der Cyber-Information: Am 1. September 1969 wurde an der Universität Los Angeles das erste Interface an einen Computer angeschlossen, welches gewährleistete, dass unterschiedliche Hardware-Plattformen miteinander verbunden werden können. Dieses Datum wird von manchen als Geburtsstunde des Internet bezeichnet. Bis Ende 1969 waren drei Unis und ein Forschungsinstitut in Kalifornien auf diese Weise verknüpft. Ihr Netzwerk trug den Namen Arpanet.

1971 wurde das erste eMail verschickt. 1972 entstand das @-Zeichen für eMail-Adressen. Am 1. Jänner 1983 wurde das Arpanet auf das so genannte TCP/IP umgestellt; „Transmission Control Protocol/Internet Protocol“. Dieses Datum gilt ebenfalls als eine Geburtsstunde des Internet.

Und das World Wide Web? Das kam Weihnachten 1990 zur Welt. Sein Vater: Der britische Physiker Tim Berners-Lee, der am Kernforschungszentrum CERN in Genf arbeitete. Berners-Lee hatte den Traum, „eine Software zu erfinden, die alles mit allem verknüpft“. Denn: „In einer extremen Ansicht ist die Welt nichts anderes als eine Sammlung von Verweisen. Mir gefällt die Idee, dass eine Information allein dadurch definiert wird, womit sie verbunden ist.“

Der deutsche (Online=)Informationsdienst *heise.de* berichtet: „Im Oktober 1990 begann Berners-Lee, seine Vorstellungen von einem World Wide Web zu programmieren. Im November waren ein Webbrowser und ein Webserver fertig. Heiligabend 1990 war es dann so weit. Abends um halb elf ging der erste Webserver info.cern.ch online. Das Besondere war, dass er mit Hilfe von so genannten Hyperlinks gezielt zwischen Dokumenten hin und her springen konnte, egal, auf wel-

Szenen aus der vernetzten Welt. Ein Leben ohne Zugang zum Internet ist für die User unvorstellbar geworden – davon profitieren auch die Internet-Cafés (ganz oben). Tim Berners-Lee (links), mittlerweile von der Queen geadelt, ist der Erfinder des WWW. Sergej Brin und Larry Page (oben), die jugendlichen Gründer von Google, sind heute Milliardäre

chem Rechner sie gespeichert waren. Voraussetzung war lediglich, dass die Dokumente eine eigene Adresse besitzen mussten und übertragen werden konnten. Dafür sorgten der von Berners-Lee entwickelte Uniform Resource Locator (URL) und das Übertragungsprotokoll http. Gleichzeitig hatte er mit HTML, der Hypertext Mark-Up Language, eine verhältnismäßig einfach zu schreibende Sprache entwickelt, mit der Dokumente codiert werden konnten."

Das war also die dritte Internet-Geburtsstunde. Und bald darauf folgte noch die vierte: Am 30. April 1993 gab das CERN-Institut das World Wide Web frei. Einfach so, gratis und für jedermanns Gebrauch. Die Folgen sind bekannt.

Tim Berners-Lee, Jahrgang 1955, wurde übrigens nicht reich mit seiner Erfindung. Doch er erhielt einen Lehrstuhl für Computerwissenschaften am MIT in Boston, einer der renommiertesten Hochschulen der Welt. Und er trägt jetzt den Namen Sir Tim: Am Neujahrstag 2004 wurde er von der Queen zum Ritter geschlagen. Das US-Magazin *Time* zählt ihn zu den hundert herausragenden Persönlichkeiten des jungen 21. Jahrhunderts.

Während Tim Berners-Lee staunend verfolgte, wie sein Cyber-Baby heranwuchs, machten sich andere daran, mit dem Internet Geld zu verdienen. Mitte der Neunziger begann jener seltsame Konjunkturzyklus, der später Internet-Blase genannt werden sollte. Auf wahnwitzige Gewinne folgten ebenso wahnwitzige Verluste.

„Das Internet entwickelte sich gerade – aber noch wusste niemand, wohin", erläutert Reinhard Göweil. „Also hatte jeder, der etwas dazu sagte, prinzipiell Recht, denn es gab ja niemanden, der ihn widerlegen konnte." Dann entstand die Spekulationswelle. Göweil: „Je bombastischer die Ankündigungen, um so begeisterter wurden sie aufgenommen. Doch nach zwei Jahren stellte sich oft heraus, dass die Unternehmen immer noch dort standen, wo sie begonnen hatten."

Einige der Internet-Börsenstars fanden sich später vor Gericht wieder – kein Geschäft, doch teure Autos, dicke Yachten, protzige Villen. „Andere Unternehmungen", sagt Göweil, „waren in Wirklichkeit wie eine Bank. Sie schrieben positive Bilanzen. Aber nicht, weil sie Kunden gehabt hätten, sondern weil sie das aufgenommene Geld veranlagten."

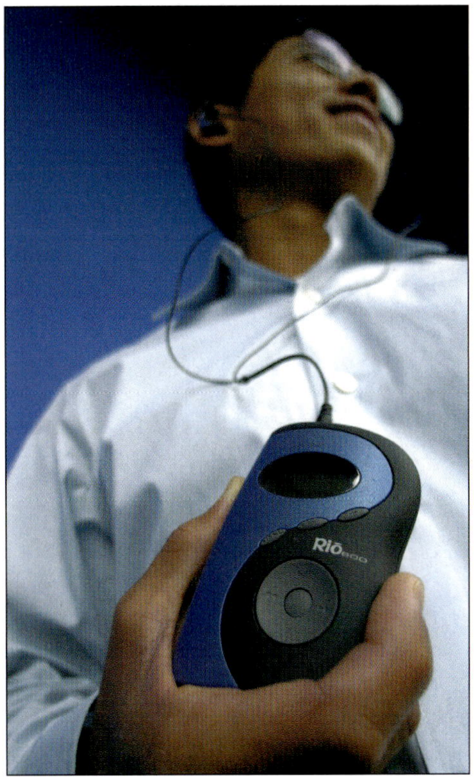

Der moderne Musikfreund von heute holt seine Hits nicht mehr aus dem Plattenladen. Er zieht sie aus dem Netz auf den MP3-Player. Doch Vorsicht: Illegales Downloaden kann teure Nebenwirkungen haben

Dass dieser Finanz-Luftballon irgendwann platzte, findet Göweil ganz in Ordnung. „Denn es wäre ja schlimm, wenn man mit absoluter Substanzlosigkeit an der Börse Erfolg haben könnte."

Jene Firmen, die heute in der IT-Branche etabliert sind (vom Buchhändler Amazon bis zur Suchmaschine Google), arbeiten, so Göweil, in einer versachlichten Atmosphäre. Dennoch hält er die Aktien solcher Firmen weiterhin für spekulative Anlagen: „Die VÖEST wird immer Bleche für Fiat oder BMW produzieren. Doch in der IT-Branche kann niemand sagen, ob es nicht morgen einen neuen Anbieter gibt, dessen Produkt besser ist als alles Bestehende."

Dem Internet-User, der das WWW zur Informationsvermehrung nutzt, können solche Überlegungen egal sein.

Peter Rabl: „Das Internet ist zweifelsohne Fluch und Segen. Der Fluch: Jeder Idiot kann jeden Blödsinn verbreiten und wird Anhänger finden, die das glauben. Früher hätte sich niemand hingesetzt und 1000 Briefe geschrieben, um seine krausen Ideen zu verbreiten. Heute schreibt derselbe Mensch in 30 Minuten ein Pamphlet und erreicht, wenn er Glück hat, eine Million Leute. Ein Beispiel für die Gefahren ist auch das grausliche Thema Kinderporno. Der Segen des Mediums aber liegt darin, dass man den Zugang zu einer unendlichen Menge an realem, gesichertem Wissen bekommt. Die Kommunikation via eMail ist genauso schnell wie einfach. Der Segen des Internet überwiegt meiner Meinung nach enorm."

Das findet auch Herbert Hufnagl: „Für meine Zwecke als Journalist ist es natürlich ungemein wertvoll. Manchmal denke ich mir: Wer macht das, all diese Geschichten ins Netz zu stellen, wenn man zum Beispiel 280.000 Einträge zum Thema Regenwurm findet. Das ist einfach fantastisch."

Verzeihung, Herbert Hufnagl: Bei Google gibt es nur 54.400 Treffer über den Regenwurm. An erster Stelle steht das Portal *www.regenwurm.ch.*

Aus der Traum: Das Platzen der Internet-Blase ließ an den Börsen unermessliche Vermögen schmelzen – die freilich nicht auf Geschäftserfolgen beruhten, sondern auf hysterischer Spekulation

Prinzip Schengen: Außen zu, innen offen

Das europäische Grenz- ... die in einem Staat in die EDV-Systeme eingespei- ... gierung, die wegen der Konvergenzkriterien mit Rom im ... lag, suchte Ent...

Die weiche Grenze Europas

Veraltete Gesetze ermöglichen Tausenden illegalen Einwanderern in Italien die Weiterreise nach ganz Europa

Schlögl: Genügend Beweise gegen „Bombenhirn"

Bei Franz Fuchs Bauplan, Sprengstoff, Bekennertexte gefunden

Ein exakter Schaltplan für die Briefbombenserie 5 vom Dezember 1995 soll den südsteirischen Techniker Franz Fuchs als Bombenhirn überführen. Die Konstruktion fand man unter seinem Bett. Innenminister Schlögl ist optimistisch, offen ist die Frage: Hatte Fuchs Komplizen? Seiten 6, 7 und 8

Rote Fahnen über Hongkong

Streit zwischen London und Peking überschattet Übergabefeier – Blockaden gegen anrück... ...oldaten angekündigt

Diana von Fotografen in den Unfalltod gehetzt

Weltweit Trauer und Kritik an Rücksichtslosigkeit der „Paparazzi"

Kulturerbe: Salzburger Altstadt und Schönbrunn auf der UNESCO-Liste

Österreichs Weltwunder

Der Engel der Armen, Mutter Teresa, ist tot

Friedensnobelpreis-Trägerin starb 87jährig an ihrem Herzleiden

Mutter Teresa, die vor knapp 14 Tagen ihren 87. Geburtstag gefeiert hatte, ist am Freitag abend in Kalkutta ihrem schweren Herzleiden erlegen. Die in Skopje als Kind albanischer Eltern geborene Agnes Gonxha Bojaxhiu erhielt 1979 für ihren unermüdlichen Kampf um die „Unverletzbarkeit der menschlichen Würde" den Friedensnobelpreis. Im Alter von 18 Jahren war die körperlich kleine Frau mit dem Charisma einer ganz Großen den irischen Loreto-Schwestern beigetreten und führ... ein stilles, gottesfürchtiges Leben ... demütiger Nächstenliebe.

Das neue Europa der offenen Grenzen

1997 trat das Schengener Abkommen in Österreich in Kraft. Die Bürger gewöhnten sich rasch an den Wegfall der Kontrollen an vielen Grenzen

Angenommen, ein Österreicher plant einen Trip nach Paris. Die Vorgangsweise ist klar: Ticket kaufen, Koffer packen und los geht's. Ach ja, eines noch. Den Besuch auf der französischen Botschaft nicht vergessen. Wegen des Visums.

Ein Visum für eine Fahrt nach Frankreich? Was heute lächerlich klingt, war vor verblüffend wenigen Jahren noch Realität. Im Sommer 1986 hatte es in Paris eine Serie von Bombenanschlägen gegeben. Als Reaktion führte die französische Regierung am 15. September 1986 die Visumpflicht für alle Reisenden ein, die nicht aus EG-Staaten oder der Schweiz stammten. Österreich zählte nicht zur Union – also mussten seine Bürger erst einmal die notwendigen Stempel einholen, um nicht vor verschlossenen Grenzen zu stehen.

Es war eine Zeit, in der eine Autofahrt von Salzburg nach Innsbruck mit zwei Grenzkontrollen verbunden war (außer, man wollte bummeln und fuhr durch die Berge anstatt über die Autobahn und das deutsche Eck). Jede Urlaubsreise nach Italien konnte auf der Heimfahrt zur Zitterpartie werden. Erst stand man im Stau vor der Grenze. Dann folgte die strenge Beamtenfrage, „Ham S' was zu verzollen?" Und wer darauf nicht mit einem überzeugenden Nein antworten konnte, musste damit rechnen, dass die Grenzer sein Gepäck auseinander nahmen. Armani-Anzug, Muratti-Zigaretten, vielleicht ein paar Flaschen Grappa: Wer im Ausland zu viel eingekauft hatte, wurde zur Kasse gebeten.

Freie Fahrt für freie Bürger: Der Slogan deutscher Autobahn-Tempobolzer hat im Schengen-Europa einen sinnvollen Inhalt bekommen. Die Grenzstationen, wo von strengen Zöllnern nach Schmuggelgut gefragt wurde, verloren ihre Funktion

Die Bürger und ihre Repräsentanten lebten damals in Parallel-Welten. Denn während bei Urlaubern noch nach Schmuggelware gefahndet wurde, als hinge das Schicksal der Staaten davon ab, hatten die Politiker bereits die Weichen für jene Reisefreiheit gestellt, die längst zur europäischen Selbstverständlichkeit geworden ist.

Die Idee stammte von Frankreichs Staatspräsident François Mitterand und Deutschlands Bundeskanzler Helmut Kohl. Die Benelux-Staaten waren von Beginn an als Partner dabei. Am 14. Juni 1985 wurde von Belgien, Deutschland, Frankreich, Luxemburg und den Niederlanden das Schengener Abkommen unterzeichnet.

Schengen ist ein Dorf in Luxemburg mit gerade einmal 375 Einwohnern. Die Schengener sind stolz auf ihre Kirche „mit dem spitzen Turmhelm", auf ihr Schloss und auf ihren Wein. Das Pinot-Fest im August und die Hahnenfeier zum Abschluss der Trau-

benlese im Oktober sind die Höhepunkte des Jahres. Dass der winzige Weiler zum Symbol für die Bewegungsfreiheit in Europa wurde, verdankt er seiner geografischen Lage. Nach Frankreich und Deutschland sind es hier, am Drei-Länder-Eck an der Mosel, nur ein paar hundert Meter.

Den Politikern behagte die Symbolkraft des Orts. Und um die Bewegung zu versinnbildlichen, die mit dem Schengen-Abkommen verbunden ist, wählten sie auch einen beweglichen Tagungsort: Die Verhandlungen fanden auf dem Mosel-Ausflugsschiff „Princesse Astrid-Marie" statt, das in Schengen angelegt hatte.

Flugpassagiere waren die ersten, die in den Genuss der neuen Reisefreiheit kamen: Seit Dezember 1997 muss man bei Reisen im Schengen-Raum nur noch die Bordkarte zeigen, doch nicht mehr den Pass (oben). Das Zollamt am Walserberg wurde fachkundig zerlegt (rechts)

Das Schengener Abkommen war 1985 zunächst nicht mehr als eine Absichtserklärung. „Es zielte darauf ab, allmählich die Kontrollen an den gemeinsamen Grenzen zu beseitigen und eine Regelung für den freien Personenverkehr einzuführen", heißt es in einem Text der EU.

Einen konkreten Inhalt bekam die Angelegenheit erst 1990. Die Staaten legten die Durchführungsbestimmungen fest. Und nochmals knapp fünf Jahre später, am 26. März 1995, füllte sich das Regelwerk mit Leben. In den fünf Signatarländern sowie in Spanien und Portugal, die mittlerweile beigetreten waren, klappten die Grenzbeamten die Grenzbalken nach oben. Vorsichtig noch und neugierig begannen die Bürger, die neue Freiheit auszuprobieren. Und siehe da – es funktionierte wirklich.

Österreich, seit 1. Jänner 1995 Mitglied der Europäischen Union, trat dem Schengen-Vertrag am 28. April 1995 bei. Jetzt blieben gut zwei Jahre Zeit, um das Projekt auf Schiene zu bringen: Freies Überschreiten der Binnengrenzen ohne Ausweiskontrolle; an jeder Stelle und zu jeder Zeit. Diese Vorschrift galt und gilt nicht nur für die Bürger der Signatarstaaten, sondern auch für dort lebende Bürger aus Drittländern sowie für Touristen. Gleichzeitig wurden schärfere Kontrollen an den Außengrenzen eingeführt. Denn das Schengen-Prinzip bedeutete zwar einerseits „Freie Fahrt für freie Bürger", aber andererseits auch, so Margaretha Kopeinig im KURIER: „Außen zu, innen offen."

Was viele verblüffen mag: Obwohl die Schengen-Idee in der EU entstand, war das Abkommen anfangs kein EU-Projekt, sondern eines der beteiligten Länder. Erst im Vertrag von Amsterdam 1997 wurde beschlossen, die Schengen-Regeln 1999 ins EU-Recht zu integrieren. Weil im europäischen Binnenmarkt alle Zollgrenzen fielen, gibt es innerhalb der Mitgliedsländer auch keine Zollkontrollen mehr.

Es schlossen sich aber auch Staaten dem Schengen-System an, die nicht zur EU gehören. Der Stand der Dinge 2004: Bis auf Großbritannien und Irland, wo es immer noch Passkontrollen gibt, gilt das Schengen-Abkommen in allen 15 alten EU-Staaten. Darüber hinaus logischerweise in den Territorien Monaco, San Marino und dem Vatikanstaat, die sowieso keine Kontrollen kannten. Mit dabei sind auch die Nicht-EU-Staaten Norwegen und Island sowie Grönland und die Färöer-Inseln. Die Schweiz und Liechtenstein werden vermutlich 2007 beitreten – dem Schengener Abkommen; nicht der EU.

Die zehn neuen EU-Mitglieder der Osterweiterung wiederum, von Estland bis Zypern, sind allesamt auch Schengen-Mitgliedsstaaten, doch dort werden die Regeln einstweilen noch nicht angewandt. Erst müssen die logistischen Voraussetzungen geschaffen werden – vor allem bei der Sicherung der Außengrenzen der Union.

Das Thema der Ostgrenzen stand auch bei Österreichs Beitritt zum Abkommen im Zentrum. „Zu den Schengen-Standards gehört die lückenlose Überwachung der 1250 Kilometer langen Außengrenze im Osten und Süden Österreichs", schrieb Margaretha Kopeinig 1996 im KURIER. „Rund 5300 Beamte, davon 3000 Gendarmen und 2300 Zöllner, werden mit modernen Instrumenten dafür sorgen, dass illegalen Einwanderern, Waffenschiebern, Drogenhändlern oder Dokumentenfälschern das Leben schwer gemacht wird. Die Grenzstellen im Osten sind großteils mit automatischen Passlesegeräten und EDV-Systemen ausgerüstet. Entlang der grünen Grenze werden so genannte Wärmebild- und Nachtsichtgeräte installiert."

In Bayern verfolgte man die Anstrengungen der Österreicher „mit einer gewissen Skepsis", wie der dortige Innenministeriums-Sprecher Michael Ziegler erklärte. „Die Zeitspanne, die Österreich noch bleibt, ist kurz. Auch nach dem Wegfall der Personenkontrollen wollen wir kein Sicherheitsdefizit. Deswegen haben wir die Schleierfahndung im Hinterland schon jetzt verstärkt."

Schleierfahndung: Das ist eines der neuen Worte aus der Schengen-Welt. Margaretha Kopeinig: „Das Durchführungsübereinkommen sieht vor, dass Beamte auch nach dem Passieren der Grenze kontrollieren dürfen. Österreichische Beamte können Verdächtige theoretisch in ganz Deutschland verfolgen. Dasselbe gilt für deutsche Polizisten auf österreichischem Gebiet."

Österreich investierte rund 2,7 Milliarden Schilling, also knapp 200 Millionen Euro, in die Erlangung der Schengen-Reife. Eine wesentliche Summe floss in die Teilnahme am SIS, dem Schengen-Informationssystem. Diese Datenbank enthält mehr als zehn Millionen Informationen über gesuchte und vermisste Personen, über Menschen mit fragwürdigen Reisedokumenten, aber auch über gestohlene Gegenstände – zum Beispiel Autos, die über die Grenze verschoben werden sollen.

Am 1. Juli 1997 übernahm Österreich den Vorsitz in der Versammlung der Schengen-Vertragsstaaten – ohne selbst noch voll berechtigtes Mitglied zu sein. „Europapolitik: einsam, gemeinsam, seltsam", grollte Christoph Kotanko in einem KURIER-Kommentar. „Deutschland traut – so die Aussagen der Bonner Experten – Österreich noch nicht zu, dass es seine Grenzen nach Osten dicht macht; daher verzögert sich die vollständige Öffnung zur EU."

Doch ein paar Monate später ging es dann endgültig los. Am 23. September 1997 ratifizierte Frankreich als letztes Land den österreichischen Schengen-Beitritt. Zwei Wochen später beschloss der Exekutivausschuss das Inkrafttreten des Durchführungsabkommens per 1. Dezember. An diesem Tag konnten Flugreisende erstmals das neue Gefühl genießen, bei EU-Trips nur noch die Bordkarte, aber nicht mehr den Pass herzeigen zu müssen. Am 1. April 1998 gingen dann auch an den Bundesstraßen und Autobahnen die Grenzbalken für immer hoch.

„Grenzenloses Europa: Mit Sicherheit ein Erfolg", kommentierte Christoph Kotanko im Sommer 1998. „Das Schengen-Informationssystem funktioniert und sorgt damit für die Sicherheit der Bürger. Die von EU-Gegnern geschürte Angst, die Union werde nach dem Wegfall der Grenzkontrollen zum Durchhaus für Kriminelle, ist unberechtigt. Die amtliche Statistik beweist: Trotz des Abbaus der Kontrollen kommt es zu keinen Sicherheitseinbußen. Der Weg dorthin war steinig. Nicht nur die FPÖ, auch bayerische Besserwisser hatten anfangs ihre Zweifel an Schengen. Doch die so genannte Schleierfahndung ist effizient, auch gegen Menschenschmuggler, weil diese eher im Hinterland als an der Grenze tätig werden. Die Erfolgsstory von Schengen zeigt, dass demokratische Staaten durchaus wehrhaft sind."

Heute würde in Österreich vermutlich ein Volksaufstand ausbrechen, sollte jemand die Rückkehr zum alten System der Passkontrollen vorschlagen. „Die Öffnung der Grenzen war sehr wichtig für das Gefühl der Österreicher, Europäer zu sein", meint Peter Rabl. „Ich genieße es jedes Mal, wenn ich auf dem Weg nach Tirol an den nicht mehr vorhandenen Grenzstationen vorbeifahre. Und ich ärgere mich, wenn ich bei der Einreise nach Ungarn warten muss – in der Hoffnung, dass das dort bald auch vorbei sein wird."

Christoph Kotanko: „Die Vorstellung, dass man bei einer Reise nach Deutschland durch die Passkontrolle müsste, wirkt heute eher skurril." Und für junge Menschen vermutlich völlig erdenfern. Reinhard Göweil: „Mein Lieblingsbeispiel ist meine elfjährige Tochter, die es nicht mehr erlebt hat, bei einer Fahrt nach Italien an der Grenze zu warten. Die Jungen denken ganz anders und viel europäischer als wir."

Freilich gab und gibt es am Schengen-System auch immer wieder eine vehement geäußerte Kritik: Dass sich das Europa der Union vom Rest der Welt abschotte. Christoph Kotanko: „Das Wort von der Festung Europa ist ein negativ konnotierter Begriff – aber jeder Staat hat das Recht, zu kontrollieren, wer hereinkommt. Die Lösung liegt sicher nicht darin, alle Grenzen aufzumachen. Was Europa braucht, ist kontrollierte Zuwanderung."

Außen zu, innen offen. Seit Österreich dem Schengen-Land beitrat, kamen auch die Soldaten des Bundesheeres bei der Sicherung der Außengrenze zum Einsatz (rechts). Von Kritikern wird den Mitgliedsländern oft vorgeworfen, sie würden an der Festung Europa bauen. Die Mitglieder des Schengen-Exekutivausschusses (oben: bei einer Sitzung in Deutschland) können dem wenig abgewinnen. Ihr Bestreben ist ein Regelwerk, das größtmögliche Bewegungsfreiheit mit dem Schutz vor illegalen Grenzübertritten vereint

1998

Österreichs größter Popstar bei Unfall getötet

Falco nach Kollision mit einem Autobus auf der Stelle tot

Euro-Kurs am 31.12. um 12:30 Uhr fixiert

Kommission errechnet den Wert des Euro

Glanzergebnis bei Schröders Wahl zum neuen Kanzler

Erste Kabinettssitzung sofort nach der Vereidigung des deutschen Regierungschefs

Gold für Hermann Maier 70 Stunden nach Sturz

Olympiasieg im Super-G / Knauß gewann zeitgleich mit Cuche Silber

Bewohner von Lassing warnten vor der Katastrophe

Nun wird Justiz eingeschaltet / Österreich trauert um 11 Opfer

Wunder von Lassing: Georg Hainzl lebt!

Die ersten Worte nach 10 Tagen: „Mir geht es gut, nur meine Füße sind kalt"

Clinton-Video: Glauben ihm die Amerikaner?

Umfragen dürften über Amtsenthebungs-Verfahren entscheiden

„Muss ich denn sterben, um zu leben?“

1998 trauerte Österreich um Falco, seinen einzigen echten Popstar. Falcos Möchtegern-Nachfolger schaffen es bestenfalls zu Starmania

Was macht einen Popstar aus? Ein paar Hits, eine gute Stimme, Geld wie Heu und ausverkaufte Hallen?

Das reicht nicht, meint Guido Tartarotti. „Zu einem Popstar gehören auch eine Überdosis Charisma, der Mut zur permanenten Selbstinszenierung sowie der unbedingte Wille, berühmt zu sein.“ Außerdem: „Es braucht ironische Brechungen und bewusst eingesetzte Äußerlichkeiten.“ Außerdem: „Auch die Irrtümer, auch der Schrott gehören zum Popstar. Er darf irren, er darf hinfallen; aber er muss wieder aufstehen.“ Woraus zwangsläufig folgt: „Falco ist der einzige Musiker, den Österreich je hervorbrachte, der das Wort Popstar verdient. Er war ein klassischer Popstar. Inklusive des frühen, nicht ganz geklärten Todes, zu dem ein Lied gehört, das wie ein Abschied von der Welt klingt.“

Viele dieser Attribute würden auch auf die Außenwirkung eines noch weit berühmteren österreichischen Musikers zutreffen. Auf Wolfgang Amadeus Mozart. Aber der konnte per definitionem kein Popstar sein, weil es das Wort zu seiner Zeit nicht gab. Zudem würde sich die Klassik-Szene dafür bedanken, wollte der Pop Mozart vereinnahmen. Doch vielleicht ist es kein Zufall, dass der größte aller großen Falco-Hits eine Verbeugung vor Herrn Mozart war: „Rock Me Amadeus“.

„Muss ich denn sterben, um zu leben?“ – so lautete die letzte Zeile des letzten Falco-Hits „Out of the Dark“ und die weltweite Fangemeinde hätte dem Sänger gewiss ein donnerndes „Nein!“ entgegengerufen. Doch es war zu spät. Am 6. Februar 1998,

„Falco ist der einzige Musiker, den Österreich je hervorbrachte, der das Wort Popstar verdient. Er war ein klassischer Popstar. Inklusive des frühen, nicht ganz geklärten Todes.“ Der Falke im Outfit seines Megahits „Amadeus“ (rechts) und am Elektrobass (oben), den er ganz ausgezeichnet beherrschte. Als der tödlich verunglückte Star in Wien begraben wurde (links), trugen die harten Jungs des Motorradclubs MC Outsider Austria den Sarg

kurz vor der Veröffentlichung des Albums „Out of the Dark (Into the Night)“, kam Hans Hölzel alias Falco in der Dominikanischen Republik bei einem Verkehrsunfall ums Leben. Der 40-jährige Wiener war in seinem Geländewagen mit einem Kleinbus zusammengekracht. Er hatte, so die Obduktion, 1,5 Promille Alkohol im Blut – sowie Spuren von Marihuana und Kokain.

Die Beisetzung des Falken, am 14. Februar 1998 im Ehrenhain des Wiener Zentralfriedhofs, wurde zur Mischung aus Rocker-Event und Staatsakt. Die harten Jungs des Motorradclubs MC Outsider Austria trugen den Sarg, dem 4000 Menschen folgten. Bevor der Sarg in der Erde versenkt wurde, ertönte Falcos Version von Bob Dylans „It's All Over Now, Baby Blue“. Eine Schar von Falco-Freunden nahm Abschied – unter ihnen Hansi Lang, STS, Udo Jürgens, Harri Stojka, Niki Lauda sowie die Wiener Bürgermeister Michael Häupl und Helmut Zilk. „Hans Hölzel wurde begraben – Falco lebt“, betitelte Ro Raftl im KURIER ihre Begräbnis-Reportage.

„Für Menschen mit halbwegs normaler Psyche“, meint Guido Tartarotti, „ist ein Dasein als Star nicht ohne Schäden überlebbar. Das ist körperlich wie seelisch so anstrengend und absurd, als würde man jeden Tag einen zehnfachen Marathon zurücklegen. Viele Stars konstruieren ein Alter Ego, hinter dem sie sich zurückziehen können. Das war auch bei Falco so. Privat versuchte er, der Hansi Hölzel zu bleiben.“

Eine erfolgreiche Strategie? Nicht ganz. Tartarotti: „Hans hat den Falco erfunden, um als Hans überleben zu können, doch dann hat der Falco den Hans ersäuft. Hans Hölzel war ein charmanter, fast schüchterner Mann – Falco ein arrogantes Arschloch. Aber der Falco kam stets zum Vorschein, wenn der Hansi besoffen war.“

Die Falco-Karriere des Hans Hölzel begann um 1980. Damals war er Bassist einer soliden Wiener Showband namens Spinning Wheel, die auch eine sehr raue Seite besaß. Gemeinsam mit dem Sänger Stefan Weber mutierten die Musiker um Pianist Thomas Rabitsch und Gitarrist Peter Vieweger zur aktionistischen Chaos-Rocktruppe Drahdiwaberl. Für diese Band schrieb Hölzel den (Anti-)Drogen-Song „Ganz Wien“; einen Insider-Hit mit einem kleinen Manko: Das Lied hatte wegen des Drogenthemas Radioverbot.

Jetzt trat der Wiener Produzent Markus Spiegel ins Bild, der als erster Falcos Potenzial erkannte. Spiegel holte den Pianisten Robert Ponger ins Boot; gemeinsam fabrizierten die drei 1981eine Single, in der es auch irgendwie um Drogen ging, diesfalls jedoch radiokompatibel: „Der Kommissar“.

Die Produktion kostete, so geht die Mär, 50.000 Schilling. Der Rest ist bekannt. „Der Kommissar“ wurde sieben Millionen Mal verkauft und schoss in ganz Europa an die Spitze der Charts. Falco konnte seinen zerbeulten VW Käfer in die Garage stellen. Jetzt wurde er mit Limousinen kutschiert und mit Luxus umhüllt. Plötzlich war er ein Star.

„An Hölzels großem Los hängen garstige Widerhaken“, schrieb der Autor dieses Buches 1985 in einem Falco-Porträt für den KURIER. „Er machte die gefährlichste Karriere, die das zynische Popgeschäft zu vergeben hat: Von null auf hundert in null Sekunden. Kenner schätzen Falcos bisherige Einkünfte auf 15 Millionen Schilling. Gegenleistung für die Millionen: Anschnallen auf der wahrhaft unerbittlichen Tretmühle der Vermarktung.“

Hans Hölzel wirkte damals sehr nachdenklich im Interview. „Das Geld ist natürlich eine feine Sache“, sagte er. „Aber mit so einem Hit geht's dir dreckig. Du sitzt auf einem Karussell, das sich immer schneller dreht. Verlierst dich dabei. Am Ende bist fast schon ein Fall für den Psychiater.“

Seine dunklen Gedanken hatten einen Grund. Er hatte den Erfolg des „Kommissar“ nicht halten können. Zwar wurde seine erste LP, „Einzelhaft“, 1982 ein passabler Erfolg, doch das ambitionierte Album „Junge Römer“ fiel 1984 durch. Jetzt, 1985, hatte die neue LP „Falco III“ schon die Funktion eines Rettungsankers: Letzte Chance für eine Karriere im Niedergang. Zum Glück ließ sich die Sache gut an. Eine erste Single-Auskoppelung kletterte die Austro-Hitparade hinauf. „Ein herrliches Gefühl“, sagte Falco. „Viele hatten mich schon abgeschrieben.“

Ein paar Wochen später sollte die Single auf Platz eins der amerikanischen Hitparade landen – eine Position, die vorher wie nachher für österreichische Pop-Artisten

Anfang und Ende dreier Show-Karrieren. Michael Tschuggnall (Mitte) gewann im Februar 2003 den Starmania-Wettbewerb, konnte danach aber nur noch einen Hit landen. Vom Finalisten Boris Uran (Mitte links) hat man nicht mehr wirklich viel gehört, während die unterlegene Christina Stürmer (Mitte rechts) seither die Hitparaden stürmt

Reality-TV-Show „Taxi Orange". Nur einer kam durch: Max Schmiedl, gelernter Schauspieler und Sieger der ORF-Show, wurde später vom Privatsender ATVplus als Moderator der Fußballsendung „Volltreffer" engagiert

stets unerreichbar blieb. Der Titel des Songs? Richtig, „Rock Me Amadeus". Falco nahm wieder auf dem Karussell Platz, das sich immer schneller dreht.

Er sollte es zeitlebens nie mehr verlassen; auch wenn es ihn manchmal fast aus dem Sitz geschleudert hätte. Denn in den 13 Jahren, die ihm noch blieben, pendelte er dahin zwischen Erfolgen und Flops. Bis er durch seinen Tod endgültig in die Rock-Ruhmeshalle einzog. Frei nach den ahnungsvollen Worten eines anderen großen Schwierigen, Helmut Qualtinger: „In Wien muaßt erst sterben, damit s' di hochleben lassen, aber dann lebst lang."

Szenenwechsel. In den Jahren nach Falcos Tod wurde im weiten Land der Unterhaltung das Reality-TV populär. Auf den Star folgte Starmania. Unzählige junge Menschen scheinen ihr Glück darin zu sehen, ihren Dilettantismus über die Ätherwellen flächendeckend zu verbreiten. Und die Altvorderen fragen sich, warum das so ist.

„Berühmt zu werden ist offenbar ein ganz archaischer Wunsch", vermutet Herbert Hufnagl. „Den Leuten wird ununterbrochen der Mund wässerig gemacht, ins Fernsehen zu gehen. Sie sind bereit, sich der Lächerlichkeit preiszugeben und sich unglaublich zu blamieren – indem sie entsetzlich falsch berühmte Hits nachsingen, oder indem sie in unsäglichen Talkshows ihr Innerstes nach Außen stülpen."

Diese Lust, sich zu produzieren, sei nichts Neues, meint Karl Löbl: „Es gab in Wien ein Kaffeehaus, wo man einmal in der Woche mit Opernarien auftreten konnte, zum Gaudium des Publikums – und das war's dann auch." Mehr sei kaum drin: „Um durch Sendungen wie Starmania eine Karriere in Schwung zu bringen, müsste jemand schon eine ganz außergewöhnliche Begabung sein."

Guido Tartarotti setzt mit seiner Kritik von zwei Seiten an. Einerseits bei den Kandidaten, „die sich zu Tausenden für Starmania melden, obwohl alle wissen, dass das ein Karaoke-Wettbewerb ist, ohne große Karriere als Lohn. Man redet uns ein, dass Star ein Beruf ist, der in seltsamen Lehrgängen wie Starmania erlernt werden kann."

Tartarotti attackiert aber auch die Musikindustrie. „Es ist eine Propagandalüge, wenn die Branche ihre hohen Umsatzverluste nur mit den Internet-Downloads begründet. Die wahre Ursache für den Abwärtstrend liegt darin, dass die Musikindustrie seit mindestens 15 Jahren darauf verzichtet, neue Künstler langfristig aufzubauen; mit allen Rückschlägen, die dabei passieren können. Heute werden Hunderte Newcomer pro Jahr in die Öffentlichkeit geschoben – in der Hoffnung, einer wird's schon werden. Weil die Industrie so verzweifelt ist, hat sie das Starmania-System erfunden."

Die meisten Kandidaten der ORF-Reality-Shows Taxi Orange und Starmania sind längst vergessen. Starmania-Sieger Michael Tschuggnall hatte immerhin einen Hit; danach war's vorbei. Taxi-Orange-Sieger Max Schmiedl, ein gelernter Schauspieler, kam beim Privatsender ATVplus als „Volltreffer"-Fußballmoderator unter. Starmania-Finalist Lukas Permanschlager führte seine Musical-Ausbildung am Wiener Konservatorium fort und wurde für „Elisabeth" ans Theater an der Wien engagiert.

Und Christina Stürmer, die in Starmania gegen Michael Tschuggnall unterlag, schaffte mit mittlerweile 250.000 verkauften Tonträgern als einzige den Sprung zur echten Popkarriere. „Sie hätte sich vermutlich auch ohne Starmania durchgesetzt", sagt Guido Tartarotti. „Christina Stürmer wurde zur aktuell wichtigsten Popkünstlerin in Österreich, weil sie das absolute Konsens-Angebot repräsentiert. Sie ist ein Typ, der von jedem gemocht werden kann. Und sie kann gut singen – aber nicht so gut, dass man sich eingeschüchtert fühlen würde."

Während der Zustrom der Amateure zu den Kameras ungebrochen ist, ortet Gert Korentschnig eine Gegenbewegung. „Viele wirkliche Könner bleiben in der Öffentlichkeit fast anonym. Ein Opern-Weltstar wie Angelika Kirchschlager kann unerkannt durch Wien spazieren. Bei etlichen Autoren, Malern oder Architekten ist das genauso. Die haben gar kein Bedürfnis danach, dauernd in den Schlagzeilen zu sein."

„Berühmt zu werden, ist offenbar ein archaischer Wunsch. Den Leuten wird der Mund wässerig gemacht, ins Fernsehen zu gehen. Sie sind bereit, sich der Lächerlichkeit preiszugeben, indem sie in Talkshows ihr Innerstes nach außen stülpen": Die „Barbara-Karlich-Show" des ORF

Vom Dekadensystem, Y2k und dem drohenden Weltende

Bitte, wo geht es hier zum Weltuntergang? Endzeitpropheten verbreiten apokalyptisches Fieber

Countdown fürs Millenniumsbaby

Im Wiener AKH sieht man dem Jahreswechsel gelassen entgegen: „Eine Nuance mehr an Geburten erwartet" / Alle Geräte überprüft

Gute Vorsätze für das magische Jahr 2000

Die Promis haben sich so einiges vorgenommen

Das Jahr 2000 beginnt auf einer kleinen Insel

Schlappe für Klima, Koalitionsfrage offen

- SPÖ auf historischem Tief: 33,39%
- VP verliert wenig, aber Dritte: 26,9%
- FP gewinnt und überholt VP: 27,22%
- Grün holt Stimmen und Sitze: 7,1%
- LIF verliert alles, Schmidt wankt: 3,41%

Das Milliarden-Geschäft mit der Sonnenfinsternis

- Rekordumsätze für Tourismus und Brillenproduzenten
- Alle Details über das Ereignis und was das Fernsehen zeigt
- Bessere Chancen auf gute Sicht im Osten Österreichs

Lawinen erreichen die Dörfer: Viele Tote, Panik, Hilflosigkeit

- Galtür: Dutzende Menschen unter Schnee begraben
- Schneesturm und Nebel verhindern effektive Hilfsaktion
- Angst verstärkt den Lagerkoller der Eingeschlossenen

Bomben auf Serbien

Angriffswellen mit Marschflugkörpern und Luftwaffe

0:9 – schwärzester Tag für Österreichs Fußball

Der Zeitsprung, die Ufos und der Computer-Käfer

So war es, als das Millennium nahte: Geschichten aus einem Jahr voller Euphorie und Hysterie

Wer erinnert sich noch an den Y2k-Bug (wörtlich übersetzt Jahr-2-Kilo-Käfer, sinngemäß übersetzt Jahr-2000-Problem)? 1999 hielt das virtuelle Insekt die Welt in Atem. Doch kaum war der Kalender auf den 1. Jänner 2000 weitergerückt, zählte der Y2k-Bug auch schon wieder zu den ausgestorbenen Arten. Ohne dass er seine gefährliche Wirkung entfaltet hätte.

Das gespenstische Szenario eines weltweiten Computer-Super-Gaus am Jahreswechsel, das von sorgenvollen Elektronikern entworfen worden war, entpuppte sich als reichlich übertrieben. Denn neue Computer trugen längst das Wissen in ihren Chips, dass nach 1999 das Jahr 2000 beginnen würde. Und den meisten älteren Rechnern, welche die Jahre nur mit zwei Ziffern zählten (97, 98, 99, 00), hatte man diese Erkenntnis nachträglich beigebracht. So gab es kaum Kraftwerke, Krankenhäuser oder Kreditinstitute, deren Computer streikten, weil sie nach 99 das Jahr 1900 gekommen glaubten.

Kleine Rechner-Hoppalas, die irgendwo auftraten, wirkten eher erheiternd: Die Münchner Stadtverwaltung verschickte Mahnungen für 100 Jahre Zahlungsverzug. Die offizielle französische Wetteruhr verkündete den Beginn des Jahres 19100.

Und ausgerechnet der Software-Riese Microsoft machte sich zum Gespött der weltweiten Computer-Gemeinde, denn er kündigte auf seiner Website neue Windows-2000-Bücher für den 1. Jänner 1900 an. Ansonsten drehte sich die Erde ungerührt weiter.

1999 war, wie jedes Jahr, reich an großen Ereignissen. In Europa wurde der Euro als noch unsichtbare Währung eingeführt; auf dem Balkan tobte von März bis Juni der Kosovo-Krieg. In Washington konnte Bill Clinton die Gerichtsakten über die Lewinsky-Affäre schließen, in Brüssel musste Jacques Santers EU-Kommission wegen einer Korruptions-Affäre zurücktreten. In Stockholm strahlte Günter Grass über den Literatur-Nobelpreis, in Wien beweinten Viktor Klima und die SPÖ jenes Wahldebakel, das bald darauf zu Schüssels Wende führen sollte.

Doch ganz egal, welches Event von weltweiter oder lokaler Bedeutung man nennt – was die Gesellschaft in jenem Jahr am nachhaltigsten bewegte, das war das nahende Millennium. Seltsam nur: Die Aufregung legte sich nachher ebenso rasch, wie sie entstanden war. Die Menschheit gewöhnte sich schnell daran, dass nun eine Zwei am Beginn der Jahreszahl stand. Obwohl für diesen Jahreswechsel doch so viel prophezeit worden war. Nicht nur die Invasion des Y2k-Bugs. Sondern auch ewiges Glück oder, ganz im Gegenteil, das nahende Ende der Welt.

Als die Millenniums-Welle Ende der Neunziger zu wogen begann, war's den meisten Zeitgenossen egal, dass sie dem falschen Datum entgegenfieberten. „Man will besinnlich die Jahrtausendwende feiern, die ja noch gar keine ist", informierte der KURIER. „Schuld daran ist das Dekadensystem. Es ändern sich zwar die Zahlen, doch ist das alte Jahrtausend erst mit der

Es gab Millenniums-Brillen, und es gab die Millenniums-Sanduhr, die allerdings nicht mit Sand, sondern mit 2000 kleinen Diamanten gefüllt war: Der Jahrtausend-Wechsel führte bei den Designern zu wahren Kreativitäts-Anfällen. Stil und Geschmack blieben dabei aber gelegentlich auf der Strecke

Die konkret befürchteten Probleme traten beim Millennium ebenso wenig ein wie die apokalyptischen Prophezeiungen. Die meisten Computer blieben vom Biss des „Millennium Bug" verschont (oben). Die von Nostradamus (rechts oben) und von UFO-Fantasien beflügelten Visionen verschwanden bald wieder im Schatzkästlein der Narreteien

letzten Dezembersekunde des Jahres 2000 komplett. Wir feiern also etwas, was gar nicht stattfindet."

Nachsichtig sahen die Millenniums-Süchtigen auch darüber hinweg, dass die christliche Zeitrechnung nicht die einzige ist auf der Welt. Der jüdische Kalender, der die Zeit „seit Erschaffung der Welt" zählt, hielt in unserem Jahr 2000 beim Jahr 5760. In China schrieb man das Jahr 4697, in Indien 1920 und im Islam 1421.

Ebenfalls wenig Beachtung fand schließlich die Tatsache, dass die Christenheit jahrhundertelang überhaupt nichts davon wusste, in der christlichen Zeitrechnung zu leben. Denn unser Kalender, so ein Text der deutschen Humboldt-Gesellschaft, „stellt eine Zeit in eine Zeit hinein. Sie zählt nicht von einem Anfang, sondern von einer Mitte her. Das Leben Christi teilt die Weltgeschichte in ein Vorher und ein Nachher. Mit dieser Übung begannen im 5. und 6. Jahrhundert die Mönche Victorius von Aquitanien und Dionysius Exiguus in Rom, wobei der Erste die Passion, der Zweite die Geburt Christi zugrunde legte. Voll ausgebildet tritt uns die christliche Zeitrechnung in ihren beiden Zählformen (v. Chr. und n. Chr.) erst seit dem 18. Jahrhundert entgegen."

Sei's drum: In Österreich und anderswo trat man 1999 dem Jahr 2000 zwar nicht voll ausgebildet, aber voller Schwung entgegen. „Bei mir überwog das Gefühl, es sei etwas Schönes, eine Millenniums-Wende zu erleben", formuliert Peter Rabl einen Eindruck, den er gewiss mit Millionen anderer Bürger teilte. Und, ein ganz persönlicher Zusatz: „Schon als Kind hatte ich mir ausgerechnet, dass ich 52 werde, wenn das Jahr 2000 beginnt."

Die Vorfreude aufs Fest löste in vielen Branchen Hochkonjunktur aus. Die Verschwörungstheoretiker etwa überschlugen sich geradezu vor lustvollem Schauder. Autoren von Bestsellern wie „Nostradamus und das Millennium" kassierten prächtige Honorare (heute steht auf der Homepage des Internet-Buchhändlers Amazon.de der schlichte Vermerk „Diesen Titel führen wir nicht mehr").

Die apokalyptische Ausgangslage 1999, auf der fachkundigen Website *scinexx.de* kurz skizziert: „Für die einen sind die zahlreichen Erdbeben, die Zunahme der Gewalt und das Auftreten von Kometen Anzeichen des kommenden Weltuntergangs, für die anderen birgt die Zahl 1999 etwas Mystisches. Die Interpretationen der Prophezeiungen des Nostradamus reichen vom Weltuntergang bis zum Ausbruch des Dritten Weltkriegs."

Freilich war auch Rettung in Sicht. Die Ufo-Sekte Ashtar Command versprach den Erdenmenschen, sie würden bei akuter Bedrohung von den Außerirdischen evakuiert werden. Die „Apostel der letzten Zeiten" wiederum beruhigten per Presseaussendung vom 6. Jänner 1999: „Kein Weltuntergang 1999–2001. Erst kommt der Antichrist, dessen Weltdiktatur dreieinhalb Jahre dauern wird."

Trotz solcher vertrauensbildender Aussichten wurde im Net heftig über Fragen wie dieser diskutiert: „Würden Sie in der Silvesternacht 1999/2000 mit dem Flugzeug fliegen?"

Zur gewiss nicht geringen Überraschung der Furcht-Fraktion gaben viele Menschen ein donnerndes Ja als Antwort. Die Reise-Branche bediente nur zu gern die Lust der Leute, den Jahreswechsel fern der Heimat zu feiern. Neben exklusiven Kurz-Trips nach Paris, London oder New York wurden auch eigene Millenniums-Flüge angeboten. Der Austrian-Kapitän Alexander Gsteu etwa organisierte eine Expedition per Fokker-Jet in die Südsee. „Der Clou an der Sache: Weil der Jet die Datumsgrenze überfliegt, können die 55 Passagiere gleich zwei Mal Silvester feiern", stand im KURIER. Um 99.900 Schilling war man dabei.

Angst vor dem Millennium Bug hatte der Flugkapitän nicht. „Die Jets sind längst überprüft worden. Es könnte höchstens sein, dass am 1. Jänner irgendwo bei einem Kontrollzentrum ein Computer ausfällt. Deswegen bleiben wir in diesen Stunden am Boden."

Auch wenn der Y2k-Bug, wie eingangs erwähnt, nicht ernsthaft zubiss – die Sorgen der Computerleute waren, anders als

das schrullige Gefasel der Apokalyptiker, wirklich ernst zu nehmen. Der Urgrund des Problems stammte aus einer Zeit, als die Computer noch riesig, ihre Rechenleistung aber klein war und als das Jahr 2000 noch unendlich weit entfernt schien. Um Speicherplatz zu sparen, wurden die Jahreszahlen damals nur mit den zwei Endziffern eingetragen. Das Datum „1.1.00" bedeutete in diesen Rechnern damit automatisch 1. Jänner 1900.

Schon Mitte der neunziger Jahre gab die Computerbranche erste Warnmeldungen aus. In Großbetrieben wurden eigene Abteilungen gegründet, welche die Rechenanlagen überprüften und, wenn nötig, umrüsteten. Viele Kleinunternehmen ließen sich bei diesem Unterfangen aber lange Zeit; zudem wusste niemand, ob und wie viele Fehler man übersehen haben könnte. So zitterte die Welt in der Tat dem Jahrtausendsprung entgegen.

Doch als die Computer in hochtechnisierten Länder wie Japan, die nahe an der Datumsgrenze liegen, mehr oder weniger problemlos weiterhin funktionierten, sah man auch in Europa und dem Rest der Welt der Stunde des Jahreszahlwechsels entspannter entgegen.

Als sich das Jahr 1999 dem Ende zuneigte, hatte sich freilich schon eine gewisse Millenniums-Müdigkeit breit gemacht. „Kaum ein Unternehmen, das nicht auf den Millenniums-Trend aufspringt", schrieb Herbert Gartner am 3. Dezember 1999 in einem KURIER-Kommentar.

Seine beredte Klage: „Kaum ein Produkt, das nicht in sündteurer Millenniums-Ausgabe auf dem Markt ist. Denn wenn schon Millennium, dann soll es auch ein Millenniums-Geschäft werden. Hofft zumindest die Wirtschaft. Doch sicher ist sie nicht. Denn die Angst vor dem Millenniums-Flop geht um. Möglicherweise zu Recht. Glaubt man einer Umfrage unter knapp 5000 jungen Menschen in 14 Ländern der Welt, so will gut die Hälfte davon zum Jahreswechsel nur eines: heißen Sex. Und dazu bedarf es keiner Millenniums-Reise, keines Millenniums-Bras, keines Millenniums-Menüs und keines Millennium-Weckerls."

Die Nacht vom 31. Dezember 1999 zum 1. Jänner 2000 wurde rund um den Globus natürlich zu einem rauschenden Fest. Wer wollte, konnte televisionär fast überall dabei sein. Der ORF berichtete 24 Stunden lang live, wie die Welt das neue Jahr begrüßte – von den Südseeinseln Tonga und Kiribati, die den Anfang machten, bis nach Los Angeles.

Es waren großteils friedliche und freudvolle Feste. Die Menschen nahmen Abschied vom 20. Jahrhundert, das in seiner ersten Hälfte so viel Schrecken, Verbrechen und Krieg gebracht hatte, doch das politisch, mit dem Fall des eisernen Vorhangs, hoffnungsvoll endete.

Die Veränderungen, die nach dem Jahreswechsel kommen sollten, hatte niemand auf der Rechnung – weder die Wirtschaftskrise noch den Terror und den Krieg gegen den Terror.

Peter Rabl: „In der Rückschau scheint es heute so, als wären die neunziger Jahre heiter gewesen und als habe seither eine politisch eher düstere Zeit begonnen. Wir trennen das aber ein wenig künstlich, denn der Jugoslawien-Krieg, beispielsweise, ereignete sich ja in den Neunzigern. Den seligen Frieden gab es auch damals nicht. Ein Faktum ist aber, dass sich die wirtschaftliche Lage seit dem Jahr 2000 verschlechtert hat, auf hohem Niveau. Das löst ein bisschen Verunsicherung aus."

Die Welt feierte am 31. Dezember 1999 das größte Silvesterfest aller Zeiten. Sydney in Australien, unweit der Datumsgrenze gelegen, war eine der ersten Metropolen, in denen die Feuerwerksraketen knallten. Wer wollte, konnte die globale Party 24 Stunden lang im Fernsehen verfolgen

Schüssel wird heute Kanzler Die EU startet ihre Strafaktion

- Bundespräsident lehnte Prinzhorn und Kabas ab
- Angelobung heute nach großen Problemen mit FP-Ministerliste
- Demonstranten stürmten die Bühne des Burgtheaters

Regierung durch unterirdischen Geheimgang zur Angelobung

- Große Demonstrationen und gewalttätige Krawalle in Wien
- Bundespräsident in TV-Rede „mit Sorge und Betroffenheit"
- Ausländische Investoren ziehen sich von Börse zurück

Brand-Inferno in Tunnel tötet 170 Skitouristen

Kitzsteinhorn: Österreich trauert um Opfer der Katastrophe

U-Boot wird zum Sarg, Putin unter Beschuss

Rettungsluken blockiert / Präsident schiebt Schuld ab

Graf vergoldet die Silbermedaille

Der sensationelle zweite Platz über 800 m bringt Steffi Graf 400.000 S plus Werbeeinnahmen – der Marktwert der Kärntnerin hat sich verdoppelt

Concorde-Pilot meldete vor Start Panne im Triebwerk

Reparatur verzögerte Abflug / Trauerfeier für die 113 Opfer

Airbus-Bruchlandung: Pilotenfehler?

Beinahe-Katastrophe in Wien-Schwechat / Experten sagen, nicht eingezogenes Fahrwerk ließ Treibstoff ausgehen und Triebwerke ausfallen

Abschied von der großen Liebenden

Kammerschauspielerin Paula Wessely ist am Donnerstag im Alter von 93 Jahren in Wien gestorben

Aktionäre der New Economy fahren derzeit Achterbahn

Nach Jahrestiefststand 8,7 Prozent Plus am Neuen Markt / Sterben der Dot-com-Firmen geht weiter

Polit-Poker mit Wolfgang Schüssel

Nach der Regierungsbeteiligung der FPÖ wurde Österreich international ins rechte Eck gestellt. Doch die Aufregung hat sich bald wieder gelegt

Das Wahlergebnis vom 3. Oktober 1999 war eindeutig. Die SPÖ bekam 1.532.488 Stimmen. Damit waren die Sozialdemokraten die stärkste Partei und zugleich der größte Verlierer. Stimmanteil 33,15 Prozent – Bundeskanzler Viktor Klima hatte die SPÖ, die 20 Jahre zuvor noch mit Kreiskys absoluter Mehrheit regierte, in den Keller gefahren.

Die ÖVP und die FPÖ erhielten je 26,91 Prozent. Doch mit 1,244.087 Stimmen lagen die Freiheitlichen um Haaresbreite vor der Volkspartei (1,243.672 Stimmen). Auch das ließ sich eindeutig bewerten: Jörg Haiders Blaue durften als große Sieger triumphieren (wenngleich es entsetzte Stimmen aus dem In- und Ausland gab, dass eine Partei mit so geringer Distanz zu ultrarechten Gedanken so stolze Resultate erzielte).

Und die Volkspartei? Die hatte erstens ebenfalls ihr schlechtestes Nationalrats-Wahlergebnis aller Zeiten zu verkraften und stand zweitens vor dem Abschied von der Regierung.

Schließlich hatte Wolfgang Schüssel, Vizekanzler, Parteichef und Spitzenkandidat, im Wahlkampf eine eindeutige Aussage gemacht: Sollte die Volkspartei den zweiten Platz verfehlen, dann ginge sie in Opposition; ohne Wenn und Aber. Maria Rauch-Kallat, die Generalsekretärin der Partei, beteuerte das am Wahlabend noch einmal: „Wenn wir Dritte werden, und sei es noch so knapp, wird die Volkspartei, wie von Schüssel gesagt, in die Opposition gehen."

Freilich waren zu dieser Stunde die Wahlkarten noch nicht ausgezählt und die Schwarzen durften die Hoffnung hegen, die Blauen noch zu überholen.

Peter Rabl argumentierte im KURIER-Kommentar, Schüssel habe mit der Oppositions-Ansage die ÖVP aus einem viel tieferen Schlamassel herausgezogen, denn Wochen zuvor sei die Partei noch weit abgeschlagen Dritter gewesen. Folglich: „Mit diesem Ergebnis kann die Ankündigung, in Opposition zu gehen, nicht absolut bindend sein. Es geht schließlich um die Regierbarkeit des Landes."

An Schwarz-Blau dachte Rabl dabei freilich nicht: „Bei Verhandlungen mit der geschlagenen SPÖ hat die ÖVP hervorragende Karten. Einzige realistische Variante ist eine neue rot-schwarze Regierung."

Dann wurden die Wahlkarten ausgezählt. Schüssel blieb Dritter. Doch wenige Monate später war er Erster. Der ÖVP-Chef wurde Bundeskanzler der schwarz-blauen Koalition. Die Wende war da.

Peter Rabl im Rückblick: „Während des Wahlkampfes rechnete ich überhaupt nicht mit Schwarz-Blau. Aber als sich nach der Wahl die Koalitionsverhandlungen dahinzogen, wurde ich nachdenklich. Bei einem Hintergrundgespräch mit Bundespräsident Thomas Klestil fragte ich ihn, ob es eine Strategie für den Fall gebe, dass Schüssel mit Haider kommt und eine Regierung machen will. Klestils Antwort: ‚Nein.' Er rechnete damit, dass er wieder eine große Koalition Klima-Schüssel zusammenbringt. Da begann es bei mir zu dämmern."

Denn: „So gut kannte ich Wolfgang Schüssel, um zu wissen, dass er ein Gambler ist – und dass er irrsinnig angefressen auf Klima war, den er für keine große Leuchte hielt. Was heute auch auf der linken Seite durchaus bestätigt wird. Meiner Meinung war es von Schüssel von Anfang an so geplant: Er hat Viktor Klima zu Tode verhandelt und ihn im Kreis herumgeschickt, bis der die Nerven wegschmiss. Die letzte Provokation war die VP-Forderung nach einem parteiunabhängigen Finanzminister. Da steckte Klima auf."

Die Freude von Bundespräsident Thomas Klestil (rechts), Wolfgang Schüssel als Bundeskanzler anzugeloben, hielt sich im Februar 2000 in der Wiener Hofburg unverkennbar in engen Grenzen

Ob Viktor Klima (Mitte) schon ahnte, dass ihn Wolfgang Schüssel (links) bald als Kanzler ablösen würde? Flankiert von Heinz Fischer (rechts) und Andreas Khol, wendete Klima am Wahlabend 1999 den Blick von den Resultaten ab

Christoph Kotanko meint zu Schüssels Oppositions-Ansage: „So etwas ist Usus geworden. Schüssel ist nicht der erste Politiker, der geflunkert hat. Die Entschlossenheit, in der er es tat, lag aber schon ein bissl außerhalb des Rahmens. Es war für ihn jedoch die einzige Möglichkeit, das Überleben der ÖVP zu sichern."

Denn als langjähriger Juniorpartner der SPÖ schwebte die Volkspartei in Gefahr, ähnlich unter die Räder zu kommen wie 2004 die Freiheitlichen. Kotanko: „Die ÖVP war nach dem Wahlergebnis 1999 vom Untergang bedroht. Wäre sie wieder als Zweiter unter Klima in die Regierung gegangen, hätte dies das absehbare Ende bedeutet. So war es keine sehr kühne Prognose, es würde statt zu Rot-Schwarz zu einer anderen Regierungsform kommen."

Kotanko nahm allerdings an, dass Volkspartei und Freiheitliche sachlich vor sehr komplexen Verhandlungen stünden. „Aber da der Wille zur Zusammenarbeit so übermächtig war, bedeutete die Vereinbarung des Regierungsübereinkommens dann auch keine große Schwierigkeit mehr."

Bundespräsident Thomas Klestil machte keinerlei Hehl aus seiner Abneigung gegen Schwarz-Blau. Er lud SPÖ und ÖVP zu Sondierungsgesprächen, bei denen nicht viel weiterging. Dann folgten, im Dezember 1999, offizielle Koalitionsgespräche – wieder ohne Resultat. Selbst eine SPÖ-Minderheitsregierung wäre dem Bundespräsidenten noch lieber gewesen als das Bündnis von Schüssel und Haider. Doch dann ließen die beiden die Katze aus dem Sack: „Schüssel fordert Kanzler, Haider bleibt in Kärnten", titelte der KURIER am 26. Jänner 2000. In der EU brandete lautstarker Protest gegen die Regierungsbeteiligung der FPÖ auf – auch aus den Reihen der konservativen Parteien.

„Wir müssen die massive Kritik aus den EU-Partnerstaaten ernst nehmen", kommentierte Peter Rabl. „Schuld an diesem europäischen Sturm trägt vor allem Jörg Haider. Seine unerträglichen Brauntöne, seine populistischen Anti-EU-Rülpser müssen im Ausland alarmieren."

Doch Schüssel und Haider zogen ihr Projekt jetzt durch. Am 3. Februar 2000 wurde der Koalitionspakt unterzeichnet – und auf Wunsch des Bundespräsidenten unterschrieben Wolfgang Schüssel und Jörg Haider auch eine Präambel, die, so Klestil, „ein klares Bekenntnis zur EU und zu deren Grundwerten enthält".

Als die neue Regierung am 4. Februar 2000 angelobt wurde, verlas Thomas Klestil mit eiskalter, bitterer Miene die vorgeschriebenen Formeln. Schüssel und sein Team wählten einen unterirdischen Geheimgang für den kurzen Weg von der Präsidentschaftskanzlei zum Kanzleramt. Denn zu ebener Erde protestierten Tausende Demonstranten gegen das Bündnis.

Da waren die EU-Sanktionen, die acht Monate aufrecht bleiben sollten, bereits in Kraft. „Die Regierungen werden keinerlei offizielle bilaterale Kontakte auf politischer Ebene mit der österreichischen Regierung unter Beteiligung der FPÖ akzeptieren", informierten die Regierungschefs von 14 EU-Staaten schon am 31. Jänner das 15. Mitglied, Österreich. Das Europäische Parlament verabschiedete am 3. Februar mit 406 zu 53 Stimmen eine Entschließung, in der es hieß: „Das Europäische Parlament ver-

„73 Prozent wählten Haider nicht." Die Botschaften der Demonstranten gegen die schwarz-blaue Regierung wurden mehrsprachig verbreitet. Die Gegner des Bündnisses von ÖVP und FPÖ hielten bis zum Jahr 2002 insgesamt 147 Protestzüge ab, die so genannten Donnerstags-Demos

urteilt alle beleidigenden, ausländerfeindlichen und rassistischen Aussagen, die der Vorsitzende der FPÖ, Jörg Haider, seit vielen Jahren gemacht hat." Weiters hieß es, das Parlament „vertraut auf die breite Mehrheit der österreichischen Bevölkerung, die nicht für die FPÖ gestimmt hat".

Eine Minderheit dieser Mehrheit traf fortan zu Protestzügen zusammen. Die Ära der Donnerstags-Demonstrationen in Wien hatte begonnen. Bis zu den Neuwahlen im November 2002 fanden exakt 147 dieser Demos statt: „1000 Kilometer Widerstand", schrieb der KURIER.

Wie stellt sich das Thema EU-Sanktionen in der Rückschau dar? „Die Reaktion der EU auf die Regierungsbeteiligung der FPÖ war in dieser Stärke überraschend und meiner Meinung auch ungerecht. Ich verweise auf die Nicht-Reaktion der EU auf Herrn Berlusconi", sagt Peter Rabl. „Wenn die Sanktionen überhaupt einen Vorteil hatten, dann möglicherweise den, dass Jörg Haider nicht Regierungsmitglied wurde. Wobei die dass mehr Konfrontation in die Politik kam. Die Konfrontation darf allerdings nicht so weit gehen, dass der Konsens unmöglich wird. Da hat sich diese Regierung manchmal zu weit hinausgelehnt."

Auch Christoph Kotanko hält die seinerzeitige Aufregung über die FP-Regierungsbeteiligung für übertrieben. „Die FPÖ wurde bei der Wahl 1999 so stark, weil die Regierung so schwach war. Die Leute hatten die große Koalition einfach satt, sie wollten dieses Modell nicht mehr. Das hat Jörg Haider die Wähler zugetrieben."

Und nachher, in der praktischen Arbeit? Kotanko: „Das Problem von Schwarz-Blau wurde nicht der Faschismus, sondern der Dilettantismus. Sie brachte einiges zustande, zum Beispiel bei der Entschädigung von Zwangsarbeitern oder der Rückgabe von Nazi-Raubgut, bei der neuen Abfertigung oder in der Familienpolitik. Das Nulldefizit entpuppte sich aber als Marketing-Gag und die Steuerbelastung ist hoch wie nie. Von den ganz großen Vorhaben ist natürlich das Wenigste erfüllt worden."

Das einfache Parteimitglied aus Kärnten schaute den Wienern gut zwei Jahre lang zu – dann sprengte Jörg Haider die Koalition. Beim legendären Delegiertentag im September 2002 in Knittelfeld übernahmen Haiders Getreue das Ruder; Susanne Riess-Passer trat zurück. Kanzler Schüssel kündigte das Regierungsbündnis auf und Neuwahlen an. In einem Kommentar gab Christoph Kotanko Haider die Schuld: „Eine Fehlspekulation; er hatte Schüssels Reaktion völlig falsch eingeschätzt. Das Ende der Wende naht. Vor zweieinhalb Jahren war Haider der Geburtshelfer, jetzt wird er zum Totengräber." Diese Prophezeiung sollte sich nur zum Teil erfüllen – für Haiders eigene Partei. Bei den Nationalratswahlen am 24. November 2002 büßte die FPÖ rund 750.000 Stimmen ein; sie stürzte von 26,71 auf gerade noch 10,01 Prozent.

Den Sozialdemokraten, die sich schon auf die Rückkehr ins Kanzleramt gefreut hatten, geriet dies nur zum Teil zur Freude. Denn die Wähler nahmen ein Angebot von SP-Spitzenkandidat Alfred Gusenbauer an.

Szenen einer Entfremdung. Die Außenminister Louis Michel, Belgien, und Benita Ferrero-Waldner, Österreich, vertraten während der Zeit der EU-Sanktionen äußerst divergierende Standpunkte

Entschlossenheit Wolfgang Schüssels auch vorher schon groß war. Er wollte Haider nicht in der Regierung haben. So kamen die Sanktionen Schüssel möglicherweise sogar zu Hilfe – und gleichzeitig konnte er, zu Recht, auf die Sanktionen schimpfen."

Denn ein Regierungsmitglied Haider – „das wäre ein höchst unerträglicher Gedanke gewesen", meint Rabl. „Das hätte absolute Disziplinlosigkeit bedeutet und ständigen Krach. Im Land hätten sich noch mehr Leute über Schwarz-Blau aufgeregt."

Dass mit dem Ende der großen Koalition auch das Ende der österreichischen Konsenspolitik eingeläutet wurde, hält Rabl hingegen nicht für tragisch. „Wir hatten den Konsens in diesem Land übertrieben. Der frühere VP-Obmann Erhard Busek sagte schon vor 15 Jahren: ‚In Österreich sucht man bereits den Kompromiss, bevor man noch die Positionen formuliert hat.' Politik braucht Wechsel und ich fand es gut,

Was sich hingegen seit 2000 sehr rasch erfüllte, war eine Feststellung Erhard Buseks: „Mit der FPÖ ist kein Staat zu machen." Schon kurz nach dem Antritt der neuen Regierung, im Februar 2000, änderte Jörg Haider seinen Status: Vom Obmann zum „einfachen Parteimitglied". Vizekanzlerin Susanne Riess-Passer übernahm den Parteivorsitz, während etliche freiheitliche Minister bald zum Gespött wurden. Die Karriere des Justizministers Michael Krüger währte nur wenige Tage; Regierungsmitglieder wie Elisabeth Sickl (Soziales) oder Monika Forstinger (Verkehr) boten Kabarettisten viel Stoff für Pointen.

„Wenn wir Zweite werden, gehen wir in Opposition", hatte Gusenbauer während des Wahlkampfs verkündet und so kam's dann auch. 36,51 Prozent der Stimmen bedeuteten zwar einen Zugewinn gegenüber der Wahl 1999, doch für den ersten Platz langte das nicht. Die ÖVP zog mit 42,3 Prozent an den Sozialdemokraten vorbei. Die Grünen wiederum schlossen mit 9,47 Prozent fast zu den Freiheitlichen auf.

Doch obwohl nach der Wahl ein heftiger Flirt zwischen Schwarz und Grün entflammte, setzte Wolfgang Schüssel abermals auf die blaue Karte; zum Verdruss vieler Granden auch aus der eigenen Partei.

Trotzdem: „Ich glaube, dass die Regierung noch länger Bestand haben wird", sagt Christoph Kotanko. „Alfred Gusenbauer hat eine große Aufgabe: Einen Kanzlerkandidaten für die SPÖ zu finden. Denn er selbst schafft das vermutlich nie."

Nach Kamikaze-Terror USA im Kriegszustand

- Luftangriffe auf New York, Washington
- Tausende Todesopfer in den Ruinen
- Nächtliche Explosionen in Kab…
- Weltweite Panik in der …

USA eröffnen den Krieg gegen die Terrorzentren in Afghanistan

Luftangriffe auf Lager und Militäranlagen / Zugleich Abwurf von Nahrung und Medizin

Panik in den USA: Milzbrandfälle häufen sich

5 neue Infektionen / Alarm …

Die faszinierende Verstörung

Filmfestival in Cannes: Erschrockener Beifall, einige Buhs für Hanekes „Klavierspielerin"

GUNTHER BAUMANN

Langer Aufstieg, tiefer Fall: So wurde die Swissair ruiniert

Überheblichkeit, Machtspiele und aberwitzige Expansion

VON GUNTHER BAUMANN

Mister ZiB 2 Robert Hochner ist gestorben

Der ORF-Moderator erlag einem Krebsleiden

Einigung über NS-Raubgut soll Ende der Sammelklagen bringen

gegen österreichische Ban- … nem Abschl… bracht. … gen Österreich und heimi- … Schriftzug schließ…

Der 11. September und die Dimensionen des Terrors

9/11: Mit den Attacken auf das World Trade Center und das Pentagon erreichte der Terror eine neue Dimension

Der 11. September 2001. Es gibt kein Datum des jungen 21. Jahrhunderts, das in der Erinnerung der Menschen tiefere kollektive Spuren hinterlassen hat.

8.45 Uhr morgens, New Yorker Zeit (14.45 in Mitteleuropa): Eine Boeing 767 raste in den Südturm des World Trade Centers in Manhattan. 18 Minuten später, 9.03 Uhr: Eine zweite Boeing bohrte sich in den Nordturm und zerbarst in einem Feuerball.

Die Welt hielt den Atem an, denn die Welt war live dabei. Mit dem World Trade Center – Wahrzeichen New Yorks, Amerikas, des freien Westens und der kapitalistischen Wirtschaftsordnung zugleich – hatten die Terroristen ein Ziel gewählt, auf das zu jeder Stunde des Tages TV-Kameras gerichtet waren. So existierten bereits Filmbilder von der ersten Attacke und die zweite wurde, von rasch herbeigeeilten TV-Teams, noch viel eindringlicher dokumentiert.

Die Chronologie: 9.15 Uhr. Alle New Yorker Flughäfen wurden abgeriegelt, sechs Minuten später auch alle Brücken und Tunnels der Stadt. 9.45 Uhr. Der nächste Terror-Jet stürzte ins Pentagon, das US-Verteidigungsministerium. 10.03 Uhr. Das Unfassbare geschah – der Nordturm des World Trade Centers stürzte ein. 10.25 Uhr. Der gesamte Luftraum über den USA wurde gesperrt. Atlantik-Flieger kehrten um oder nahmen Kurs auf Kanada. 10.28 Uhr. Jetzt sackte auch der Südturm des World Trade Centers in sich zusammen. 10.45 Uhr. Absturz der vierten Terror-Maschine nahe Shanksville, Pennsylvania. 11.00 Uhr. Die New Yorker UNO-Zentrale und alle US-Bundesgebäude wurden evakuiert.

George W. Bush brauchte gezählte 45 Minuten, um nach der ersten Attacke eine Stellungnahme abzugeben. „Dies ist ein Akt des Terrors", sagte er. Was er in der Zwischenzeit tat, ist in Michael Moores Film „Fahrenheit 9/11" dokumentiert. Der Präsident hatte einen Termin in einer Schule in Florida, wo er den Taferlklasslern aus dem Buch „Mein Haustier, die Ziege" vorlas. Nachdem er die Nachricht von dem Terroranschlag erhalten hatte, blieb er noch minutenlang reg- und ratlos sitzen.

Der Moment, in dem das Unfassbare geschah. Am 11. September 2001, um 10.28 Uhr Ortszeit, stürzte der Südturm des World Trade Centers in New York ein. Die Passanten stürmten in panischer Flucht davon. Doch Sekunden später wurden sie von der Staubwolke überholt

Währenddessen rasten in New York die Einsatzkommandos durch die Straßen. Tausende Menschen hasteten über die Notstiegen der 400 Meter hohen Türme des World Trade Centers dem Erdgeschoss entgegen (und Hunderte Feuerwehrleute marschierten aufwärts; in den sicheren Tod). Ambulanzen, Polizisten, Militärs und Mandatare entfachten hektische Tätigkeit.

Die Medien in aller Welt kannten nur noch ein Thema. Sie sandten Kaskaden von Worten, Bildern und Tönen aus, die zu jener Stunde etwas Unmögliches versuchten: Das Unbegreifbare greifbar zu machen. „Apokalypse, das ist wohl das einzige Wort, das beschreibt, was an diesem Dienstag in den USA stattfand", formulierte Livia Klingl in ihrem ersten KURIER-Kommentar. „Nicht einmal der perverseste Sicherheitsexperte hätte damit gerechnet, dass ein paar Menschen Amerika auf diese Weise attackieren könnten. Der stärksten Macht und damit der gesamten zivilisierten Welt wurde vor Augen geführt, wie verwundbar sie ist."

Der Autor dieses Buches war am 11. September bei einer Konferenz in der Nähe von New York. Der Versuch, noch am gleichen Tag zum Schauplatz zu kommen, scheiterte erst innerhalb der Stadtgrenzen – „Nobody goes to Manhattan tonight", sagte der Polizist an der Sperre auf der Brücke. „Heute fährt niemand nach Manhattan."

Doch am nächsten Tag fuhren die U-Bahnen wieder. Impressionen aus den Reportagen vor Ort: „Die Bewohner der Stadt, die niemals schläft, tasten sich durch eine Zwischenwelt. Manhattan wirkt wie eine Stadt ohne Menschen. Die Werbetafeln am Broadway blinken ohne Sinn. Weil alle Straßenbrücken und Tunnels gesperrt sind, ist die Stau-Metropole eine Stadt ohne Autos, absonderlich still. Bürgermeister Rudy Giuliani verbreitet, so gut es geht, Zuversicht – und bereitet die Trauernden schonend vor: ‚Wir werden nicht alle Toten identifizieren können. Von vielen Opfern wird der Name auf der Vermisstenliste das Einzige sein, was übrig bleibt.'"

Eine Szene von bizarrer Unwirklichkeit und zugleich von grausamer Realität. Am Tag nach der Zerstörung des World Trade Centers hielten Polizisten vor dem Schauplatz Wacht. Die Rettungskräfte bemühten sich rund um die Uhr, in dem riesigen Trümmerfeld Überlebende zu finden. Doch bald war klar, dass die Suche chancenlos blieb. New Yorks Bürgermeister Rudy Giuliani sagte: „Von vielen Opfern wird der Name auf der Vermisstenliste das Einzige sein, was übrig bleibt"

Anfangs befürchtete man, bei den Attacken seien mindestens 5000 Menschen getötet worden; wenn nicht gar 10.000 oder mehr. Wie sich später herausstellte, verloren knapp 3000 Menschen durch die Ereignisse des 11. Septembers ihr Leben. Unter ihnen 266 Insassen der entführten vier Flugzeuge sowie etwa 350 Feuerwehrleute.

Von Anfang an glaubte man, die Organisation Al-Qaida sei für die Attentate verantwortlich. Es gibt ein Video, auf dem Osama bin Laden seine Freude über die Attentate kundtat. George W. Bush erklärte den „Krieg gegen den Terror". Der US-Präsident am 20. September 2001: „Wir werden die Staaten verfolgen, die dem Terrorismus Hilfe zur Verfügung stellen oder ihm einen sicheren Hafen bieten. Jedes Land in jeder Region muss sich jetzt entscheiden – entweder es steht an unserer Seite oder an der Seite der Terroristen."

Was die Hintergründe der Attacken betrifft, kam die Regierung allerdings nicht mit solch schlichter Schwarz-Weiß-Malerei durch. Im Sommer 2004 legte die Kommission zur Untersuchung des 11. Septembers ihren Abschlussbericht vor. Die Kommissare zürnten über die schlechte Zusammenarbeit von CIA und FBI. Und sie kamen zu einem sarkastischen Urteil: „Keine der Maßnahmen der US-Regierung von 1998 bis 2001 hat den Al-Qaida-Plan gestört oder verzögert."

Wie sehen der 11. September und die Folgen heute in der KURIER-Beurteilung aus? „Ich habe damals, wie viele andere, angenommen, 9/11 sei der Beginn einer Terrorwelle – doch das war es vorerst nicht", sagt Peter Rabl. „Was wir in Europa nicht nachvollziehen konnten, war, wie tief der Schock die Amerikaner traf. Denn dort hatte es solche Angriffe, die nahe an einer Kriegsattacke liegen, vorher nie gegeben. Danach haben die USA meiner Meinung überreagiert. Das unbeschreibliche historische Pech liegt darin, dass George W. Bush, der die Wahl verloren hatte, trotzdem Präsident wurde. Unter einem Präsidenten Al Gore wäre die Krise viel überlegter behandelt worden."

Livia Klingl zieht einen Bogen zurück ins Jahr 1993, als das World Trade Center schon einmal Ziel eines Sprengstoff-Attentats war (damals kamen sechs Menschen ums Leben). „Man konnte vor dem 11. September nicht zwingend voraussehen, dass Al-Qaida in der Lage sei, das World Trade Center in Schutt und Asche zu legen. Man konnte aber wissen, dass sich die Organisation für die Gebäude interessierte. Meiner Meinung nach war dann gleich nach 9/11 absehbar, dass dieses Ereignis horrible Folgen haben würde."

Am 7. Oktober 2001 starteten Kampfflugzeuge der USA und Großbritanniens zu Luftangriffen gegen Afghanistan. Klingl: „Wir Journalisten hatten damit gerechnet,

dass die USA sehr schnell reagieren würden, doch Außenminister Colin Powell bemühte sich zunächst enorm, eine breite Allianz zu finden. Viele Länder folgten der amerikanischen Auffassung, dass 9/11 nicht nur ein Angriff auf die USA, sondern auf die westliche Lebensform war."

Ende 2001 war mit der Einnahme von Kabul und Kandahar das Ziel erreicht, das Taliban-Regime zu vertreiben, das Osama bin Laden Unterschlupf gewährt hatte. „Der Afghanistan-Krieg wurde also wahnsinnig schnell gewonnen", sagt Livia Klingl. „Doch es war kein herkömmlicher Krieg. Man kann heute nicht mehr sagen, ein Krieg sei gewonnen, nur weil der Feind vertrieben ist. Nach Ansicht von Terrorexperten war der Afghanistan-Krieg eher kontraproduktiv, weil er die Basis der Taliban dezentralisiert hat."

Die Amerikaner, wie man weiß, mühten sich nicht lange damit ab, die Suche nach versprengten Taliban-Kämpfern oder gar nach Osama bin Laden mit voller Kraft zu führen. Sie hatten längst ihr nächstes Ziel offiziell ins Auge gefasst: Den Irak.

„George W. Bush", sagt Peter Rabl, „war eine Zeit lang der politische Gewinner der Attacken vom 11. September. Dadurch fand jener Flügel seiner Partei, der die Welt in Gut und Böse teilt, ein Fundament."

Zu den stets groß proklamierten Zielen der Neokonservativen aus den USA zählt die Förderung der Demokratie – für Livia Klingl ein Paradoxon: „Die Mehrheit der Muslime lebt in Diktaturen mit viel Gewalt und in großer Armut. Würde in diesen Ländern gewählt, so würden zwangsläufig jene gewinnen, die wir im Westen ganz besonders nicht mögen – nämlich die fundamentalistischen Führer."

Haupt- und Nebenfiguren des 11. Septembers. Al-Qaida-Führer Osama bin Laden (links) bekundete per Video seine Freude über die Attentate. US-Präsident George W. Bush rief, nachdem er mit New Yorks Bürgermeister Rudy Giuliani den Schauplatz besucht hatte (oben), den Krieg gegen den Terror aus. Amerika reagierte mit Patriotismus

Doch wie man zwischen Afghanistan und dem Irak beobachten kann, machen sich die Fundis auch ohne Wahl machtvoll bemerkbar. Mit ständig neuen Attentaten. Klingl: „Der Terror ist die Waffe der Armen, während der Bombenkrieg die Waffe der Reichen ist." Neu – im Vergleich zu Terrorwellen früherer Epochen – ist allerdings die Tatsache, dass so viele Attentäter ihr eigenes Leben nicht mehr schonen. Auch dafür war der 11. September ein Signal.

Gleichwohl empfiehlt der Berliner Politologe Herfried Münkler den Ländern des Westens „die Entwicklung heroischer Gelassenheit" im Umgang mit Terrorattacken. In einem KURIER-Interview zum dritten Jahrestag von 9/11 sagte er: „Das bedeutet die Fähigkeit, Anschläge zu ertragen, ohne in Panik oder Hysterie zu verfallen. Den Terroristen soll gezeigt werden: Ihr zwingt uns nicht in die Knie! Der Terrorismus hat mehr mit einer Selbstblockade der arabischen Welt zu tun. Diese Riesenregion steht in einer Situation, in der sie eine Krise nach der anderen hervorbringen wird. Sie ist vergleichbar mit dem Europa in der ersten Hälfte des 20. Jahrhunderts."

Es wäre falsch, anzunehmen, dass der Terror von der arabischen Öffentlichkeit einhellig gebilligt wird. „Unsere terroristischen Söhne sind ein Endprodukt unserer korrupten Kultur", schrieb Abdulrahman Al-Rasched, Intendant des TV-Senders El Arabija. „Wir müssen einsehen, dass wir den Zustand unserer Jugend, die solch schreckliche Verbrechen begeht, nicht heilen können, ohne dass wir auch das Denken unserer Scheichs verändern, die anderer Leute Kinder in den Krieg, ihre eigenen aber auf Schulen in Europa und Amerika schicken."

2002

Servus, Euro!

Eurofit trotz Schilling-Wehmut
Salzburger Psychologen beobachteten Österreich bei Euro-U

Nach vier Wochen Euro ist Schilling fast verschwunden
99 Prozent zahlen mit der neuen Währung / Lob für den Handel

EU-Gipfel beschließt die Erweiterung um 10 Länder
Kompromiss bei Transit und Temelin nach beinharten Verhandl

18 Tote bei Amoklauf in deutschem Gymnasium
- …hüler erschoss …und 2 Schüler
- Auch Polizist wurde mit Pumpgun getötet
- Als die Polizei kam, beging Täter Selbstmord

Peymann gibt Preis zurück
„Nestroy“: Sponsor-Chef Treichl reagiert auf Heller-Rede bei der Gala

„Wählen statt Wurschteln“
- Schüssel für Neuwahlen Ende November
- 4. Rücktritt: Auch Minister Reichhold geht
- Chaos in der FPÖ: Aufstand in den Ländern

Schauprozesse, Revolutionen, Gegenrevolutionen
FPÖ-Spitze startete Ausschluss-Verfahren gegen zehn Kritiker / Blauer Richtungsstreit entflammt

Flut weicht, Hilfswelle rollt
- Angst vorbei, Feststellen der Schäden
- 1 Milliarde € vom Staat für Opfer und …
- Versichern wird teurer, Leistungen eingeschränkt
- Katastrophe in Tschechien, Deutschland nicht zu Ende

Filmwelt trauert um Billy Wilder
Der aus Österreich stammende Star-Regisseur starb 95-jährig in Beverly Hills

„Der Euro ist ein rauschender Erfolg“

Silvester 2001 nahmen die Österreicher voll Melancholie Abschied vom Schilling. Vier Wochen später zahlten schon 99 Prozent mit dem Euro

Was ist billiger: Ein VW Golf um 223.000 Schilling oder einer um 16.206 Euro? Eine Packung Kaffee um 49,90 Schilling oder eine um 3,63 Euro? Eine Flasche Milch um 9,90 Schilling oder eine um 72 Cent?

Der KURIER ließ diese Fragen im Juli 2001 an 500 ausgewählte Testpersonen stellen; bei einer Umfrage zur bevorstehenden Euro-Einführung. Ergebnis: Je nach Produkt glaubten zwischen 25 und 48 Prozent der Befragten, sie kämen mit dem Euro-Angebot günstiger davon.

Das Resultat verblüffte die Meinungsforscher des Wiener Info-Research-Instituts. Denn erstens waren die genannten Preise (beim längst feststehenden Kurs von 13,7602 Schilling pro Euro) ident. Und zweitens zeigte sich hier ein krasser Gegensatz zum Rest der Erhebung. Bei anderen Fragen kam nämlich heraus, dass die Bürger mächtige Angst hatten, durch den Euro würde alles teurer.

Der KURIER-Bericht: „60 Prozent der Österreicher über 14 Jahre rechnen damit, dass die Preise im Zuge der Euro-Umstellung steigen werden. 36 Prozent glauben an gleich bleibende Preise und nur zwei Prozent erwarten, dass sie sinken.“

Prosit Neujahr, Euro! Als zu Silvester 2001 die Sektkorken und die Feuerwerkskörper knallten, begrüßten Bürger aus zwölf Staaten Europas ihre neue Währung. Sie nahmen Abschied von Schilling, DM und Franc

Glaube, Sorgen, Hoffnung: Bei der Einführung des Euro packte ein vermeintlich trockenes Zahlen- und Rechenthema die Leute ganz kräftig bei den Emotionen.

Denn der Abschied vom Schilling löste in Österreich viel Melancholie aus (so wie in den Nachbarländern der Abschied von der Deutschen Mark oder dem französischen Franc). Die Apokalyptiker vom Dienst und skeptische Wirtschaftsweise genossen die Freude, mit dunklen Prognosen über drohende Krisen Gehör zu finden, an denen natürlich nur der Euro schuld sein würde.

Umgekehrt schwärmten Euro-Euphoriker vom Herannahen einer goldenen neuen Zeit. Und die Pragmatiker dachten pragmatisch: Egal, wie das Geld heißt – Hauptsache, es ist genug davon da.

Dann war der 1. Jänner 2002, der Tag der Umstellung, plötzlich in Sicht.

Die Leute studierten sorgfältig die ersten Plakate mit Bildern der neuen Banknoten. Reportagen über die im Sinne des Wortes schweren Probleme der Umstellungs-Logistik wurden zu Quotenhits.

Schließlich mussten nicht nur Milliardensummen an Bargeld pünktlich zum Jahreswechsel in den Banken der zwölf Euro-Staaten eingelagert sein – der enorme Schatz hatte auch ein enormes Volumen. Das machte LKW-Transporte sonder Zahl notwendig und die mussten gut abgesichert werden, damit das organisierte und interessierte Verbrechen nicht gleich zum großen Coup ansetzte.

In allen zwölf Ländern waren große Informations-Aktionen im Gange. Österreich zum Beispiel setzte den Euro-Train in Bewegung, dessen fachkundige Insassen geduldig an jedem Bahnhof ihr Wissen kundtaten. Als dieser Informations-Express am 15. Dezember 2001 Punkt Mitternacht in die Hauptstadt zurückkehrte, wurde die neue Währung für die Bürger erstmals greifbar. „Ab 00.00 Uhr werden am Wiener Westbahnhof die ersten Konsumenten-Münzstartpakete an die Bevölkerung verteilt“, meldeten die Banken.

Verteilt? Nein, die Münzen wurden natürlich verkauft. Das Startpaket enthielt 33 Münzen im Wert von 14,54 Euro. Das entsprach einem Schilling-Betrag von 200,07 Schilling. Aber die Banken zeigten, dass sie durchaus zu Großzügigkeit fähig sind. Sie gaben das Startpaket um schlappe 200 Schilling her. Die restlichen sieben Groschen trugen sie selbst.

So kamen in Österreich bereits vor dem offiziellen Start 180 Millionen Münzen im Wert von 80 Millionen Euro in Umlauf, für die man aber noch nichts kaufen konnte. Um die Aufbewahrung zu erleichtern, hatte der KURIER für seine Leser eine Sammelbox aus Plastik konstruieren lassen; Aufdruck: „Nur wer den Überblick hat, hat den Euro im Griff." Es ist anzunehmen, dass Zehntausende dieser Boxen, gefüllt mit Münzen-Erstprägungen, wohlverwahrt in Wohnungen liegen, um später einmal verkauft oder vererbt zu werden.

Das Silvesterfest 2001 bot dann eine außergewöhnliche Attraktion: die Bankomaten. Am Vormittag des 31. Dezember hatten sie zum letzten Mal Schilling-Noten ausgespuckt. Daraufhin wurden sie stillgelegt und mit Euro-Scheinen befüllt. Gegen Abend nahmen sie der Reihe nach wieder den Betrieb auf – und manche Zeitgenossen genossen, frei nach dem Andy-Warhol-Spruch, ihre 15 Minuten Ruhm.

„Um 19.30 Uhr war es so weit", meldete der KURIER. „Der glückliche Erste, der einen 10-Euro-Schein behob, war ein Niederösterreicher, Rudolf Kadlez aus Brunn am Gebirge. Sofort bildete sich eine Menschentraube. Die meisten waren begeistert von den neuen Banknoten" (die vom österreichischen Designer Robert Kalina entworfen worden waren).

Ein paar Tage später verlagerten sich die Menschenschlangen zu den Banken. Zwar konnte man noch bis Ende Februar 2002 mit Schilling zahlen, doch die Bürger begannen sofort, die alten Scheine gegen die neuen zu tauschen. Am 29. Jänner 2002 meldete der KURIER: „Nach vier Wochen ist der Schilling fast verschwunden, er spielt als Zahlungsmittel keine Rolle mehr. 99 Prozent der Käufer zahlen mit dem Euro."

Das bedeutete allerdings nicht, dass den Leuten das Adieu zum Schilling leicht fiel: „77 Prozent sehen den Schilling als einen Teil von Österreich, 60 Prozent haben sich Schillinge zur Erinnerung behalten."

Und es bedeutete erst recht nicht, dass die Vorbehalte gegenüber der neuen Währung verschwunden waren. „Wirte klagen: Euro verdarb vielen Gästen den Appetit", hieß es in einer KURIER-Meldung vom 15. Juli 2002. Doch nicht der Euro verdarb den Gästen den Appetit, sondern das, was die Wirte mit dem Euro machten. „In der Gastronomie waren die neuen Preise oft ein Irrwitz", sagt Peter Rabl. Reinhard Göweil: „Gastronomie und Hotellerie haben den Euro im Wesentlichen mit 1:10 zum Schilling umgerechnet und nicht mit 1:13,7602." Da schmeckte vielen Gästen das Schnitzel nicht mehr.

Im Dezember 2002 wurde „Teuro" von einer Fachjury zu Österreichs Wort des Jahres gekürt. Die Gastronomie hatte hohen Anteil an dieser Auszeichnung.

Ist der Euro wirklich ein Teuro? Rabl: „Leider wurden Befürchtungen wahr, dass es Kreise der Wirtschaft geben würde, die kräftig zulangen." Aber es gab auch viele Branchen, die keinen Vorteil aus der Währungsumstellung ziehen wollten. „Schon im Lebensmittelhandel kann man nicht davon sprechen, dass alles teurer geworden wäre", sagt Reinhard Göweil. „Und viele langfristige Konsumgüter, vom Auto über den Fernseher bis zum Computer, sind tatsächlich billiger geworden."

Denn bei Industrieprodukten brachte die Einheitswährung den Konsumenten einen Vorteil: Plötzlich konnten sie – zum Beispiel im Internet – heimische Preise mit jenen aus dem Ausland vergleichen, ohne erst mühsam umrechnen zu müssen.

Die nächste Stufe wohlwollender Akzeptanz trat bei den Bürgern in der Urlaubssaison 2002 ein: von Griechenland bis Portugal; in Italien, Frankreich oder Spanien: Das Geldwechseln war überflüssig geworden.

„Ich glaube, dass der Euro eine der großen historischen Errungenschaften der Europäischen Union ist und dass die Vorteile die Nachteile bei weitem überwiegen", kommentiert Christoph Kotanko. „Denn Gemeinsamkeiten wurden historisch immer auch über das Geld ausgedrückt. Der Euro ist in dieser Hinsicht ein rauschender Erfolg. Wenn man heute nach Großbritannien oder Dänemark reist, wo

Wo geht's hier zum Euro? Ab Mitte Dezember 2001 bekamen die Österreicher ihre Münzen-Startpakete in die Hand (rechts). Im Jänner 2002 warteten die Leute dann vor den Banken, um ihre Schillingbestände umzutauschen (unten). Fast jeder behielt aber ein paar Schilling-Scheine als Andenken

der Euro noch nicht eingeführt wurde, kommen einem diese Länder fast zurückgeblieben vor."

Was bedeutet der Euro für die Wirtschaft? Reinhard Göweil: „Er verleiht den Unternehmen Sicherheit, weil in den Euro-Ländern keine Währungsschwankungen mehr auftreten. Ich bin überzeugt, dass es gegen schwächere europäische Währungen, zum Beispiel die italienische Lira, spekulative Attacken gegeben hätte. Das europäische Währungsgefüge hätte zumindest geächzt und es wäre viel Geld notwendig gewesen, um die Stabilität untereinander aufrechtzuerhalten. Das hat man sich erspart."

Und das sei gut für den Erhalt von Arbeitsplätzen. Göweil: „Der Euro ist immer gleich viel wert. Würde ein Exporteur noch in Lire oder Drachmen fakturieren, so müsste er auch auf die Währungsentwicklung schauen. Verliert eine Währung vielleicht gerade fünf oder zehn Prozent? Das klingt nicht so arg – aber in diesem Bereich liegt meist die industrielle Gewinnspanne. Solch eine Währungsschwankung würde also genügen, um einem Lieferanten den Gewinn wegzurasieren. Da ist der Euro nicht mit Gold aufzuwiegen."

Der Satz, dass der Euro immer gleich viel wert ist, gilt natürlich nur im Innenverhältnis. Gegenüber anderen Währungen, vor allem dem US-Dollar, schwankte er in seiner kurzen Geschichte wie ein Ast im Wind. Originellerweise wurden beide Bewegungen von den Euro-Verächtern als Argument gegen den Euro verwendet.

Als 2002 eine Talfahrt gegenüber dem Dollar einsetzte (man bekam für den Euro manchmal nur noch 80 US-Cent), galt das den Gegnern als Indiz, der Euro sei ein Schwächling. Doch seitdem der Euro zum Höhenflug antrat (2004 lag der Euro-Kurs selten unter 1,20 US-Dollar), hört man bewegte Klagen über das Leid der Exporteure, die nun weniger lukrieren.

Die Idee, eine europäische Gemeinschaftswährung einzuführen, ist übrigens etliche Jahrzehnte alt. 1969 beschlossen die sechs Staaten der damaligen Europäischen Gemeinschaft, eine Wirtschafts- und Währungsunion anzustreben. 1973, im Jahr der Ölkrise, scheiterte der Plan. 1979 führte man daraufhin das Europäische Währungssystem (EWS) ein, das die Schwankungsbreiten der Wechselkurse verringerte. Das britische Pfund und die italienische Lira schieden 1992 nach schweren Währungskrisen aus dem EWS wieder aus.

Da war der Beschluss zur Einführung der gemeinsamen Währung aber bereits gefallen und das hing mit einem anderen Fall zusammen. Jenem der Berliner Mauer. Als Deutschland nach 1989 die Wiedervereinigung anstrebte, musste es seine skeptischen EU-Partner – vor allem Frankreich – überzeugen. Der deutsche Bundespräsident Richard von Weizsäcker sagte später: „Die Verträge von Maastricht, die zur Einführung des Euro 1991 ausgehandelt und 1993 ratifiziert wurden, waren nichts anderes als der Preis für die Wiedervereinigung."

Der Name der Währung wurde erst 1995 beim EU-Gipfeltreffen von Madrid festgelegt. Bis dahin waren wie Euro-Franc oder Euro-Gulden im Gespräch. Doch dann schlug der damalige deutsche Finanzminister Theo Waigel vor, die Währung einfach Euro zu nennen. Luxemburgs Ministerpräsident Jean-Claude Juncker wandte ein, das klinge aber „nicht sehr erotisch". Waigels Antwort: „Der Name klingt vielleicht nicht erotisch – aber er klingt eurotisch." Damit war die Sache durch.

An einen anderen Erfolg wird sich Waigel weniger gern erinnern. Auf ausdrücklichen Wunsch der Deutschen wurde 1996 der Euro-Stabilitätspakt beschlossen, der den Deutschen so viel zu schaffen macht.

Einmal angenommen, die Österreicher könnten heute über die Rückkehr zum Schilling abstimmen – wie würde das Votum enden? Eine Studie der EU-Kommission liefert einen Hinweis: 69 Prozent der befragten Österreicher gaben 2003 an, bei ihren täglichen Einkäufen häufiger in Euro als in Schilling zu rechnen. Nur 15 Prozent hielten noch am Schilling fest. Peter Rabl: „Die Leute würden sich heute für den Euro entscheiden. Ich glaube, der Schilling ist vergessen."

Ist der Euro ein Teuro? Diese Diskussion war das Lieblingsthema vieler Österreicher nach der Währungsumstellung. In den ersten Monaten des Jahres 2002 wurde die Antwort noch dadurch leicht gemacht, dass die Wirtschaft zur doppelten Preisauszeichnung verpflichtet war. Dann mussten die Konsumenten selbst umrechnen und argwöhnten bald, an vielen Kassen ein Körberlgeld abliefern zu müssen. Wirtschafts-Fachleute haben zur Teuro-Frage ihre eigene Sicht. In der Gastronomie, so ihre Auffassung, langten die Unternehmer wirklich ordentlich zu. Doch im Lebensmittel-Bereich veränderte sich nicht viel und langlebige Konsumgüter, vom Fernseher über den Computer bis zum Auto, sind seit der Euro-Einführung billiger geworden

2003

DER DOPPELSCHLAG

US-Armee startet Offensive am Boden und aus der Luft

Saddam saß in einem Kellerloch

▶ Ex-Diktator … ikanern … t gefasst

▶ Soldaten fanden Tausende Dollars in dem Versteck

▶ Der Gefangene soll im Irak vor Gericht gestellt werden

So erlebten die Amerikaner den großen Stromausfall

▶ 50 Millionen Menschen betroffen

▶ Kein Terror, aber Ursache weiter unklar

▶ Österreich ist besser abgesichert

„Mona Lisa“ der Skulpturen gestohlen

460 Jahre alte „Saliera“ aus Kunsthistorischem Museum erbeutet / Alarm wurde offenbar ignoriert

HITZE

36,4 Grad … Abkühlun… kommt n… langsam…

Abfangjäger und Pensionen als Doppelpack abgefertigt

Reform entschärft, 18 Jets werden gekauft / ÖGB bleibt bei Streik

Besucher-Rekord für Dürers Hasen

Mutig, frech, gelungen – Graz

fulminanter Fest-Auftakt für Europas Kulturhauptstadt 2003

Tausende Verschüttete: Banges Hoffen auf Rettung

▶ Man befürchtet mehr als 20.000 Todesopfer

▶ Zehntausende …

▶ Internationale …

1364 Sendungen und eine Schweißperle

Harald Schmidt verlässt nach acht Jahren SAT.1 – seine Sprüche sind sein Vermächtnis

„Die Welt wurde unberechenbar“

US-Präsident George W. Bush findet, die Welt sei durch den Irak-Krieg sicherer geworden. Der Rest der Welt findet das mehrheitlich eher nicht

Ich denke nicht, dass diese Erklärung zum jetzigen Zeitpunkt hilfreich war“, sagte US-Außenminister Colin Powell im September 2004 über ein aktuelles Interview von UN-Generalsekretär Kofi Annan.

Powell hatte Recht. Annans Worte waren nicht (mehr) hilfreich für die mehr als 1000 US-Soldaten, die seit 2003 im Irak fielen – erst im Krieg und dann im so genannten Frieden. Nicht für die Zehntausenden irakischen Soldaten und Zivilisten, die in diesem Konflikt ums Leben kamen, und nicht für die Opfer der Entführungen und der Attentate, die seither im Irak an der Tagesordnung sind.

Kofi Annan sprach vielleicht für das Weltgewissen, wenn es denn so etwas gibt. In einem Interview mit der BBC erklärte er, der Irak-Krieg sei illegal gewesen und habe gegen die UNO-Charta verstoßen. Die Entscheidung, gegen den Irak vorzugehen, hätte vom Sicherheitsrat kommen müssen.

„Wem nützt das?“, fragte Colin Powell. „Wir sollten uns alle hinter die Idee stellen, dem irakischen Volk zu helfen, und uns nicht mit diesen Nebenaspekten befassen, die nicht mehr relevant sind.“

US-Präsident George W. Bush reagierte nicht direkt auf Kofi Annans Vorwürfe. Bush sagte, was man von ihm gewohnt ist. Er würde sich jederzeit wieder für einen Krieg gegen Bagdad entscheiden. Die Welt sei durch die Gefangennahme des irakischen Diktators Saddam Hussein sicherer geworden.

Die Charta der Vereinten Nationen als Nebenaspekt der Politik ohne Relevanz? Im Februar 2003 hatten die USA wenigstens noch versucht, diese Einschätzung zu verschleiern. Da trug Colin Powell dem Sicherheitsrat anhand von Beispielen vor, warum ein Einmarsch im Irak so dringend geboten sei. Er ließ Bilder von angeblichen mobilen Biowaffenlabors auf die Videowand projizieren; er spielte Tonbänder abgehörter Telefonate vor, aus denen er den Schluss zog, der Irak würde Waffen verstecken.

Powells Thesen: Der Irak habe Massenvernichtungswaffen. Es bestehe kein Zweifel daran, dass das Land biologische Waffen besitze und rasch neue biologische Kampfstoffe produzieren könne, um „Tausende und Tausende Menschen zu töten“. Der Irak habe sich von seinen verbotenen Chemiewaffen nicht verabschiedet, sondern die Produktionsanlagen in der Ölindustrie verborgen. Der Irak könnte Massenvernichtungswaffen an die Al-Qaida-Organisation weitergeben. Die US-Geheimdienste hätten Beweise, dass enge Kontakte zu Al-Qaida und anderen Terrorgruppen bestünden. Und obendrein sei Saddam Hussein entschlossen, Atombomben zu entwickeln. Dafür gebe es nicht nur ein paar Indizien, sondern „ein ganzes Jahrzehnt von Beweisen“.

Es ist, in der Rückschau, nicht wirklich anzunehmen, dass Mr. Powell sehr überrascht war über die kühle Aufnahme, mit der seine Brandrede quittiert wurde (nach heutigem Kenntnisstand spricht viel dafür, dass er selbst nicht an alle Punkte glaubte).

Deutschlands Außenminister Joschka Fischer warb im Februar 2003 jedenfalls weiterhin für eine friedliche Lösung des Konflikts und plädierte für eine Verschärfung der Kontrollen durch UN-Chefwaffeninspektor Hans Blix und dessen Team. Frankreichs Außenminister Dominique de Villepin ließ wissen, sein Land lehne einen Krieg gegen den Irak „zu diesem Zeitpunkt“ ab. Eine gewaltsame Abrüstung des Landes müsse „das letzte Mittel“ sein.

Wenige Tage später, als US-Verteidigungsminister Donald Rumsfeld bei der Konferenz für Sicherheitspolitik in München die Causa seines Landes vortrug, antwortete ihm Joschka Fischer mit einem Satz, der wohl in die Geschichte eingehen wird: „Excuse me, I am not convinced.“

„Der Irak-Krieg war illegal und verstieß gegen die UNO-Charta. Die Entscheidung, gegen den Irak vorzugehen, hätte vom Sicherheitsrat kommen müssen“ (UN-Generalsekretär Kofi Annan)

Es gelang den Amerikanern und ihrem wichtigsten Verbündeten, Großbritannien, nicht, die Skeptiker im Sicherheitsrat zu überzeugen. Sie bekamen die Resolution nicht, auf deren Basis ein Krieg legitimiert worden wäre.

Als das endgültig feststand, redete George W. Bush am 17. März 2003 Klartext. „Der Sicherheitsrat der Vereinten Nationen ist seiner Verantwortung nicht gerecht geworden, deshalb werden wir der unseren gerecht“, sagte Bush und fuhr fort: „Der Irak besitzt einige der tödlichsten Waffen, die jemals entwickelt wurden.“

Solche Waffen besitzen die USA auch. Ab dem 20. März 2003 fielen Bomben auf Bagdad. Der Irak-Krieg hatte begonnen.

Während die USA unter patriotischen Wallungen erschauerten und die Iraker versuchten, im Bombenhagel zu überleben, schaute das „alte Europa“ (so Donald Rumsfelds Definition der Kriegsgegner auf dem Kontinent) dem Waffengang ratlos zu.

„Wir Europäer sind den Amerikanern beim ersten Golfkrieg 1991 ganz sicher auf den Leim gegangen“, sinniert Peter Rabl über die Hintergründe dieser Reaktion. „Es gab den ersten perfekten Propagandakrieg und wir wurden an der Nase herumgeführt, dass es nur so gerauscht hat. Auch die Politiker. Man ärgert sich, wenn man gelegt worden ist – und für die Zukunft merkt man sich's.“ Sein Fazit: „Die absolute Distanz Europas zum zweiten Irak-Krieg wäre ohne die Erkenntnisse aus dem ersten Krieg nicht erklärlich. Niemand weint Saddam Hussein eine Träne nach. Aber dass die Amerikaner schon wieder flunkerten, das hat sich glanzvoll bestätigt.“

Trotz der langen UN-Debatten zuvor sei der Krieg, so Livia Klingl, „keinesfalls überraschend gekommen. Man wusste einfach, dass er passieren wird. Die Folgen dieses

zweiten Irak-Krieges sind allerdings so massiv, dass es schon wieder interessant ist, wie wenig darüber diskutiert wird.“

Anfangs schien es nicht viel Diskussionsstoff zu geben. „Militär-Experten sagen: Kurzer Krieg, viele Tote.“ So lautete die KURIER-Schlagzeile am Tag des Kriegsbeginns, und die Experten behielten Recht.

In Erinnerung an die Lügen des ersten Golfkriegs rückte der KURIER täglich einen kurzen Hinweis ins Blatt: „Da im Krieg bekanntlich als Erstes die Wahrheit stirbt, kann Ihnen der KURIER in diesen Tagen vielfach nur das weitergeben, was wir aus verschiedenen Quellen erhalten – ohne die Möglichkeit, immer den Wahrheitsgehalt überprüfen zu können.“

Beide Kriegsparteien hatten gut vorgesorgt, dass Fakten nur gefiltert an die Öffentlichkeit gerieten.

Die Amerikaner ließen eine handverlesene Gruppe „eingebetteter“ Kriegsreporter („embedded journalists“) mit der Truppe reisen – eine Sonderbehandlung, die nicht automatisch den kritischen Blick schärfte.

Die offiziellen Pressekonferenzen der Alliierten über den Kriegsverlauf in Katar erbrachten nur nichts sagende Resultate. Die mutigen TV- und Zeitungsreporter wiederum, die während des Kriegs in Bagdad ausharrten (unter ihnen die Österreicherin Antonia Rados), standen einerseits unter der Bedrohung der Bomben und andererseits unter Aufsicht der Irakis.

Deren Informationsminister Mohammed Said Al-Sahhaf hätte es in einer friedlichen Welt zum Kabarett-Star bringen können. Seine erregt vorgetragenen TV-Kommuniquees – „Die Amerikaner sind nicht hier. Sie halten keinen Ort im Irak. Die Ungläubigen begehen zu Hunderten Selbstmord an den Toren Bagdads“ – waren so absurd, dass ihm der Spitzname Comical Ali verliehen wurde. Als Al-Sahhaf seine Sendungen beendete, verschwand er zunächst im Untergrund. Im Juli 2003 von den Amerikanern festgenommen, soll er heute mit US-Billigung in Abu Dhabi leben.

Trotz aller propagandistischer Vernebelung war die Faktenlage über den Kriegsverlauf rasch klar. Während am 20. März 2003 die ersten Bomben auf Bagdad fielen, begannen Bodentruppen der USA und Großbritanniens von Kuwait aus mit der Invasion im Irak. Nach anfänglich schweren Kämpfen im Süden des Landes, trafen die Truppen bald auf wenig Gegenwehr. Am 6. April eroberten US-Truppen den Flughafen von Bagdad. Drei Tage später hatten sie die Stadt unter Kontrolle. Im Stadtzentrum Bagdads wurde die große Saddam-Statue vom Sockel gestürzt. Und im Nationalmuseum raubten Plünderer Kunstschätze von unwiederbringlichem Wert.

An den folgenden Tagen nahmen die Amerikaner die nordirakischen Städte Kirkuk und Mossul ein. Am 24. April gab Präsident Bush erstmals zu, man habe noch

„Was im Krieg als Erstes stirbt, ist die Wahrheit.“ Die USA versuchten mit unbewiesenen Behauptungen, den Sicherheitsrat vom Irak-Krieg zu überzeugen (oben). Der irakische Informationsminister Al-Sahhaf (links) erzählte Märchen über den Kriegsverlauf, der Zivilist George W. Bush (rechts) spielte den heldenhaften Soldaten

Bereit zum Angriff. Die US-Soldaten hatten im Irak anfangs leichtes Spiel. Gefährlich wurde es erst, als der Krieg schon gewonnen schien

keine Massenvernichtungswaffen im Lande gefunden (dafür aber Außenminister Tarek Aziz, der sich den US-Truppen stellte). Der militärische Widerstand gegen die Invasoren brach zusammen.

Sechs Wochen nach Kriegsbeginn, am 2. Mai 2003, verkündete George W. Bush schließlich das Ende der „größeren Kampfhandlungen". Er wählte dafür einen Auftritt, wie er von Comical Ali nicht besser hätte erfunden werden können.

Der Präsident ließ sich per Kampfjet in voller Militärmontur auf den Flugzeugträger „Abraham Lincoln" einfliegen. Allerdings hätte er auch mit dem Hubschrauber oder mit dem Segelboot kommen können, denn das Schiff kreuzte nur wenige Meilen vor der Küste seines Heimathafens San Diego. Senator Robert C. Byrd zürnte über eine „prunkvolle Showeinlage".

Aber hatte nicht der ganze Krieg etwas von einer – ganz und gar nicht prunkvollen – Show? Die Bush-Regierung hatte ihren Bürgern von Beginn an suggeriert, der Irak-Feldzug sei eine Reaktion auf die Attentate vom 11. September 2001, also eine wichtige Maßnahme des Kriegs gegen den Terror. Hellsichtige Beobachter wie die *New York Times*-Kolumnistin Maureen Dowd spotteten schon damals, „wir suchen nicht den Schurken, der unser Haus zerstört hat (Osama bin Laden), sondern jenen, von dem wir die Adresse wissen (Saddam)". Gleichwohl kam die Botschaft des Präsidenten bei den Bürgern an.

Nur die erhofften Folgen des Krieges wollten sich nicht einstellen. Kein begeisterter Empfang für die US-Boys in Bagdad. Kein echter Frieden. Schon gar keine keimende Demokratie, als Vorbild für die von Oligarchen regierten arabischen Völker ringsum. Stattdessen wurde der Irak jetzt wirklich das, was man immer vermeiden wollte: Eine Heim- und Brutstätte für Fundis, Fanatiker und Terroristen.

„Die Welt wurde unberechenbar", analysierte Livia Klingl am Jahrestag des Kriegsausbruchs in einem KURIER-Kommentar. „Dass Saddam nicht mehr Machthaber, sondern Häftling ist, wird kaum jemand bedauern. Der Krieg gegen den Terror erzeugte durch fehlgeleitete Bomben, über den Haufen geschossene Familien und andere Menschenrechtsverletzungen zahllose Krieger Allahs. Deren Bilanz, von Djerba über Istanbul bis Madrid: Hunderte Tote, Tausende verzweifelte Hinterbliebene. Das ohnehin schon angeschlagene Image der USA nahm weiteren Schaden, wie zahlreiche Umfragen zeigen."

Dieser Kommentar erschien am 20. März 2004 und seither hat sich die Lage noch dramatisch verschärft. Fast täglich tauchen neue Dokumente auf, welche die Fehleinschätzungen (oder Täuschungen) der US-Krieger an den Tag bringen.

Dass der Irak keine Massenvernichtungswaffen besaß, ist mittlerweile amtlich: Dies erklärte die offizielle amerikanisch-britisch-australische Untersuchungskommission der „Iraq Survey Group" im September 2004. Und der Glaube an die guten Gründe, dem geprügelten Land stünde eine bessere Zukunft bevor? Erstaunt liest die Welt Dokumente aus London, die im Herbst 2004 veröffentlicht wurden. Der britische Außenminister Jack Straw schickte demnach schon im März 2002 dringende Warnungen an seinen Premierminister Tony Blair. Inhalt: Die USA hätten keinen Plan, wie es nach einem Krieg im Irak weitergehen würde. Viele Soldaten müssten viele Jahre im Land bleiben, um die Ordnung zu erhalten. Britische Regierungsberater schrieben 2002, sie seien überzeugt, dass George W. Bush nur „das unerledigte Geschäft seines Vaters", des Golfkriegs-Feldherrn 1991, abschließen und den „erbitterten Zweikampf" mit Saddam Hussein zu Ende bringen wollte.

Wie geht es weiter? „Im Irak können die Bürger heute nicht mehr sicher davon ausgehen, dass sie den nächsten Tag überleben. Das war unter Saddam leider besser", sagt Livia Klingl. „Die Menschenrechtsverletzungen sind eklatant. Und es findet ein Zusammenprall der Zivilisationen statt, zwischen der westlichen und der muslimischen Welt. Ich hoffe, dass eine Seite mit der Eskalation einmal aufhören wird, und das müsste die stärkere Seite sein. Also die westliche. Der Westen müsste der muslimischen Welt Angebote machen."

Auf der Flucht. Wie in jedem Krieg, zählten die Zivilisten auch im Irak zu den größten Leidtragenden des Konflikts.

Pendeln zwischen Hoffen und Bangen

Größere Union schafft auch größere Probleme

Zweifel und Zuversicht im großen Europa

Christoph Kotanko über die Aufnahme von zehn neuen EU-Mitgliedern

Hellas von Sinnen – die ganze Welt feiert

- Euphorie nach Griechenlands Einzug in das EM-Endspiel
- Die Fußballbegeisterung als Vorspiel für das Olympia-Fest

Fischer erobert Hofburg

- Kandidat der SPÖ gewinnt mit 52,4 Prozent die Wahl und wird Bundespräsident
- Zweidrittel-Mehrheit in Wien, aber auch Sieger in drei VP-regierten Ländern

Abschied von Thomas Klestil

Nach dem Terror: Spaniens Regierung verliert die Wahl

Konservative büßen für ihre Informationspoliti

MAULKORB FÜR BISCHOF KRENN

Visitator Küng verhängt über St. Pöltens Oberhirten ein Interview-Verbot. **SEITE 10**

Tausende Menschen nahm… Kardinal Franz König. Vor allem se… …ephansdom Abschied von …Rolle als „Brückenbauer" wurde gewürdigt

DER LETZTE WEG DES KARDINALS

Herausforderung und große Chance

Am 1. Mai 2004 begrüßte die EU zehn neue Mitglieder. Das Projekt Europa steht in einer schwierigen, doch verheißungsvollen Phase

Flaggen, Freude, Festmusik. 2004 wurde der 1. Mai zum Doppelfeiertag: Als Tag der Arbeit – und als Tag der Erweiterung. Die 15 EU-Staaten begrüßten zehn neue Mitglieder. Das gemeinsame Haus Europa erhielt seinen bisher größten Anbau.

„Nichts wird in Europa nach diesem 1. Mai noch so sein wie zuvor", kommentierte Margaretha Kopeinig im KURIER. „Was jetzt verwirklicht wird, markiert für die neuen Mitglieder aus Mittel- und Osteuropa deren Rückkehr nach Europa." Jedoch, so meinte Christoph Kotanko: „Das historische Ereignis wird überschattet von Sorgen, Zweifeln, Konfusion. Zwischen den Neuen gibt es kein Gleichgewicht. In den kommenden Jahren wird sich der Wettbewerb in der ganzen Union verschärfen. Wer die Herausforderung verschläft, hat ein böses Erwachen. Das gilt speziell für Österreich: In der Nachbarschaft ist scharfe Konkurrenz entstanden."

Doch am 1. Mai wollten viele Österreicher erst einmal den „Feiertag der ausgestreckten Hände" (KURIER) begehen. Sehr emotional wurde das Fest zum Beispiel in Bad Radkersburg/Gorna Radgona. 1991, während des kurzen Slowenien-Kriegs, hatte man auf der österreichischen Seite noch zuschauen müssen, wie ein paar Hundert Meter weiter der Kirchturm zerschossen wurde. 13 Jahre später feierten Tausende auf beiden Seiten der Mur. Die so genannte Brücke der Freundschaft wurde „in nahezu beängstigendem Ausmaß" gestürmt. Und die steirische Landeshauptfrau Waltraud Klasnic, Seite an Seite mit Sloweniens Außenminister Dimitri Rupl, jubelte: „Die EU-Zukunftsregion wird sichtbar, erlebbar und spürbar."

Andernorts erlebte und spürte man die neue Zeit zum Beispiel mit einem gemeinsamen Frühstück, das zu einer Mahlzeit der Superlative wurde. In Mitterretzbach hatte man das Inventar aller Festzelte der Umgebung herangekarrt und den längsten Tisch Europas aufgebaut. Dort, wo einst der Eiserne Vorhang Ost und West trennte, saßen nun Tausende Gäste aus Österreich und Tschechien an einer 1600 Meter langen Tafel.

In Wien feierten 780.000 Menschen beim Stadtfest mit Künstlern (und Besuchern) aus allen 25 EU-Staaten. Und am Grenzübergang Pyhrabruck nahe Gmünd wurde eine symbolische Trachtenhochzeit zwischen einem tschechischen Hans und einer österreichischen Gretl begangen. Mit einem Ehegelöbnis, das da lautete: „Was die EU zusammengeführt hat, darf der Mensch nicht mehr trennen."

Wenn's da nur nicht zum Krach kommt. Denn es ist noch eine Menge Anstrengung nötig, damit zusammenwächst, was zusammengehören will. Das gilt zunächst für die zwischenmenschlichen Bereiche. „Der Eiserne Vorhang hinterließ Spuren", sagt Peter Lattinger. „Zwischen dem Burgenland und Ungarn entstehen die Kontakte rascher als an der Grenze zu Tschechien und der Slowakei."

Ein „Feiertag der ausgestreckten Hände": Überall entlang der Grenzen zwischen Österreich und Slowenien, Ungarn, der Slowakei und Tschechien fanden am 1. Mai 2004 Feste zur EU-Erweiterung statt

Europäische Eintracht: Die Fußball-Europameisterschaft in Portugal 2004 wurde zum freudvollen Fest der Begegnung (links). Österreichische Marken zeigen in den neuen EU-Staaten große Präsenz (unten)

Noch viel mehr gilt die Notwendigkeit zum Brücken-Aufbau und Barrieren-Abbau natürlich für die Politik. „Die Erweiterung ist ein historischer Anlass, der zum Hochgefühl berechtigen würde, aber im Grunde aus einem Stimmungstief kommt. Die Europäische Union beging aus eigenem Verschulden viele Fehler, vor allem bei der Verfassungsdiskussion", meint Christoph Kotanko. Allerdings: „Man muss natürlich sehen, dass die EU immer nur durch ihre Krisen Fortschritte gemacht hat und fast nie dadurch, dass sich zehn vernünftige Leute zusammensetzten und diskutierten. Auch in Zukunft wird es noch viele Krisen geben – und ich denke, dass es durch dieses Streiten und Zusammenstreiten vorwärts gehen wird."

Die Osterweiterung des Jahres 2004 ist bereits die vierte territoriale Ausdehnung der Europäischen Union – und zugleich ist es die schwierigste. Denn zuvor wuchs die EU nur im Westen; in Ländern, deren politische und ökonomische Systeme prinzipiell vergleichbar waren. Aber bis auf Malta und Zypern haben die neuen Mitgliedsländer allesamt viele Jahrzehnte im System des real existierenden Sozialismus hinter sich.

Die mühsame Annäherung zwischen Wessis und Ossis in Deutschland war eine Art Probe für das Experiment, das nun der ganzen Union bevorsteht. Der eiserne Vorhang trennte ja nicht nur den Osten vom Westen ab, sondern auch umgekehrt. Heinz Nußbaumer sagt an anderer Stelle dieses Buches (im Kapitel über den Mauerbau 1961), dass Bratislava für ihn lange Zeit „weiter weg war als Albuquerque".

Das mag, vielleicht ein wenig weniger krass, für die Mehrheit der Österreicher gelten. Ein Indiz für die innere Distanz: Die lausigen Verbindungen zur Überwindung der geographischen Distanzen. In der ganzen EU gibt es keine zwei Hauptstädte, die so nah beieinander liegen wie Wien und Bratislava: 50 Kilometer. Doch wer heute von der einen Metropole in die andere will, hat nur die Wahl zwischen einer schmalen Bundesstraße und zwei Bahnlinien, die riesige Umwege fahren müssen, weil die Gleise der Direktverbindung demontiert wurden. Die Reise kann länger dauern als in der Zeit der k.u.k. Monarchie.

„Warum hat Österreich seine Bundesstraße von Wien nach Bratislava noch nicht zu einer modernen Autobahn ausgebaut?", wunderte sich der slowakische EU-Kommissar Jan Figel im KURIER. „Österreich muss seine Hausaufgaben machen." Gut Ding braucht Weile: Die 22 Kilometer lange „Spange Kittsee" die von der Ostautobahn A4 nach Bratislava abbiegen wird, soll Ende 2007 für den Verkehr freigegeben werden. Kosten: 174 Millionen Euro.

Natürlich sind ein paar Kilometer Autobahn nur Peanuts im Vergleich zu dem, was der EU an großen Themen bevorsteht; an Chancen genauso wie an Gefahren. „Die Erweiterung ist ein wichtiger Teil des Friedensprojekts EU, und zugleich eine extreme Herausforderung an die Regierbarkeit der Union", sagt Peter Rabl. „Das EU-Parlament hat zu wenig Kompetenzen, die Institutionen sind zu wenig demokratisch legitimiert. Da wird es am Anfang sicher Ecken und Kanten geben. Doch es wäre nicht gut, wenn daraus ein Europa der zwei Geschwindigkeiten entstehen würde."

Es ist ja schon hart genug, dass es nun ein Europa der zwei Wohlstandsklassen gibt. In Österreich etwa beträgt das Durchschnittseinkommen 1294 Euro pro Monat; in Slowenien sind es nur 849 Euro, in Tschechien 461 Euro und in Ungarn 421 Euro. Im ärmsten der neuen EU-Länder im Osten, Lettland, muss ein Arbeitnehmer mit 280 Euro Monatsverdienst auskommen.

Die Folgen der mangelnden Balance liegen auf der Hand. „Billiglohnbranchen werden vermehrt in den Osten abwandern", sagt Reinhard Göweil. „Wir werden es sehen – und haben bereits gesehen –, dass Betriebe in Österreich zusperren und 50 oder 100 Kilometer weiter östlich wieder aufsperren."

Göweil bekundet ein gewisses Verständnis für diesen Trend: „Es ist dies ja die einzige Möglichkeit für diese Länder, sich zu entwickeln. Österreich ist nach dem Zweiten Weltkrieg mit einem ähnlichen Konzept reich geworden. Das Land zog damals Investitionen aus Ländern mit höheren Lohnkosten an, weil die Produktion in Österreich billiger war. Jetzt geht diese Entwicklung ein Stück weiter nach Osten, Norden und Süden."

Wie kann Österreich darauf reagieren? „Indem das Land noch stärker auf die Qualifikation seiner Arbeitnehmer setzt. Und indem es die Chancen nützt, welche die Erweiterung bietet. Der gemeinsame Markt ist um 100 Millionen Einwohner gewachsen, und in diesen Ländern gilt die gleiche Rechtsgrundlage wie hier."

Nach einer Expertise der Bank Austria-Creditanstalt ist Österreich, der EU-Nettozahler, einer der Hauptprofiteure der Osterweiterung. Demnach hat Österreich seine Exporte in die zehn neuen Länder der EU seit 1988 um 600 Prozent gesteigert. Schon heute gehen zwölf Prozent aller österreichischen Exporte in diese Staaten – solche Anteile erreicht sonst niemand in der alten EU. Und wenn die Statistiken zutreffen, dann verdanken 130.000 Arbeitnehmer in Österreicher ihren Job dem Handel mit den neuen EU-Ländern.

Österreichische Marken sind in Ungarn, Slowenien oder der Slowakei in der Tat unverkennbar stark vertreten. Banken, Billa-Läden, Brau-Union-Bier oder Meinl-Kaffee: Heimische Unternehmen nutzten die Chance, in jenen Ländern Position zu beziehen, mit denen Österreich eine lange gemeinsame Vergangenheit verbindet.

Aber natürlich findet der Außenhandel nicht auf der Einbahnstraße statt. Christoph Kotanko: „Die Handelsbilanz mit Tschechien und der Slowakei hat sich bereits zu Gunsten der Neuen gedreht."

Vermutlich ist es jedoch kurzsichtig, den wirtschaftlichen Wettstreit zwischen alter und neuer EU ausschließlich regional zu betrachten. Die EU-Bürger aus dem Westen, gewöhnt an Sozialstaat und Demokratie, sowie die EU-Bürger aus dem Osten, lange gewöhnt an eine „Vollversorgungs-Diktatur" (*Süddeutsche Zeitung*), stehen gemeinsam vor einer Herausforderung, die von außen kommt. Peter Rabl: „Die Konfrontation zwischen der Marktwirtschaft amerikanischer Prägung und der europäischen sozialen Marktwirtschaft ist ein echter kultureller Clash. Doch ich glaube nicht, dass sich Europa dem amerikanischen Modell ganz ergeben wird."

Die rauere Gangart der Konzerne ist jedenfalls unübersehbar. Ein Fall wie jener des Reifenherstellers Semperit wirkt in der Rückschau so, als hätte er diesen Trend bereits vorweggenommen. In den siebziger Jahren zählte Semperit zu den Stars der österreichischen Wirtschaft; allein in Traiskirchen waren 4500 Mitarbeiter beschäftigt. Doch 1985 wollte der damalige Eigentümer, die Creditanstalt, Semperit nicht länger als Beteiligung behalten. CA-Chef Hannes Androsch verkaufte die Firma an den deutschen Reifenkonzern Continental.

Die neuen Besitzer nahmen gern eine 87-Millionen-Euro-Finanzspritze Österreichs entgegen und gewährten eine zehnjährige Standortgarantie. Danach, ab 1996, wurde Semperit systematisch filetiert. Obwohl das Werk Gewinne machte, übersiedelten die Maschinen und die Fertigung nach Tschechien. 2002 wurde in Traiskirchen der letzte „echte Semperitreifen" hergestellt.

Der KURIER: „Semperit-Betriebsrat Alfred Artmäuer stellte den Conti-Konzern als lebhaftes Beispiel der hässlichen Fratze der globalisierten Wirtschaft vor. ‚Wir waren für die nur eine Kolonie. Man hat aus der Semperit herausgeholt, was geht, und dann wurde zugesperrt.'" Globalisierung wurde in den letzten Jahren zum Reizwort vieler Menschen. Längst sind es nicht mehr nur Spontis und Alternative, die gegen den ungehemmten Wildwuchs einer nur auf Profitmaximierung ausgerichteten Wirtschaft auftreten.

Hat Europa eine Chance, sich diesem Trend entgegenzustemmen? „Europa macht im Moment die Erfahrung, dass die Wirtschaft immer amerikanischer wird", sagt Reinhard Göweil. „Vielleicht endet dieser Prozess dort, wo gesagt wird, dass das weder unserer Kultur noch unserer Firmenstruktur entspricht. Eine Mentalität des Hire & Fire gibt es hier einfach nicht."

Peter Rabl schrieb schon 1997 in einem Kommentar: „Es ist kein Zufall, dass die Idee der Sozialen Marktwirtschaft aus Europa kam. Einer freien Wirtschaft, die sich nicht ausschließlich am Erfolg der Unternehmen und des Kapitals orientiert, sondern gleichwertig an die Interessen der Allgemeinheit und der Arbeitnehmer gebunden ist. Europa will die Globalisierung nicht erleiden, sondern nach eigener Erfahrung und Kultur mitgestalten."

Stichwort Erfahrung und Kultur: Natürlich besitzt das Projekt der Europäischen Einigung viele andere Aspekte als jene der Ökonomie. „Dass zum Beispiel Österreich und Ungarn wieder eine gemeinsame Außenpolitik vertreten, hat eine historische Dimension", sagt Christoph Kotanko. „Das k.u.k. Gemeinschaftsgefühl wird aber nicht wieder entstehen – nicht zuletzt deshalb, weil das damals durch eine gewisse Bevormundung gekennzeichnet war. Heute ist wichtig, dass die Erweiterung der Union ein freiwilliger Zusammenschluss ist, ohne Druck von außen."

Der „letzte echte Semperitler" wurde 2002 ausgeliefert. Die Zerschlagung des Semperit-Konzerns war ein frühes Beispiel für die Globalisierung, die das Wirtschaftsklima rauer werden lässt

Ist die EU auf lange Sicht dabei, nach dem Vorbild der USA ein Bundesstaat zu werden, oder bleibt sie ein Staatenbund unabhängiger Mitglieder? Peter Rabl tippt auf Zweiteres: „Die Geschichte der einzelnen Länder ist zu unterschiedlich. Die Erweiterung wird uns zehn Jahre lang beschäftigen. Die Strukturen müssen wachsen, damit zunächst einmal der Staatenbund vernünftig organisierbar ist."

Jiri Grusa, tschechischer Schriftsteller, Ex-Diplomat und Präsident des Internationalen P.E.N.-Club, äußerte im KURIER-Gespräch mit Margaretha Kopeinig im April 2004 interessante Gedanken zu diesem Themenkreis.

„Was die 25 Staaten der EU verbindet? Ihre Negativa. Jeder ist mit jedem ein bisschen verfeindet. Jeder hat über jeden eine Reminiszenz. Die Länder haben eine gemeinsame Belastung – und das ist unsere Geschichte. Das ist zwar eine negative Bindung, aber eindeutig ein gemeinsames Element. Jetzt brauchen wir eine europäische Verfassung, ungeachtet der nationalen Verfassungen. Wie Europa dann funktionieren soll? Mit vereinten Kräften. Das ist ein guter Slogan. Das ist die nicht erfüllte österreichische Parole der alten Monarchie. Nach einem Jahrhundert sind wir wieder so weit, dass wir diesen Slogan auf die Fahnen schreiben können."

Vom großen Weltgeschehen und vielen kleinen Dramen

50 Jahre KURIER: Geschichte und Geschichten einer Zeitung, die Österreichs Blick auf die Welt wesentlich mitgeprägt hat

Als der KURIER 1954 zum ersten Mal erschien, war Österreich ein armes, besetztes Land, erfüllt von Sehnsucht nach Freiheit und Unabhängigkeit. Es gab noch kein Fernsehen und die neue Zeitung, gegründet vom jungen Verleger Ludwig Polsterer, stand in Konkurrenz gegen Blätter mit Titeln wie *Bildtelegraf, Welt am Abend* oder *Neues Österreich.*

50 Jahre später ist Österreich ein wohlhabendes, selbstbewusstes Land, eingebettet in den Staatenbund und den Wirtschaftsraum der Europäischen Union. Der KURIER fand sein ökonomisches Fundament in den Strukturen eines internationalen Medienkonzerns. Die österreichische Raiffeisen-Gruppe (50,5 Prozent) und die *Westdeutsche Allgemeine Zeitung* (WAZ; 49,5 Prozent) sind Eigentümer des Blatts, dessen inhaltliche Unabhängigkeit durch ein Redaktionsstatut garantiert ist. Der KURIER agiert in einem stark erweiterten Konkurrenz-Umfeld, zu dem außer Zeitungen und Magazinen auch die elektronischen Medien zählen.

Am Anfang war die Zeitung vor allem ein Nachrichtenlieferant. Wenn es die Meldungslage erforderte, wurden rasch Sonderausgaben eingeschoben. Heute haben Rundfunk, Fernsehen und Internet die Funktion der schnellen Information übernommen. Auch mit einem Dienst aus dem eigenen Haus, dem Online-Portal kurier.at. Das gedruckte Blatt hat seinen Schwerpunkt längst auf die Hintergrundinformation gelegt. Auf große Reportagen, Analysen und Kommentare sowie auf Service-Elemente, die dem Leser direkten praktischen Nutzen bieten.

Was ist der KURIER heute?

„Der KURIER ist eine Tageszeitung von liberal-konservativem Zuschnitt", sagt Christian Konrad, Präsident des KURIER-Aufsichtsrates und Generalanwalt des Österreichischen Raiffeisenverbandes. „Der KURIER hat seine Schwerpunkte in Politik, Wirtschaft und Kultur und wird als wichtige innenpolitische Zeitung wahrgenommen. Für das Bild Österreichs ist er unverzichtbar."

Nach den Zahlen der Mediaanalyse erreicht der KURIER 11,2 Prozent der österreichischen Bevölkerung über 14 Jahren. Das ist im internationalen Vergleich ein ausgesprochen hoher Wert für eine Tageszeitung. Jeden Tag werden fast 173.000 Exemplare verkauft

KURIER-Spitze: WAZ-Geschäftsführer Erich Schumann (oben), Aufsichtsrats-Präsident Christian Konrad sowie Peter Rabl, Herausgeber und Chefredakteur (rechts)

„Der KURIER ist eine große, liberal-konservative Zeitung mit starken progressiven Elementen, zum Beispiel im Feuilleton", sagt Erich Schumann, Geschäftsführer des WAZ-Konzerns. „Er ist eine Zeitung mit einem ganz großen Vorzug: Einer unwahrscheinlich treuen Klientel."

„Der KURIER ist ein Tagesmagazin, eine Qualitätszeitung neuen Typs", sagt Peter Rabl, Herausgeber und Chefredakteur seit 1993. „Wir sind das Blatt für den mobilen, aufgeweckten, breiten Mittelstand. Der Leser soll zu den wichtigen Themen so viel Hintergrundwissen bekommen, dass er das Gefühl hat, sich besser auszukennen als jemand, der den KURIER nicht gelesen hat."

Das Angebot des KURIER wird von den Lesern honoriert. Die verbreitete Auflage (erstes Halbjahr 2004) erreicht von Montag bis Samstag exakt 197.101 Exemplare, am Sonntag klettert sie auf 399.066 Zeitungen. Mit einer täglichen Verkaufsauflage von 172.979 Stück erreicht der KURIER einen höheren Wert als *Die Presse* (76.535), *Der Standard* (66.821) und *Wirtschaftsblatt* (27.873) zusammen. 113.204 Exemplare werden täglich direkt an die Abonnenten ausgeliefert. Gemäß Mediaanalyse 2003 erreicht der KURIER 745.000 Leser pro Tag. Das sind 11,2 Prozent der österreichischen Bevölkerung über 14 Jahren – im internationalen Vergleich ein ausgesprochen hoher Wert für eine solche Tageszeitung.

Zu Beginn druckte der KURIER eine Auflage von 60.000 Exemplaren. Es war ein weiter Weg von den Tagen des improvisierten Starts bis zu den soliden Strukturen der Gegenwart. Während täglich in den Schlagzeilen die großen Dramen des Weltgeschehens festgehalten wurden, spielten sich intern die kleinen Dramen ab, die zu jeder Firmenchronik gehören. Die Geschichte des KURIER ist reich an Erfolgen und auch an Krisen, an Hoffnungen wie an Ängsten, an Konflikten und Triumphen. Mit einem Satz: Es ist eine jener spannungsgeladenen Storys, wie sie das Leben schreibt.

Prolog: Der „Wiener Kurier"

Die Geschichte des KURIER hat einen Prolog. Als der Zweite Weltkrieg endete und Wien unter Vier-Mächte-Verwaltung gestellt wurde, gehörte der 7. Bezirk der Hauptstadt, Neubau, zur amerikanischen Zone. Dort stand in der Seidengasse die Großdruckerei Waldheim-Eberle; ein Unternehmen, das in der Nazi-Zeit besonders gelitten hatte. Die Eigentümer aus der jüdischen Verlegerfamilie Ullstein mussten Waldheim-Eberle an einen Nazi-Verlag übergeben. Während der Hitler-Diktatur wurde in der Seidengasse das Hetzblatt *Völkischer Beobachter* gedruckt.

Nach der Befreiung beschlagnahmten die Amerikaner die Druckerei. Sie wollten die Rotationsmaschinen aber rasch wieder laufen lassen – nun mit Inhalten demokratischer Natur. Am 27. August 1945 ging die neue Tageszeitung *Wiener Kurier* an den Start. Das Blatt wurde „hgg. von den amerikan. Streitkräften für die Wr. Bevölkerung", wie die Amis mit ihrer Liebe zu Abkürzungen vermerkten (die Buchstaben hgg. standen für „herausgegeben"). General Mark Clark, der Oberkommandierende der US-Truppen in Österreich, gab auf Seite 1 der ersten Ausgabe die Linie vor: „Damit wird ein Beweis für den guten Willen der Alliierten erbracht, dem österreichischen Volk in der Übergangsperiode jede Hilfe angedeihen zu lassen. Diese Hilfe ist nötig, um den Weg zu einer freien und demokratischen Nation, an die sich keinerlei nazistische Bedrohung mehr heranwagen kann, zu bannen."

Die Wiener ließen sich die Hilfe gern gefallen. Das Blatt war für damalige Verhältnisse modern gemacht; es bot ein lockeres Layout, große Fotos und zahlreiche Geschichten über den „American Way of Life". Der *Wiener Kurier*, dessen Redak-

WIENER KURIER

PREIS 70 gr

Stalin gestorben

KURIER-Vorläufer: Der „Wiener Kurier" der US-Besatzungstruppen

tion von einem US-Presseoffizier geleitet wurde, hatte ganz unverblümt die Aufgabe, als Sprachrohr Amerikas zu dienen. Weil er überdies auch umfassend über die lokalen Ereignisse berichtete, wurde er rasch zum Erfolg. Kolumnisten wie Karl Farkas und Autoren wie Sport-Legende Heribert Meisel prägten das Blatt.

Während der *Wiener Kurier* florierte, gab es einen Konflikt um die Druckerei Waldheim-Eberle, welcher der jungen Republik Österreich nicht zum Ruhm gereichte. Die Familie Ullstein wollte ihren Besitz wiederhaben – vergeblich. Der Bankier Heinrich Treichl, ÖVP-Mitglied, langjähriger Generaldirektor der Creditanstalt-Bankverein und nach dem Krieg für Ullstein tätig, erklärte 1999 der Wiener Stadtzeitung *Falter*: „Ich habe hautnah miterlebt, wie sich die Republik die Druckerei Waldheim-Eberle angeeignet hat, statt sie ihren früheren jüdischen Eigentümern zurückzugeben. In der Folge hat sie das Unternehmen parteipolitisch ausgenutzt. Es war ein rotschwarzer Raubzug unter der Führung des Ministers für Vermögenssicherung und Wirtschaftsplanung, Peter Krauland (VP)."

1948 wurde Waldheim-Eberle als der Republik verfallen erklärt. Neuer Eigentümer: eine proporzmäßig besetzte Gesellschaft namens Der Kreis, die das Unternehmen bis 1960 behielt. Mit den früheren Eigentümern einigte man sich 1956 auf einen Vergleich, der Ullstein 16 Millionen Schilling brachte. Der Wert der Druckerei betrug nach Schätzungen damals aber bereits 60 Millionen Schilling.

Zurück zur Zeitung. Trotz aller Erfolge bei den Lesern hatte es 1954 den Anschein, als sollten die Rotationsmaschinen, die den *Wiener Kurier* druckten, bald stillstehen. Das Ende der Besatzungszeit kündigte sich an. Die Amerikaner, getrieben durch Sparpläne der Administration in Washington, wollten ihr Tagblatt einstellen. Jetzt schlug die Stunde des Ludwig Polsterer.

Ernst Haeusserman, der spätere Burgtheater-Direktor (links), gab 1954 dem Unternehmer Ludwig Polsterer (oben) den entscheidenden Tipp zur KURIER-Gründung. Polsterer, erst 27, wurde Verleger

Ludwig Polsterer und die Gründung des KURIER

Polsterer, Jahrgang 1927, entstammte einer Unternehmerdynastie, der die Großmühlen im niederösterreichischen Enzersdorf an der Fischa gehörten. Sein Vater starb 1945, kurz nach Kriegsende. Ludwig Polsterer trat als 19-Jähriger in die Geschäftsleitung ein und begann zugleich sein Studium an der Wiener Hochschule für Welthandel, das er 1950 mit dem Doktorat abschloss.

Schon in frühen Jahren wuchs in ihm die Idee, etwas anderes zu drehen als Mühlräder – nämlich Filme. Polsterer schloss sich, so schrieb 1972 das Nachrichtenmagazin *Profil*, „einer Clique feinnerviger, unsteter junger Burschen an, die zusammen mit ein paar ausnehmend hübschen Mädchen vom Filme-Machen träumten".

Er gründete die Produktionsfirma Cosmopol-Film; der Name stand für Cosmopolit und Polsterer. Ein Zimmer in der Wohnung seiner Mutter diente als Firmensitz. Der Produzent und Polsterer-Freund Carl Szokoll (einer der großen Männer des österreichischen Widerstands gegen Hitler; er starb am 25. August 2004) brachte die Story für einen Kriegsfilm, der bei Stars wie

Bevor Ludwig Polsterer den KURIER gründete, hatte er bereits den Film-Welterfolg „Die letzte Brücke" mit Maria Schell produziert

dem Regisseur Helmut Käutner sowie den Schauspielern Maria Schell und Bernhard Wicki enormen Anklang fand. 1953 brachte die Cosmopol das Drama „Die letzte Brücke" heraus. Der Film wurde zum Welterfolg, spielte (auch für Polsterer) Millionen ein und gewann 1954 die Goldene Palme beim Filmfestival von Cannes.

Jetzt kommt Ernst Haeusserman ins Bild, der die Kriegsjahre als Assistent von Max Reinhardt in Hollywood verbracht hatte. Der spätere Burgtheater- und Josefstadt-Direktor kehrte 1945 als US-Offizier nach Österreich zurück, wo er zunächst als US-Programmdirektor des Radiosenders Rot-Weiß-Rot tätig war. 1954 beriet er Ludwig Polsterers Cosmopol-Film als Konsulent – und von ihm stammte der Tipp, der zur Gründung des KURIER führen sollte.

Es gibt verschiedene Versionen darüber, wie Ludwig Polsterer zum Zeitungsverleger wurde. Der verstorbene Paul Popp, großer Stilist und Mann der ersten Stunde beim KURIER, erzählte die Geschichte 1979 in der Festschrift zum 25-Jahre-Jubiläum des Blattes so:

„Eigentlich begann alles schon Mitte April 1954, als der Polizeireporter Heinz Hansen das Gerücht hörte, die Amerikaner wollten den *Wiener Kurier* einstellen. Hansen überlegte, was zu tun sei, denn schließlich hing auch die Existenz etlicher österreichischer Journalisten vom Weiterbestand dieser Zeitung ab. Er kam auf eine Königsidee: er rief Ernst Haeusserman an. Dieser war, als Hansens Anruf kam, gerade im Zimmer Ludwig Polsterers. Erstaunt vernahm Haeusserman die Geschichte und erzählte sie sofort Polsterer weiter. Der sagte versonnen: ‚So eine Zeitung müsste man haben, das wäre ein Geschäft!' Ein Mann schneller Entschlüsse, meinte Polsterer, dass Ernst Haeusserman amerikanischer Offizier gewesen sei und bestimmt einige Leute aus der Verwaltung kenne. Der Auftrag lautete: ‚Rufen S' halt irgenwen an.' Haeusserman rief und bekam vom kaufmännischen Boss des *Wiener Kurier*, Bert Fielden, die Antwort: ‚No, Ernie, wir stellen ein. Ein Verkauf kommt nicht in Frage.'"

Popp weiter: „Doch so leicht gaben weder Polsterer noch Haeusserman auf. Eines Sonntags war Haeusserman bei Larry Dalcher, einem Amerikaner aus der obersten Verwaltung, eingeladen, und Dalcher meinte, über die Übergabe in österreichische Hände könne man schon reden, wenn es Garantien gebe, dass die demokratische Linie des Blattes weitergeführt werde. Haeusserman rief sofort in Polsterers Wohnung im 3. Bezirk an. Es ging nicht alles glatt – trotzdem war das eigentlich die Geburtsstunde des neuen KURIER. Kurze Zeit später stieß Fritz Molden, der bekannte Verleger, dazu – der allerdings noch vor der KURIER-Gründung wieder ausstieg –, auch Franz Karmel, dem die *Wiener Wochenausgabe* gehörte, war mit dabei, ebenso der VP-Mann Alfred Maleta. Innerhalb weniger Jahre aber kaufte Polsterer alle Fremdanteile auf. Nun galt es, einen guten Chefredakteur zu finden. Wieder wurde Haeusserman ausgeschickt. Sein bester Freund Jacques Hannak, ein legendärer Redakteur der *Arbeiter-Zeitung*, machte ihn auf Hans Dichand aufmerksam, den Chefredakteur der *Kleinen Zeitung* in Graz. Polsterer und Haeusserman fuhren nach Graz und engagierten Dichand. So einfach war das alles."

Er war der Chronist der KURIER-Gründung: Der große Stilist und langjährige Kolumnist Paul Popp

Nun, ganz so einfach war es vielleicht doch nicht. Die *Kleine Zeitung* erhob beim Arbeitsgericht Klage gegen Hans Dichand wegen Vertragsbruchs, die bald darauf aber zurückgezogen wurde.

Und Ludwig Polsterer, gerade erst 27 Jahre alt und völlig unerfahren im Verlagswesen, musste drei Millionen Schilling als Druckerei-Kaution hinterlegen, um das Abenteuer KURIER beginnen zu können.

Zeugte das von einer wagemutigen Lust am Hasard? „Nein", sagt sein Jugendfreund, der frühere Salami-Fabrikant Hannes Stastnik. „Polsterer war kein Spielertyp, der riskante Geldgeschäfte machte. Er war ein Unternehmer – sehr gewandt und sehr vielseitig." Der Drei-Millionen-Einsatz war jedenfalls prächtig angelegt. Als Polsterer den KURIER 1972 verkaufte, lukrierte er 400 Millionen Schilling.

Schlafmangel und Raumprobleme

Doch zurück in die Zeit der Geburtsstunden des KURIER. „Wir hatten für die Gründung nur 14 Tage Zeit", erzählte Polsterer später. „Und wir hatten keine Redaktion, keinen Vertrieb, keine Anzeigenabteilung, keine Abonnementlisten. Wir haben alles hereingeholt, was wir bekommen konnten – es war eine bunt zusammengewürfelte Mannschaft. Am ersten Tag bin ich mit Ernst Haeusserman selbst in die Stadt gefahren und habe den Kolporteuren Zeitungen nachgeliefert, wenn sie ihnen ausgegangen waren."

Allzu viele Redakteure wurden vorerst aber nicht gebraucht; dafür sorgte der kostenbewusste Verleger. Hugo Portisch: „Wir wurden immer auf Sparflamme gesetzt. Anfangs, so schien es mir, hatte jedes Ressort nur einen Mann. Im Lokalteil gab es wahrscheinlich außer dem Ressortchef noch zwei Reporter" (damit lag Portisch fast richtig. Der erste Redaktionsstab des KURIER umfasste 18 Mitarbeiter, von denen zehn – unter ihnen Heinz Hansen, Reinald Hübl, Heribert Meisel, Franz Traintinger und Friedrich Torberg – vom *Wiener Kurier* kamen).

Portisch war Ende der vierziger Jahre eine Zeit lang mit Hans Dichand bei einem Blatt namens *Wiener Tageszeitung* tätig gewesen. Jetzt wurde er per Telegramm zum KURIER geholt. „Ich arbeitete 1954 beim Österreichischen Informationsdienst in New York", erzählt er, „und hatte durch einen historischen Zufall die Aufgabe

Szenen aus den frühen Jahren des KURIER. Hugo Portisch, Chefredakteur Hans Dichand und Herausgeber Ludwig Polsterer (oben, von links) beim Studium des aktuellen Blatts. Heribert Meisel, der legendäre Sportreporter der fünfziger Jahre, mit dem KURIER-Dienstwagen unterwegs zum nächsten Einsatz (unten)

geerbt, Bundeskanzler Julius Raab auf seinem ersten Staatsbesuch in den USA zu begleiten. Wir saßen gerade im Hotel Waldorf-Astoria, als ein Page mit einem Telegramm für mich kam. Hans Dichand bat mich darin, als stellvertretender Chefredakteur und Außenpolitik-Chef zum KURIER zu wechseln – mit einem bemerkenswerten Satz: ‚Schon die Türken fanden, dass es sich auszahlt, von weit her zu kommen, um Wien zu erobern.' Ich telegrafierte noch am gleichen Tag zurück: ‚Bin Türke – ich komme'. Das war im November 1954, und am 15. Jänner fing ich dann an."

Die Redaktion residierte in einem winzigen Trakt des Waldheim-Eberle-Hauses in der Wiener Seidengasse. Wie chaotisch es am ersten Tag zuging, beschrieb der langjährige Sportreporter Walter „Blacky" Schwarz in seiner Kolumne „Schwarz auf Weiß": „Am Sonntag, dem 17. Oktober 1954, versammelte sich die in wenigen Tagen zusammengetrommelte Belegschaft des KURIER, um die erste Zeitung, die am Montag erscheinen sollte, quasi aus dem Boden zu stampfen. Ich hatte von einem eigenen stillen Kämmerlein, einem eigenen Schreibtisch und einer Schreibmaschine geträumt – nun aber sah ich mich in einem einzigen, großen Zimmer von rund 20 Damen und Herren dicht umdrängt. Mehr Platz hatte die Hausverwaltung der Pionierredaktion des KURIER nicht zugebilligt."

„Jeder beeilte sich, einen Zipfel von einem Schreibtisch zu ergattern, sich möglichst in der Nähe einer der wenigen Schreibmaschinen, eines Telefons zu platzieren. Zehn Minuten später klapperten die Maschinen, schrillten die Telefone. Der Chefredakteur – er hatte natürlich auch kein eigenes Zimmer – saß in einer Ecke neben unserem Archivar Franz Traintinger, dessen Unterlagen freilich damals hauptsächlich aus seinem guten Gedächtnis bestanden."

Das Blatt wurde in den ersten Jahren in außergewöhnlichen (und extremen) Arbeitszeiten produziert – als Konsequenz einer Besonderheit, die der neue KURIER vom *Wiener Kurier* der Amerikaner übernommen hatte: Man erschien damals als Mittagszeitung. Was das bedeutete, schilderte Hermann Stöger, der spätere Chef vom Dienst und stellvertretende Chefredakteur, so: „Man musste ungefähr ab halb neun Uhr morgens auf dem Markt sein, um die Auflage zu verkaufen. Die Tabak-Trafiken in Wien hatten eine lange Mittagspause; was man vor dieser Mittagspause nicht verkauft hatte, konnte man nicht mehr absetzen. Man musste aber als Mittagszeitung über vieles berichten, was über das hinausging, was die Morgenzeitungen hatten. Andererseits war sehr viel Vorsatz nötig, Zeitungsseiten also, die bereits im Laufe des vergangenen Tages gefertigt werden mussten, da man ja am Morgen nicht die gesamte Zeitung herstellen konnte."

Das führte zu wahrlich grausigen Dienstplänen. Stöger: „Stellen Sie sich vor, Sie beginnen am ersten Tag um ungefähr dreiviertel sechs Uhr Früh, helfen in Ihrem Ressort bei der Fertigstellung der aktuellen Seiten bis etwa acht Uhr und sorgen dann für den Vorsatz für das Blatt des nächsten Tages. Damit haben Sie bis gegen Mittag zu tun. Dann fahren Sie heim, um gegen sechs Uhr abends zum zweiten Mal den Dienst anzutreten, der unter Umständen bis Mitternacht dauert. Um diese Zeit wird der aktuelle Teil des Blattes für den nächsten Tag vorbereitet. Da Sie genau wissen, was geplant ist, müssen Sie am nächsten Tag schon zwischen halb fünf und fünf Uhr Früh in der Redaktion sein. Bis gegen acht wird jetzt das aktuelle Blatt fertig gestellt. Bevor Sie heimgehen dürfen, müssen Sie aber noch die Konkurrenzzeitung und die Redaktionskonferenz abwarten. Während nun Ihr Kollege im Dienstradl dran ist, sind Sie ab etwa halb zehn bis zum nächsten Tag frei, an dem Ihr Dienst wieder gegen sechs Uhr morgens beginnt."

Die harte Diensteinteilung galt damals für alle Mitarbeiter – auch für die Chefredakteure. „Es gab nur einen Dienstwagen, einen VW Käfer, den hatte Hans Dichand", erzählt Hugo Portisch. „Jeden Morgen um halb vier kam Dichand mit dem Käfer und holte mich von dem kleinen Hotel in der Walfischgasse ab, wo ich nach meiner Rückkehr aus Amerika zunächst wohnte. Um vier waren wir in der Redaktion und haben dann die Zeitung fertig gemacht, nachdem wir am Tag zuvor bis Mitternacht gearbeitet hatten. Mittags um zwölf ging ich ein paar Stunden nach Hause, um zu schlafen, und um halb vier am Nachmittag ging's wieder los. Wir kamen also auf zwei Portionen Schlaf von jeweils vielleicht drei Stunden pro Tag. Wie wir das durchgehalten haben, weiß ich selber nicht. Aber wir hatten so viel Spaß und es herrschte eine so große Begeisterung – es war eine schöne Zeit."

Nicht nur das: Es wurde auch eine erfolgreiche Zeit. Bis 1958 gelang es dem Team Dichand/Portisch, die KURIER-Auflage auf gut 120.000 Exemplare täglich zu verdoppeln.

Portisch: „Dichand und ich haben uns sehr gut ergänzt. Er bewies, wie schon vorher bei der *Kleinen Zeitung*, seine außerordentlichen Fähigkeiten als Blattmacher, und ich bildete mir ein, dass ich die Pratzen für Themen hatte. Beide haben wir ständig etwas erfunden, das die Leserbindung stärkte. Wir erfanden zum Beispiel das KURIER-Forum, in dem wir brennende Themen des Landes zur Diskussion stellten. Wir erfanden die große KURIER-Weihnachtsaktion, lange Jahre geleitet vom Organisationsgenie Franz Traintinger, ebenso wie die KURIER-Katastrophenhilfe. Es war ein sehr modernes Konzept, ein Durchbruch. Jede Woche fragten wir uns: Was können wir dem Leser, außer dem reinen Journalismus, zusätzlich bieten?"

In einer großen Analyse des Magazins *Profil* wurde die Doppelstrategie von Dichand & Portisch 1972 so beschrieben: „Das Blatt hatte Erfolg. Von Anfang an war es nicht als Boulevardzeitung, sondern als Bürgerpostille konzipiert. Schon damals kamen die Schlagzeilen zumindest an jedem zweiten Tag aus Portischs Außenpolitik. Freilich in wohldosierter Mischung mit Dichands Storys fürs Gemüt. Dichands Kunst bestand darin, dem Leser die leckeren Meldungen fürs Gemüt so mit hoher Politik zu garnieren, dass er sich nie dafür genierte, die Zeitung aufzuschlagen. Was, trotz aller äußerlichen Ähnlichkeit, das Gegenteil des späteren Portisch-Konzepts war: Dort war es die Politik, die mit leckeren Lokalmeldungen garniert wurde, um an den Mann gebracht zu werden."

Die gemeinsame Ära der beiden Blattmacher sollte 1958 enden. Der Wechsel war eine mittelbare Folge jenes Medien-Ereignisses, das Wien damals wochenlang in Atem hielt. Des so genannten Zeitungskriegs.

Vom Zeitungskrieg zur Ära Portisch

Die Kontrahenten des Konflikts waren die beiden größten unabhängigen Wiener Zeitungen jener Zeit. Auf der einen Seite der KURIER, auf der anderen Seite das der deutschen *Bild*-Zeitung nachempfundene Boulevardblatt *Bildtelegraf*, mit dem Verleger aus den Bundesländern eine Position in der Hauptstadt aufbauen wollten.

In den Worten von Paul Popp: „Die beinharte Boulevardzeitung *Bildtelegraf*, deren Chef der spätere ORF-Tiger Gerd Bacher war, wurde Hauptgegner (des KURIER). 1958 ging Bacher mit fast allen Redakteuren des *Bildtelegraf* zu *Presse*-Verleger Fritz Molden über. Er hatte nämlich erfahren, dass Polsterer den in Geldschwierigkeiten steckenden *Bildtelegraf* kaufen wollte."

„Der *Bildtelegraf* kam einen Tag mangels Redaktion nicht heraus, während eine von Bacher gemachte Zeitung mit dem Titel

Hugo Portisch, Chefredakteur von 1958 bis 1967: Unter seiner Leitung wurde der KURIER eine der größten, besten und reichsten Massenzeitungen des europäischen Kontinents

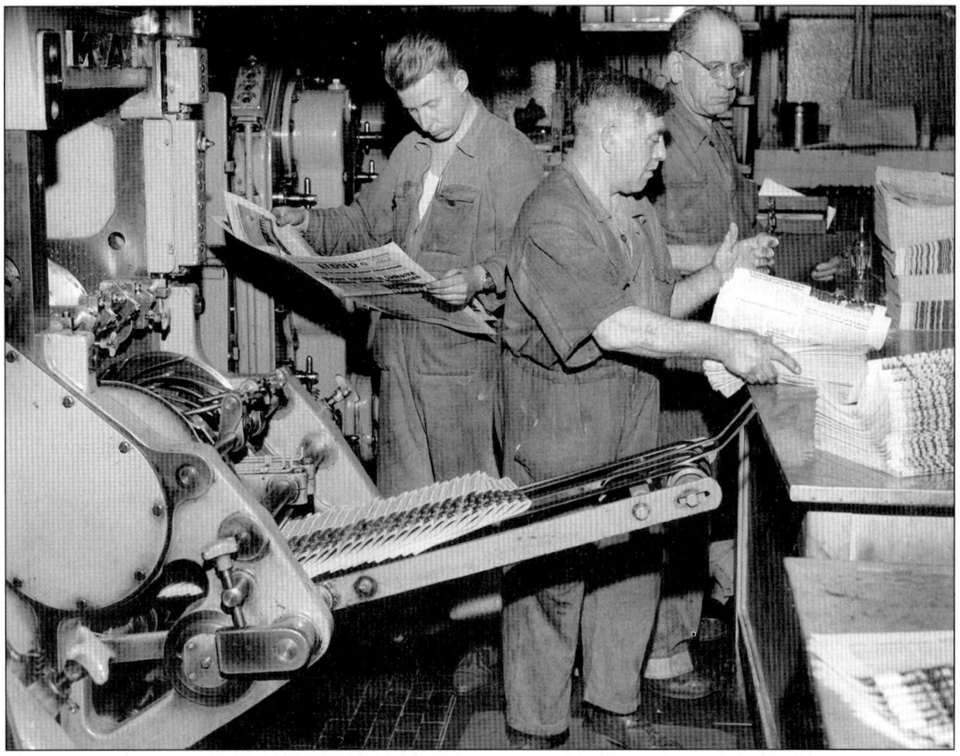

Szenen aus Druckerei und Setzerei des KURIER in den fünfziger Jahren: Nachdem das Blatt 1958 den so genannten Zeitungskrieg erfolgreich beendet hatte, liefen die Druckmaschinen auf Hochtouren. Die Auflage stieg von Jahr zu Jahr

Bildtelegramm erschien – denn den Titel *Bildtelegraf* hatte Polsterer schon gekauft. Am folgenden Tag erschien der *Bildtelegraf* wieder, gemacht von einigen Redakteuren des KURIER, an der Spitze Hugo Portisch, Hermann Stöger und Reinald Hübl. Am Höhepunkt dieses Kampfes musste das *Bildtelegramm* wegen unlauteren Wettbewerbs seinen Namen aufgeben und erschien zeitweise als *Zeitung ohne Titel*, bis Bacher den Namen *Express* erfand. Diese Zeitung wurde in den sechziger Jahren Objekt einer verfehlten SP-Medienpolitik und 1970 von der *Kronen Zeitung* verschluckt."

Hermann Stöger behielt die *Bildtelegraf*-Aktion als „Riesenspaß" in Erinnerung. „Wir haben damals wochenlang doppelt gearbeitet. Wir verdienten zwei Gehälter, machten den KURIER und gleichzeitig – oft fast persiflierend – die Konkurrenzzeitung" (der *Bildtelegraf* wurde von Ludwig Polsterer nach dem Ende des Konflikts bald eingestellt).

Der Spaß verflog dann sehr rasch. Hans Dichand, der während des Zeitungskrieges auf Urlaub gewesen war, kehrte nach Wien zurück und traf sich zu einem vertraulichen Gespräch mit Polsterer. Einige Zeit später gab der Verleger die Trennung von seinem ersten Chefredakteur bekannt.

Die Gründe dafür wurden von beiden nie offiziell genannt. Hermann Stöger: „Als sich Polsterer seines Chefredakteurs Hans Dichand entledigte – was ihm Dichand nie verzieh und für diesen den größten Antrieb darstellte, mit seiner *Kronen Zeitung* den KURIER zu überholen –, da mag es daran gelegen haben, dass Polsterer die Macht und die Entscheidungsgewalt ganz für sich wollte. Mehr als Vermutungen und vage Anzeichen dafür gibt es aber kaum."

Unvermittelt stürzte der KURIER in seine bis dahin tiefste Krise, denn, so wieder Hermann Stöger, damals Betriebsrat: „Die Redaktion stand Kopf. Sie verstand den Herausgeber nicht mehr. Drei Tage gab es ein zähes Ringen zwischen Redaktion und Polsterer – dann riss ihm die Geduld: ‚Kommen Sie um 16 Uhr ins Haas-Café.'"

„Um 15 Uhr war Hugo Portisch auf Wunsch der Redaktion bereit, das Blatt zu leiten", schrieb Stöger im Rückblick. „Als ich um 16 Uhr mit dieser Mitteilung im Haas-Café eintraf, begrüßte mich Polsterer nur ganz kurz und meinte dann: ‚Ziehen wir um ins Café Europa. Hier am Nebentisch sitzt Gerd Bacher und das stört mich.' Wochen später erfuhr ich: Polsterer war damals bereit gewesen, die ganze – tagelang rebellierende – KURIER-Redaktion zu kündigen. Unsere Abfertigungen lagen bereits bar bis auf den letzten Groschen abgezählt in den Lohnsäckchen. Und Gerd Bacher sollte – mit seiner halben Redaktion – im Fall des Falles den KURIER weiterführen, so wie wir den *Bildtelegraf* von einer Stunde auf die andere übernommen hatten."

Doch dank der Einigung in letzter Stunde übernahm am 1. Oktober 1958 Hugo Portisch den KURIER. Er war erst 31 Jahre alt, was aber nicht weiter auffiel, denn „die ganze Redaktion war sehr jung", berichtet Portisch. „Bis auf zwei Kollegen waren alle in der Redaktion jünger als ich. Es gab damals wenig ältere Journalisten." Wie erklärte sich das? „Viele waren 1938 vertrieben oder ermordet worden. Viele wurden ab 1939 im Krieg totgeschossen. Und nach 1945 existierte eine Gruppe von Journalisten, die Berufsverbot bekamen, weil sie Nazis waren."

Frage: Was verdiente man damals beim KURIER? Hugo Portisch lacht. „Ich glaube, dass ich am Anfang als stellvertretender Chefredakteur so 3500 Schilling im Monat verdiente. Und ich weiß, dass ich später von Ludwig Polsterer eine Gehaltserhöhung auf 6500 Schilling bekam, aber da war ich schon ein Jahr Chefredakteur. Natürlich waren das Verträge ohne Pensionsvereinbarung und ohne besondere Kündigungsklausel."

Mit dem Ende des Zeitungskriegs 1958 war auch die Ära der Mittagszeitungen vorüber. KURIER und *Express* lieferten einander jetzt einen harten Wettbewerb mit drei Ausgaben pro Tag. Ab dem 11. April 1959 stieg auch Hans Dichand mit der *Kronen Zeitung* neu in den Ring.

Hugo Portisch machte sich daran, den KURIER in eine glanzvolle Ära zu führen. Zitat aus der bereits genannten *Profil*-Story des Jahres 1972: „Der KURIER beginnt 1958 unter Portisch einen einmaligen Siegeszug: Innerhalb von neun Jahren seiner Chefredaktion klettert die Auflage von 170.000 auf 480.000 Exemplare. Der KURIER wird eine der größten, besten und reichsten Massen-

Deutschlands Bundeskanzler Konrad Adenauer wollte in Paris unbedingt Hugo Portisch treffen. Der Grund: Eine rätselhafte Frage in einem Leitartikel des KURIER

zeitungen des Kontinents. Anders als Dichand, der seinen Weg ertastet, seine Vorstellungen ständig an jenen der Leser misst und korrigiert, hat Portisch ein festes redaktionelles Konzept: Dem Leser in der äußeren Aufmachung eines Boulevardblattes seriöse politische Informationen zu verkaufen. Denn Portisch ist – wiederum im Gegensatz zu Dichand – ein durch und durch politischer Mensch. In einem Land, in dem damals fast alle Tageszeitungen politische Maulkörbe umgebunden haben, erweist sich schon das bloße Darstellen der Argumente beider Seiten als ein Fortschritt, den die Leser täglich gern am Kiosk honorieren."

Der ökonomische Höhenflug der Zeitung wurde in jenen Jahren auch äußerlich sichtbar. 1963 bezogen Redaktion und Verlag das neue KURIER-Hochhaus in der Wiener Lindengasse. Schon 1960 war es Ludwig Polsterer gelungen, die Druckerei Waldheim-Eberle zu erwerben – wobei ihm die Folgen einer Groteske geholfen haben mögen, die zu den ehernen Anekdotenschätzen des Blattes gehört.

Die Zeitung wurde damals noch im Bleisatz hergestellt und zum besseren Verständnis der Anekdote ist es wichtig, zu wissen, dass die Buchstaben nicht auf Papier oder gar auf einem Computerbildschirm wie heute erschienen, sondern sie wurden in Spiegelschrift auf schmale Bleiplättchen gegossen.

Das Verhängnis begann mit einem Leitartikel des Chefredakteurs über eine Bundestags-Wahl in Deutschland. Portisch: „Das Manuskript wurde auf zwei Setzer aufgeteilt, doch der eine Setzer ging während der Arbeit hinaus und blieb länger fort. Da beugte sich der andere zur Setzmaschine des Kollegen und tippte den Satz ‚Warum so lange scheißen?' ein. Der Mann kam zurück und schrieb seinen Teil des Manuskripts fertig. Als ich den Korrekturabzug des Kommentars in die Hand bekam, entdeckte ich mittendrin diesen ominösen Satz."

Portisch griff sofort zum Telefon. In der Setzerei versicherte man ihm, man habe den Fehler natürlich längst entdeckt und behoben. Das entpuppte sich aber als Irrtum. Als die Zeitung aus den Druckmaschinen lief, war die rätselhafte Frage „Warum so lange scheißen?" inmitten der politischen Gedanken Portischs erhalten geblieben.

„Ich bekam daraufhin einen der seltenen Anrufe Polsterers", berichtet Portisch weiter. „Er ließ die gesamte Zeitung einsammeln; jedes Exemplar, das wir noch erreichen konnten. Dann wurde eine neue Zeitung gedruckt und mit Taxis in der Stadt verteilt. Alles auf Kosten der Druckerei. Ich glaube, das leitete das Ende von Waldheim-Eberle ein, denn sie haben bald darauf an Polsterer verkauft."

Die Leitartikel-Affäre hatte noch ein Nachspiel. Portisch: „Ich fuhr zu einer großen NATO-Konferenz nach Paris. Auf einmal sagte mir der Pressechef Konrad Adenauers, der Bundeskanzler wünsche mich zu sehen. Ich dachte, hurra, Adenauer, Sonderinterview! Doch dann fragte mich Adenauer: ‚Sagen Sie mal, Herr Portisch, was ist Ihnen denn da eingefallen?' und zeigte auf den KURIER-Ausschnitt mit dem ‚Scheißen'-Zitat. In dem Artikel war es ja, wie schon erwähnt, um die deutschen Wahlen gegangen. Wie sich herausstellte, hatte der Witzbold Friedrich Torberg ein Exemplar des Fehldrucks an die Deutschen weitergegeben."

Spricht man Hugo Portisch auf die Gründe des Erfolgs seiner Ära an, so nennt er nicht nur die redaktionelle Qualität als Ursache für den KURIER-Höhenflug der sechziger Jahre. „Ein Geheimnis des Aufstiegs lag sicher auch darin, dass Ludwig Polsterer am Verkaufspreis von einem Schilling festhielt. Er sagte: ‚Ich als reicher Mann kann das durchhalten.' Wir haben mit dem Ein-Schilling-Preis viele Konkurrenten ruiniert: Die *Welt am Abend*, die *Abendpresse*, das *Neue Österreich* und de facto die *Arbeiter-Zeitung*. Als das *Neue Österreich* eingestellt wurde, bekamen wir die vielen Inserate, die früher in diesem Blatt geschaltet wurden. Nun hätten wir es uns leisten können, den Preis zu erhöhen. Denn wir zahlten ja mit jedem verkauften Exemplar drauf. Eine Zeitung brachte, nach Abzug der Händlerspanne, vielleicht 70 Groschen. Doch gekostet hat sie 1,10 Schilling oder mehr."

Der Verleger lehnte eine Preiserhöhung ab – ein großer Fehler, wie Portisch bis heute meint. „Polsterer glaubte, er könnte mit dem Ein-Schilling-Preis auch die *Kronen Zeitung* aushungern. Das war ein gigantischer Irrtum. Dann schlug ich ihm

„Wir erfanden die große KURIER-Weihnachtsaktion, lange Jahre geleitet vom Organisationsgenie Franz Traintinger": Hugo Portisch über seinen wichtigen Mitarbeiter, der hier hinter dem Schalter steht

vor, den KURIER mit Regionalausgaben österreichweit zu vermarkten. Wir begannen mit dem Linzer KURIER und steigerten den Verkauf dort in drei Monaten von 6000 auf 30.000 Exemplare. Doch ohne mir ein Wort zu sagen, stellte Polsterer den Linzer KURIER über Nacht wieder ein. Er hatte wegen des Ein-Schilling-Preises nicht das Geld, um die Regionalisierung zu finanzieren. Es war atemberaubend."

Noch ein weiteres Projekt scheiterte am Geldmangel der reichen Zeitung. Portisch: „Und daran scheiterte dann letztlich auch mein Verhältnis zu Polsterer. Es ging um die Frage des Sonntag-KURIER. *Express* und *Krone* hatten bereits Sonntagausgaben und ich sagte, wir müssten das unbedingt auch machen. Polsterer antwortete, das koste im Jahr 25 Millionen Schilling, das könnten wir uns nicht leisten. Wieder war's der Schilling-Preis."

Im Oktober 1967 schlug Ludwig Polsterer – „mit Tränen in den Augen" – seinem Chefredakteur die Trennung vor.

Hugo Portisch: „Als ich den KURIER verließ, lag die *Kronen Zeitung* noch weit hinter uns. Doch die haben dann rapide aufgeholt. Als Polsterer ein paar Jahre später einsah, dass es ohne Sonntagblatt nicht geht, war es längst viel zu spät."

Mehr noch als beim Abschied von Hans Dichand 1958 war die KURIER-Redaktion über die Entscheidung des Herausgebers und Eigentümers völlig konsterniert. Hermann Stöger: „Für das Ausscheiden von Hugo Portisch ließ sich überhaupt keine sachliche Begründung finden. Einzig der Hinweis, dass Ludwig Polsterer, von Krankheit immer mehr in seiner Entschlussfreudigkeit behindert, sich nicht dauernd von seinem Chefredakteur in neue Entscheidungen drängen lassen wollte, die er nicht mehr treffen konnte."

Der Rückzug des Ludwig Polsterer

Ludwig Polsterer und die Krankheiten: Bereits sein Jugendfreund Hannes Stastnik registrierte einst, dass Polsterer „immer kränkelte. Er bildete sich schon sehr früh ein, ein Magenleiden zu haben". Für die KURIER-Mitarbeiter war er einerseits ein beinharter Boss, der die geschäftliche Fortüne gepachtet zu haben schien – andererseits aber auch ein kontaktarmer, scheuer Mann; fast ein Phantom. In späteren Jahren, spöttelte das *Profil*, „konnte man seine Interessen mit einer neuen Theorie über seine Kopfschmerzen ungleich stärker wecken als mit Vertriebsvorschlägen für den KURIER".

Bilder aus den Zeiten des langsamen Rückzugs von KURIER-Herausgeber Ludwig Polsterer: Als der Nacht-KURIER vom 15. Mai 1968 (oben) erschien, war Hugo Portisch nicht mehr beim Blatt. Eberhard Strohal (unten rechts, mit Helmut Schmidt) hatte die Chefredaktion übernommen

Bis Mitte der Sechziger hatte die Zusammenarbeit zwischen Verleger und Chefredakteur sehr gut funktioniert. „Polsterer war viel im Haus, kümmerte sich aber vor allem um das Kommerzielle", berichtet Portisch. „Er hat sich so gut wie nie in redaktionelle Dinge eingemischt. Wenn er einmal im Monat einen Wunsch äußerte, war das schon viel, und er hat sich auch mit einem Nein zufrieden gegeben. Er war ein liberaler Mensch durch und durch, politisch immer auf der richtigen Seite. Als wir etwa 1965 gegen den Uni-Professor Taras Borodajkewycz und seine Nazi-Sprüche schrieben, sagte Polsterer, ‚das ziehen wir durch, und wenn wir 30.000 Leser verlieren'. Aber es lief umgekehrt. Wir gewannen 25.000 Leser dazu."

Doch in den Jahren danach verstärkten sich die Rückzugstendenzen des einsamen Konzernlenkers, der geschäftlich auch als Filmverleiher, als Reisebüro-Inhaber und als Besitzer einer Businessjet-Firma erfolgreich war. Nachdem er Hugo Portisch verabschiedet hatte, setzte er den politischen Redakteur Eberhard Strohal als KURIER-Chefredakteur ein, dessen Ära keine glückliche wurde.

KURIER-Chronist Hermann Stöger: „Nach dem Ausscheiden des dynamischen Portisch (der jedes Jahr erneut zu Blattreformen geblasen hatte), mit einem Eigentümer, der sich kaum noch Entscheidungen abringen konnte, begann das Blatt, sein Ansehen nur noch zu verwalten. Es wurde zum Denkmal seiner selbst, in dessen Selbstverständnis sich die ersten Sprünge zeigten, als es im Wettkampf mit der *Kronen-Zeitung* den Titel ‚größte Tageszeitung Österreichs' ablegen musste (den

Eine Unterschrift, die 400 Millionen Schilling wert war: Ludwig Polsterer (Mitte) unterzeichnete den Vertrag, mit dem er den KURIER an eine Gruppe österreichischer Eigentümer verkaufte. An Polsterers Seite: Styria-Chef Hanns Sassmann (links) und der Grazer Wirtschaftsprüfer Walter Jakobljevich

aufgrund eines Gerichtsurteils seit 1970 keine österreichische Zeitung mehr führen darf)."

Dabei setzte Strohal durchaus Akzente. Er verstärkte die Redaktion mit Spitzenkräften wie Alfred Payrleitner, Elfriede Hammerl oder Paul Uccusic. Und er führte das von Hugo Portisch so lange ersehnte Sonntagblatt ein.

Dieser Sonntag-KURIER, anfangs geleitet vom Sportredakteur Franz Fahrnsteiner, hatte allerdings einen beschwerlichen Start. Er bekam sein eigenes kleines Team, war aber bei der arrivierten Mannschaft nicht wohl gelitten.

„Die Stimmung im Haus war gegen den Sonntag-KURIER", sagt der spätere Chefredakteur Günther Wessig, der damals zur Sonntagsredaktion kam. „In der Druckerei gab's schlechte Laune, weil die Leute am Samstag nicht mehr frei hatten, und in der Setzerei betrieb man Obstruktion. Das hat ein Jahr lang gedauert."

Auch Kulturkritiker Karl Löbl, zuvor geschäftsführender Chefredakteur des 1970 eingestellten *Express*, stieß zum Team. „Franz Fahrnsteiner holte mich und meine Frau Hermi zum Sonntag-KURIER. Er sagte, ‚Sie kriegen jeden Sonntag zwei Seiten und können dort machen, was Sie wollen.' Die Redaktion bestand aus Fahrnsteiner, der schrieb wie ein Maschinengewehr, aus Rudolf John, Günther Wessig, den zwei Löbls und freien Mitarbeitern. Fahrnsteiner war imstande, auf der Seite 1 Sätze unterzubringen wie ‚Jeder Mensch hat eine Mutter'. Das muss man sich trauen. Ich glaube, Teile der angestammten Redaktion haben sich damals für den Sonntag-KURIER ein bissl geschämt."

Das neue Blatt brachte Auflage, doch der Schwung der sechziger Jahre kehrte nicht zum KURIER zurück. Deswegen holte Ludwig Polsterer – auch auf Betreiben von Eberhard Strohal – Portisch wieder an Bord.

„Im Februar 1971 bekam ich die Funktion eines Generalbevollmächtigten", sagt Portisch. „Es ging mit dem KURIER rapid bergab, aber die Redaktion konnte nichts dafür. Die Ursache lag in verlegerischen Fehlentscheidungen. Polsterer sagte mir: ‚Sie können alles durchführen, was Sie sich vorgestellt haben. Ich unterstelle Ihnen das ganze Haus.'"

Hugo Portisch machte sich noch einmal ans Werk. „Ich arbeitete Konzepte aus, ich führte eine dringend notwendige grafische Reform des Blattes durch. Doch als ich meine Konzepte vorliegen hatte, war Ludwig Polsterer verschwunden, sechs Wochen lang. Als er zurückkam, führten wir ein Gespräch. Er sah sehr erholt aus und ich gab ihm meine Konzepte."

Polsterers Antwort ließ nur einen Tag auf sich warten. Portisch: „Polsterer rief mich zu sich und sagte: ‚Ich mache das alles nicht mehr. Ich bin leider krank. Ich werde den KURIER verkaufen.' Das war im Jahr 1972 – so ist das damals gelaufen."

Noch einmal sei Hermann Stöger zitiert: „Verkauft hat er diese Zeitung, an der er viele Jahre mit jeder Faser seines Lebens hing, weil ein Arzt dem kranken Ludwig Polsterer sagte: ‚Sie haben nur eine Wahl: Diese Zeitung – oder Ihr Leben.' Ludwig Polsterer hat das Leben gewählt. Aber dieses Leben ohne Zeitung währte nur noch sieben Jahre." Der Verleger starb am 15. April 1979 im italienischen Abano Terme.

Der Verkauf des KURIER

Als Polsterer 1972 den Verkauf seiner Zeitung ankündigte, versetzte er nicht nur die Medienlandschaft, sondern auch die Politik in helle Aufregung. Der KURIER mochte nicht mehr die auflagenstärkste Tageszeitung Österreichs sein, doch er hatte ungebrochen den Ruf der großen moralischen Instanz, der wichtigen Stimme Österreichs. Und – der KURIER war sehr viel wert. Zwei Wirtschaftsprüfungsfirmen untersuchten die Substanz des Unternehmens. Das eine Gutachten kam auf eine Summe von 700 Millionen, das andere immer noch auf 530 Millionen Schilling.

Polsterer fand rasch einen Interessenten für das Blatt: Kurt Falk, Hälfte-Partner von Hans Dichand in der *Kronen Zeitung*, nahm Verhandlungen mit dem KURIER-Eigentümer auf. Jetzt war endgültig Feuer am Dach im Lande Österreich, denn die so genannte „Elefantenhochzeit" drohte. *Krone* und KURIER hätten gemeinsam, so errechnete die *Wochenpresse*, 60 Prozent des österreichischen und 85 Prozent des Wiener Zeitungsmarktes in der Hand gehabt.

Um dieses „relativ größte Meinungsmonopol der freien Welt" (*Profil*) zu verhindern, schloss sich eine Gruppe von Industriellen, Agrariern und Banken zusammen, um den KURIER zu kaufen und als unabhängiges Blatt zu erhalten. Auch der heutige Mehrheitseigentümer des Blattes, die Raiffeisen-Gruppe, war bereits dabei. Generalanwalt Christian Konrad: „Als damals eine nationale Aktion der Wirtschaft gestartet wurde, ist auch Raiffeisen eingeladen worden. Der damalige Generalanwalt Rudolf Rasser hat sich mit einer Reihe von Unternehmungen aus der Raiffeisen-Familie am KURIER beteiligt." Federführend waren zunächst aber Hanns Sassmann, der damalige Chef des Styria-Verlagshauses, und der Grazer Wirtschaftsprüfer Walter Jakobljevich. Am 28. Juli 1972 unterzeichneten sie die Kaufverträge; als Preis werden bis heute rund 400 Millionen Schilling genannt.

„Die neue Gesellschaft steht im Besitz von über 200 Personen und Firmen aus allen österreichischen Bundesländern", stand tags darauf im Blatt. „Die Sprecher der Gesellschaft stellen angesichts der Übernahme fest, dass die Zeitung im Sinne der Meinungspluralität in voller Unabhängigkeit von Parteien und Interessengruppen geführt werden wird." Fazit: „KURIER bleibt KURIER."

Neue Besitzer und ein neuer Chefredakteur

Eines wollten die neuen Eigner allerdings doch bald ändern: Sie suchten einen neuen Chefredakteur, der Eberhard Strohal ablösen sollte. Die Wahl fiel auf Hubert Feichtlbauer.

„Anfang 1973 wurde ich von Styria-Generaldirektor Hanns Sassmann eingeladen, mit Strohal den Platz zu tauschen", berichtet Feichtlbauer. „Ich sollte von der *Wochenpresse* zum KURIER wechseln, er vom KURIER zur *Wochenpresse*. Sassmanns Begründung: Strohal sei ein netter Mensch, lasse aber fertige Reformkonzepte in der Schublade liegen, ohne sie umzusetzen."

Feichtlbauer weiter: „Im KURIER war Strohal wegen seiner Anteilnahme auch am persönlichen Schicksal aller mit Recht sehr beliebt. Für jedes Leiden kannte er einen medizinischen Spezialisten und vermittelte jeden und jede weiter."

Ob dieser menschliche Zug ihm ein wenig den Blick auf die Probleme der Zeitung verstellt haben mag? Feichtlbauer: „Das Leiden des KURIER bestand darin,

Nach Ludwig Polsterers Abschied wurde die KURIER-Chefredaktion mit Hubert Feichtlbauer (oben rechts, neben Fred Sinowatz) besetzt. Der neue Redaktionsleiter setzte viele Reformen durch – darunter die Einführung eines täglichen Kurzkommentars auf Seite 1. Hans Rauscher (unten links, mit Henry Kissinger) prägte über viele Jahre den Inhalt und den Stil dieser Kolumne, die intern „Ohrwaschl" getauft wurde

dass er eine gute Zeitung war, seit dem Abgang von Hugo Portisch aber keine strahlende Leitfigur hatte und in der Auflage hinter der *Krone* herhechelte."

Das Blatt nahm den (letztlich chancenlosen) Kampf mit der *Kronen Zeitung* auf. „Die ersten Jahre nach dem Verkauf standen im Zeichen spektakulärer Bemühungen um Auflagenerhöhung", sagt Hubert Feichtlbauer. „Die neue Geschäftsführung arbeitete mit gewaltigen Preisausschreiben und Gewinnchancen bis hin zu Autos und Häusern. Die durchschnittliche Druckauflage schnellte von 460.000 im Verkaufsjahr 1972 auf mehr als 600.000 im Jahr 1973 empor. Sie dort nur mit redaktionellen Mitteln zu halten, war natürlich nicht möglich. So kam es 1974 zu einer Konsolidierung bei rund 420.000 Exemplaren. Von nun an wurde auf eine weniger aufgeregte Fortsetzung des Aufschwungs durch solide Qualitätsarbeit der Redaktion gesetzt."

Feichtlbauer führte eine Blattreform durch, die bis in die Gegenwart nachwirkt. Einige Maßnahmen betrafen die leichte Kost des Lesestoffs: Das tägliche TV-Programm wurde auf die letzte Seite der Zeitung gestellt, wo es auch heute noch steht. Mit Peter Kupfers „Leute von heute" entstand eine regelmäßige Gesellschaftskolumne und für zusätzlichen Lesestoff am Wochenende sorgte das bunte TV- und Freizeitmagazin, mit dem der KURIER der Konkurrenz weit vorauseilte.

Wichtiger noch waren andere Neuerungen. Auf der Seite 1 des KURIER wurde der rot umrandete tägliche Kurzkommentar eingeführt, der rasch ein Markenzeichen des Blattes werden sollte. Intern bekam diese Glosse den Titel „Ohrwaschl" – aber nicht einmal Feichtlbauer selbst kann sich heute daran erinnern, wie es zu dieser Namensgebung kam.

Bedeutende Personalentscheidungen fielen. Karl Löbl übernahm die Leitung des KURIER-Kulturressorts; mit Peter Rabl und Hans Rauscher wurden Journalisten verpflichtet, die den KURIER entscheidend prägten. Helga Stadler, die 1974 von der *Wochenpresse* kam, gab der politischen Berichterstattung mit ihrer Kolumne „Innenpolitik von innen" eine neue, frische Note.

Die Strukturprobleme des Blattes waren freilich unübersehbar. „Als ich in den siebziger Jahren anfing", sagt Peter Rabl, „war der KURIER eine honorige bürgerliche Zeitung mit einem leichten Hang zum Boulevard und einem leicht gebrochenen Selbstbewusstsein, weil das Match gegen die *Krone* verloren war. Was die Blattlinie betraf, sah sich der KURIER in einer durchaus unangenehmen Weise immer wieder dem Druck der Industriellenvereinigung ausgesetzt, denn die Eigentümer wollten – im Gegensatz zu den heutigen österreichischen Eigentümern – ständig mit dem KURIER Politik machen."

Ein ORF-General und zwei KURIER-Spitzenkräfte. Gerd Bacher (oben links) mit Tochter Helga Stadler und Schwiegersohn in spe Peter Rabl. Stadler und Rabl gaben der Innenpolitik des KURIER Schwung, was für die Auflage (links: Expedit) kein Nachteil war

Hans Rauscher hat ähnliche Erinnerungen. „Der KURIER war damals eine langweilige Zeitung – zu viel Wischiwaschi. Das hing mit der Eigentümerstruktur zusammen. Die vielen Eigentümer aus der Wirtschaft wollten eine breite Basis, sie waren aber auch Industrielle und wollten Niveau. Was ihnen vorschwebte, war eine Art Mischung aus *Kronen Zeitung* und *Neue Zürcher Zeitung* – und bei diesem Spagat kam nur ein Einerseits/Andererseits heraus."

Hubert Feichtlbauer erläutert die Blattlinie seiner Ära mit angelsächsischen Beispielen: „Als Modellziel einigten sich Geschäftsführung und Redaktionsleitung auf den britischen *Guardian*: Nicht so fad wie *The Times*, nicht so wild wie *Daily Mail* und *Daily Mirror*, seriös, aber gut lesbar, flott aufgemacht. Das war theoretisch leicht gesagt, praktisch nicht so leicht verwirklicht, denn kaum wurden an einem Tag ein paar tausend Leser weniger ausgemacht, kam von der Geschäftsleitung neuer Druck in Richtung ‚doch ein bissl mehr Boulevard'. Ich versuchte mich dabei immer an die bis heute nicht übertroffene Definition von gutem Boulevard durch

Hugo Portisch zu halten: einladende Aufmachung, für viele Menschen interessante Artikel, auch genug Unterhaltung, aber ‚das Große muss als groß und das Kleine als klein erkennbar bleiben'. Über die Grenze, ab der Kleines in Großes umgefälscht würde, gab es dann und wann Auslegungsunterschiede."

Etwas Kleines, das definitiv als groß gelten konnte, war das neue „Ohrwaschl" auf Seite 1 des KURIER. Hans Rauscher, der diese Kommentare über viele Jahre (zunächst zusammen mit Martin Maier) prägen sollte, erinnert sich: „Das Ohrwaschl war frisch erfunden worden, geschrieben meistens von Herbert O. Glattauer, Martin Maier oder Alfred Payrleitner. Mir fiel aber bald auf, dass sich in der Redaktionskonferenz oft die Blicke senkten, wenn die Frage kam, ‚und wer schreibt das Ohrwaschl?' Ich sagte dann dem Chefredakteur: ‚Ich kann das', und von da an war das Ohrwaschl meins. Diese Kurzkommentare sind schwierig zu schreiben, weil sie nicht nur witzig sein sollen, sondern weil man auch die Verdichtung beherrschen muss – eine Geschichte auf ganz kurzem Raum zu erzählen."

Noch einmal zurück zu Hubert Feichtlbauer und seinen Anstrengungen, den KURIER durch manche Stürme zu lenken: „Sehr erschwert war die damalige Situation durch den unbarmherzigen Machtkampf, den die *Krone* betrieb und der ja auch zum Ausscheiden der Styria aus der KURIER GesmbH & Co. KG führte und erst durch die Zusammenführung beider Blätter mit der WAZ-Gruppe überwunden worden ist. Dazu kam der damals mit großer Heftigkeit geführte Kampf der *Arbeiter-Zeitung* gegen den KURIER, dessen bürgerlich-liberale Grundhaltung konsequent als ‚ÖVP-Linie' vernadert wurde, während gleichzeitig die ÖVP über Vernachlässigung klagte."

Gerd Bacher: „Meine Kurzzeit-Karriere als KURIER-Chefredakteur ist der dunkle Punkt meines Berufslebens." Später war Bacher gern als Gast beim KURIER gesehen (unten, mit Georg Waldstein, Martin Maier, Peter Rabl)

Von Gerd Bacher zu Karl Löbl

1974 wurde im ORF Gerd Bacher auf Betreiben Bruno Kreiskys als Generalintendant abgelöst. Das schlug Wellen bis in den KURIER. Hubert Feichtlbauer: „Nach der von Kreisky neuerlich gewonnenen Nationalratswahl 1975 eröffnete mir Herausgeber Helmut Lenhardt, er habe im Einvernehmen mit den Eigentümern beschlossen, Gerd Bacher als neuen Chefredakteur des KURIER zu bestellen, um ihn von einem Abgang nach Deutschland abzuhalten. Die Suche nach einem ‚neuen Portisch' ging also weiter. Ich hatte Verständnis und vereinbarte, statt Weißer Elefant zu werden, neue Aufgaben als gesellschaftspolitischer Reisekorrespondent und dann als KURIER-Vertreter in Washington und bei der UNO in New York."

Gerd Bacher trat am 12. Oktober 1975 seinen Dienst als KURIER-Chefredakteur an und die Erwartungen der Redaktion waren hoch gespannt. Schließlich hatte er in den Jahren von 1967 bis 1974 den ORF zu einer der führenden Rundfunkstationen Europas aufgebaut und auch als Zeitungsjournalist genoss er einen hervorragenden Ruf. „Gerd Bacher", sagt Karl Löbl in Erinnerung an gemeinsame Zeiten bei *Bildtelegraf* und

Express, „war der einzige Chefredakteur meines Lebens, der diesen Titel in der vollen Bedeutung auch verdient hat."

Hans Rauscher: „Bacher war ein Wirbelwind in der Redaktion, er brachte viel Dynamik. Unter seiner Leitung wäre der KURIER bereits das geworden, was Peter Rabl später wollte: Eine Zeitung mit mehr Qualität." Karl Löbl freilich kamen bald Bedenken, ob das Projekt funktionieren würde. „Nach 48 Stunden war mir klar, dass das nicht gehen wird. Ich sagte Bacher: ‚Es tut uns leid, Sie sind gewohnt, auf einer Orgel zu spielen, doch hier haben Sie nur ein Harmonium zur Verfügung.'"

Löbl behielt Recht. Ein paar Wochen später, so nochmals Hans Rauscher, „läutete die Glocke zu einer Redaktionsversammlung und wir erfuhren von Herausgeber Helmut Lenhardt: ‚Gerd Bacher ist mit dem Privatflugzeug nach Mainz geflogen, um das ZDF zu übernehmen.'"

So endete Gerd Bachers Amtszeit als KURIER-Chefredakteur am 4. November 1975 – keine vier Wochen, nachdem sie begonnen hatte. Manche Redakteure bekamen von seinem Wirken überhaupt nichts mit, weil sie zu jener Zeit auf Urlaub waren. Und bis in die Gegenwart blieb es vielen ein Rätsel, was Bacher zu dieser Episode bewogen haben mag. Erteilen wir dem vor- und nachmaligen ORF-Generalintendanten also das Wort. Für dieses Buch erläutert er erstmals öffentlich seine authentische Sicht der Ereignisse.

Gerd Bacher: „Meine Kurzzeit-Karriere als Chefredakteur des KURIER ist der dunkle Punkt meines Berufslebens. Ich verließ abrupt das Haus, um Programmdirektor und später Intendant des Zweiten Deutschen Fernsehens zu werden. Ich wurde es nicht. Wahrscheinlich würde ich heute trotzdem wieder so handeln. Die größte Fernsehanstalt des Kontinents führen zu dürfen, war mir fast jede Sünde wert."

Ein Kulturkritiker als Chefredakteur: Karl Löbl leitete den KURIER von 1975 bis 1979. Er stützte sich auf exzellente Autoren wie den Theaterkritiker Paul Blaha und den späteren „Kopfstücke"-Erfinder Herbert Hufnagl (unten, v. l.)

„Die Geschichte im Stenogramm: 1974, nach sieben erfolgreichen ORF-Jahren, als Generalintendant von Kreisky gefeuert. Sommer 1975: Ministerpräsident Helmut Kohl und Außenminister Friedrich Genscher, die beide im Wahlgremium des ZDF saßen, fragten mich, ob ich einem Ruf nach Mainz folgen würde. Selbstverständlich. Die Fraktionen, genannt Freundeskreise, beider Herren hatten die Mehrheit im Gremium. Zeitpunkt der Wahl: ungewiss.

Szenenwechsel: Monate später ein interessantes Angebot des KURIER, Chefredakteur Hubert Feichtlbauer übergibt mir in einmaliger Loyalität sein Amt. Unverzüglicher Beginn eines Konzepts zur umfassenden Blattreform: Fort vom Typ des Generalanzeigers, hin zur durchgeschriebenen Zeitung, die von spannenden Autoren lebt. Layout im Stil der spanischen *El Pais* oder der italienischen *Repubblica*. Sehr gute Zusammenarbeit mit der Redaktion, besonders mit Jörg Mauthe."

„Szenenwechsel: Plötzlicher Anruf von Kohl, übermorgen Wahl in Mainz. Mit Genscher alles abgesprochen. Der Herausgeber und Geschäftsführer des KURIER hieß damals Helmut Lenhardt, ein hervorragender Mann, den ich seinerzeit zum kaufmännischen Direktor des ORF gemacht hatte und an dessen Berufung zum KURIER ich erheblich beteiligt war. Er hatte verständlicherweise kein Verständnis für

Gerd Bacher, der als ORF-General den Ehrentitel Tiger erhalten hatte, blieb nicht lange beim KURIER. Also holte sich die Redaktion zwei Löwen ins Haus. Die Tiere gehörten zu den Darstellern des Österreichischen Nationalzirkus. Die KURIER-Redakteure Karl Löbl, Peter Rabl und Alfred Payrleitner (rechts) ließen es weder an Neugier noch am erforderlichen Respektabstand missen

meine Situation, weniger verständlich war die von ihm veranlasste Meldung auf Seite 1 des KURIER: „Bacher zum ZDF, vom KURIER fristlos entlassen." Durch diese Meldung erfuhr Kreisky von meiner Mainz-Reise, griff in Wien zum Telefon und rief Bundeskanzler Helmut Schmidt in Bonn an: Eben hätte er Bacher in Wien angebracht und nun soll der gar nach Mainz übersiedeln. Im Mainzer Hauptquartier wurde Schmidts Koalitionspartner Genscher ans Telefon gerufen und verließ darauf im Hubschrauber die Wahlrunde. Der Traum war aus, ich zog meine Bewerbung zurück. Ein Glück, sonst wäre ich nicht drei Jahre später wieder Generalintendant des ORF geworden."

So weit Gerd Bacher im Originalton. Sein Fazit: „Das Zeitungmachen reizte mich sehr, aber noch viel mehr die Führung der größten TV-Anstalt des Kontinents."

Eine Frage am Rande: Wie war es denn um die Beziehungen zwischen dem konservativen Intellektuellen Bacher und dem sozialdemokratischen Kanzler Kreisky bestellt? Pure Feindschaft?

Keine Rede davon, antwortet Bacher: „Kreisky und ich lebten in einem intimen Spannungsverhältnis. Wir hatten sogar in unseren kriegerischsten Zeiten eine blendende Gesprächsbasis, die immer funktionierte." Warum dann die Konflikte? „Kreisky konnte in keiner für ihn wichtigen Position jemanden aushalten, der nicht von ihm abhängig oder an ihn weisungsgebunden war. Und das war ich natürlich weiß Gott nicht. Ich war ihm zu unabhängig. Alle guten Linken im ORF wurden von mir engagiert – aber für Kreisky waren das dann ‚Bacher-Linke'."

Zurück zum KURIER. Bei der Redaktionsversammlung, auf der Helmut Lenhardt Gerd Bachers Abgang verkündete, schlugen die Wellen hoch. Kurt Kahl, der langjährige Literatur- und Theaterkritiker des Hauses, empörte sich mit den Worten: „Man kann uns nicht wie einen nassen Schirm in die Ecke stellen!" Dann ging es um die Frage, wer Bachers Nachfolge antreten sollte. Das Votum der Redaktion fiel auf Karl Löbl, den Kulturchef und stellvertretenden Chefredakteur.

Löbl: „Helmut Lenhardt fragte mich, ob ich mir das zutraue. Ich erbat mir 24 Stunden Bedenkzeit, in denen ich drei Gespräche führte."

Zunächst kontaktierte er Hubert Feichtlbauer. „Ich fand seine Ablöse unfair und sagte, er sollte wieder Chefredakteur werden. Doch Feichtlbauer wollte das nicht."

Dann sprach er mit Gerd Bacher, der wieder nach Wien zurückgekehrt war. „Ich fragte ihn, ‚Sind Sie bös, wenn ich's mache?' Er antwortete: ‚Von Außenpolitik und Wirtschaft haben Sie keine Ahnung, in der Innenpolitik haben Sie gute Leute – er dachte an Peter Rabl, der mit seiner Tochter Helga Stadler verlobt war – und politisches Gespür haben Sie. Alles andere wird kein Problem sein.'"

Karl Löbls dritter Gesprächspartner an diesem Tag war Ex-KURIER-Chef Eberhard Strohal. „Er fragte mich, wo ich politisch stehe. Ich antwortete: ‚Links von der Mitte.' Strohal wurde blass. Ich sagte ihm: ‚Wenn Sie noch zwei Mal fragen, lasse ich das *von der Mitte* weg.' Dann wurde ich Chefredakteur und blieb es vom 5. November 1975 bis zum 21. Jänner 1979."

Löbl sah sich in seiner neuen Funktion bald einem ähnlichen Problem gegenüber wie Hubert Feichtlbauer. Auch er umschreibt es mit einer Analogie zu anderen Zeitungen: „Es gab bei den Eigentümern immer wieder das Gefühl, die Leserzahl sollte hinaufgepuscht werden. Ich versuchte etwas, das kaum gelingen kann: Den Vorderteil des Blattes nach Vorbild der *Süddeutschen Zeitung* zu gestalten und den hinteren Teil nach Art des Boulevardblatts *Münchner Abendzeitung*. Natürlich funktionierte das nicht ganz, weil der Vorderteil auf den Hinterteil abfärbte und umgekehrt. Aber ich glaube, wir haben ein anständiges Produkt gemacht in den drei Jahren."

Hans Rauscher stimmt zu. „Karl Löbl war ein sehr angenehmer, sehr liberaler Chefredakteur, der als Kulturmann natürlich nicht die Politik als erste Liebe hatte. Meiner Meinung muss der Chefredakteur einer großen Zeitung ein Politiker sein – alles Leben ist Politik. Löbl konnte aber sehr gut politisch denken; in seiner Zeit gewann der KURIER Profil. Mit Peter Rabl als Innenpolitik-Chef und Helga Stadler hatte das Blatt einen starken innenpolitischen Anspruch. Doch die Auflage sank."

Karl Löbl spürte, dass diese Entwicklung in den kommerziellen Abteilungen Unruhe auslöste. „Eines Tages fragte ich bei der wöchentlichen Sitzung der Ressortleiter mit den Herausgebern: ‚Seid ihr eigentlich noch sicher, ob ich der richtige Chefredakteur bin für die Zeitung, die ihr wollt?' Diese Frage wurde zunächst mit einem sehr matten Ja beantwortet. Herausgeber Georg Waldstein deutete dann an, dass man Gerd Leitgeb verpflichten wolle."

Leitgeb, Mitglied der Chefredaktion des Nachrichtenmagazins *Profil*, galt als exzellenter Blattmacher mit einem Hang zum Boulevard. Als er Ende Jänner 1979 zum KURIER-Chefredakteur bestellt wurde, sagte er: „Meines Erachtens gibt es in ganz Europa keine Zeitung, die so viel seriöse Information mit so viel Leserschaft verbindet wie der KURIER." Doch in seiner Ära, die bis 1985 währte, sollte der KURIER die größte Wandlung seiner Geschichte durchmachen – zur Boulevard-Zeitung, zum Massenblatt.

Mit Gerd Leitgeb zum Boulevard

Gerd Leitgebs erstes neues Signal an die Leser war eine Veränderung der Schlagzeilen. Sie wurden in fetteren Lettern gedruckt. Und die Nachrichten, die auf der Seite 1 des KURIER erschienen, kamen seltener als zuvor aus den Bereichen von Politik und Wirtschaft. Hingegen waren Chronik-Themen – Mord, Unfälle, Katastrophen – jetzt bedeutend öfter gefragt.

Wichtige Köpfe der Redaktion standen von Beginn an in Opposition zu Leitgebs Stil. Peter Rabl, damals stellvertretender Chefredakteur: „Der KURIER jener Zeit bot breiten Boulevard, der zum Teil gut und zum Teil peinlich war. Ich wollte auf diesem Weg, der zum Teil mit unseriösen journalistischen Mitteln beschritten wurde, nicht mitgehen und habe daher als zweiter Mann das Feld geräumt und den KURIER verlassen." Rabl wechselte 1980 zum ORF, wo er in den folgenden Jahren die TV-Magazine „Politik am Freitag" sowie „Inlandsreport" präsentierte und leitete.

Karl Löbl, vom Sessel des Chefredakteurs wieder auf jenen des Kultur-Ressortleiters zurückgekehrt, tat es Rabl gleich. „Gerd Bacher bot mir die Position des TV-Kulturchefs im ORF an. So ging ich 1980 nach 30 Jahren als Zeitungsjournalist zum Fernsehen. Ich hatte das Gefühl, dass ich mit Gerd Leitgeb nicht glücklich werden würde."

Herbert Hufnagl, seit 1969 beim KURIER und seit 1977 Autor der „Watschenmann"-Satiren der Zeitung, übernahm von Karl Löbl die Leitung des Kulturressorts. „Der Beginn war schwierig, denn ich war ein Quereinsteiger in der Kultur, aber das erledigte sich rasch von selbst", sagt er. „Problematischer allerdings blieb der Versuch, unter dem Chefredakteur Leitgeb eine umfassende Kulturberichterstattung zu machen. Ich spürte nämlich, dass ihn das überhaupt nicht interessierte. Eine Geschichte nach seinem Geschmack wäre gewesen: ‚Abstürzender Bühnenluster verfehlt Herbert von Karajan um zehn Zentimeter.' Aber dass man in ein Konzert ging und dann darüber schrieb, ob dort gut oder schlecht musiziert wurde – das war ihm nicht ganz einsichtig."

Die Kulturredaktion merkte die Distanz des Chefs an der täglichen Raumaufteilung im Blatt: Oft stand in der führenden Zeitung der stolzen Kunstmetropole Wien für Kunst und Kultur nur eine Dreiviertelseite zur Verfügung.

Hufnagl: „Meiner Meinung war Leitgebs Weg ein Irrweg, denn die Leserzahlen stiegen nicht so exorbitant. Den letzten Schritt zum Boulevard zu gehen, hat sich die Zeitung ja nicht getraut. Wir waren immer noch eine Zeitung mit allen klassischen Ressorts – und an unserem damaligen Ruf, nicht Fisch und nicht Fleisch zu sein, da war schon etwas dran."

Gerd Leitgeb (rechts) brachte den KURIER als Chefredakteur auf den Boulevard. Sein Marketingchef Michael Grabner (links) sorgte mit vielen Aktionen dafür, dass die Leute das auch mitbekamen. Das Duo führte das Blatt für eine Zeit lang zu Leserzahlen jenseits der Millionengrenze

Doch immerhin: Unter Leitgebs Leitung wuchs die KURIER-Leserschaft eine Zeit lang wieder auf mehr als eine Million pro Tag. Nach einhelliger Auffassung aller Insider war das aber nicht nur auf die neue redaktionelle Linie zurückzuführen.

„Um keine Legendenbildung aufkommen zu lassen: Die Wahrheit ist, dass kein KURIER-Chefredakteur vor und nach Gerd Leitgeb so viel Marketing-Unterstützung bekam", erklärt Peter Rabl. „Und keiner vor ihm hatte einen so genialen Marketingchef wie Michael Grabner, der heute stellvertretender Vorstandsvorsitzender der deutschen Holtzbrinck-Verlagsgruppe ist. Der Erfolg, den KURIER über die Leser-Million zu bringen, lag sicher zu einem sehr guten Teil am Marketing."

Jene Leser, die den KURIER wegen seiner seriösen Berichterstattung schätzten, fanden auch weiterhin auf den politischen Seiten ihr Refugium. Bei der Außenpolitik unter der Leitung des brillanten Analytikers Heinz Nußbaumer oder bei Hans Rauscher, dem kompetenten „Ohrwaschl"-Kommentator, der die Leitung des Innenpolitik-Ressorts übernahm. „Ich schrieb in diesen Jahren dann auch längere Kommentare", sagt Rauscher. „Ich repräsentierte sehr stark die

Fast 30 Jahre lang, von 1954 bis 1983, wurde der KURIER auf den Maschinen der Großdruckerei in der Wiener Seidengasse produziert. Am 19. September 1983 lief die Rotation zum letzten Mal. Dann übersiedelte die Druckerei ins neue Druckzentrum nach Inzersdorf. Das hatte auch den Abschied vom Bleisatz zur Folge. Als Vorstufe der kommenden Computertechnik wurde das Blatt jetzt im Lichtsatz hergestellt

politische Meinung des KURIER, bis tief in die Rabl-Ära der neunziger Jahre. Der KURIER gab mir die Chance, mich journalistisch zu entwickeln – und ich gab dem KURIER die Chance, eine Zeitung mit mehr Biss zu werden."

Auch Rauscher betrachtet den KURIER der frühen achtziger Jahre in der Rückschau mit spürbarer Distanz: „Gerd Leitgeb hatte sicher eine journalistische Pranke, aber er hat die Boulevardisierung zum Teil übertrieben und schon knapp vor seinem Abgang ging die Auflage wieder zurück. Leitgeb war rechtspopulistisch, ein unterschwelliger FP-Anhänger, die Verkörperung des kleinen Mannes, mit tiefen Ressentiments gegen die Sozialpartnerschaft und das österreichische Nachkriegssystem. Dieses journalistische Feld war jedoch bereits durch die *Kronen Zeitung* besetzt. Außerdem hatte – und hat – der KURIER einen hohen Anteil von SPÖ-Wählern unter seinen Lesern, dazu viele liberale Katholiken. Diese Leser fühlten sich vom Leitgeb-Stil abgestoßen. Er wurde abgelöst, weil die Eigentümer seine Ressentiments bemerkten."

Noch während Leitgeb am zunehmend bunten KURIER bastelte – er führte Rubriken wie die Jugendseite „Top" oder das Konsumentenmagazin „Markt" ein –, wurden im Hintergrund wichtige Weichenstellungen für die Zukunft der Zeitung vorgenommen.

1981 war in Wien-Inzersdorf Baubeginn für die neue KURIER-Druckerei, die 1988, quasi als Mitgift, eine wichtige Rolle bei der Gründung der Mediaprint spielen sollte. Am 19. September 1983 wurde der KURIER zum letzten Mal im Bleisatz auf den alten Hochdruck-Rotationsmaschinen in der Seidengasse gedruckt. Am Tag danach erschien das Blatt erstmals im Lichtsatz, hergestellt im neuen Druckzentrum. Schließlich gab es, von den Lesern kaum bemerkt, seit Beginn der achtziger Jahre wichtige Umschichtungen in der Eigentümerstruktur des KURIER.

„Wir haben auf Grund einer geänderten steuerlichen Situation, dem so genannten Schachtelprivileg, die vorhandenen Beteiligungen von Raiffeisen-Firmen zu einer gemeinsamen Konstruktion zusammengeführt", erklärt Raiffeisen-Generalanwalt Christian Konrad. „Da gab es eine Reihe von Firmen, von der NÖM-Molkerei und der Tullner Zuckerfabrik bis zu kleinen und Kleinstunternehmen. Dazugenommen haben wir auch die Beteiligung der Bundesländer-Versicherung. Die hatten alle 6,25 Prozent Anteile am KURIER und vier mal 6,25 ergibt 25 Prozent. Wir hatten also ein Viertel der KURIER-Anteile unter unserer Führung; die Industrie besaß den Rest. Wir kauften dann noch den Anteil des Garagenkönigs Pruscha, gut zehn Prozent, und hielten schließlich 36 Prozent. Das blieb so bis 1987/88, als durch die Veränderung der Eigentümer-Struktur bei der *Kronen Zeitung* auch bei uns etwas geschehen musste."

Doch zurück zu Gerd Leitgeb. Ende 1985 befanden die Herausgeber, dass die Boulevardisierung ausgereizt und die Zeit für einen Wechsel an der Blattspitze gekommen sei. Der Redaktion wurde die Ablösung nach alter KURIER-Tradition in einer überraschend anberaumten Versammlung mitgeteilt, bei der sich, ebenfalls nach alter KURIER-Tradition, einiger Zorn entlud.

Es zeigte sich, dass die Redakteure zu ihrem unnahbaren Chef – gefürchtet waren seine internen Mitteilungen „Von (Leitgeb) An (wen auch immer)" – doch eine Art von Hassliebe verspürten. Denn die Zeichen standen erst einmal auf Streik. Doch die Mannschaft ließ sich besänftigen, als ihr Wunschkandidat zum neuen Chefredakteur gekürt wurde: Leitgebs Stellvertreter, Günther Wessig.

Auf dem Weg zur Mediaprint

Wessig war zunächst einmal gar nicht erbaut von dem Karrieresprung, der ihm bevorstand. „Ich wollte nicht Chefredakteur werden, weil ich schon als Stellvertreter sah, wie stressbeladen diese Position ist", sagt er. „Und bevor ich zum KURIER kam, war ich 22 Jahre lang Chefredakteur des *Sport-Funk*. Mein Gefühl war einfach: ‚Das tu ich mir nicht an.'"

Diese Worte klingen aus Wessigs Mund durchaus verblüffend, hatte er doch zuvor (und auch später wieder) eine der nervenaufreibendsten Positionen inne, die es in einer Redaktion gibt. Jene des Chefs vom Dienst.

Für alle, die mit dem Begriff nichts anfangen können: „Der Chef vom Dienst ist der Produktionschef einer Zeitung", erklärt

Wessig. „Es ist eine faszinierende Position, weil man dafür verantwortlich ist, dass das Blatt pünktlich zustande kommt. Aber man macht sich nicht beliebt damit, man ist die Nervensäge von allen, der Redaktion genauso wie der Druckerei."

Da es in der Zeitungsproduktion oft um Minuten geht, ist der Chef vom Dienst häufigster Zeuge jenes regelmäßig auftretenden Wunders, das Günther Wessig so beschreibt: „Um 16 Uhr schaut es manchmal so aus, als ob die Zeitung niemals erscheinen würde – und um 16.15 Uhr ist sie fertig. Ich habe es in all den Jahren nie erlebt, dass eine Zeitung wirklich abstürzt" (womit im Journalistenjargon der Fall gemeint ist, dass der Druckbeginn so viel Verspätung bekommt, dass die ausgeklügelten Auslieferungstermine nicht mehr eingehalten werden können).

Drei Monate lang, berichtet Wessig, habe er die Chefredakteurs-Rolle nur interimsmäßig ausgefüllt. „Dann gab es eine große Sitzung im Wiener Raiffeisenhaus, bei der sich abzeichnete, dass Raiffeisen die Führung unter den österreichischen KURIER-Eigentümern übernimmt. Danach habe ich meinen Vertrag unterschrieben."

Die Position des Blatts auf dem Markt in jener Zeit: „Als ich anfing, hatte der KURIER 1,047.000 Leser", sagt Wessig. „Dann gingen die Zahlen um 100.000 hinunter, aber ich habe das Blatt wieder auf 1,005.000 Leser gebracht. So gesehen, war ich der ‚letzte Millionär' unter den KURIER-Chefredakteuren. Und das, obwohl ich aus Budgetgründen keine Marketing-Unterstützung bekam."

Dazu ist anzumerken, dass es vor 20 Jahren noch bedeutend leichter war als heutzutage, mit einer Tageszeitung in Österreich die Marke von einer Million Lesern zu überschreiten. Denn es gab viel weniger Konkurrenz: 1985 etwa war *Der Standard* noch nicht auf dem Markt. Magazine wie *News* oder *Format* existierten nicht einmal als Idee.

Bei den elektronischen Medien hielt der ORF seine komfortable Position als Monopolanstalt; lediglich beim Fernsehen begannen die Auslandssender via Kabel an den Quoten zu knabbern. Das Internet schließlich? Vor 20 Jahren war das bestenfalls eine Vision ohne konkreten Inhalt, an deren baldige Verwirklichung vielleicht ein paar Computernarren aus dem Silicon Valley glaubten.

Das Jahr 1986 brachte dann überdies eine große öffentliche Diskussion, die sehr stark über die Medien geführt wurde und den Zeitungen daher automatisch zusätzliche Auflage brachte: Die Waldheim-Debatte brach los.

„Günther Wessig als Nachfolger von Gerd Leitgeb: Das war die sichere Lösung für die Besetzung des Chefredakteurs in einer kritischen Zeit", sagt Hans Rauscher. „Der KURIER hielt in seiner Berichterstattung sehr kritische Positionen gegenüber Kurt Waldheim; die Eigentümer haben sich während der Waldheim-Affäre aber großartig verhalten. Sie waren liberal genug, obwohl sie von der ÖVP stark unter Druck gesetzt wurden."

„Er war die sichere Lösung für die Besetzung der Chefredaktion in einer kritischen Zeit": Günther Wessig führte die Redaktion während der Waldheim-Affäre und der Verhandlungen über WAZ-Einstieg und Mediaprint

Nun ließe sich einwenden, dass der Druck von Eigentümern, Parteien und Lobbyisten einer Redaktion wie jener des KURIER schnurzegal sein kann. Schließlich existiert das Redaktionsstatut, das die Unabhängigkeit der Blattmacher mit klaren Vereinbarungen absichert.

„Mit so einem Statut ist es wie mit der Atombombe", meint Hans Rauscher dazu. „Wenn es benutzt wird, ist es zu spät. Jeder weiß, man sollte das Statut nicht verwenden müssen. In jener Zeit der großen Verunsicherung, als viele befürchteten, der KURIER könnte ein sehr konservatives Instrument werden, war das Statut aber eine Beruhigung. Es hielt den Spirit der Redaktion aufrecht."

Christian Konrad, der Präsident des KURIER-Aufsichtsrates, erklärt zum Thema Unabhängigkeit: „Ich selber werde gelegentlich mit Wünschen konfrontiert. Ich versuche entweder, diese zu absorbieren, um dem Herausgeber und Chefredakteur den Rücken freizuhalten. Oder ich bespreche verschiedene Dinge mit ihm und wir finden einen gemeinsamen Weg, mit Wünschen umzugehen, ohne die eigenen Grundsätze aufzugeben. Sie werden es nicht erleben, dass ich in die Redaktion hereinrufe."

1987, im Jahr nach der Waldheim-Debatte, bahnten sich im österreichischen Medienbereich große Verwerfungen an. Bei der Neuordnung des Sektors sollte auch Christian Konrad eine wichtige Rolle spielen. Die Eruptionen begannen bei der *Kronen Zeitung*, deren Eigentümer Hans Dichand und Kurt Falk keine gemeinsame Basis mehr fanden. Die *Westdeutsche Allgemeine Zeitung* aus Essen kaufte um kolportierte 2,2 Milliarden Schilling den 50-Prozent-Anteil Falks an der Krone. Bald danach begannen auch die Gespräche der WAZ-Gruppe mit dem KURIER.

Die WAZ kommt nach Österrreich

Die *Westdeutsche Allgemeine Zeitung* ist Deutschlands größte Regionalzeitung. Ihre Gründung geht zurück auf den Danziger Journalisten Erich Brost (1903– 1995). Der Sozialdemokrat und Nazi-Gegner konnte 1939 in letzter Sekunde nach Schweden flüchten, wo er zum Kreis um Willy Brandt und Bruno Kreisky stieß. Während des Krieges gelangte er nach London und arbeitete dort für die BBC.

1945 kehrte Brost nach Deutschland zurück, um im Auftrag der Briten den German News Service aufzubauen, den Vorläufer der Deutschen Presse-Agentur. Im November 1947 bot man ihm an, Lizenzträger einer unabhängigen Zeitung in der britischen Zone Deutschlands zu werden. Am 3. April 1948 brachte Erich Brost in Essen die *Westdeutsche Allgemeine Zeitung* heraus, wobei er sich als 50-Prozent-Partner den Journalist Jakob Funke in den Verlag holte – im Unterschied zum Sozialdemokraten Brost ein überzeugter Konservativer.

Das Blatt florierte. In den siebziger Jahren begann der Umbau zum Konzern. Daran waren schon die Nachfolger der WAZ-Gründer beteiligt; zwei Anwälte und Mitglieder des erweiterten Familienkreises. Auf der rechten Seite Günther Grotkamp, Schwiegersohn von Jakob Funke. Auf der linken Seite Erich Schumann, Ex-Advokat der SPD-Granden Willy Brandt und Her-

bert Wehner, der 1985 von Erich Brost adoptiert wurde.

In der Hamburger *Zeit* hieß es einmal, die weltanschaulich motivierten Auseinandersetzungen der beiden Familienstämme „würden genug Stoff für ein ‚Dallas an der Ruhr' abgeben". Doch Erich Schumann und Günther Grotkamp fanden bald ein gemeinsames Ziel: wirtschaftlichen Erfolg. Die WAZ begann, andere Zeitungen aufzukaufen.

Das neue verlegerische Konzept dahinter: Zwar wurden die kommerziellen Abteilungen der Blätter – Druck, Vertrieb, Anzeigenakquisition etc. – vereinigt, doch die Redaktionen behielten ihre Unabhängigkeit. So bestand die Gruppe bald aus dem Stammblatt WAZ (linksliberal) und der *Neue Rhein/Neue Ruhr-Zeitung* (links); aus der *Westfälischen Rundschau* (früher sozialdemokratisch) und der *Westfalenpost* (konservativ). Andere Zeitungen kamen hinzu. Im Rundfunksektor erwarb die WAZ-Gruppe 7,9 Prozent an der RTL-Group, der Muttergesellschaft von RTL Deutschland.

Ein Gespräch mit Erich Schumann. „Nach Österreich zu kommen", sagt er, „war für uns eine große, sehr wichtige Entscheidung. Nach der Expansion in Deutschland wollten wir den Schritt ins Ausland wagen, zunächst ins deutschsprachige Ausland.

Die neue KURIER-Druckerei wurde zum Verbindungsglied zwischen zwei Zeitungen, die einander in herzlicher Feindschaft gegenüberstanden. Seit der Gründung der Mediaprint wird auch die „Kronen Zeitung" im Druckzentrum Inzersdorf hergestellt

Deshalb haben wir Österreich ausgewählt."

Die WAZ-Männer nahmen den österreichischen Markt genau unter die Lupe; schon lange, bevor die ersten Abmachungen vertragsreif wurden. Schumann: „Wir wussten von den Auseinandersetzungen zwischen Hans Dichand und Kurt Falk und wir erfuhren, dass sich daraus möglicherweise die Gelegenheit ergeben würde, bei der *Kronen Zeitung* einzusteigen. Zugleich untersuchten wir, wie es um den KURIER stand. Wir wussten, dass der KURIER gerade eine nagelneue Druckerei gebaut hatte, die, um es vorsichtig auszudrücken, sehr großzügig geplant war. Gleichzeitig schienen die wirtschaftlichen Verhältnisse beim KURIER nicht sehr stabil zu sein."

Als die WAZ-Gruppe 1987 ihren Hälfte-Anteil an der *Kronen Zeitung* kaufte, war somit nur die erste Hälfte des WAZ-Plans für Österreich verwirklicht. „Wir hatten immer im Hinterkopf, auch in Österreich das zu realisieren, was in Deutschland so erfolgreich war, nämlich mindestens zwei Zeitungen in einer Verlagswirtschaft zu betreiben", sagt Erich Schumann. „Deswegen haben wir Ende 1987 den Kontakt zu den Eigentümern des KURIER gesucht."

Dort fanden die Herren der WAZ ein offenes Ohr. „Wäre damals die *Kronen Zeitung* allein geblieben", sagt Raiffeisen-Generalanwalt Christian Konrad, „so hätte gewiss auch der KURIER noch einige Zeit seine Eigenständigkeit behalten. Doch die Neuaufstellung der *Krone*-Gesellschafter brachte eine veränderte Konkurrenzsituation mit sich, und dadurch herrschte auch beim KURIER Handlungsbedarf."

Zum Verbindungsglied zwischen den beiden Zeitungen, die einander in herzlicher Feindschaft gegenüberstanden, wurde das Druckerei-Problem.

Erich Schumann: „Die *Kronen Zeitung* besaß eine sehr alte Druckerei, in die wahrscheinlich seit zwei Jahrzehnten nichts mehr investiert worden war. Im Grunde war uns gleich nach dem Einstieg klar, dass wir die wirklich schrottreife *Krone*-Druckerei zusperren müssten. Andererseits war die hochmoderne neue KURIER-Druckerei derart überdimensioniert, wie ich das in meiner Zeit als Verleger nie erlebt habe. Die Maschinen waren so ausgelegt, dass tägliche Blattumfänge von 80 Seiten gedruckt werden konnten – völlig unrealistisch. Mit dem Ergebnis: Als wir kamen, standen zwei, wenn nicht sogar drei Druckmaschinen still. Die wurden gar nicht benutzt."

Keine Frage, dass so ein Missverhältnis geradezu danach schreit, die so genannten Synergie-Effekte zu fördern. Christian Konrad: „Der KURIER hatte eine neue Druckerei und die *Krone* stand vor einer Druckerei-Entscheidung. Diese beiden Tatsachen haben sich gut zusammengefügt. Die WAZ-Leute haben das Modell so erklärt, dass es mir wirtschaftlich sofort plausibel und verlegerisch jedenfalls vertretbar erschien. Daher habe ich, als bevollmächtigter Verhandler, sehr bald zugestimmt."

Also begannen die Gespräche über jene Konzernstruktur, die später realisiert werden sollte: Hier, als unabhängige Firma, der KURIER, mit den Eigentümern Raiffeisen (50,5 Prozent) und WAZ (49,5 Prozent). Dort, als ebenfalls unabhängige Firma, die *Neue Kronen Zeitung*, mit den Eigentümern Hans Dichand und WAZ (jeweils 50 Prozent). Und in der Mitte die Gemeinschaftsfirma Mediaprint, welche die verlagswirtschaftlichen Aufgaben übernahm. Also Verwaltung, Vertrieb, Anzeigenverkauf und – in der schönen neuen Druckerei aus dem KURIER-Bestand – die Herstellung beider Zeitungen.

Die Verhandlungen zwischen KURIER und WAZ fanden in aller Stille statt. „Es gab ein paar Knackpunkte bei den Gesprächen mit der WAZ-Gruppe, doch die waren in ein paar Stunden gelöst", berichtet Christian Konrad. „In der Folge haben wir während dreier Tage die Verträge ausverhandelt – für die KURIER-Beteiligung und die Gründung der Mediaprint. Dann vereinbarten wir, alle kartellrechtlichen Fragen prüfen zu lassen – und anschließend drei Wochen Stillschweigen. Keinerlei Veröffentlichungen. Wir sagten, es könnte ja sein, dass das rechtlich alles nicht geht."

Erich Schumann, der privat viel Zeit in seinem Haus im Salzburger Land verbringt, machte ganz neue Erfahrungen mit den Gepflogenheiten in seiner zweiten Heimat. „Wir haben intensive Meinungspflege betrieben, aber es war sehr schwer. Wir mussten manche Runde drehen, bei Arbeitgebern, Parteien und so weiter. Wie das hier halt so ist. Ich lernte damals den Begriff der roten und der schwarzen Reichshälfte kennen – den kannte ich aus Deutschland nicht. Wir waren an einem Tag im dunklen Anzug erst bei Bundeskanzler Franz Vranitzky und dann im selben dunklen Anzug bei Vizekanzler Alois Mock. Dann musste man zur Arbeiterkammer und zur Wirtschaftskammer, es gab dort lange Gespräche, auch mit den Kartellabteilungen – und schließlich haben wir's doch geschafft."

Als die Meldung von der Gründung der neuen Mediengruppe an die Öffentlichkeit ging, gab es dafür allerdings wenig Beifall; ganz im Gegenteil. Der rasch erfundene Name KRO-KU-WAZ ließ nicht von ungefähr an ein Krokodil denken – viele befürchteten, es sei um die Medienfreiheit in Österreich geschehen. Politiker und Publizisten protestierten oder äußerten zumindest Befürchtungen.

Hans Rauscher: „Die Gründung der Mediaprint hat mich zunächst erschreckt, weil die Gefahr bestand – und es auch Absicht der *Kronen Zeitung* war –, den KURIER in die Hand zu bekommen. Es ist gut, dass keine direkten Kapitalverflechtungen zwischen KURIER und *Krone* eingegangen wurden."

Es gab auch untergriffige Kommentare. Günther Nenning, heute Kolumnist der *Krone*, sprach damals vom „medienpolitischen Anschluss": „Hitler hat's blöd gemacht. Heimlich, still und leise sei die Gewalttat."

Solche Sager kamen bei den WAZ-Verantwortlichen ganz schlecht an. „Das hat uns sehr getroffen, weil unser Haus ja aus der Emigration vor den Nazis entstanden ist", erklärt Erich Schumann. „Ich war einmal nahe daran, zu sagen, wir beenden das Engagement. Mein Adoptivvater Erich Brost war sehr verletzt und er schrieb einen Kommentar in der WAZ, in dem er dieser Verletzung Ausdruck verlieh. Ich ging dann zu Bundeskanzler Vranitzky, den ich ganz gut kannte, und sagte ihm: ‚Herr Bundeskanzler, wenn wir hier wie Hitler empfangen werden sollten, dann schlage ich vor, wir wollen unser Geld wieder haben und dann gehen wir. Wir sind ein großes, liberales, rechtsstaatliches und demokratisches Unternehmen und wir lassen uns nicht verunglimpfen.' Da war Vranitzky sehr verständnisvoll und hat mich beruhigt."

„Die Verträge waren während dreier Tage ausverhandelt": Erich Schumann, Geschäftsführer der WAZ-Gruppe (links), und Christian Konrad (rechts), Generalanwalt des Österreichischen Raiffeisenverbandes, wurden zu Geschäftspartnern bei KURIER und Mediaprint

Gut so, denn: „Ich glaube, dass es richtig war, dass wir die Nerven behielten und nicht die Konsequenzen gezogen haben", sagt Schumann. „Wir stehen zu diesem Engagement in Österreich und es freut uns natürlich, dass der KURIER durch dieses Modell eine wirtschaftliche Stabilität und Sicherheit bekam, die er in der Vorvergangenheit, so weit ich sie kannte, nicht hatte. Der KURIER war eine gute Zeitung, aber wirtschaftlich nicht immer optimal geführt."

Wie kommentiert der WAZ-Chef die seinerzeitigen Ängste vor einer redaktionellen Gleichschaltung der beiden Zeitungen? Er lässt einen anderen sprechen – den SP-Politiker Josef Cap. Schumann: „Bei einer Anhörung zu Medienfragen vor einigen Jahren im Parlament sagte Cap: ‚Was hat sich geändert in zehn Jahren Mediaprint?' Der KURIER ist der KURIER geblieben und die *Krone* die *Krone*. Niemand kann sagen, dass da ein Einheitsbrei entstanden wäre.'

Diese Aussage fand ich gut und fair. Denn beide Blätter sind ja weiß Gott sehr verschiedene Zeitungen."

Die Familien der WAZ-Besitzer sind durch ihre Beteiligungspolitik steinreich geworden; sie rangieren in der Liste der Top 100 der vermögendsten Deutschen. Nach dem Auftakt in Österreich breitete sich die WAZ-Gruppe vor allem in Osteuropa aus. Im Jahr 2004 ist der Konzern aus dem Ruhrgebiet an 32 Zeitungen sowie vielen Zeitschriften und Anzeigenblättern in Ungarn, Rumänien, Bulgarien, Kroatien, Serbien und Montenegro sowie Mazedonien beteiligt. Doch die WAZ-Strategen begründen ihre Expansion nicht nur mit Profitdenken, sondern auch – so verblüffend das für Kritiker klingen mag – mit Bemühungen um die Erhaltung der Medienvielfalt.

Erich Schumann: „Nur eine Zeitung, die ökonomisch stark ist, bleibt unabhängig und unerpressbar. Aber Sie können heute keine Zeitung mit einer Auflage unter 200.000 Exemplaren mit einem eigenen, voll durchstrukturierten Verlag mehr führen. Ich glaube, dass wir mit unserem Modell Medienvielfalt organisieren. Die Idee, dass dem, dem die Druckmaschine gehört, auch der Kommentar gehört, ist eine sehr marxistische und überlebte Theorie. Wir mischen uns nie in das redaktionelle Tagesgeschäft und auch nie in die Personalpolitik einer Redaktion ein. Jeder Chefredakteur und sein Team sind verantwortlich dafür, dass ihre Zeitung gut und professionell gemacht wird."

Noch ein Nachsatz mit Österreich-Bezug: „Medienvielfalt muss erhalten bleiben. Vielfalt kann aber auch scheitern, wenn es zwar Wettbewerb, aber vielleicht am Ende nur noch ein Produkt gibt. Was hätte es denn genützt, wenn der Konflikt zwischen *Kronen Zeitung* und KURIER damals so weitergegangen wäre und der KURIER wäre vielleicht irgendwann gescheitert?"

Auch Raiffeisen-Generalanwalt Christian Konrad sieht die Befürchtungen aus der Zeit der Mediaprint-Gründung im Nachhinein voll widerlegt.

„Wer KURIER und *Krone* liest, kann nicht behaupten, dass die beiden Blätter in irgendeiner Form aufeinander abgestimmt wären. Weder im einen noch im anderen Verlag ging damals ein Arbeitsplatz verloren. Im Gegenteil: In unmittelbarer zeitlicher Nähe zur Bildung der Mediaprint wurden zwei neue Tageszeitungen gegründet, *Der Standard* und *täglich alles*. Dazu kamen die vielen neuen Magazine. Der Medienmarkt ist seit 1988 stark gewachsen. Das Gegenteil von Arbeitsplatzverlusten ist eingetreten."

Probleme, so Konrad, gab es am ehesten intern, bei der Zusammenführung der Firmen. „Die *Krone* war verlagsmäßig besser und effizienter aufgestellt als der KURIER. Durch die Fusionen kamen völlig unterschiedliche Kulturen zusammen. Dass es da Eifersüchte gab und gibt, wissen wir. Das von den Gesellschaftern gewünschte Prinzip der gleichen Liebe wurde sehr unterschiedlich gelebt. Die Zeitungen waren ja Hauptkonkurrenten füreinander. Ich glaube, dass die Familie Dichand den KURIER bis heute nicht als Familienmitglied ansieht, sondern nach wie vor als Gegner."

Franz Ferdinand Wolf: „In der Anfangszeit meiner Chefredaktion war es das größte Problem, die neue Firmenkonstruktion den Kollegen nahe zu bringen, denen der Erzgegner abhanden zu kommen schien"

Erich Schumanns Meinung zu diesem Themenkreis: „Wir sind immer diejenigen gewesen, die zwischen der KURIER- und der *Krone*-Seite moderiert haben, völlig neutral. Gegenwärtig, 2004, gibt es im Anzeigengeschäft eine Debatte, ob das nach dem Prinzip der gleichen Liebe geführt wird. Wir stehen da hinter der Position der KURIER-Geschäftsführung und unserer Partner bei Raiffeisen."

Doch zurück ins Jahr 1988. Nachdem die Neuordnung des Konzerns auf Schienen gebracht worden war, stand im KURIER wieder einmal ein Kurswechsel an. Günther Wessig hatte in seiner Ära, das ist noch wichtig zu vermerken, die Redaktion auch intern sicher durch schwierige Zeiten geführt: 1987 war das erste elektronische Texterfassungssystem des Blattes installiert worden. Für die Redakteure bedeutete der Beginn des Computerzeitalters eine technische Revolution. Denn von 1954 bis 1987 waren alle KURIER-Manuskripte auf einer Apparatur entstanden, deren Erfindung aus dem Jahr 1866 datiert: Auf der mechanischen Schreibmaschine. Nur in den Sekretatriaten standen, zwecks schön geschriebener Briefe, wenigstens elektrische Schreibmaschinen.

Günther Wessig bezog (bei aufrechtem Titel als Chefredakteur) wieder die Schlüsselstelle des Chefs vom Dienst. Als neuer Chefredakteur trat Franz Ferdinand Wolf an.

Frischer Wind durch Franz Ferdinand Wolf

„Es war eine große, eine tolle Herausforderung." Franz Ferdinand Wolf, zuvor Chefredakteur und Herausgeber des Nachrichtenmagazins *Profil*, übernahm die Redaktionsleitung des KURIER in einer schwierigen Zeit.

Im Herbst 1988 hatte der KURIER zunächst ein Ereignis zu verkraften, das Auflage kostete. Nach der Gründung der Mediaprint wurden die TV-Programmbeilagen von KURIER und *Kronen Zeitung* zur gemeinsamen *TV-Woche* vereint, was der *Krone* einen Vorteil und mehr Farbe ins Blatt brachte. Dem KURIER wurde ein Konkurrenzvorsprung genommen: Während die *Krone* bis dahin nur ein Schwarz-Weiß-Fernsehprogramm druckte, lag dem Freitag-KURIER schon seit Jahren ein attraktives buntes TV-Magazin bei.

Franz Ferdinand Wolf: „Das führte natürlich zu hängenden Köpfen in der KURIER-

Ein Kunststück, bisher mehr als 4700 Mal vollbracht. Herbert Hufnagl und seine „Kopfstücke“, hier präsentiert in Buchform. Der Autor mit (von links) André Heller, Ehefrau Susanne, Hans Rauscher und Rudolf Scholten

Redaktion, denn die Situation war plötzlich neutralisiert. Es gab große Bedenken, dass das die Verkaufszahlen am Freitag ramponieren würde, und in der Tat bemerkten wir eine solche Entwicklung.“

Damit nicht genug. Wolf: „In der Anfangszeit meiner Chefredaktion war es das größte Problem, die neue Firmenkonstruktion, die ökonomisch höchst sinnvoll war und dazu beitrug, den KURIER finanziell abzusichern, den Kollegen nahe zu bringen. Es war ein mentales Problem für die Redaktion, dass der journalistische Erzgegner abhanden zu kommen schien, weil in der Organisation jetzt gemeinsam agiert wurde, bis hin zur Koordination von Andruckzeiten“ (in inhaltlichen Belangen, das sei nochmals festgehalten, blieb die Konkurrenz zwischen KURIER und *Kronen Zeitung* bestehen. Schneller und besser zu informieren als das Kleinformat – oder als jede andere Zeitung –, ist bis heute der Ehrgeiz jedes KURIER-Redakteurs).

Am 18. Oktober 1988 kam ein neuer Konkurrent auf den Tageszeitungsmarkt: *Der Standard* erschien zum ersten Mal. „Auch das war eine Herausforderung für die Redaktion“, sagt Franz Ferdinand Wolf, „denn diese Zeitung trat mit dem Anspruch an, besser zu sein als alle etablierten Medien – und mit der öffentlich geäußerten Absicht, dem KURIER Leser wegzunehmen.“

Der KURIER hatte also Handlungsbedarf. „Das Blatt strahlte damals noch starken Boulevard-Charakter aus. Weniger im Inhalt als im Aussehen“, sagt der heutige geschäftsführende Chefredakteur Christoph Kotanko, der 1988 zum KURIER kam. „Es gab noch diese großen, patzigen Titel und eine andere Bildsprache. Die Zeitung wirkte wesentlich trashiger und billiger.“

Wolf setzte Maßnahmen. „Es wurde intensiv über die Positionierung des KURIER gesprochen und wir prägten die Formel, eine Massenzeitung mit Qualitätsanspruch zu realisieren.“ Eine Abkehr vom Stil der Ära Gerd Leitgebs? Richtig: „Wir versuchten, Breite und Tiefe zu haben, denn man sah, mit Breite allein würde man nicht obsiegen können. Aber das war natürlich auch eine Doppelmühle. Wenn wir Auflage verloren, hieß es, wir müssen breiter werden. Und wenn wir dann breiter wurden, kam die Frage, wo bleibt die Tiefe?“

Zum Paradebeispiel für die Verbindung von Breite und Tiefe wurde eine der größten Hilfsaktionen der KURIER-Geschichte. Nach der Erdbebenkatastrophe in Armenien rief das Blatt 1989 seine Leser zu Spenden auf. Die Aktion erbrachte 100 Millionen Schilling an Geld und Sachspenden. In der zerstörten Stadt Leninakan wurde mit diesem Geld das „Österreich-Dorf“ gebaut – 111 Häuser plus Kirche und Infrastruktur-Einrichtungen.

Das Blatt erhielt unter Wolfs Leitung ein neues Layout und neue Elemente, die bis in die Gegenwart wirken. Gestalterisch wurde die Zeitung, zunächst in der Sonntag-Ausgabe, in vier Einheiten geteilt. Diese Vier-Buch-Variante ist mittlerweile längst ein KURIER-Standard. Inhaltlich kam es zur Erfindung der wichtigsten KURIER-Kolumne seit der Einführung der „Ohrwaschl“-Kurzkommentare: Herbert Hufnagl hob seine „Kopfstücke“ aus der Taufe.

„Franz Ferdinand Wolf machte mir das Angebot, mir eine Kolumne auszudenken, die irgendwie neu ist“, erzählt Hufnagl. „Eine Kolumne, die anspruchsvoll ist, ohne abgehoben zu sein. Das war natürlich eine ziemlich unpräzise Vorgabe und ich dachte sehr lange nach, bis ich meine Marktlücke gefunden hatte: Einerseits die vielen Kleinigkeiten, die sonst eher unbemerkt durchfallen in der Zeitung. Und andererseits die Medienkritik.“

Eine der größten Hilfsaktionen der KURIER-Geschichte: Nach dem Erdbeben in Armenien 1989 spendeten die Leser 100 Millionen Schilling, für die das „Österreich-Dorf“ gebaut wurde

Der Autor machte sich mit gehörigem Respekt ans Werk. „Die ‚Kopfstücke' waren als Einrichtung von Dauer gedacht, aber viele Kolumnen versickern bald nach dem Start. Ich hatte größte Zweifel, ob ich das längere Zeit durchhalten würde. Nach den ersten zehn Kolumnen dachte ich mir, 50 Texte werde ich schon zusammenbringen, aber dann ist es aus. Doch jetzt habe ich bereits mehr als 4700 Kolumnen geschrieben. Das finde ich manchmal selbst unglaublich – ich hätte es mir nie träumen lassen."

Eine weiterer Eckpfeiler im KURIER-Angebot wurde das bunte Samstag-Magazin *Freizeit*, das erstmals am 15. September 1989 erschien. „Die *Freizeit* soll jede Woche eine angenehme Überraschung für das Wochenende sein; fern der negativen Dinge, über welche die Tageszeitung berichtet und berichten muss", sagt Michael Horowitz, der das Konzept entwickelte und es seit der ersten Ausgabe als Chefredakteur realisiert.

„Die *Freizeit* will Lust aufs Leben machen. Unsere Schwerpunkte sind Lifestyle, Reisen, Kultur, Essen & Trinken, Mode und Gesundheit." Sowie, ganz wichtig, Kolumnen: Kluge Köpfe, von Erwin Ringel über Erwin Steinhauer bis Barbara Stöckl, folgten der Einladung, für das Magazin zu schreiben. „Fast 14 Jahre lang", so Horowitz, „hatten wir auch eine Kolumne von Peter Ustinov. In den letzten fünf Jahren schrieb Ustinov diese Texte exklusiv speziell für uns."

Von Beginn an war die *Freizeit* ein riesiger Erfolg bei den Lesern; das Anzeigen-Aufkommen allerdings entwickelte sich anfangs nur schwach. Horowitz: „Es gab deshalb Überlegungen, das Magazin aus finanziellen Gründen einzustellen. Den Eigentümern gilt mein großer Dank, dass sie die *Freizeit* auch in den harten Zeiten durchbrachten." Die Geduld machte sich bezahlt – das Magazin wuchs zum stark gebuchten Liebkind der Inserenten.

Untrennbar mit dem KURIER verbunden ist die Erfindung der Romy-Fernsehpreise, die von Filmkritiker Rudolf John ins Leben gerufen wurden. „1990, bei der ersten Romy-Verleihung, verteilten Franz Ferdinand Wolf und ich die Preise wie Semmeln in einem Bäckergeschäft", sagt John. „Es war eine eher unglamouröse Veranstaltung im ORF-Atrium – ich hätte damals nie gedacht, dass das einmal so groß werden könnte." Denn im Lauf der Jahre stiegen die Romy-Auszeichnungen in die erste Liga der internationalen Medienpreise auf. Die jährliche KURIER-Romy-Gala ist längst ein Event, das vom ORF live übertragen wird. Egal, ob Christiane Hörbiger, Tobias Moretti oder Thomas Gottschalk – die Spitzenstars aus der deutschsprachigen TV- und Filmszene wurden im Lauf der Jahre auch zu Romy-Preisträgern.

Wie entstanden Name und Form der Auszeichnungen? Rudolf John: „Romy Schneider war eine meiner Lieblingsschauspielerinnen. Und sie ist der Inbegriff einer Diva. Die Form der Statuen ist einem Kostüm nachempfunden, das Romy Schneider in ihrem Film ‚Swimming-Pool' trug."

Zwei Ereignisse während der Chefredak-

KURIER-Erfolge: Michael Horowitz (oben links) begeistert (nicht nur) Hugo Portisch mit dem „Freizeit"-Magazin, das seit 1989 als bunte Wundertüte jeden Samstag dem KURIER beiliegt. Rudolf John (unten links) übergibt 1990 bei der ersten Romy-Verleihung einen Preis an Uschi Glas. Die Romy-Gala wurde seither zum TV-Event, das alljährlich vom ORF übertragen wird

teurs-Amtszeit von Franz Ferdinand Wolf behielten Episodencharakter.

Um 1990 stieß Wolfgang Fellner als so genannter Redaktionsdirektor zum Team, um der Zeitung einen Touch von Magazin-Journalismus zu geben. Das führte zum Aufbau eines global agierenden Reporterteams (dem auch der Autor dieses Buches angehörte), das direkt von Brennpunkten des Weltgeschehens berichtete. Wolfgang Fellner blieb aber nicht lange beim KURIER. Gemeinsam mit seinem Bruder Helmut, der in der Geschäftsführung tätig gewesen war, verabschiedete er sich, um die Gründung des Magazins *News* vorzubereiten.

Eine zweite Episode war der Versuch, in Oberösterreich eine starke KURIER-Regionalausgabe zu etablieren, um auf diesem Wachstumsmarkt präsent zu sein. „Wir bauten eine Redaktion in Linz auf, mit sehr guten Leuten", sagt Franz Ferdinand Wolf. „Außerdem hatten wir einen neuen Druck-Standort in Salzburg, der es uns endlich erlaubte, aktuelle abendliche Sportereignisse auch in den Ausgaben für die westlichen Bundesländer zu melden." Dem Oberösterreich-KURIER Wolfs erging es aber ähnlich wie zuvor schon dem Linzer KURIER aus der Ära Portisch: Wegen mangelnden kommerziellen Erfolges wurde das Projekt wieder eingestellt.

Um 1992/93 endete dann die langjährige Debatte, ob der KURIER inhaltlich eher zur Breite oder zur Tiefe neigen sollte. Wolf: „Die Eigentümer meinten, dass man ein Signal setzen müsse, um den KURIER als Qualitätszeitung neu zu positionieren. Und das sollte ein neuer Chefredakteur machen."

Franz Ferdinand Wolf übernahm den Chefsessel der Tele-KURIER-Gesellschaft, die sich um elektronische Perspektiven für das Blatt und um die Privatradio-Interessen kümmerte. Außerdem blieb er als „Ohrwaschl"-Kommentator eine der wesentlichen Stimmen des KURIER.

Wolfs Nachfolger hatte riesige Aufgaben vor sich, was schon dadurch bemerkbar war, dass man ihm die Agenden von Chefredakteur, Herausgeber und Geschäftsführer zugleich übertrug: Peter Rabl.

Peter Rabl: Tagesmagazin und Qualitätszeitung

Peter Rabl hatte den KURIER, wie bereits kurz erwähnt, 1980 als stellvertretender Chefredakteur verlassen. In den Jahren danach war er Hauptabteilungsleiter Dokumentation im ORF, Herausgeber des *Profil* sowie Verlagsmanager der KURIER-Zeitschriftengruppe (zu der seit 1974 als Herzstück der Trend-Profil-Verlag gehörte).

Christian Konrad (links) fragte 1993 bei Peter Rabl (rechts) an, ob der einen neuen KURIER-Chefredakteur wisse. Rabl: „Ich antwortete ehrlicherweise, dass mir außer mir niemand einfällt, den ich empfehlen kann"

1993 fiel seine Bestandsaufnahme über den KURIER sehr kritisch aus. „Der KURIER war nach den objektiven Zahlen und vor allem auch nach dem Eindruck der Eigentümer nahezu im freien Fall. Das Blatt näherte sich in der Auflage dem Sturzflug, weil es eine Zeitung war, in der nichts mehr zusammenpasste, an der man kein klares Konzept erkennen konnte."

Wie kam es zu seinem Engagement? Rabl: „Ich erhielt die Anfrage des damaligen Aufsichtsrats-Vizepräsidenten Christian Konrad, ob ich jemanden wisse, der diesen Job machen kann. Nach langem Überlegen und Diskussionen mit meinem damaligen Schwiegervater Gerd Bacher kam ich ehrlicherweise zu dem Schluss, dass mir außer mir niemand einfällt, den ich empfehlen kann. Das habe ich Christian Konrad auch so gesagt. Ich schrieb ein paar Seiten, die dann, nach langen Diskussionen mit der Redaktion, auf Punkt und Beistrich Blattkonzept wurden."

Hans Rauscher erinnert sich: „Der Einstieg von Peter Rabl im KURIER hatte sich lange abgezeichnet und Rabl hat das sehr geschickt gemacht. Er kam mit dem Ruf eines eiskalten Killers und Rabauken, doch das hat er gut abgefedert. Denn er traf keine einsamen Entscheidungen, sondern hat die wichtigen Leute der Zeitung in stundenlangen Sitzungen mit einbezogen – Herbert Hufnagl, Michael Horowitz, mich und noch andere. Er hörte auf unsere Meinungen und er sicherte sich damit gleichzeitig auch ab."

Rauscher weiter: „Die Blattreform, aus dem KURIER eine Qualitätszeitung mit leichtem Boulevard-Einschlag zu machen, war richtig. Auch der optische Relaunch war absolut richtig. Der KURIER erholte sich. In seinem Aussehen genauso wie im Team Spirit. Die Auflage wurde stabilisiert."

Der international erfolgreiche Grafiker Lo Breier erhielt den Auftrag, das neue Erscheinungsbild des KURIER zu entwerfen. Peter Rabl: „Als ich anfing, war das Layout des KURIER völlig diffus geworden. Mir war es wichtig, den inhaltlichen Relaunch auch durch einen grafischen Relaunch deutlich sichtbar zu machen." Die stärkste Signalwirkung hatte dabei die Entscheidung, vom schmalen Titel der Zeitung mit dem dominanten K Abschied zu nehmen. Rabl: „Der ausgeschriebene Titel KURIER, zu dem wir zurückkehrten, ist ein typisches Merkmal einer Qualitätszeitung. Es gibt keine Qualitätszeitung auf der Welt, die sich im Titel abkürzt."

Womit wir beim Stichwort wären: „Der KURIER ist ein Tagesmagazin, eine Qualitätszeitung neuen Typs", lautet Rabls Leitsatz. Wie definiert er diese Begriffe? „Es bedeutet zunächst die Abkehr vom Boulevard und die Fokussierung auf eine qualitativ hochstehende, aber populäre Zeitung", sagt er. „Die aktuellen Nachrichten werden kürzer gefasst. So oft wie möglich steht der eigene Aufriss im Mittelpunkt; die Geschichte, die man exklusiv hat. Dazu kommt dann eine neue Art der Aufbereitung der Themen: Mehr Grafiken, mehr Zusatzelemente wie Stichworte und Internet-Hinweise, eine andere Form der Bebilderung."

Fazit: „Das Tagesmagazin geht fort von der reinen Nachrichtenzeitung, denn das Match um die Aktualität ist mit einer Tageszeitung rein technisch gegen die elektronischen Medien nicht mehr zu gewinnen. Stattdessen legen wir das Hauptgewicht auf die Hintergrundinformation, in einem Mix mit starken Elementen aus dem Magazinjournalismus, zur Erhöhung des Lesernutzens."

Wenn der KURIER eine Qualitätszeitung neuen Typs ist – wo sieht Rabl den Unterschied zu herkömmlichen Blättern dieses Genres? „Qualitätszeitungen alten Typs, etwa *Presse* oder *Standard*, haben einen elitären Zug. Sie bieten wenig Sport, wenig Chronik, jedoch viel Außenpolitik, Wirtschaft, Kultur und Innenpolitik. Nach meinem Verständnis kann eine Qualitätszeitung auch viel Chronik und Sport haben – die Qualität liegt in der Schreibweise und in der Auswahl der Geschichten und Kommentare. Ein Blatt wie der KURIER ist dazu verdammt, eine hohe Auflage zu haben, um diesen Riesenbetrieb halten zu können. Mir geht es um die Kombination von inhaltlicher Qualität, journalistischer Verlässlichkeit und Seriosität. Jedoch nicht um den elitären Zugang, etwa einen zweiseitigen Gastkommentar von Henry Kissinger abzudrucken. Ein hervorragend gemachter Sportteil ist Qualität. Punkt."

Die KURIER-Redaktion ging mit Elan daran, das Konzept mit Leben zu erfüllen. Gewöhnungsbedürftig war anfangs weniger der neue Stil des Blattes als jener der Führung.

Auf den ruhigen, verbindlichen Franz Ferdinand Wolf folgte mit Peter Rabl ein sehr impulsiver Mann: Häufig herzlich, noch häufiger hart. Stets zu ansatzlosen Temperamentsausbrüchen fähig; egal, ob aus Tadel oder aus Begeisterung. Weil aber jeder im Team spürte, dass es Rabl um die Sache ging, nahmen auch zartere Seelen den robusten Umgangston des Chefs in

Jeden Freitag im KURIER
TREFFPUNKT

Dank an Gorbatschow Alle Macht an Jelzin

Rußland als UdSSR-Nachfolgestaat schon von USA und EG anerkannt

KURIER

Heute im KURIER

Maderthaner: VP-Spaltung ist vorstellbar

Was in der Weltpolitik 1991 geschah

KTM verkauft: 400 Jobs sind nun gesichert

Unfall knapp vor dem Ziel: Sechs starben

Hallenturnier: Rapid gegen Donaufeld 1:5

Heute wieder neu: Die bunte Fernseh- und Radio-Woche

Ablöse

Feiern Sie die Feste Party- und Cocktailmode Johann Strauss

LAUSCHA 49,- 298,- BADETÜCHER 49,-

Guten Rutsch

LUGNER CITY

Wien Sonntag KURIER

Gran Canaria 5.690,- Neckermann

UNABHÄNGIGE TAGESZEITUNG FÜR ÖSTERREICH

1:0 – Das Tor zur Fußball-WM steht jetzt weit offen

Entscheidung durch ein Traumtor von Andreas Herzog

AUSLAND Das Vermächtnis von Mutter Teresa

CHRONIK Stadthalle: Decke stürzte auf Besucher

SZENE Musikwelt trauert um Sir Georg Solti

Good bye, Di

Liebe ohne Kompromiß

Blitz traf fünf Arbeiter

Schwere Schäden nach heftigen Gewittern

HIT'97

PEGASUS TENERIFFA

„Das Layout des KURIER war völlig diffus geworden. Der ausgeschriebene Titel KURIER, zu dem wir zurückkehrten, ist ein typisches Merkmal einer Qualitätszeitung": Peter Rabl über das Erscheinungsbild des Blattes vor und nach der Layout-Reform des Jahres 1993

Kauf. Vielleicht mit einer Ausnahme: Manche Redakteure erfanden lieber tausend Termine, als sich zum Besuch der täglichen Redaktionskonferenz einteilen zu lassen. Rabls Blattkritiken konnten, wenn einem Ressort ein grober Fehler passiert war, ausgesprochen schneidend sein. Dennoch – der Team Spirit wuchs, wie von Hans Rauscher angemerkt, in gleichem Tempo wie die Qualität des Blatts.

Die Position Rauschers wurde von Peter Rabl aufgewertet: „Rauscher war für mich über Jahre der einzige Grund gewesen, den KURIER aufzuschlagen, weil er so hervorragend kommentierte. Er war, als ich anfing, stellvertretender Chefredakteur und ich wollte ihm, bei aufrechter Funktion, den Ehrentitel Chefredakteur geben, in Anerkennung seiner Verdienste."

In anderen Abteilungen des Hauses wurden neue Strukturen geschaffen und Wachablösen vorbereitet. Das Blattkonzept sah eine Konzentration des KURIER auf seine wichtigsten Absatzmärkte in Wien und Ostösterreich vor. Also erhielt die Regionalisierung der Chronik-Berichterstattung Vorrang, mit eigenen Ausgaben für die lokalen Zentren in Niederösterreich und im Burgenland.

Einem Trend im Freizeitverhalten der Bürger folgend, hob Rabl die Trennung zwischen Kultur- und Medienressort auf. Guido Tartarotti, eines der großen Schreibtalente des Hauses, übernahm die Leitung des Ressorts Kultur & Medien, die er 2004 an Gert Korentschnig weitergab. In anderen Ressorts waren ebenfalls Generationswechsel angesagt. Livia Klingl, erprobt bei vielen Reportage-Einsätzen in Krisengebieten, löste Manfred Strauss in der Leitung der Außenpolitik ab. Der junge Peter Lattinger übernahm von Günther Köchl die Leitung des Großressorts Chronik (mittlerweile ist er auch stellvertretender Chefredakteur).

Redaktionskonferenzen können auch aufheiternde Wirkung haben: Kabarettist Alfred Dorfer (zweiter von rechts) kritisiert als Gast-Blattkritiker, ohne sich ein Blatt vor den Mund zu nehmen, was ihm am KURIER gefällt und was man besser machen könnte

Neue Technik, neue Themen: Auch der KURIER der Rabl-Ära folgte und folgt der Portisch-Maxime, ständig zu überlegen, was man dem Leser zusätzlich bieten kann.

1995 erhielt die Redaktion ein neues Computer-Textsystem, was mittelbar auch der Leserschaft einen Vorteil brachte: noch höhere Aktualität. Denn jetzt konnten die Autoren alle Agenturmeldungen – und in späterer Folge auch Internet-Informationen – rasch und direkt selbst abrufen (zuvor liefen die Nachrichten wie in der alten Zeit noch im Fernschreibraum ein, von wo sie durch Boten im Haus verteilt wurden).

1996 meldete sich der KURIER bereits selbst aus dem jungen Medium Internet: Bei der Wiener Ifabo-Messe wurde die Web-Adresse *www.kurier.at* eingeweiht, die seither von immer mehr Lesern als erste Nachrichten-Informationsquelle angewählt wird.

Als der große Boom bei Handy und Internet begann, reagierte der KURIER mit der Gründung eines neuen Ressorts: Computer & Kommunikation. Und als Peter Rabl den Eindruck gewann, das äußere Erscheinungsbild des Blattes könnte ein Facelifting gebrauchen, engagierte er einen jungen Österreicher aus Berlin, Lukas Kircher.

Rabl: „Wir ließen das neue Layout aus dem Jahr 1993 nicht unverändert, weil es für meinen Geschmack einen raschen Alterungsprozess hatte. Wir erhielten dann einen Hinweis auf Lukas Kircher, der in Deutschland als Grafiker reüssierte. Kircher gab uns einen unglaublich tollen Input, denn seine Anregungen gingen über die Optik hinaus bis hin zu inhaltlichen Dingen." Seit 2001 erscheint der KURIER im Kircher-Design – 2002 wurde sein Gestaltungskonzept mit dem European Newspaper Award ausgezeichnet.

Zwischendurch gab es aber auch eine Personalentscheidung, die weit über die Redaktion hinaus Wellen schlug. Hans Rauscher, lange Jahre die wichtigste politische Stimme des Blattes, verließ 1997 den KURIER. Peter Rabl über die Hintergründe: „Rauscher trug, wie schon erwähnt, den Ehrentitel Chefredakteur. Das war ein Titel wie Titular-Erzbischof. Doch er wollte diese Spielregeln trotz mehrfacher Gespräche nicht verstehen und hat sich überall als Chefredakteur geriert, auch intern, was etliche Kollegen belastete, weil es unter-

schiedliche Kommandos gab. Das trug so viel Unruhe in die Redaktion, dass ich irgendwann zum Eigentümer, zu Christian Konrad, ging und Rauschers Ablöse als Chefredakteur vorschlug – verbunden mit dem Angebot an ihn, Chefkommentator zu bleiben."

Hans Rauscher lehnte das Offert ab. „Ich verbrachte 22 Jahre beim KURIER, doch ich entschied mich, ganz zu gehen. Aus einem sachlichen Motiv: Ich hatte die Chance, noch einmal etwas ganz Neues zu machen."

Peter Rabl begann damit, einen Nachfolger aufzubauen: Christoph Kotanko, den innenpolitischen Ressortleiter, den er zum stellvertretenden Chefredakteur ernannte.

Rabl: „Ich bin der mit Abstand am längsten amtierende Chefredakteur, Herausgeber und Geschäftsführer dieses Hauses. Als ich begann, war es eine meiner Forderungen, alle drei Funktionen zu übernehmen. Denn der Zustand der Zeitung erschien mir so, dass ich keine Zeit dafür sah, mich mit Geschäftsführern oder Herausgebern zu streiten. So ein Dreifach-Job ist natürlich eine ziemlich starke Belastung und zehn Jahre sehr aktiver Chefredakteurs-Tätigkeit waren irgendwann genug. Die Übergabe der geschäftsführenden Chefredaktion war die Wiederherstellung eines Normalzustandes. In den letzten Jahren, in denen mein Vertrag hier läuft, sollte ein Nachfolger im Tagesgeschäft tätig sein."

Rabl bereitete den Wechsel langsam vor. Er überließ seinem Stellvertreter Auftritte bei wichtigen Terminen wie der TV-Pressestunde; er blieb zu Gunsten Kotankos im Hintergrund, wenn es – bei Podiumsdiskussionen oder ähnlichen öffentlichen Anlässen – darum ging, das Blatt nach außen zu vertreten. Der Effekt: „Zu meiner Freude", sagt Rabl, „stieß die Übergabe der geschäftsführenden Chefredaktion an Kotanko sowohl bei den Eigentümern als auch bei der Redaktion und in der Öffentlichkeit auf Zustimmung."

Am 1. November 2003 hat Christoph Kotanko die Leitung des täglichen Blattes übernommen. „Wer Journalist ist, will irgendwann gestalten. Das kann man als Chefredakteur. Insofern ist es ein Traumjob", sagte er in einem ersten Interview mit dem Branchenblatt *Extradienst.* Und mancher Redakteur, der die rauen Rabl-Redaktionskonferenzen nach Möglichkeit mied, geht jetzt wieder gern zu diesen Terminen. Denn der Einzug des neuen geschäftsführenden Chefredakteurs brachte auch ein verändertes Klima. In Kotankos eigenen Worten: „Peter Rabl ist ein Draufgänger, rasant, reizbar. Ich bin nicht so forsch, sondern vergleichsweise abwägend. Wir haben gemeinsam Erfolg, weil wir verschieden sind."

Die Chefredakteure des KURIER. Peter Rabl (oben), zugleich Herausgeber und Geschäftsführer, setzte Christoph Kotanko (unten) am 1. November 2003 als geschäftsführenden Chefredakteur ein. Kotanko leitete zuvor 15 Jahre lang das Innenpolitik-Ressort. Jetzt will er das Blattkonzept von Peter Rabl fortführen: „Wir haben zwei Säulen, die Nachrichten und das Tagesmagazin. Der KURIER soll ein Erklär-Medium sein, ein Übersetzer von Aktualitäten, eine Verständnishilfe für den Leser. Wir haben den Vorteil, dass das Fernsehen ein flüchtiges Medium ist und die Zeitung ein festes"

Mit Christoph Kotanko in die Zukunft

Christoph Kotanko leitete 15 Jahre lang die KURIER-Innenpolitik, bevor er die Chefposition übernahm. Sein Blattkonzept führt jenes von Peter Rabl fort: „Wir haben zwei Säulen, die Nachrichten und das Tagesmagazin", sagt er. „Bei den Nachrichten versuchen wir, den CNN-Leitspruch ‚Be the first to know' einzulösen. Wir sind die meistzitierte Zeitung Österreichs, wir haben sicher die meisten Exklusivgeschichten. Gerade, weil wir in Konkurrenz

zu den elektronischen Medien stehen, ist es umso wichtiger, dass wir selbst Nachrichten schaffen. Es geht um die seriöse journalistische Eigenleistung."

Und wie steht's um das Tagesmagazin? Kotanko: „Das wollen wir weiter ausbauen. Der KURIER soll ein Erklär-Medium sein, ein Übersetzer von Aktualitäten, eine Verständnishilfe für den Leser. Wir haben den Vorteil, dass das Fernsehen ein flüchtiges Medium ist und die Zeitung ein festes. Wir wollen eine Richtung vorgeben durch klare, stark positionierte Kommentare."

Im Zeitungsgeschäft gilt ja der zynische Satz, dass nur schlechte Nachrichten gute Nachrichten sind („Only bad news are good news"). Christoph Kotanko hat seine Zweifel, ob dieses Bonmot auch stimmt.

„Viele Zeitungen neigen unter dem Schlagwort ‚kritische Berichterstattung' dazu, das Dramatische, Negative und Abstoßende über Gebühr herauszustellen. Ich glaube aber, dass sich die Leser auch einmal zurücklehnen und nicht nur mit der Trauer und den Nöten der Welt befrachtet werden wollen. Ich versuche, ohne unseren Qualitätsanspruch aufzugeben, eine positive Akzentuierung des Blatts." Konkret: „Eine Zeitung wie der KURIER hat auch ein kulturelles Mandat und das sehe ich umfassend, auch in Bereichen wie Lifestyle oder Schöner Leben. Ich erkenne ein großes Bedürfnis nach solchen Themen, das wir vielleicht in der Vergangenheit zu wenig erfüllt haben."

Eingangs stellten wir die Frage: Was ist der KURIER heute? Das fordert zur Schlussfrage heraus: Wie wird der KURIER, wie werden die Zeitungen in Zukunft sein?

Christoph Kotanko, der geschäftsführende Chefredakteur: „Ein Problem aller Zeitungen ist es, dass die tägliche Nutzungszeit durch die Leser abnimmt. Wir müssen schauen, wie wir die knapper werdende Zeit der Leser bestmöglich mit Lesestoff und Information füllen – und wir müssen um die jüngere Leserschaft kämpfen. Das ist eine riesige Herausforderung."

Peter Rabl, der Herausgeber, Geschäftsführer und Chefredakteur: „International erwartet man, dass es die gedruckte Zeitung noch lange geben wird. Weil es gerade in der Zeit der elektronischen Medien eine besondere Form der Nutzung ist, etwas anfassen, mitnehmen und immer wieder anschauen zu können. Wie hoch die Auflagen sein werden, hängt davon ab, wie gut und wie innovativ wir sind. Und davon, wie sehr wir dem Leser das Gefühl vermitteln, dass ihm etwas fehlt, wenn die Zeitung nicht da ist."

Erich Schumann, der Geschäftsführer der WAZ-Gruppe: „In den Redaktionen darf kein Beamtendenken überhand nehmen. So nach dem Motto, uns geht's gut, da passiert schon nichts. Wenn man das berücksichtigt, haben die Printmedien in den nächsten Jahrzehnten eine hohe Existenzberechtigung. Denn Sie können eine Bildschirm-Zeitung nicht bei Sonnenschein ins Schwimmbad mitnehmen. Da sehen Sie nämlich nichts."

Schließlich Christian Konrad, der Raiffeisen-Generalanwalt und KURIER-Aufsichtsratspräsident: „Was mir fehlt, ist eine stärkere Hinwendung zu den jüngeren Zielgruppen, weil das die Leser von morgen sind. Da muss etwas geschehen. Ich glaube, dass die elektronischen und die gedruckten Medien einander ergänzen werden. Wer nur die Schlagzeilen aufs Handy bekommt, der ist dazu angehalten, eine Zeitung zu lesen."

Chios

KURIER

UNABHÄNGIGE TAGESZEITUNG FÜR ÖSTERREICH

ZYPERNS ZUKUNFT
Türken erwarten nach Nein der Griechen EU-Hilfe. SEITE 7

SUCHE NACH ASYLPLÄTZEN
Noch immer stehen Flüchtlinge auf der Straße. SEITE 9

EISHOCKEY-SENSATION
2:2 von Österreich in Prag gegen Weltmeister Kanada. SEITE 25

Fischer erobert Hofburg

► Kandidat der SPÖ gewinnt mit 52,4 Prozent die Wahl und wird Bundespräsident

► Zweidrittel-Mehrheit in Wien, aber auch Sieger in drei VP-regierten Ländern

Wahlverweigerung

ÜBERBLICK

Wie der Prater wächst

Sonnig und milder

KiKu

LOTTOZIEHUNG VOM 25. 4. 2004

Thermenhotel Vier Jahreszeiten

Urlaub am Dachstein

Seniorenpension Bad Schönau

Der tägliche Überblick IM INTERNET? kurier.at

Die Druckmaschinen laufen auf Hochtouren (unten). Der KURIER ist mit einer verkauften Auflage von 172.979 Exemplaren pro Tag die führende Qualitätszeitung in Österreich. Damit das so bleibt, setzen Blattmacher und Eigentümer auf Innovation. International herrscht Einigkeit darüber, dass es die gedruckte Zeitung trotz der elektronischen Konkurrenz noch lange geben wird. Denn, so Erich Schumann in einem plastischen Beispiel: „Sie können eine Bildschirm-Zeitung nicht bei Sonnenschein ins Schwimmbad mitnehmen. Da sehen Sie nämlich nichts"

Friedrich Torberg und „Des Teuferls General“

Geschichten und Anekdoten aus dem Fundus der KURIER-Redaktion

Von Georg Markus

Der KURIER war noch ziemlich jung, da fuhren Friedrich Torberg, der damalige Theaterkritiker, und Rudolf Angerer, der damalige Karikaturist, im Auto durch Wien. Als irgendwo in Währing die Ampel auf „Rot“ zeigte, mussten die beiden gezwungenermaßen anhalten. Da schaute Torberg zum Fenster hinaus und entdeckte das Portal einer Süßwarenhandlung mit der Aufschrift „Zuckerl-Mayer“. Und er sagte jetzt trocken: „Das ist der, der *Des Teuferls General* geschrieben hat!“

In einer Zeitung, die fünfzig Jahre alt ist, wurden neben Tausenden Storys und Schlagzeilen auch kleine, heitere oder menschliche Begebenheiten geschrieben. Viele bedeutende Journalisten und Schriftsteller waren in diesem halben Jahrhundert für den KURIER tätig und wie das so ist bei bedeutenden Menschen, waren etliche Typen und Originale darunter.

Zu ihnen zählten auch Heimito von Doderer und Hans Weigel. Als Letzterer einmal mit Hans Dichand, dem ersten Chefredakteur des KURIER, zum Mittagessen ging, bestellte er zum Nachtisch Kaiserschmarrn. „Herr Weigel“, wunderte sich der Chefredakteur, „Sie essen Kaiserschmarrn, wo doch jeder weiß, dass Sie gegen die Monarchie sind!“

„Schmarrn in Verbindung mit Kaiser“, replizierte Weigel, „*das* geht!“

Weigel war damals bereits eine Berühmtheit, nicht zuletzt deshalb, weil ihn die Schauspielerin Käthe Dorsch am 13. April 1956 auf offener Straße geohrfeigt hatte, weil sie in einer seiner Kritiken nicht besonders gut weggekommen war. Es kam zum Presseprozess Weigel vs. Dorsch, im Zuge dessen der als Zeuge geladene Raoul Aslan mit angemessenem Pathos „die Todesstrafe für Hans Weigel“ forderte. Verurteilt wurde dann aber die Dorsch, und zwar „zu einer Geldstrafe von öS 500,– im Nichteinbringungsfalle drei Tage Arrest“.

Heribert Meisel, durch Funk, Fernsehen und als KURIER-Sportchef bekannt geworden, war zweifellos der populärste Sportreporter seiner Zeit. Anhand seines Todes im Alter von nur 46 Jahren soll aufgezeigt werden, dass es im harten Zeitungsgeschäft durchaus Beweise menschlicher Größe geben kann. Meisel starb einen langen, tragischen Tod, aber er wollte bis zuletzt seine Kolumne „Heribert unterwegs“ schreiben, weshalb in seinem Spitalzimmer ein Fernsehapparat aufgestellt wurde, der es ihm ermöglichte, die aktuellen Ereignisse mitzuverfolgen. Neben seinem Bett stand auch eine Schreibmaschine, in die er täglich seine KURIER-Kolumne hämmerte.

Die Krebserkrankung nahm einen dramatischen Verlauf und zuletzt stand Meisel unter dem Einfluss schwerster Morphine, die seine Schmerzen erträglicher machen sollten. Doch er schrieb unbeirrt weiter, auch im Herbst 1966 noch, als die Texte immer kryptischer wurden und nicht mehr in Druck gehen konnten.

Chefredakteur Hugo Portisch wollte freilich verhindern, dass sein treuer Mitarbeiter eines Morgens die Zeitung aufschlagen würde, in der seine Kolumne fehlte. Und so ließ er in Meisels letzten Wochen tagtäglich eine eigene KURIER-Ausgabe drucken, die nur im Kaiser-Franz-Josef-Spital ausgeliefert wurde. Der Sportreporter konnte auf diese Weise bis zum letzten Tag seines Lebens seine Kommentare lesen.

Meisels Nachfolger Martin Maier bleibt

Karikaturist Rudolf Angerer (links) und Autor Friedrich Torberg (oben): Ein Zuckerlgeschäft in Wien-Währing inspirierte die beiden zu einem Ping-Pong voller Pointen

uns als Sir vom Scheitel bis zur Sohle in Erinnerung. Während er als „M. M." für die Sportredaktion von den Olympischen Sommerspielen 1968 berichtete, glossierte sein damaliger KURIER-Kollege Reinald Hübl unter dem Titel „Mexiko für Anfänger" kleine Geschichten am Rande des Geschehens.

Die Journalisten waren eine Woche vor Beginn der Spiele ins Olympische Dorf nach Mexico City gekommen, mussten aber zur Kenntnis nehmen, dass es noch keinen Zugang zu den Unterkünften der Sportler gab. Was aber macht ein Reporter ohne Interviewpartner?

Maier blickte wehmütig durch den dichten Stacheldrahtzaun, der ihn von den Unterkünften der Sportler trennte. Es sollte noch Tage dauern, bis ihm Einzelgespräche und Pressekonferenzen die Möglichkeit bieten würden, die ersten Aussagen der Athleten nach Wien zu drahten.

„Schrecklich", sagte Martin Maier, während er durch die Absperrung hindurch ins Olympische Dorf blickte, „dort drüben sitzt der Hubert Raudaschl und wir können nicht zu ihm. Dabei wüsste ich ganz genau, was ich ihn alles fragen würde."

„Was würdest du fragen?", forschte Hübl.

„Als Erstes würde ich ihn fragen, wie der Flug war. Und er würde sagen: ‚Grauenvoll, ich hab' mich übergeben müssen.' Dann würde ich ihn fragen, wie das Quartier ist, und er würde sagen: ‚Wunderbar', denn ich kann mir vorstellen, dass er zu Hause in einfachen Verhältnissen lebt. Dann würde ich ihn fragen, ob er Heimweh hat, und er würde ‚Ja' sagen, denn ich weiß, wie sehr er an seiner Mama hängt. Meine nächste Frage wäre, wie viel er in den letzten Tagen trainiert hat, und er würde sagen ..." – kurz, Maier schilderte seinem Kollegen Hübl das erträumte Frage-Antwort-Spiel in allen Farben und Details.

Die Berichterstatter kehrten zurück in das Pressezentrum, in dem Maier die erstbeste Schreibmaschine erklomm und durch sofortige Aktivität auffiel.

„Martin, was schreibst du?", fragte Hübl.

Und Maier antwortete: „No, das Interview, das ich grade gemacht habe."

Unnötig zu erwähnen, dass M. M. „das Interview" zwar geschrieben, aber nicht nach Wien geschickt hat.

An eine der kuriosesten Affären in der österreichischen Zeitungsgeschichte erinnert sich Heinz Nußbaumer, der langjährige Außenpolitikchef des KURIER (und spätere Pressesprecher der Bundespräsidenten Waldheim und Klestil):

Bundespräsident Franz Jonas war nach Klagenfurt gefahren, wo er auf dem Platz vor dem Lindwurm mit allen militärischen Ehren empfangen wurde. Es ergab sich, dass ein zwar harmloser, aber offensichtlich nicht ganz zurechnungsfähiger Zaungast salutierend neben dem Bundespräsidenten einherging, während dieser die Parade abschritt. Ein KURIER-Fotograf hatte die skurrile Szene eingefangen und nach Wien gemeldet, dass das Bild per Funk unterwegs sei. Hugo Portisch platzierte das Foto auf Seite eins der Abendausgabe und beauftragte einen Wiener Lokalredakteur, den dazu passenden Text zu verfassen. Dieser schrieb – ohne das Bild gesehen zu haben – ein paar Zeilen über den Vorfall und setzte darüber den Titel „Ein Irrer schreitet die Parade ab".

Wenige Minuten später langte das aus Kärnten gefunkte Bild in Wien ein. Der über die Zusammenhänge nicht informierte Fotolaborant sah den Schnappschuss, erkannte den Bundespräsidenten und einen Unbekannten, für den sich ohnehin kein Mensch interessieren würde. Er schnitt den Unbekannten weg und leitete das Foto an die dafür zuständige Chemigrafie weiter. Worauf die Verkettung der unglückseligen Umstände ihrem fatalen Höhepunkt zustrebte.

Es war jedenfalls das erste und einzige Mal in der Geschichte der Zeitung, dass die gesamte Abendausgabe des KURIER eingestampft werden musste. Denn neben dem Titel „Ein Irrer schreitet die Parade ab" prangte das Bild des österreichischen Bundespräsidenten.

Als ich Anfang der siebziger Jahre im KURIER meine ersten Artikel schrieb, begegneten mir viele junge Leute, die den Wunsch hatten, Journalisten zu werden. Es sollte aber nur wenigen gelingen, in dem Beruf Fuß zu fassen, da die Diskrepanz zwischen dem angeblichen Traumjob und der knochenharten Arbeit, die einem Zeitungsmenschen abverlangt wird, doch ziemlich groß ist. Eines Tages langte in der Redaktion die Meldung von einem Bankraub ein, dessen Täter sich mit millionenfacher Beute auf der Flucht befand. Ein junger Reporter, der erst seit wenigen Tagen als Volontär tätig war, wurde mit einem Fotografen per Redaktionswagen zum Tatort geschickt, um den überfallenen Kassier, die amtshandelnden Polizisten und eventuelle Zeugen zu interviewen. In solchen Fällen zählt jede Minute, ist es doch vorrangig, den Bericht noch vor Andruck der Abendausgabe ins Blatt zu rücken. Alle warteten daher an diesem Nachmittag gespannt auf die erhoffte Sensationsstory des Nachwuchsreporters.

Doch plötzlich, nach wenigen Minuten schon, kehrte der Fotograf mutterseelenallein und ohne jegliche Ausbeute in die Redaktion zurück, um dem fassungslosen Lokalchef mitzuteilen: „Wir sind in der Lindengasse losgefahren, aber am Gürtel hat der Kollege dann plötzlich die Autotür aufgemacht und mir zugerufen: ‚Sagen S' denen in der Redaktion, des is doch ka Beruf für mich.'"

Hans Weigel (oben): Der Theaterkritiker des KURIER war in Wien eine Berühmtheit, weil ihn die erboste Schauspielerin Käthe Dorsch auf offener Straße geohrfeigt hatte. Der Sportreporter Heribert Meisel (unten) zählte zu den ganz großen Männern des österreichischen Journalismus der Nachkriegszeit. Er starb, nur 46 Jahre alt, an Krebs. KURIER-Chefredakteur Hugo Portisch sorgte mit einem Trick dafür, Meisel die letzten Lebenstage zu verschönern

Er stieg aus und ward nie wieder gesehen. Das Ende einer Karriere – mitten im Einsatz.

Zu den damaligen Stars unter den KURIER-Redakteuren zählte Paul Popp, der seinen Berufsweg freilich nicht im Journalismus, sondern am Kabarett begonnen hatte. Immerhin war es ihm nach dem Krieg im *Haus der Komiker* auf der Mariahilfer Straße gelungen, keinen Geringeren als Karl Farkas aus der Bahn zu werfen. Das Programm lief mehrere Wochen, wobei der junge Popp jeden Abend die erste Conférence hielt. Danach kamen die alten Profis Fritz Heller, Fritz Imhoff und schließlich – als strahlender Höhepunkt – Karl Farkas.

Nach der Pause, als die Einzelauftritte vorüber waren, hatte Paul noch eine Doppelconférence mit Farkas. Er ärgerte sich jeden Abend, weil der berühmte Kollege ihn ständig unterbrach und damit sämtliche Popp-Pointen „tötete“ – Farkas konnte es einfach nicht ertragen, dass das Publikum über einen anderen lachte.

Da schwor Paul Rache. Und so trat Farkas eines Abends wieder vor den Vorhang und begann seine Soloconférence. Nun passierte etwas, das dem Meister noch nie widerfahren war. Er setzte seine erste Pointe, gekonnt wie immer, doch kein Mensch lachte.

„Was für ein Publikum“, dachte Farkas, sprach aber unbeirrt weiter. Der Text steigerte sich, der Conférencier „drückte auf die Tube“, setzte zur zweiten Pointe an.

Nichts. Kein Mensch lachte. Die dritte Pointe, die vierte, die fünfte … und wieder: keine Lacher. Der Kabarettstar ging ab, nahm verzweifelt in der Garderobe Platz und jammerte Paul Popp an: „Es ist aus, die Leute lachen nicht mehr über mich, meine Karriere ist am Ende, ich werde nie wieder auftreten.“

Da erbarmte sich Popp des großen Kollegen und gestand ihm die volle Wahrheit: Er hatte während der letzten Vorstellungen die Farkas-Conférence mitgeschrieben und auswendig gelernt. Um sie am Beginn des Programms wortwörtlich vorzutragen. Farkas wiederholte nur die Pointen, die Popp schon eine Stunde vor ihm verwendet hatte. Kein Mensch konnte ein zweites Mal darüber lachen.

Von da an fiel der alte Farkas dem jungen Popp nicht mehr ins Wort. Bald wär's ohnehin nicht möglich gewesen – denn da hatte sich Paul von der Bühne ab- und dem Journalismus zugewandt. Mit seiner KURIER-Kolumne „Popp Scriptum“ schrieb er Zeitungsgeschichte.

Martin Maier war der Grandseigneur der KURIER-Redaktion. Viele Jahre lang verwöhnte er die Leser mit seinen Glossen und TV-Kritiken, doch begonnen hatte er als Chef des Sport-Ressorts. Bei den Olympischen Spielen in Mexiko 1968 führte er ein geheimnisvolles Interview mit dem Segelsportler Hubert Raudaschl, dessen Text in diesem Buch erstmals veröffentlicht wird

Journalisten können, es muss hier selbstkritisch vermerkt werden, sehr zynisch sein. Als Papst Paul VI. im August 1978 verstorben war, kam der KURIER natürlich mit einer aus riesigen Lettern gesetzten Schlagzeile heraus, die da lautete: „Die Welt trauert um den Papst.“ Als wenige Wochen später die Nachricht vom Ableben seines Nachfolgers Albino Luciani einlangte, machte man sich in der Redaktionskonferenz Gedanken darüber, welcher Titel diesmal zu verwenden wäre, zumal man ja nicht schon wieder „Die Welt trauert um den Papst“ schreiben konnte.

Da schlug der schon erwähnte Karikaturist Rudi Angerer vor: „Papst schon wieder tot!“

Auch sonst ist der KURIER ein ganz normales Unternehmen, das mit Stärken und Schwächen seiner Mitarbeiter aufwarten kann. Davon weiß Peter Rabl, der heutige Herausgeber der Zeitung, ein Lied zu singen. Gerade als der damals noch junge innenpolitische Redakteur mit seiner späteren Frau Helga Stadler verlobt war, wurde bekannt, dass Gerd Bacher der nächste Chefredakteur des KURIER werden sollte. Das Besondere an der Situation war, dass der frühere ORF-„General“ Helga Stadlers Vater ist.

Der wunderbare Autor Paul Popp (links, neben einem Magier) hatte seine Karriere als Kabarettist begonnen, bevor er zum KURIER kam. Auf offener Bühne gelang es ihm, sogar den großen Karl Farkas aus der Fassung zu bringen

Als nun Rabl nach Bekanntwerden der Bestellung von Bacher zum ersten Mal die KURIER-Kantine betrat, sprang ein führender Mitarbeiter des Blattes auf und ließ es sich nicht nehmen, dem viel Jüngeren einen Sessel anzubieten und diesen mehrmals für ihn zurechtzurücken. Er war dann sehr, sehr freundlich und erkundigte sich beim künftigen Schwiegersohn des künftigen Chefredakteurs, wie dieser so sei und was bei ihm zu beachten wäre.

Gerd Bacher war ganze 24 Tage lang Chefredakteur des KURIER. „Es hat lange gedauert", erinnert sich Rabl, „bis mich der führende Mitarbeiter dann wieder gegrüßt hat. Oder besser gesagt: zurückgegrüßt hat."

In den achtziger Jahren feierte der Gegenstand „Politische Bildung" an Österreichs Schulen seinen zehnten Jahrestag, was Christoph Kotanko zum Anlass nahm, zu diesem Thema ein KURIER-Interview mit Simon Wiesenthal zu führen. Der Nazijäger lobte die Unterrichtsminister Fred Sinowatz und Helmut Zilk für die Ein- bzw. Fortführung des Schulfachs, verhehlte dabei aber nicht, dass die meisten Schüler noch immer nicht wüssten, wer Heinrich Himmler war, nämlich der größte Menschenschlächter des 20. Jahrhunderts.

Früh am Morgen läutete Kotankos Telefon, am Apparat Helmut Zilk. „Des kann i so net auf mir sitzen lassen", brummte er. „Mach ma a Interview." Kotankos zarte Einwände, dass er sich doch kein Interview bestellen könnte, wischte Zilk beiseite: „Des muaß natürlich so ausschaun, dass Sie mi interviewen."

Einmal in Fahrt gekommen, war Zilk nicht mehr zu bremsen: „Also, i tät mi an Ihrer Stell' was fragen und i würd dann so antworten: ‚Der Wiesenthal, das is ein großartiger Mann, den kenn i schon lang, mit dem war ich in den USA, mit der Dagi, die hat ja Amerika so gern, und Hawaii besonders, denn dort machen wir ja immer Urlaub, und sie interessiert sich dort für a Musical, mit dem Bernstein, ja mit dem Bernstein ...'" Kurze Atempause: „Sag'n S', Herr Redakteur, was hab i mi jetzt fragen wollen?"

KURIER-Herausgeber Ludwig Polsterer war der schönen Schauspielerin Margit Saad sehr zugetan. Dem Theaterkritiker Peter Weiser gefiel das Spiel der Darstellerin in einer Josefstadt-Premiere jedoch überhaupt nicht und er schrieb einen entsprechend harschen Verriss. Der Polsterer-Freund (und spätere Josefstadt-Direktor) Ernst Haeusserman griff spät abends persönlich und mit eigenwilligen Mitteln in die KURIER-Produktion ein, um die Mimin vor bösen Worten im Blatt zu bewahren

Noch einmal zurück zu den prominenten Kulturkritikern unserer Zeitung, zu denen auch Peter Weiser, der spätere Generalsekretär des Wiener Konzerthauses, zählte. Dieser sollte eines Abends für den KURIER die Josefstadt-Premiere des Stücks *Die Ernte* von Richard Billinger rezensieren, wobei die weibliche Hauptrolle von der jungen, bildschönen Schauspielerin Margit Saad verkörpert wurde. Ernst Haeusserman, Freund und Berater des damaligen KURIER-Herausgebers Ludwig Polsterer, saß nach Ende der Vorstellung an seinem Stammtisch im Restaurant *Linde* und ließ sich wie immer aus der Setzerei telefonisch die Kritiken der Morgenausgabe durchgeben. Diesmal las ihm der Schlussredakteur Peter Weisers Betrachtungen zu dem Stück an der Josefstadt vor. Schon der Titel ließ sich mit „Gute Ernte, schlechte Saad" viel versprechend an und diesem folgte eine ebenso pointierte Kritik, aus der hervorging, dass Weiser das Stück zwar gefallen hätte, er sich für die schauspielerische Leistung der Hauptdarstellerin Margit Saad jedoch keineswegs erwärmen konnte.

Als der Schlussredakteur die Rezension vorgetragen hatte, hieß es schnell handeln. Denn Haeusserman wusste, dass Peter Weisers oberster Chef Ludwig Polsterer der Schauspielerin Margit Saad sehr zugetan war und es daher keineswegs gutheißen würde, wenn diese ausgerechnet in seiner Zeitung schlecht wegkäme. Und so rief er, um Weiser vor größerem Schaden zu bewahren, nach einer Schrecksekunde noch einmal in der KURIER-Setzerei an und änderte die Titelzeile kurzerhand auf:

„Die Saad war gut, die Ernte schlecht."

War der Austausch des Titels in der buchstäblich allerletzten Sekunde vor Andruck erfolgt, so musste eine Änderung des übrigen Textes unterbleiben, weil dies die Fertigstellung der Morgenausgabe akut gefährdet hätte. Da Haeusserman wusste, dass Polsterer ohnehin immer nur die Titelzeilen in der Zeitung las, niemals jedoch die Artikel, konnte er das Risiko eingehen. Und so erschien am nächsten Morgen im KURIER ein Artikel, in dessen Titel die Hauptdarstellerin gelobt und das Stück verrissen wurde, in der eigentlichen Kritik aber das exakte Gegenteil stand.

Es gab keinerlei Konsequenzen – Polsterer hatte auch diesmal nur den Titel gelesen.

Die Leser offenbar auch. Jedenfalls langte in der KURIER-Redaktion keine einzige Beschwerde ein.

Von A bis Z: Die Mitarbeiter des KURIER

Bei der Gründung des KURIER umfasste die Liste der redaktionellen Mitarbeiter nur 18 Namen. Seither ist das Blatt kräftig gewachsen

Dr. Andrea Amort · Michael Andrusio · Daniel Anger · Michaela Angerer · Mag. Andreas Anzenberger · Andrea Artner · Susanne Athanasiadis · Wolfgang Atzenhofer · Ulrike Auer

Ingrid Bahrer-Fellner · Christian Bartos · Mag. Susanne Bastaroli · Dr. Horst Bauer · Pia Alexandra Bauer · Gunther Baumann · Johann Beck · Sascha Bem · Jennifer Bendele · Georg Berenyi · Kurt Berger · Michael Berger · Andreas Berger · Martin Stefan Bernert · Erich Beyer · Christoph Bieberger · Anton Bina · Kristian Bissuti · Sonja Blum · Stefan Blumenschein · Susanne Bobek Mag. Christian Böhmer · Stephan Boroviczény · Ulrike Botzenhart · Maria Brandl · Birgit Braunrath · Christa Breineder · Sementha Brezovsek · Ute Brühl · Christine Buchmayr · Susanne Buergermeister · Nikolaus Bukovec · Mag. Martin Burger · Dr. Jutta Burgstaller

Jürg Christandl · Rudolf Cijan · Elisabeth Czastka

Dr. Andrea Marion Daras-Wasinger · Mag. Daniela Davidovits-Nagy · Waltraud Derler · Gerhard Deutsch · Christoph Doppler · Ulrike Dressel · Gerwald Dvorak

Manuela Eber · Sabine Edelbacher · Ingrid Edelbacher · Franz Eder · Harald Eggenberger · Gerhard Ehart · Renate Eiben · Alexander Eichinger · Sarah Eichlberger · Susanne Eiweck · Martina Enzmann · Viktoria Erdelyi

Natascha Fass · Fritz Fiedler · Rainer Fleckl · Tanja Fojtik · Markus Foschum · Veronika Franz · Mag. Reinhard Frauscher · Mag. Walter Friedl · Christian Fröhlich · Harald Frohnwieser · Sigrid Froschmayer · Renate Frühwirth

Irmgard Gabriel · Ingrid Gabriel · Dr. Stefan Galoppi · Elisabeth Gardavsky · Herbert Gartner · Mag. Josef Gebhard · Christoph Geiler · Andreas C. Geipel · Dr. Georg Gesellmann · Andrea Gludovatz · Martin Gnedt · Reinhard Göweil · Eva Gogala · Prof. Helga Goggenberger · Peter Gosch · Elisa Gregor · Markus Grill · Peter Grolig · Elisabeth Gross · Daniela Grossmann · Peter Grotte · Franz Gruber · Mag. Alexandra Gruber · Mag. Ulla Grünbacher · Theresa Gsellmann · Elmar Gubisch · Maria Gurmann

Mag. Sandra Hackl · Viktor Häusler · Dr. Luise Hahn · Helmut Ludwig Haidegger · Mag. Patricia Haller · Walter Halmetschlager · Recka Hammann · Claus Hammel · Alfred Hammerschmid · Karl Hammerschmidt · Bernhard Hanisch · Helga Hannreich · Heinz Harauer · Birgitt Haspl · Dagmar Hasslinger · Uta Hauft · Hans Vincent Haumer · Marion Hauser · Katharina Hegna · Dragana Heiermann · Monika Hellerschmidt · Heinrich Hergeth · Franz Hermann · Adi Himmelstoss · Andrea Hodoschek · Karin Höllwerth · Georg Hoenigsberger · Matthias Hofer · Franz Hofmann · Karl Hohenlohe · Mag. Elisabeth Holzer · Christine Hons · Kathrin Hörist · Dr. Henriette Horny · Michael Horowitz · Ursula Horvarth · Herbert Huber · Hubert Huber · Heimo Huber · Mag. Michael Huber · Herbert Hufnagl · Michael Hufnagl · Wilhelm Hummer · Hildegard Hundsdorfer

Bernhard Ichner

Michael Jäger · Edgar Jahner · Oliver Jaindl · Franz Jandrasits · Ulrike Jantschner · Peter Jarolin · Dr. Karl-Heinz Jeller · Heinz Jogl · Rudolf John · Mag. Annemarie Josef

Margarete Kainz · Ullrich Kapl · Peter Karlik · Christine Karner · Mag. Maria Christine Kern · Sabine Kerschbaumer · Mag. Brigitte Kirchgatterer · Mag. Irmgard Kischko · Erwin Kisser · Dr. Daniela Kittner · Dr. Otto Klambauer · Isabella Klausnitzer · Mag. Robert Kleedorfer · Livia Klingl · Hubert Kluger · Cordula Koc · Mag. Andreas König · Mag. Susanne Kohn · Gerhard Kohut · Margarete Komarek · Dr. Margaretha Kopeinig · Gert Korentschnig · Jan Kos Maciej · Johann Kosmolovsky · Michael Kostiha · Dr. Christoph Kotanko · Stefan Kraft · Mag. Konrad Kramar · Gerhard Krause · Mag. Simon Kravagna · Bettina Krebs · Daniela Kreuz · Robert Krist · Mag. Heike Kroemer · Heinrich Krulatz · Gabriele Kuhn

Michael La Garde · Josef Lang · Peter Lattinger · Dany Leder · Karin Leitner · Simone Leonhartsberger · Winfried Linde · Stefan Lintl · Mag. Susanne Lintl-Sturz

Nicole Makariewicz-Patzer · Mag. Martina Malle · Georg Markus · Natasa Matic · Mag. Uwe Mauch · Ernst Mauritz · Mag. Susanne Mauthner-Weber · Eduard Mayer · Gerlinde Mayrhofer · Christian Mikulaschek · Mag. Marcus Mittermeier · Mag. Michaela Mottinger-Masin · Karin Mueck

Johanna Nalpantjoglou · Clemens Neuhold · Sylvia Neunkirchner · Wolfgang Nowak · Nadiana Nowy-Lupton · Mag. Nikolaus Nussbaumer

Manfred Obermayer · Melanie Obhlidal

Jürgen Pachner · Michael Pammesberger · Alexander Paschinger · Oliver L. Paschinger · Dipl.-Ing. Jana Patsch · Ernst Pavlovic · Günther Pavlovics · Monika Payreder · Alfred Payrleitner · Renate Peer-Suitner · Ricardo Peyerl · Desireé Peyrer · Martina Pichler · Brigitte Piess · Peter Pisa · Mag.

Florian Plavec · Dr. Anita Pollak · Nina Pollak · Manfred Polt · Dr. Bernhard Praschl · Juergen Preusser · Dietmar Pribil · Claudia Pröll · Manfred Prommer · Michaela Punk ·

Peter Rabl · Mag. Dorothee Rainer · Claudius Rajchl · Ad Raufer · Mag. Magdalena Rauscher-Weber · Mag. Norbert Rauter · Michaela Reibenwein · Wilhelm Reinberger · Elisabeth Reininger · Mag. Gerald Reischl · Tanja Richter · Josef Rietveld · Bettina Riha · Werner Rosenberger · Mag. Roman Roznovsky · Andreas Russ · Nadja Ruzicka-Jadalla

Katharina Salzer · Hans Peter Schaffer · Philipp Schalber · Christa Schimper · Angelika Schindler · Ilse Schmid · Herwig Schmidl · Judith Schmitzberger · Achim Schneyder · Gertrude Schnuerer · Susanne Schoberberger · Renate Schocher · Stefan Schocher · Brigitte Schokarth · Mag. Sandra Schönthal · Wilhelm Schraml · Andrea Schraml · Dominik Schreiber · Peter Schrott · Harald Schume · Mag. Barbara Schwarcz · Andreas Schwarz · Silvia Schwarzer · Mag. Uwe Schwinghammer · Mag. Alexandra Seibel · Rudolf Semotan · Stefan Sigwarth · Christoph Silber · Peter Sitar · Martin Soeroes · Wolfgang Spiegelhofer · Anita Staudacher · Mag. Ingrid Steiner-Gashi · Renate Steininger · Barbara Stieger · Stefan Straka · Dieter Strasser · Eveline Stumpfel · Gabriella Swoboda

Guido Tartarotti · Christiane Tauzher · Elisabeth Temper · Mag. Ingrid Teufl · Wilhelm Theuretsbacher · Mag. Christian Thonke · Maria-Christina Turnwald

Mag. Natascha Uccusic · Dipl. Ing. Alexandra Uccusic · Mag. Katja Uccusic -Indra · Norbert Uferbach · Mag. Hannes Uhl

Christian Vavra · Dr. Walter Vilt · Mag. Josef Voetsch · Reinhard Vogel · Erich Vogl · Helmut Vogrin · Benedikt von Loebell · Claudia Vukusic

Hubert Johannes Wagner · Heinz Wagner · Hermann Wakolbinger · Gertraud M. Walch · Patrick Wammerl · Martina Weber · Johannes Weichhart · Iris Weiland · Karin Antonia Weinzettl · Michael Wessig · Andrea Wicho · Christa Wiesauer · Gilbert Wiesbier · Martin Wimmer · Wolfgang Winheim · Brigitte Winkler · Günther Winkler · Ulrike Wohlfarth · Dr. Franz Ferdinand Wolf · Mag. Johannes Wolf · Ewald Wukovits · Mag. Wilhelm Wurm · Christine Wurzer

Dipl. Ing. Leonhard Heinz Zachl · Jürgen Zahrl · Mag. Michaela Zichtl · Isolde Zwerger · Helmut Zwickl

Danksagung

Der Autor ist einem Team engagierter Mitarbeiter zu großem Dank verpflichtet, die wesentliche Beiträge zum Gelingen dieser sehr aufwändigen Produktion leisteten.

Dr. Maria Seifert betreute nicht nur das Lektorat in profunder und unübertrefflicher Qualität – sie lenkte zugleich die gesamte Produktion mit sicherer Hand über alle Hürden und stand dem Autor, in guten wie in kritischen Momenten, stets mit Tipps und Ratschlägen zur Seite.

Georg Markus bereicherte das Werk um eine pointenglitzernde Auswahl der schönsten und berührendsten Anekdoten aus der KURIER-Geschichte.

Dr. Jutta Burgstaller ließ alle Kräfte spielen, um dem großartigen KURIER-Archiv seine Schätze zu entlocken. Viele Informationen wurden nur durch ihren Spürsinn zu Tage gefördert, auch zum schwierigsten Stichwort noch interessante Dokumente zu finden. Oft genug war sie es, die einem Thema zusätzliche Farbe verlieh, indem sie Material zu wichtigen Nebenaspekten vorschlug.

Reinhard Vogel prägte die Bildsprache des Buches entscheidend mit. Er durchforstete unermüdlich das Papier-Bildarchiv und die elektronischen Datenbanken, um zu jedem Thema ein Bukett verschiedenster Bildmotive anbieten zu können.

Art Director Ernst Pavlovic, dessen Ideen den optischen Auftritt des KURIER Tag für Tag bereichern, stellte seine Kreativität auch dem Buch zur Vefügung. Er erfand das farbenfrohe und auffallende Cover; er suchte und fand auch einen Weg für die Herausforderung, das Schriftbild der Tageszeitung auf das Buch zu übertragen.

Andrea Gludovatz, Mitglied des engagierten Layout-Teams des KURIER, legte zahlreiche Sonderschichten ein, in denen Seite für Seite die Bilder und Texte so stimmig arrangiert wurden, dass attraktive, leserfreundliche Collagen entstanden.

Franz Hofmann übernahm unter Zeitdruck und mit großer Kompetenz die Aufgabe, die Korrekturen zu lesen und entdeckte so manchen Fehler, über den der Autor zuvor gestolpert war.

Hannes Strobl komponierte aus Hunderten Schlagzeilen 50 Jahres-Collagenseiten, die auf einen Blick zeigen, welche Themen die Leser in den fünf Jahrzehnten der KURIER-Geschichte bewegten. In seinem Studio in Neunkirchen liefen alle Fäden der Produktion zusammen. Hier wurde der technisch äußerst anspruchsvolle Bildband in so professioneller Weise und mit so viel Einsatz produziert, wie man es sich als Autor nicht besser erträumen könnte.

Gunther Baumann

Bibliografische Informationen Der Deutschen Bibliothek

Die Deutsche Bibliothek verzeichnet diese Publikation in der Deutschen Nationalbibliografie; detaillierte bibliografische Daten sind im Internet über http://dnb.ddb.de abrufbar.

ISBN 3-7142-0019-3

Umschlag: Rubik Creative Supervision
Covergestaltung: Ernst Pavlovic
Satz: Hannes Strobl, Satz · Grafik · Design, 2620 Neunkirchen

www.lindeverlag.at
Druck: Stiepan-Druck G.m.b.H., 2544 Leobersdorf

Bildnachweis

AFP 158 (2)
AMW Pressedienst 234
AP 21, 22, 27, 37, 38, 39, 41, 45, 46, 47, 66, 70, 71, 77, 89 (2), 91 (2), 103, 105, 106 (2), 110, 118 (3), 119, 121, 138, 141, 151 (2), 155 (3), 157, 161, 162 (2), 163, 178 (2), 179, 182 (2), 194, 197, 198, 199 (2), 201, 203, 206, 219
AP Photo/Boston Herald/Kuni Takahashi 207
APA 19, 34, 43, 94, 146, 173, 182, 195, 201, 209,
APA/AFP 179, 189
APA/DPA 38, 39, 67, 146, 150
APA/EPA 70, 205, 206
APA/GEPA 174
APA/Roland Schlager 211
Archiv Cibulka-Frey 147
Atelier Otto Häuselmayer 31
Gunther Baumann 153
Bildarchiv ÖNB Wien 14
BMLV 34
Stephan Boroviczeny 75, 143, 187
Brüder Basch 18
Camera Press 86, 111, 117
Jürg Christandl 31, 79, 202, 238 (2)
Contrast 154, 210
Gehard Deutsch 19, 131, 171, 190, 212, 230, 239
Pia Duesmann 215
Gert Eggenberger 87, 139
Peter W. Engelmeier 62
EPA, Francis Specker 123
EPU 29
Fritz Fiedler 231
Franz Fink 216
Fond 166
Frimmel Lui F. 79
GEPA 83, 210
GIZ Thayaland 11
Martin Gnedt 15, 175
Bernhard Grossruck 181
Franz Gruber 63
Walter Heinisch 93
HIPP
HOPE-Film 122
IPS 61
Michael Jäger 129
Fritz Kern 11, 240
Keystone 21, 26, 65, 74, 121, 241
Klomfar 77
Franziska Kluger 149
Hubert Kluger 102, 103, 142
Harald Kragora 224
Kurier/Fred Riedmann 54
Kurier/Fritz Klinsky 49, 73, 97, 101, 240, 220, 221, 223
Kurier/Gerhard Sokol 62, 74 (2), 127, 145, 154, 169, 233
Kurier/Hubert Kluger 114, 125, 227
Kurier/Kristian Bissuti 51, 82, 83, 86, 94, 113, 114, 126, 130, 165, 222, 223, 233, 234, 242
Kurier/Lajos Percze 18, 30, 87, 95, 130 (2)
Kurier/Peter Schaffer 35, 115, 166, 185
Kurier/Rudolf Semotan 10, 193, 237
Kurier/Wilhelm Schraml 139, 174, 175
Kurier-Archiv 10, 27, 33, 57, 59, 81, 98, 99, 213, 214, 215, 216, 218, 224, 225, 226, 228, 242
Peter Lehner 214, 217, 220
Udo Leitner 167
Luftreportagen Hausmann/Wien 98
Georg Markus 54
Militärkommando Burgenland 183
Kurt Molzer 222
Franz Neumayr 213
Franz Neumayr 141
Joe Niczky 243
ORF 13, 51, 61, 122 (2), 142, 143, 145, 185 (2), 186, 187, 190
Paris-Match Marie-Claire 55
Clemens Pausinger 157
Press Picture Point/Walter Swistelnicky 50
Pressephoto Gerhard Schnabl 102
Presse-Photo Spang 58
Profil/WalterWobrazek 115
Reuter/Votava 43, 119
Reuters 35, 59, 69, 71, 107, 111, 138, 145, 161, 163, 170, 177, 178, 189, 190, 191, 194, 199, 206, 207
Richard Röder 225, 229, 232
Alois Rottensteiner 99
Norbert Rzepka 82
Max Scherer 137
Gustav Schikola 55
Fritz Schimke 75
Karl Schöndorfer 23
Wilhelm Schraml 113, 137
Stefan Straka 166
Sygma 22
Paul Uccusic 97
United Press Association 17
UPI 14, 25
UPI-Votava 106
USIS 45
Verlag Pretterebner 114
Viennareport/Sipa Press 153
Viennareport/Sygma 109, 110
Reinhard Vogel 31, 101, 202, 203
Votava 9, 13, 15, 49, 50, 53, 58, 67, 85, 93, 170, 241
Hermann Wakolbinger 31, 142
WEREK 99, 150
Michael F. Wessing 235
Erwin J. Wodicka 171
Matthias Wölfle 167
Axel Zeininger 62
Gerald Zugmann 42, 85, 218

Coverfotos: Votava, AP (7), Contrast, Corbis, SPÖ, APA/NASA, APA/DPA, Hipp